把握人民的意愿

葉選平

二〇一一年卷

全国政协提案委员会 编

图书在版编目（CIP）数据

把握人民的意愿．2011年卷/全国政协提案委员会编．—北京：新世界出版社，2012.2

ISBN 978－7－5104－2581－3

Ⅰ．①把…　Ⅱ．①全…　Ⅲ．①中国人民政治协商会议－提案－汇编－2011　Ⅳ．①D627

中国版本图书馆CIP数据核字（2012）第019495号

把握人民的意愿（2011年卷）

编　　著：全国政协提案委员会
责任编辑：张世林　陈晓云
封面设计：翁　敏
责任印制：黄厚清
出版发行：新世界出版社
社　　址：北京西城区百万庄大街24号
邮　　编：100037
总编室电话：（010）68995424　68326679（传真）
发行部电话：（010）68995968　68998733（传真）
网　　址：www.newworld-press.com
　　　　　www.nwp.cn
版 权 部：frank@nwp.com.cn
经　　销：新华书店
印　　刷：北京画中画印刷有限公司
开　　本：1/16（787mm×990mm）
字　　数：530千字
印　　张：36.5
版　　次：2012年2月第1版　2012年2月第1次印刷
印　　数：1～3100册
书　　号：ISBN 978－7－5104－2581－3
定　　价：90.00元

序　言

郑万通

中国人民政治协商会议是中国人民爱国统一战线的组织，是中国共产党领导的多党合作和政治协商的重要机构，是我国政治生活中发扬社会主义民主的重要形式。政协提案是人民政协的参加单位和委员向政协全体会议或常务委员会提出的，经提案委员会审查立案后交付有关单位办理的书面意见和建议。它是人民政协履行政治协商、民主监督、参政议政职能的一个主要方面，是参加人民政协的各党派团体和广大政协委员为社会主义现代化建设和实现祖国统一大业建言献策，坚持和完善中国共产党领导的多党合作和政治协商制度的一种重要方式，是协助中国共产党和人民政府加强与各族各界人士联系，推进社会主义民主政治建设，实现决策民主化、科学化的一条重要渠道。

政协委员是各党派团体、各族各界的代表，来自政治、经济、文化和社会生活的各个领域，联系着方方面面的群众。广泛了解和反映社情民意，为促进国家的改革、发展和稳定建言立论，体现了他们围绕中心、服务大局的高度政治责任感，反映出他们不负人民重托、尽心尽力尽责的拳拳之心。在历史上，政协提案伴随着新中国的成立而产生，在共和国革命与建设的各个时期都发挥了重要的作用。当前，我国人民正在全面建设小康社会，随着我国社会主义物质文明、政治文明和精神文明的协调发展，政协的提案越来越受到党和政府的高度重视。各承办单位认真负责地研究、办理、落实提案，使提案基本上做到件件有答复，能采纳的尽量采纳，条件不具备暂时不能解决的认真说明理由。人民政协的提案工作已经走上规范化、制度化的轨道；办理政协提案也已成为中国共产党和人民政府发扬民主、广开言路、了解民意、集中民智的重要形式。

近些年来，社会各界对政协提案表示了广泛的关注，不少政协委员也希望把他们通过提案履行政协职能的成果结集留存下来。为此，2002年我们选编了《政协第九届全国委员会提案及复文选》。十届政协期间，我们又逐年选编出版了《政协第十届全国委员会提案及复文选》。得到了政协委员的肯定和赞许。十一届政协期间，我们将继续逐年选编出版《政协第十一届全国委员会提案及办理复文选》。在编纂过程中，我们本着实事求是的原则，力求真实准确地反映出历史文件的原始风貌，除对个别词句进行校订外，没有对原文进行修改。当然，由于我们水平所限，在编纂工作中难免存在缺点和问题，敬请广大读者批评指正。

编委会成员名单

目　　录

(2011 年卷)

一　经济建设

二 科教文卫体

三 政治法律社会保障综合

全国政协十一届四次会议提案第1021号

案　　由:关于对废旧家电回收再利用的提案

审查意见:建议国务院交由主办单位环保部会同商务部、财政部办理

内　　容:近些年来家电产品的更新换代越来越快,淘汰下来的家电废弃物数量惊人,如果对废旧家电处理不当,被当作垃圾直接烧掉或填埋,将会对空气、土壤和水造成严重污染。因此对这些家电废弃物如何处理,已经成为全世界关注的焦点。随着我国废旧家电高峰期的到来,构建废旧家电回收再利用体系,对于提高我国家电产业的国际竞争力,促进经济增长方式的转变,以及对环境的保护,具有非常重要的意义。

仅仅四川一省现在每年就有数以万计的废旧家电被淘汰。废旧家电超期服役带来的能源浪费和环境污染是很严重的,而二手家电市场的混乱无序和回收渠道的不畅通也带来恶果。为了节省能源,保护环境,促进我国家电业的良性发展,应尽快为回收废旧家电立法或出台废旧家电回收管理办法。

为此建议:

一、在《固体废物防治法》的基础上,专门制定《废旧家电再利用法》及实施细则,明确生产企业、销售企业、消费者均有回收再利用废旧家电的法律义务。即生产企业有再利用废旧家电的义务,销售企业有回收废旧家电的义务,消费者有承担废旧家电再利用的回收、仓储、运输等部分费用的义务。

二、国家、行业、企业在制定家电生产标准时应充分考虑方便回收再利用及环保。废旧家电的回收让生产企业埋单,这样能够促使生产者设计并制造对环境更好的产品，减少资源消耗以及减少使用对环境有害的物质，提高产品的可再生利用性。

三、对废旧家电再利用给予资金支持和税收优惠，向家电生产厂家收取专项经费，用于支持回收再利用企业的处理费用，并对回收再利用废旧家电的企业实行税收优惠。

四、在家电销售时实行抵押金制度，确定一定价格比例作为抵押金，并确定家电基本使用年限，在回收时按照基本使用年限与实际使用时间的比例换回抵押金；同时对废旧家电按照低于抵押金的标准进行有偿回收，以调动回收积极性。

五、目前，在我国还不具备无害化处理废旧电子电器的条件下，应禁止国外的电子电器废弃物进口，并应严厉打击电子电器废弃物的走私活动。

六、加大基础设施投入，进一步完善回收网络和渠道，按照人口和运距科学设置回收网络，开辟出更多的废旧家电回收代理点。

七、加大宣传力度，让广大群众了解废旧家电的污染危害和回收再利用的好处。

八、针对家电以旧换新，相关部门应建立健全政策制定和制度设计机制，加强拆解处理监管。

主题词：　　经济　发展

提案人：　　施　杰

中华人民共和国环境保护部2011年8月29日以环提函〔2011〕74号文函复：

施杰委员：

您提出的《关于对废旧家电回收再利用的提案》收悉。经商商务部、财政部，现答复如下：

一、关于完善相关政策法规

国务院2009年颁布《废弃电器电子产品回收处理管理条例》（以下简称《条例》），规定了废弃电器电子产品处理目录、处理发展规划、处理资格许可、建立回收处理基金等一系列制度。我部作为牵头部门，积极会同相关部门制定《条例》配套政策并协调实施。发展改革委会同我部等有关部门于2010年印发《废弃电器电子产品处理目录（第一批）》（以下简称《目录》），将电视机、冰箱、洗衣机、空调、微型计算机五类产品纳入首批《目录》。我部印发了《废弃电器电子产品处理资格许可管理办法》、《废弃家用电器与电子产品污染防治技术政策》等配套实施文件，为《条例》的实施提供支撑和保障。

根据《固体废物污染环境防治法》，我国将废弃电器电子产品列入《禁止进口固体废物目录》，禁止从国外进口。

2007年，原信息产业部会同发展改革委等相关部门颁布了《电子信息产品污染控制管理办法》，旨在从源头控制电子信息产品中有害物质的减量化使用，推进绿色设计。目前，工业和信息化部正在会同有关部门修订该办法，拟将限制使用有害物质扩展到整个电子电器产品领域。

二、关于废弃电器电子产品基金制度

财政部会同有关部门起草了《废弃电器电子产品处理基金征收使用管埋办法》，按照“生产者责任延伸”的原则规定电器电子产品生产者、进口电器电子产品的收货人或者其代理人应当缴纳处理基金，用于废弃电器电子产品回收处理费用的补贴。办法待进一步修改后报国务院批准施行。

鉴于国家已通过建立废弃电器电子产品处理基金，对废弃电器电子产品处理企业予以财政补贴，因此暂不宜对相关企业实施税收优惠政策。另外，现阶段在家电销售时建立抵押金制度，容易增加消费者负担，在实际操作上有一定困难，难以规范管理，目前也不宜实施。

三、关于完善废弃电器电子产品回收网络

2007年，商务部会同有关部门发布《再生资源回收管理办法》，建立再生资源回收经营主体备案登记制度，积极规范回收行业经营秩序。2006 年以来，商务部先后在全国 55 个城市开展再生资源回收体系建设试点，培育了一批再生资源龙头企业。2010 年 6 月 1 日起，家电以旧换新政策在全国推广实施，目前已设立正规回收企业近 900 家，回收网点近 3 万个，定点拆解处理企业 90 多家，在全国范围内初步建立起废旧家电回收处理体系。

您提出的开展家电绿色设计、制定废旧家电再利用实施细则、对废旧家电再利用给予资金支持和税收优惠、实行家电销售抵押金制度、严格打击电子废物非法走私、完善回收体系、加大宣传力度、加强对拆解处理的监管等建议非常重要。下一步，我部将会同有关部门进一步完善政策法规，加大执法力度，规范废弃电器电子产品的回收处理活动，防止污染环境。

非常感谢您对环境保护的关心和支持。

全国政协十一届四次会议提案第1332号

案　　由:关于将海运业列为战略性重点发展服务业的提案

审查意见:建议国务院交由主办单位交通运输部会同国家发改委、财政部办理

内　　容:发展现代服务业是我国当前和今后较长时间里经济发展的重要增长点。党中央、国务院高度重视服务业的发展。胡锦涛总书记在党的十七大报告中指出,要发展现代服务业,提高服务业比重和水平。国务院于2007年发布了《关于加快发展服务业的若干意见》,提出要把加快发展服务业作为一项重大而长期的战略任务。在此,我建议国家确定一批战略性服务产业进行重点支持,并将海运业列入其中,使我国海运业更具有国际竞争力,更好地服务于国民经济和社会发展全局,为国家经济结构作出更大贡献。

一、海运业是重要的战略性服务行业,在国民经济发展中具有重要地位

海运业作为交通运输业的一个重要分支,在国民经济产业构成中属于服务业范畴,是国民经济重要的基础性、先导性产业,对推动国民经济发展具有不可替代的重要作用。我国90%以上的外贸物资通过海运完成,海运业是我国融入经济全球化的战略通道,是充分利用国际国内两种资源、两个市场的重要支撑。

同时,海运业作为国家的重要战备力量,对于维护国家经济安全和国防安全有重要作用。在平时,海运业是国家军事交通运输的重要力量,有利于巩固国防建设。在应急情况下,强大的海运力量是确保国家公民和战略物资运输需要的基础;在最近我国政府组织从利比亚

大撤侨中，我国商船队发挥了积极的作用。

二、我国海运业不能完全适应国家经济发展的需要

我国是全球海运需求总量最大、集装箱海运需求总量最大的国家和最大的铁矿石进口国、重要的原油进口国，但是我国海运企业的发展仍不能完全适应国家国民经济和对外贸易的发展。根据联合国贸发会议秘书处统计，我国控制的船队规模仅居世界第三位，其中五星红旗船仅居世界第九位。我国海运企业承运我国进出口货物的份额仍然较低，其中集装箱占20%、散货占30%、油品占40%。海运贸易逆差已经成为我国服务贸易中的最大逆差项目，这与我国在国际贸易中的地位是不相匹配的。

加快发展海运业，有利于推进产业结构调整。海运业是服务业，也是先导性产业，有利于带动我国航运金融、航运保险、港口物流、船舶制造、船舶管理、海事仲裁、海事信息等相关产业的发展。同时，海运业是运能大、成本低、符合循环经济和环保生态要求的“绿色产业”，是最具碳效率的一种运输方式。据统计，国际海运业排放的二氧化碳占全球温室气体排放量的3%，集装箱船排放的二氧化碳仅占海运业排放量的25%，但却承担了全球52%货值的货物运输。加快发展海运业，有利于节能环保，推进绿色经济发展。

三、有关建议

提交本次两会讨论的我国“十二五”发展规划，提出要加快发展服务业，把推动服务业大发展作为产业结构优化升级的战略重点。其中特别提出要加强现代能源产业和综合运输体系建设，要积极发展水运，要保障海上通道安全，维护我国海洋权益。为此，我对于如何加大对我国海运业支持力度，促进海运业的科学发展提出以下建议：

1. 明确海运业作为战略性服务业的地位

服务业涉及的领域比较多，对于其中关系到国家经济命脉和国计民生的产业，建议国家确定为战略性服务产业进行重点支持，并把海运业列入其中，加大投入和政策支持力度，从财税、信贷、土地和价格等方面进一步完善促进发展的政策体系；同时，重点支持关键领域、薄弱环节的发展和提高自主创新能力，鼓励海运业由传统产业向现代服

务产业转变。

2. 参照国际通行做法，积极探索海运税制改革

海运业是国际化程度很高的产业，海运企业面临激烈的国际竞争。建议相关部门积极探索我国海运税制改革，比如参照国际通行做法，取消租船经营的营业税，减免海员所得税，或者参照战略性新兴产业对海运业给予15%的所得税优惠税率，以减轻我国海运企业的运营负担，使我国海运企业具有与国外竞争对手相当的经营环境。

未来10年是我国海运业发展的重要战略机遇期，金融危机导致国际贸易格局发生较大变化，进而使全球海运业进入结构调整期，有可能出现新一轮的并购和整合重组。把航运业列为战略性重点发展服务业，研究和采取相应措施，鼓励和支持我国海运企业进一步实施"走出去"战略，积极参与国际竞争和整合，有利于进一步提升中国海运企业国际竞争力，为中国企业"走出去"提供运输和物流保障，实现由世界海运大国向世界海运强国的转变。

以上，请有关部门研究。

主题词： **服务业**

提案人： 李绍德

中华人民共和国交通运输部2011年8月10日以交水提字〔2011〕17号文函复：

李绍德委员：

您提出的《关于将海运业列为战略性重点发展服务业的提案》收悉。经会同国家发展改革委、财政部研究，现答复如下：

海运业是我国综合交通运输体系建设和发展的重要内容，是现代服务业的重要领域，在进口铁矿石、原油等重要战略资源运输及对外

贸易中发挥着重要作用。海运业与国际贸易关联度大,国际竞争激烈,易受国际政治、军事影响,属于风险密集型行业,具有特殊的战略地位。将海运业列为战略性重点发展服务业大力发展,有着重要的现实意义和战略意义。我们赞同您提出的将海运业列为战略性重点发展服务业的建议,原则支持制定一系列产业扶持政策,促进海运业转变发展方式,推动现代服务业发展。

一、关于明确海运业作为战略性服务业地位的问题

目前国务院有关部门正在抓紧编制《"十二五"现代服务业发展规划》,交通运输业是其中重要的组成部分,将在拓展海洋运输,发展壮大海运船队,增强国际海运竞争力,提升能源、原材料等国家战略物资运输保障能力;发展航运经纪、交易、信息咨询、海事仲裁、航运金融、航运保险等现代航运服务业,提升船舶代理、无船承运、船舶管理、港口供应等传统航运服务业水平等方面,提出明确的任务和要求。

我部高度重视海运业的发展,将加快发展水运作为切实转变交通运输发展方式、促进交通运输结构调整的重点,在我部编制的《交通运输"十二五"发展规划》中,已将促进现代物流和现代航运服务业发展作为重要发展目标之一,明确提出"加快上海国际航运中心建设,推进天津、大连国际航运中心建设,延长航运服务产业链,发展航运贸易、金融、保险、经纪、信息和海事仲裁等服务",并将采取措施,进一步发展船舶代理、无船承运、船舶管理等传统航运服务业,进一步提升国际海运航线网络,支持大型港口及航运企业实施国际化发展战略。

二、关于参照国际通行做法,积极探索海运税制改革的问题

一是关于取消租船经营的营业税问题。目前我国对境内单位从事国际运输实行免征营业税的优惠,同时对包括船舶融资租赁在内的融资租赁业务实行营业税差额征税的优惠待遇,体现了税收对航运业的支持。如果取消船舶租赁业务的营业税,将会引起其他租赁业务的攀比,影响税收政策的统一、公平。因此不宜取消租船经营的营业税。

二是关于减免海员所得税问题。据了解,有的国家对海员有一些优惠政策,但一般不采取完全免征所得税的方式。我国考虑到海员的

职业特点，现行个人所得税制已规定了若干优惠照顾，主要包括：远洋运输船员的工资、薪金收入可享受税法规定的附加减除费用标准；船员的伙食费补贴不计入船员个人的应纳税工资、薪金；远洋运输船员的工资、薪金所得采取按年计算、分月预缴的方式计征个人所得税。上述政策体现了国家对海员的关怀和照顾。近年来，财政部已收到关于艰苦或危险行业要求免征个人所得税的建议，并正考虑根据经济社会发展的形势，进一步调整完善个人所得税制。随着个人所得税改革的深入推进，海员等有关个人所得税问题将会得到更好的解决。

三是关于参照战略性新兴产业对海运业给予15%所得税优惠税率问题。为了鼓励企业技术创新，发展高新技术，我国企业所得税法规定，对国家需要重点扶持的高新技术企业，减按15%的税率征收企业所得税。根据《高新技术企业认定管理办法》（国科发火〔2008〕172号）的规定，高新技术企业是指在《国家重点支持的高新技术领域》内，持续进行研究开发与技术成果转化，形成企业核心自主知识产权，并以此为基础开展经营活动的企业。海运业虽然属于国民经济的基础性、先导性产业，具有运能大、成本低的特点，但并不能形成企业核心自主知识产权，其服务也不属于《国家重点支持的高新技术领域》规定的“高技术服务业”的范围。因此，对海运业不宜参照高新技术企业，减按15%税率计算缴纳企业所得税。

我部将继续贯彻落实科学发展观，按照“适度超前”的原则，继续加强港口基础设施建设，调整海运产业结构，为海运业发展创造良好条件，促进海运业由传统产业向现代服务业转变。

感谢您对交通运输事业的关心和支持。

全国政协十一届四次会议提案第1367号

案　　由:**关于将“质量强国”确定为国家战略的提案**

审查意见:**建议国务院交由主办单位国家质检总局会同商务部、国家发改委、工业信息部、国家公务员局、财政部办理**

内　　容:

一、我国当前面临的主要质量问题

一是质量整体水平亟待提高。经过30余年的发展,我国已经成为世界第二大经济体,制造业的产值已超越美国成为世界第一。但我国的整体质量水平与一些发达国家比还有较大差距,具体表现为质量整体水平的提高滞后于经济规模的增长,企业提升质量的内在动力不足,自主创新和品牌创建能力不强,原创性产品和技术不多,出口产品的利润多数被掌握技术和专利的发达国家赚取,生产和使用中资源能源消耗大、环境污染严重,质量安全事件时有发生等。此种情况与我国目前处于世界经济体大国的地位不相匹配,亟待改观。

二是我国出口产品质量亟待提升。2008年世界金融危机后,世界各国采取贸易保护政策,以质量问题限制我国产品出口,质量问题已成为许多国家设置贸易壁垒的理由。另外我国出口产品很多属于技术含量低、劳动密集度高的简单加工产品,品牌数量和附加值较低,部分产品质量问题也的确影响了我国的形象和信誉。

三是国内产品质量安全问题亟待解决。近年来,我国产品质量安全尤其是食品安全问题时有发生,严重影响了广大消费者的信心。这要求当前要加强质量工作,提高质量水平,确保质量安全。如果质量水平不高,质量安全得不到保障,势必会引发系统性经济风险,甚至会引发信用危机和社会动荡。

二、实施"质量强国"战略必要性分析

一是实施"质量强国"战略是我国转变经济发展方式的必然选择。目前我国经济发展还处于粗放型、注重速度和数量、忽视质量效益阶段。近年来党中央、国务院提出科学发展观,转变经济发展方式,实现又好又快发展。"快"是指速度和数量,"好"则是指质量和效益。"好"字当头,则要求把质量效益放在第一。因此,提升质量水平已成为我国当前加快转变经济发展方式、实现经济社会又好又快发展的紧迫任务。

二是实施"质量强国"战略是下一步实施质量发展的必然需要。1996 年,国务院颁布并实施《质量振兴纲要(1996 年—2010 年)》。15 年来,在《纲要》统领下,我国产品质量、工程质量、服务质量总体水平稳步提高,部分重点领域的主导产品质量接近国际水平,一些优势产业的产品质量达到国际先进水平。为巩固《纲要》成果,借鉴西方主要发达国家的做法,有必要把"质量强国"作为中国由制造大国向制造强国转变过程中的国家战略,在未来的新《纲要》中进行设计和表述,通过提升质量,推动我国由经济大国向经济强国迈进。

三是实施"质量强国"战略是国家强大的必由之路。发达国家的实践表明,在社会经济进入快速发展的关键时期,必须解决发展质量的问题,必须把质量摆在重要的战略位置来抓。实施"质量强国"战略,能最大限度地调动社会各方面的积极性,形成合力,为实现经济由大到强而共同努力。例如在 20 世纪 50 年代,德国政府实施的"以质量推动品牌建设,以品牌助推产品出口"的政策,打造出奔驰、宝马、西门子等一大批世界级"德国制造"知名品牌。20 世纪 60 年代,日本政府主导实施了"质量救国"战略,推广全面质量管理,使得日本产品凭借质量优势大举进入欧美和全球市场,成为世界经济强国。美国在 20 世纪 80 年代为应对日本挑战,出台《质量振兴法案》,批准设立"国家质量奖",从而确立了全球霸主地位。

三、五点建议

1. 中央将"质量强国"纳入国家经济社会发展战略的重要组成部

分，并尽快提出“质量强国”国家战略，动员全社会以世界先进质量水平为目标，加快提升我国产品质量、工程质量、服务质量和环境质量的总体水平，使我国产品、产业和企业在国际竞争中立于不败之地。

2. 抓紧颁布实施《质量发展纲要（2011年—2020年）》。在《质量振兴纲要（1996年—2010年）》的基础上，明确“质量强国”的指导思想和“四大质量”（产品质量、工程质量、服务质量、环境质量）的主要内涵，由国家质检总局会同国家发改委、工信部、商务部等相关部门和科研院所共同编制《纲要》，力争年内完成编制并报请国务院批准颁布。

3. 国务院及人社、财政、质量等相关部门应研究建立质量激励机制，设立“国家质量奖”。对在质量提升方面取得卓越成绩的组织，在质量管理方面做出突出贡献的企业家、专家或学者，以及在质量控制方面工作突出的基层或企业一线岗位人员给予奖励。以此推行先进质量管理理念和方法，弘扬质量先进个人。

4. 国务院及其质量主管部门应当大力推进民族品牌建设。借鉴发达国家经验，以质量提升品牌，以品牌占有市场。采取多种措施，推出一批我国的知名品牌，并予以重点扶持和培育，使之与世界知名品牌抗衡和竞争。

5. 国务院及其质量主管部门和统计部门应当将质量统计指标纳入国民经济统计发布指标体系并对地方政府进行考核。通过统计和考核，推动地方政府在经济建设中由注重“量”转变为注重“质”，真正实现经济发展方式的转变，贯彻落实科学发展观。

主题词： 经济　发展

提案人： 九三学社中央

国家质量监督检验检疫总局2011年7月15日以国质检质函〔2011〕535号文函复：

九三学社中央：

贵党提出的《关于将“质量强国”确定为国家战略的提案》收悉。现答复如下：

正如贵党所言，实施“质量强国”战略是我国转变经济发展方式的必然选择，是下一步实施质量发展的必然需要，是国家强大的必由之路，对于贯彻落实科学发展观，全面建设小康社会目标具有重要的意义和作用。收到贵党的提案后，我局高度重视，针对该提案中的建议进行了认真研究并开展了一系列工作。

一、对“质量强国”战略进行了系统的调研和论证，为“质量强国”纳入国家战略提供理论依据

收到贵党的提案后，我局立即组织有关研究单位成立了质量强国战略课题组，就质量强国战略的研究和论证走访了经济、法律、哲学等领域的65位国内知名专家、学者，调查了5002名社会公众，在广泛听取社会各界意见的基础上，4次召开研究论证专题会，两次向中央政策研究室、国务院研究室有关部门进行专题汇报，听取意见和建议，进行多次修改，最后形成3个课题报告，分别对质量强国战略社会公众意见、质量强国战略实施必要性和紧迫性、质量强国战略内涵目标和实施要点等进行了调查、研究和论证。在质量强国战略社会公众调查报告中提出以下结论：57.4%的公众认为质量是影响我国经济社会可持续发展的重要因素，55.4%的公众认为质量是影响我国国际形象的重要因素，95.1%的公众认为有必要实施质量强国战略。在质量强国战略分析论证报告中提出以下结论：实施质量强国战略符合当前我国经济社会发展的历史阶段，我国实施质量强国战略必要而且紧迫，实

施质量强国战略机理和理论上可行。在质量强国战略内容研究报告中明确了质量强国战略的标志、内涵、方针、目标及实施要点。

在以上研究的基础上，我局积极与中央政策研究室、国务院研究室沟通协调，推动将质量强国战略纳入国家战略。下一步，我局还计划与中央政策研究室开展进一步调研，研究我国实施质量强国战略的可行性和必要性。同时，我局还将加强对质量强国战略课题研究结果的宣传。通过报纸、网站等媒体，以领导访谈、专家解读等形式，大力宣传实施质量强国战略的意义。

二、组织编制《质量发展纲要2011年—2020年》，明确提出“质量强国”战略

根据国家发展改革委《关于印发“十二五”期间报国务院审批的专项规划整体预案的通知》中专项规划预案的安排，我局目前正会同发展改革委、科技部、工业和信息化部、环境保护部、住房城乡建设部、交通运输部、商务部、卫生部、工商总局、国家统计局等单位共同编制《质量发展纲要（2011年—2020年）》（以下简称《纲要》）。在《纲要》编制中以质量强国战略研究论证的有关内容作为素材和依据，将《纲要》作为实施质量强国战略的重要载体，将质量强国战略作为《纲要》的主线和核心，用质量强国战略课题研究成果作为《纲要》的重要理论支撑。《纲要》全篇紧紧围绕实施质量强国战略提出发展目标与工作措施，并借鉴《质量振兴纲要（1996年—2010年）》的成功经验，提出建立质量强国战略部级联席会议制度，确保质量强国战略的有效实施。

三、推动质量激励机制创新，建立国家质量奖励制度

质检总局积极推进“省部”质量合作工作机制，与全国30个省（区、市）签订了合作备忘录。在质量合作工作机制框架下，推动22个省（区、市）建立了政府质量奖励制度，推动403个市设立了政府质量奖。今年质检总局正在组织开展“2009至2010年度全国质量工作先进单位和先进个人”（以下简称“双先”）表彰工作，定于9月全国“质量月”期间对2009—2010年度全国各省（区、市）、中央企业质量工作成绩突出的单位和个人进行表彰，并将此表彰作为质量管理工作

的最高荣誉。质检总局将积极与人力资源社会保障部沟通协调,借鉴美国、欧洲、日本等对发达工业国家设立政府质量奖的经验和做法,结合"双先"表彰和地方质量奖励的经验,进一步推动设立我国的"国家质量奖"。

四、联合相关部门,牵头推进品牌建设工作

今年6月质检总局与发展改革委、工业和信息化部、农业部、国资委、国家知识产权局、国家旅游局等部门联合制定了《关于加强品牌建设的指导意见》,强调了新时期加强品牌建设的重要性和意义,确立了加强品牌建设的指导思想和基本原则,明确了加强品牌建设的重点领域、主要措施和组织实施方案。根据该指导意见,质检总局目前重点开展了以下工作:一是强化品牌培育,推动地方政府重视品牌建设。在全国范围内推动开展"全国知名品牌创建示范区"建设试点工作,试点主要面向相关省份中产业聚集区、经济技术开发区、高新产业园区、现代服务区、旅游区等。二是指导中小企业加强品牌建设。为适应市场经济发展中的企业需求,质检总局正组织制定品牌价值及评价系列国家标准,明确各行业影响品牌价值的各项要素,以此指导中小企业加强品牌管理和建设,为企业品牌管理、提升品牌价值提供指导和技术支撑。三是建立中国品牌价值评价制度和体系。质检总局今年开展了品牌价值测算试点工作,明年扩大至全国推广实施。力争经过2—3年的实践,建立具有中国特色的品牌价值评价制度和体系,引导企业加强品牌建设,提升品牌价值,使我国掌握在国际品牌定价活动中的话语权,以此推动我国优秀民族品牌走向国际。

五、加强质量统计指标体系研究,推动建立健全国家质量评价指标体系

通过近几年对产品质量合格率的研究和试点、质量竞争力指数研究和发布、工业产品质量指标统计分析、顾客满意指数的研究和应用、产品伤害指标的研究和应用积累的经验,目前我局正与国家统计局加强合作,积极推动质量合格率调查试点工作,努力推进质量统计制度的建立和完善。同时,我局正积极协调国家统计局推动将评价经济增长质量的指标纳入国民经济和社会发展统计公报,并起草了《质量安

全工作绩效考核实施方案（草案）》，积极与监察部沟通协调，拟利用质量统计分析结果对各级政府实施绩效考核。目前上述工作正在积极推进中。

按照贵党的建议，我局今后将以“质量强国”战略为指导，以“抓质量、保安全、促发展、强质检”为方针，全面做好 2011 年质检工作。在抓质量方面，重点抓好质量强国战略的论证和实施，抓好质量标准、认证和计量体系的完善，抓好质量责任和诚信体系建设，抓好质量评价和激励机制的健全；在保安全方面，严格实施风险分析，严格实施准入制度，严格企业生产监管，严格监督抽查和检验检疫，严格执法打假，严格处置突发事件；在促发展方面，重点服务经济结构调整，服务节能减排，服务外贸发展大局，服务保障和改善民生，服务区域经济发展；在加强质检方面，重点着力建设法治质检、科技质检、和谐质检。

感谢贵党长期以来对质量工作的关心和大力支持，也请贵党继续关注和呼吁实施质量强国战略这项工作。

全国政协十一届四次会议提案第3544号

案　　由:关于理顺管理体制、健全服务体系、促进中小企业健康发展的提案

审查意见:建议国务院交由工业信息部、中央编办、财政部办理

内　　容:中小企业是我国经济社会发展的重要力量和最具活力的市场主体。蓬勃发展的中小企业,创造了我国60%的国内生产总值,贡献了50%的税收总额,提供了75%的城镇就业岗位;我国65%的专利、75%的技术创新、80%的新产品开发,都是由中小企业完成的。因此,促进中小企业发展是保持国民经济平稳较快发展的重要基础,是富民强国和建设全面小康的重要途径,是调整经济结构、转变发展方式的重要内容,是关系民生和社会稳定的重大战略任务。同时,中小企业又是经济社会的弱势群体,生存和发展面临诸多矛盾与困难,既有其自身素质不高的"先天不足"问题,也有发展环境不优的"给力不足"问题。通过深入调查分析,我们认为,发展环境不优主要表现在管理体制不顺畅、服务体系不健全。

从管理体制看,我国涉及中小企业工作职能的政府部门职能部门较多,行政资源分散。内设中小企业机构的部门有两个:一是工信部,内设中小企业司,负责中小企业发展的指导工作;二是农业部,内设乡镇企业局,负责农村中小企业发展的指导工作。无内设机构,但涉及中小企业工作职能的部门主要有4个:一是科技部,指导科技型中小企业发展;二是商务部,指导商贸流通领域中小企业发展;三是住建部,指导建筑施工领域中小企业发展;四是发改委,会同工信部指导中小企业技术改造。中央财政扶持中小企业的资金,由工信部、科技部、发改委分别组织申报项目。工信部中小企业司行政层级不高、行政力量薄弱(工作人员不到30人),统筹、协调、落实中小企业法律政策的工作难度很大。与美国等市场经济高度发达的国家比,我国在促进中小企业发展方面投入的行政资源不够。以美国为例,美国国会早在1958年就将小企业管理局确定为“永久性联邦机构”,并在各联邦政府部门中享有很高的地位,局长由总统亲自任命,总部设在华盛顿,在美国十大城市设有分局,分局下设100多个地方机构,员工总人数超过4000人。其主要职责是:负责向中小企业提供资金支持、技术援助、政府采购、紧急救助、市场开拓(特别是国际市场)等全方位、专业化的服务,是美国政府制定小企业政策的主要参谋和执行部门。一个市场经济高度发达的国家,在政府管理经济的职能相当弱化的情况下,却投入庞大的行政资源扶持中小企业发展,值得我国认真研究和反思。

从服务体系看,尽管我国已有不少生产性服务机构可以为中小企业发展提供服务,但总体上呈现“小、散、弱”的格局。服务机构实力弱小,自身也面临发展问题,服务能力和质量难以满足中小企业发展的需要;加之布局分散、缺乏规划指导与组织整合,难以有效对接中小企业的服务需求,需要通过搭建一批公共服务平台,将“小、散、弱”的机构,聚合为功能强大的服务团队和体系,实现服务供需衔接,建立服务双方互信。在美国,仅咨询服务就有950个小企业发展中心和经理服务公司,通过自愿的和合同的方式为小企业家服务,从创业准备、计划拟定、公司成立、行政管理、商业理财等多方面提供咨询。

鉴于我国中小企业的重要地位和作用,以及现行管理体制和服务体系的不足,我们提出如下建议:

一、设立国家中小企业发展局。立足我国国情和中小企业发展的需要,建议整合有关部门的管理职能和行政资源,设立部省级或副部级的国家中小企业发展局,负责中小企业发展的统筹协调和法律政策落实工作,指导中小企业开展技术创新、转变发展方式、调整经济结构、走新型工业化道路,组织社会服务机构为中小企业创立、成长提供专业化的优质服务。

二、支持搭建公共服务平台。近年来在国家政策扶持和地方政府的支持下，一些省市以中小企业服务中心为骨干力量，探索建立了具有“服务超市”功能的公共服务平台。如武汉市建设的中小企业服务超市，已入驻各类服务机构50多家，网络社会服务机构数百家，为中小企业提供技术创新、节能减排、融资担保、创业辅导、技能培训、管理咨询、法律维权等各类服务，深受企业欢迎。建议国家继续加大对中小企业公共服务平台（服务中心）建设的扶持力度，使之成为能够延伸政府服务职能、承载各类服务机构的重要基地，成为聚集社会资源为中小企业提供集中、集约、集成服务的“配送中心”，成为中小企业社会化服务体系建设的关键节点，在促进中小企业科学发展中起到“四两拨千斤”的功效。

三、进一步加大财政扶持力度。依据《中小企业促进法》，从中央到地方分级建立了中小企业发展专项资金，较好地促进了中小企业及其服务体系的发展，需要继续加大财政特别是中央财政的扶持力度。从国家层面看，中央财政扶持中小企业发展的各类专项资金约100亿元，占中央预算收入的比例很低，用于服务体系建设的比例就更低了。建议中央财政建立中小企业发展专项资金随财政收入逐年增加的机制，带动地方政府加大对中小企业的财政支持力度。

主题词： **企业　发展**

提案人： 胡树华

中华人民共和国工业和信息化部2011年8月29日以工信提案〔2011〕73号文函复：

胡树华委员：

您提出的《关于理顺管理体制、健全服务体系、促进中小企业健康发展的提案》收悉。现就涉及我部职责的相关内容答复如下：

您关于支持搭建公共服务平台的建议非常重要。建立公共服务平台，发挥其在集聚资源、集成服务方面的优势，是改变服务机构“小、散、弱”现状，解决中小企业“找不到、不敢用”服务问题的有效途径，也是帮助中小企业提升竞争力、实现健康发展的重要措施。在这方面，近年来我们主要做了以下工作：

一是加强政策引导。2007 年发展改革委等 12 部委联合印发《关于支持中小企业技术创新的若干政策》（发改企业〔2007〕2797 号），明确提出重点支持在中小企业相对集中的产业集群或具有产业优势的地区，建立公共技术支持平台。2009 年《国务院关于进一步促进中小企业发展的若干意见》（国发〔2009〕36 号）进一步强调，加快中小企业公共服务基础设施建设，通过引导社会投资、财政资金支持等多种方式，重点支持建设一批公共服务平台。2010 年工业和信息化部等 7 部门又联合印发《关于促进中小企业公共服务平台建设的指导意见》（工信部联企业〔2010〕175 号），明确了服务平台的含义、基本条件、发展要求、建设目标等。据不完全统计，全国已有 20 多个省出台了推动公共服务平台建设的文件。

二是加强统筹规划。为避免盲目投资，重复建设，提高平台布局的合理性，2006 年我们组织各地编制了 2007—2010 年中小企业公共技术平台建设项目工作方案。2010 年又印发了《关于编制小企业创业基地和中小企业公共服务平台建设方案的通知》（工信厅企业〔2010〕81 号），要求各地编制“十二五”平台建设方案，结合本地区中小企业和产业发展实际，理清建设思路，明确阶段性建设目标和任务，合理布局，有序推动平台建设。

三是加大资金支持。2007 年以来，中央财政采取投资补助方式，安排资金 5 亿元，重点支持了 238 家公共服务平台建设。2011 年为解决服务资源分布不均衡，县域公共服务平台能力不足等问题，中央财政又安排 5 亿元，支持 10 省（市）用三年时间统筹规划建设省服务平台与所辖主要城市和重点产业集群服务平台互联互通、资源共享的中小企业公共服务平台网络，通过统一建设在线和呼叫服务系统、共享资源中心和平台网络管理运营中心，增强贴近需求的市和产业集群

“窗口”平台服务功能，畅通公共服务主渠道，集聚资源、集成服务、优势互补，提升平台的整体服务能力。“十二五”期间，陆续支持在具备条件的省（自治区、直辖市、计划单列市）建立中小企业公共服务平台网络。

四是树立示范平台。为提高公共服务平台发展质量，2010 年工业和信息化部印发了《国家中小企业公共服务示范平台管理暂行办法》（工信部企业〔2010〕240 号），在省和行业协会认定、推荐的基础上，2011 年确定了 99 家国家中小企业公共服务示范平台，通过树立业绩突出、公信度高、服务面广的示范平台，发挥示范带动效应，带动公共服务平台服务质量和服务水平提升。

虽然我们在推动平台建设方面已经开展了一些工作，但是目前公共服务平台发展速度、质量与中小企业发展需求还存在较大差距。我们将持之以恒，继续抓好相关工作，加大工作力度，力争中小企业公共服务平台得到较快发展。同时也希望继续得到您的关心和支持。

全国政协十一届四次会议提案第3712号

案　　由:关于完善我国对二次资源循环利用的政策扶持、促进循环经济发展的提案

审查意见:建议国务院交由主办单位国家发改委会同中国人民银行、中国银监会、财政部办理

内　　容:温总理在今年的政府工作报告中指出,2011年的工作要加强节能环保和生态建设,大力开展工业节能,推广节能技术,运用节能设备,提高能源利用效率;大力发展循环经济。节能环保减排和循环经济的发展需要企业的大力参与,提高其社会责任,更需要政府不断完善鼓励企业间、企业与社会间形成资源与能源利用的良好循环,需要政府在政策导向、财政支持和税收政策方面的一系列引导和支持。

一、现状

资源的综合利用和再生资源的循环利用,不仅可以变废为宝、节约资源,还可以通过减少污染物排放,促进环境保护,对于贯彻落实科学发展观、建设资源节约型和环境友好型社会意义重大。自20世纪90年代起,我国陆续出台了一系列鼓励和扶持再生资源综合利用的政策。包括对以《资源综合利用目录》中涉及的3大类16种产品为主要原料,生产符合国家产业政策规定的产品取得的收入,减按90%计入收入总额,享受所得税优惠政策;对生产销售再生水、以废旧轮胎为原料生产的胶粉、翻新轮胎、生产原料中掺兑废渣比例不低于30%的特定建材产品和污水处理劳务实施免征增值税优惠政策。

对以工业废气为原料生产销售的高纯度二氧化碳、以垃圾为燃料生产的电力或者热力、以煤炭开采过程中伴生的舍弃物油母页岩为原料生产的页岩油、以废旧沥青混凝土为原料生产的再生沥青混凝土、采用旋窑法工艺生产并且生产原料中掺兑废渣比例不低于30%的水泥(包括水泥熟料)实施增值税即征即退优惠政策等等。

二、存在问题及相关建议

目前的激励主要集中在所得税和增值税方面,方式相对单一。不可否认,国家出台的一系列再生资源综合利用扶持政策,充分发挥所得税和增值税的引导使用,但仅靠这两种方式还远远不够。因此建议:

1. 尽快研究制定一整套鼓励企业开展资源再生利用的价格、投资、财政、信贷等其他优惠政策。如生物质能发电厂、钢铁企业燃气蒸汽联合循环发电装置产生的电力或蒸汽产品、烧结低温烟气余热利用产生的电力或蒸汽、高炉气煤气TRT产生的电力产品、干熄焦装置产生的电力或蒸汽的上网量和价格优惠政策。尽快研究出台鼓励企业投资建设这些项目的信贷和财政补贴政策。

2. 通过政策引导和补贴促进二次资源综合利用项目发展。再生资源综合利用项目经济效益普遍不高,但对这个社会的减排具有重要作用,是企业积极承担社会责任的重要方面。由于起步晚、技术落后、政府扶持力度相对有限以及扶持方式单一,污水处理、垃圾发电、尾矿综合利用、家电回收、废旧家电和汽车拆解等方面的投资热情有限,经济效益差,更多地体现在社会效益方面。建议国家尽快研究进一步政策,促进企业投资污水处理、垃圾发电、余热余压发电等,并在循环经济所发电的上网等方面给予特别的支持,促进整个社会的低碳减排。如借鉴德国杜伊斯堡市政府的做法,通过政府参股并派人监督和管理、统一规划市内企业污水处理方式(如德国杜伊斯堡市建议没有污水处理厂的企业可不建污水处理系统,只可将污水通过自设管道送往附近污水处理厂并向该企业缴一定的费用)、合理收费等等一系列政策,极大地调动企业投资污水处理厂的热情。

3. 利用政府直接补贴投资方式促进节能环保产业的发展。对在市场培育阶段的节能环保产业,可以实行直接补贴投资的方式鼓励产业做大和市场的形成。近期国家发改委在重点行业启动了一批低碳技术创新项目及示范工程，并给予相应的资金补贴，希望在这些项目获得工业应用和示范效应后继续给予关注和一定方式的支持，促进这些低碳节能环保项目的推广应用，使其从整个社会的层面发挥更大的作用。

主题词： **经济　发展**

提案人： 袁伟霞

中华人民共和国国家发展和改革委员会2011年9月21日以发改提案〔2011〕352号文函复：

袁伟霞委员：

您提出的《关于完善我国对二次资源循环利用的政策扶持、促进循环经济发展的提案》收悉。经商财政部、人民银行、银监会，现答复如下：

资源循环利用产业作为发展循环经济的重要内容，不仅可以节约资源、变废为宝，缓解我国经济社会发展的资源瓶颈约束，还可以减少污染物排放，促进环境保护，对于贯彻落实科学发展观，建设资源节约型和环境友好型社会意义重大。在促进资源循环利用产业发展方面，近年来我委会同有关部门设立了两批国家循环经济试点，开展了“城市矿产”示范基地建设、餐厨废弃物资源化利用和无害化处理城市试点、再制造试点等，大力推进节能减排、清洁生产和大宗固体废物综合利用，并出台了一系列扶持鼓励政策。

一、在投资补贴政策方面

一是通过中央预算内投资给予支持。2005年和2007年，经国务院批准，我委会同有关部门组织开展了两批178家循环经济试点和14家再制造试点。累计安排中央预算内投资近30亿元，支持了400

多个循环经济项目。今年将中西部补贴标准分别由以前的8%提高至10%和12%。2010年10月,我委印发了《国家发展改革委办公厅关于组织实施低碳技术创新及产业化示范工程的通知》,建设低碳技术创新和产业化示范工程,并给予适当支持。

二是通过循环经济发展专项资金给予支持。2010年我委会同财政部设立了循环经济发展专项资金,专项用于支持循环经济项目。目前累计安排28亿元,支持了两批25个国家"城市矿产"示范基地建设,33个餐厨废弃物资源化利用和无害化处理试点城市(区)建设,甘肃、青海部分园区循环化改造以及循环经济能力建设等。

三是设立节能减排专项资金,鼓励引导节能减排工作发展。采取"以奖代补"的方式支持企业燃煤锅炉(窑炉)改造、余热余压利用、电机系统节能和能量系统优化等,目前已累计支持了3000多个项目,可节约标准煤9000多万吨;积极推行合同能源管理,对符合条件的工业、建筑、交通和公共机构节能改造项目给予支持;支持工业企业能源中心建设。

此外,财政部、商务部安排了财政专项资金支持区域性再生资源集散市场和再生资源回收利用基地建设。

二、在金融政策支持方面

一是2010年4月我委、人民银行、银监会和证监会联合发布了《关于支持循环经济发展的投融资政策措施意见的通知》,紧紧围绕加大投资扶持力度和创新金融支持方式,综合运用规划、投资、产业、价格、财税、金融等政策措施,旨在建立一个有利于循环经济发展的投融资政策支持体系,促进循环经济形成较大规模。通知提出,各地要制定本地区"十二五"循环经济发展规划,确定重点领域、重点工程和重大项目,采用直接投资或资金补助、贷款贴息等方式加大支持力度,完善产业、价格和收费政策,引导社会资金投向循环经济领域。

二是引导金融机构建立和完善绿色信贷机制。人民银行会同有关部门先后印发了《关于进一步做好金融服务支持重点产业调整振兴和抑制部分行业产能过剩的指导意见》(银发〔2009〕386号)、《关于进一步做好支持节能减排和淘汰落后产能金融服务工作的意见》

（银发〔2009〕170号），引导和督促金融机构落实国家产业政策，对符合节能减排和环保要求的企业和项目按照“绿色信贷”原则加大支持力度。支持列入国家重点节能技术推广目录的项目、国家节能减排十大工程和市场效益好、自主创新能力强的节能环保企业，通过发行短期融资券、中期票据、中小企业集合票据等直接债务融资工具筹集资金。

三、在价格政策方面

为鼓励再生能源发展，2006年我委颁布了《可再生能源发电价格和费用分摊管理试行办法》（发改价格〔2006〕7号），规定生物质发电项目上网电价按当地脱硫燃煤机组标杆电价加每千瓦时0.25元的补贴电价组成；2010年我委下发《关于完善农林生物质发电价格政策的通知》（发改价格〔2010〕1579号），规定对新建农林生物质发电项目，按每千瓦时0.75元的标杆电价执行。

四、在税收政策方面

2008年年底，财政部、税务总局、我委制定发布了《资源综合利用企业所得税优惠目录》，企业煤矸石、采矿和选矿废渣等资源作为主要原材料，生产国家非限制和禁止并符合国家和行业相关标准的产品取得的收入，减按90%计入收入总额。财政部、税务总局出台了《关于资源综合利用及其他产品增值税政策的通知》、《关于再生资源增值税政策的通知》和《关于以农林剩余物为原料的综合利用产品增值税政策的通知》，对资源综合利用产品继续给予增值税优惠。

下一步我委将按照“十二五”规划提出的循环经济重大工程，继续会同有关部门完善相应的投资、财政、价格、税收等相关政策扶持体系，引导社会资金投入循环经济，大力促进二次资源循环利用。

感谢您对国家发展改革工作的关心和支持。

欢迎登录我委门户网站（www.ndrc.gov.cn），了解国家经济和社会发展政策、经济建设和社会发展情况、经济体制改革方面的重要信息。

全国政协十一届四次会议提案第4047号

案　　由:关于把培育市场作为发展战略性新兴产业的着力点的提案

审查意见:建议国务院交由主办单位国家发改委会同教育部、科技部、工业信息部、财政部办理

内　　容:“十二五”时期是我国战略性新兴产业发展的关键阶段,也是转变发展方式、加快转型升级的战略机遇期。战略性新兴产业发展肩负着转变发展方式、促进转型升级、提高社会发展质量、提升经济增长后劲等重要使命。目前战略性新兴产业发展正处于起步阶段,产品、服务技术和服务体系以及基础设施都不够完善,规模也比较小,相对成本较高,消费市场认同度还不高。可以说,产品市场推广是战略性新兴产业发展的主要瓶颈。因此,把培育市场作为发展战略性新兴产业的着力点,是当前亟待解决的问题,也是推动其发展至关重要的环节。

一、加快培育战略性新兴产业市场刻不容缓

1. 从产业发展规律看,做大市场是发展战略性新兴产业的强大动力。传统产业的市场需求来自于人类的基本生活需要,而战略性新兴产业生产和需求的互动不如传统产业那么直接和透明,其产品的市场需求在很大程度上需要引导和培育。近年来,国家相继出台了一些扶持战略性新兴产业的政策,但这些政策多是从高科技产业扶持序列出发,落脚点主要是生产企业,忽视了市场需求培育这个重要环节。从实践层面看,加强市场培育,构建一个需求导向型的经济社会,对发展新兴战略性产业非常必要,只有需求市场容量有效增长了,产业才能做大做强。

2. 从扩大需求的政策导向看，培育战略性新兴产业市场是实现消费、投资、外贸协调发展的战略要求。随着综合国力和人民生活水平的显著提高。一方面，在较高收入阶段，居民生活品质的提升有赖于更高技术含量产品的有效供给，这为战略性新兴产业发展提供了需求基础。另一方面，目前我国居民消费占GDP的比重仅为37%，大大低于欧美发达国家同一指标值。建立一套需求导向型的扶持新兴产业发展政策，可以更为有效地拉动市场需求。

3. 从减少贸易摩擦的实际看，培育战略性新兴产业市场，促进消费是避免遭受反补贴调查的策略选择。当前的战略性新兴产业发展扶持政策是生产导向型的，易遭受反补贴调查，也易引起国际贸易摩擦。为避免我国战略性新兴产业发展从一开始就陷入国际贸易摩擦的泥潭，避免遭受反补贴调查，必须从培育市场需求、促进消费出发来制定产业扶持政策。

4. 从发达国家的经验看，通过培育市场促进战略性新兴产业发展，已取得显著成效。以美国光伏产业为例，美国各州已陆续出台对光伏发电的补贴政策，主要包括干净电表制、生产税返还、投资税折扣、配额制和税收优惠等五类经济政策。仅以投资税为例，美国光伏发电企业最多可获得30%的税收减免。例如继“硅谷”之后，加州从州长到州议会和相关职能部门，都在努力将该州打造成“光谷”，计划从2007年至2016年向光电事业投入33.51亿美元的财政支出，在2016年年底之前为家庭和企业安装3000兆瓦光伏发电设备。在“光谷”规划实施过程中，加州消费者可以获得折扣、税收抵免、安装等各项服务在内的政府补贴。这些政策措施的出台和实施，有效地推动了加州光伏产业的发展，也为我国战略性新兴产业的发展提供很好的借鉴。

二、从“五个一”着手，加快战略性新兴产业的市场培育

1. 建立一个协调机构。即成立一个战略性新兴产业发展的工作协调机构。从国际经验看，政策的协调对于战略性新兴产业的发展具有重要作用。比如美国联邦层面针对光伏产业发展构建了各部门参与的协调体系，联邦各职能部门联袂参与优惠政策的制定和实施，财

政部向可再生能源产业提供税收减免计划，农业部向农村提供农业效率计划，内政部向印第安人拥有的土地提供新能源开发计划，劳动部向工业人才领域提供新能源技能培训和就业计划等。建议我国也成立一个类似的工作协调机构，由政府多个部门组成，明确职能，主要是协调和制定重点领域内产品的政府采购机制和产品应用风险补偿机制等。

2. 出台一些扶持政策。一是加强新兴战略性产业研发支持力度，建议对那些具有重大溢出效应的技术创新项目给予大额财政补助和支持。二是引导产业集聚发展，政府财政专项资金扶持向战略性新兴产业重大项目倾斜，并给予税收优惠，如制定生产税返还、投资税折扣、配额制和税收优惠等政策。三是加强消费环节的补贴和扶持力度，以新能源中的光伏发电的鼓励消费政策，如享受产品折扣、税收抵免、安装等各项服务在内的政府补贴。同时建立新能源上网的保障性收购制度，通过从需求到生产的传导机制促进新能源产业的快速发展。

3. 发挥一个推动作用。政府采购对于新产品市场推广具有显著的带动和示范作用，不仅能够直接增加产品的市场需求，而且可以提高市场对产品的认可度，从而促进市场对新产品的拓展力度。建议：一是每年筛选一部分战略性新兴产业的新产品，列入政府采购明细，如在药品集中采购、政府项目推广等诸多领域加强扶持。二是加强对战略性新兴产业产品的宣传力度，推动全社会对战略性新兴产业产品的认同和使用。三是通过媒体宣传，引导居民建立绿色消费理念，提升消费品质，进行消费观念的革命性转变。

4. 加强一些配套建设。即加快战略性新兴产业产品消费的配套设施建设。建议政府有针对性地出台政策意见，鼓励和督促各地加强战略性新兴产业相关产品消费环节方面的配套设施建设力度。

5. 建设一个公共平台。即建立一个公共服务平台，为战略性新兴产业提供科技和人才支撑。一要完善基础设施配套，促进资源要素集中。二要依托行业协会、科研院所、龙头企业为战略新兴产业提供开发性、服务性平台，提供技术、人才、信息、物流等服务。三要支持大专院校、职业教育学校等,根据新兴产业布局,调整专业设置和人才培养模式,为产业升级提供高级技术人才和技术工人。

主题词: **产业**

提案人: 盛昌黎

中华人民共和国国家发展和改革委员会2011年9月8日以发改提案〔2011〕289号文函复:

盛昌黎委员:

您提出的《关于把培育市场作为发展战略性新兴产业的着力点的提案》收悉。经商教育部、科技部、工业和信息化部、财政部,现答复如下:

一、关于成立战略性新兴产业发展工作协调机构的建议。《国务院关于加快培育和发展战略性新兴产业的决定》(以下简称《决定》)明确提出,要成立战略性新兴产业发展部际协调机制。为落实《决定》要求,目前我委正在积极推动成立由我委、科技部、工业和信息化部、财政部等多个部门组成的战略性新兴产业发展部际协调小组,及时研究、协调有关重大事项,推动各部门研究落实相关政策,加强形势监测分析,统筹推进我国战略性新兴产业发展。

二、关于出台扶持政策的建议。《决定》提出,要健全财税金融政策支持体系,加大扶持力度。根据《决定》要求,有关部门正在积极落实各项配套政策。一是中央财政设立了战略性新兴产业发展专项资金,今年已从参股创投基金、智能制造等高端装备研发补助、云计算及信息安全重大应用示范工程试点、重大产业创新发展工程示范4个方面起步,扶持战略性新兴产业发展。二是针对战略性新兴产业的特点,研究完善税收支持政策。近年来国家通过直接减免税、即征即退、优惠税率、加计扣除、投资抵免等方式，对包括战略性新兴产业在内的高新技术企业发展、自主创新、节能减排等方面给予了营业税、增值税、所得税等税收优惠。下一步还将结合税制改革方向和税种特征，针对战略性新兴产业的特点，研究完善鼓励创新、引导投资和消费的税收支持政策。三是加强消费环节的补贴和扶持力度。近年来国家已先后出台实施了“金太阳”工程、节能产品惠民工程等多项鼓励新能源和节能环保消费的政策措施。下一步将在继续落实好现行支持政策的基础上，积极研究完善相关财政政策，进一步加大对战略性新兴产业的支持。

三、关于发挥政府推动作用的建议。根据战略性新兴产业发展的特点，《决定》明确提出了“坚持充分发挥市场的基础性作用与政府引导推动相结合”的发展原则，提出了“积极培育市场，营造良好市场环境”的重点任务。目前，有关部门和各地正在积极推动相关工作，主要包括：一是通过政府采购等政策手段，帮助企业开拓战略性新兴产业市场。如国家已建立了政府采购节能环保产品清单管理制度，对清单内的节能产品和环境标志产品进行强制采购和优先采购。下一步还将继续完善促进节能环保等产业发展和支持创新的政府采购政策等。二是组织一批重大应用示范工程，推动战略性新兴产业重要产品的示范应用，引导社会认同和使用战略性新兴产业的产品，同时加快建立有利于战略性新兴产业发展的行业标准和重要产品技术标准体系。三是有关部门和各地通过各种媒体，加强对战略性新兴产业及其产品的宣传，鼓励绿色消费、循环消费、信息消费，创新消费模式，促进消费结构升级，营造培育发展战略性新兴产业的良好氛围。

四、关于加强配套设施建设的建议。《决定》提出，要加强新能源并网及储能、支线航空与通用航空、新能源汽车等领域的市场配套设施建设，积极培育市场，营造良好的市场环境。目前国家有关部门和各地正在积极推进相关配套设施建设，并取得了一定进展。如新能源汽车充换电服务网络发展迅速，在推进新能源汽车等新兴产业的市场培育和应用方面发挥了积极的作用。

五、关于建设公共服务平台的建议。正在研究制定的《国家战略性新兴产业发展"十二五"规划》初步提出,要积极构建战略性新兴产业支撑服务体系,建设完善公共技术研发平台、检测试验平台、技术转移中介机构等公共服务平台。目前国家有关部门已经开始推进、落实相关工作。如在学科建设方面,国家已批准在部分中等职业学校、高等学校设置了战略性新兴产业相关专业,启动实施了"卓越工程师教育培养计划"、"农科教合作培养人才计划"等,深化校企联合培养人才机制,努力为战略性新兴产业培养高级技术人才和技术工人。在创新能力建设方面,国家有关部门已将战略性新兴产业技术创新能力建设放在了突出位置,全面布局相关产业技术体系和创新能力的建设,统筹安排区域创新平台的建设等。

在具体工作中,我们将结合您的建议,不断深化研究和加强培育市场的力度。

感谢您对国家发展改革工作的关心和支持。

欢迎登录我委门户网站(www.ndrc.gov.cn),了解国家经济和社会发展政策、经济建设和社会发展情况、经济体制改革方面的重要信息。

全国政协十一届四次会议提案第5659号

案　　由:关于更好发挥深圳改革开放试验田作用的提案

审查意见:建议国务院交国家发改委研究办理

内　　容:一、深圳的历史性作用及其历史性贡献

深圳特区作为中国改革开放的试验田,在党中央、国务院和全国人民的关怀与支持下,坚持和发扬先行先试、敢为人先和杀出一条血路的精神,经过30年的艰辛探索、大胆实践和不懈努力,从一个边陲小渔村发展成现代化的国际化大都市。用短短30年的时间实现了外国要150年才能实现的梦想。30年来,深圳就是靠思想解放,靠"闯"的勇气和智慧,推翻了一道道在传统体制下一直被视为绝对真理的那些"神圣"教条的桎梏,为自己也为中国"闯"出了一条全新的适合中国特色社会主义的发展道路。美国《时代周刊》回顾深圳特区30年经济体制改革之路时评述道:"地处珠江三角洲的深圳一直是中国市场经济改革的先锋,达到带动中国经济起飞的目标。"

二、深圳面临的问题与未来的方向选择

30年过去了,深圳未来如何走?成为深圳特区新的发展阶段党和全国人民乃至国际社会急切希望得到回答的大考题。30年发展在打下丰厚物质基础的同时,也使深圳率先面临一道道难题:经济总量达到较高平台,经济内生动力和后劲不足;土地、资源、人口和环境约束进一步趋紧;制约科学发展的深层次体制机制障碍日益凸显;党和全国人民对特区寄予的厚望。这些"难题"恰恰就是深圳特区必须加快改革步伐迎来更加辉煌明天的原生动力。

同时,国家改革发展正处在历史转折的关键点,党中央、国务院将

更为艰巨的改革探索的重任赋予了深圳。面对发展新阶段国家和民族赋予的神圣使命,深圳必须坚持以科学发展观统领全局,以敢触敏感区、敢闯禁区、敢趟雷区的勇气、气概和智慧,先行先试、敢闯敢试,有责任和义务创出新经验、探出新路子,方能无愧于新时期改革开放排头兵的历史重任。

三、更好发挥深圳改革开放试验田作用的建议

1. 加速从"速度深圳"向"质量深圳"转变,努力探索加快中国经济发展方式转变的新路

2010年2月3日,胡锦涛总书记明确指出:"加快经济发展方式转变是我国经济领域的一场深刻变革,关系改革开放和社会主义现代化建设全局"。并进一步强调"转变经济发展方式,关键是要在'加快'上下工夫"。深圳应以此为契机,在"转变经济发展方式"上按总书记的要求"先行先试,发挥作用"。

(1)坚持以科学发展观统领改革全局,切实将全市经济发展总体规划、纲要、目标从追求GDP转变为追求"质量深圳"和"人民满意度"上来。让深圳人民真正分享改革开放的成果,使城市更现代、社会更和谐、人民更富裕;

(2)加速发展战略性新兴产业步伐。深圳应从七个方面加快发展和培育战略性新兴产业:即节能环保、新一代信息技术、生物、高端装备制造、新能源、新材料和新能源材料,使战略性新兴产业成为深圳经济的先导产业和支柱产业;

(3)在引才、育才、用才上要有突破性建树。一是面向全球招聘,博纳世界顶尖级科技人才和管理人才;二是要不惜重金、不怕议论、敢于政策倾斜;三是要从全局出发,对引进来的人才面对全市行政管理、国企、非公企业、科研机构,总体提升全市的综合实力和素质,这是转变经济发展方式、实现深圳可持续发展和建立战略性新兴产业的关键;

(4)注重新型生产要素特别是创新优势的培育。深圳在这方面还有明显不足,要在技术创新的同时,保证制度创新、管理创新和人力资本特别是企业家高级人力资本的发展,才能真正形成符合国际市场

竞争需要、领先民族经济的独特优势；

(5)加快建立从“深圳制造”向“深圳创造”转变的强有力激励机制。借助特区区域的延展和多角区经济圈之机、之力，着力推进现有经济体阶梯式扩散、裂变，实现“速度深圳”为“质量深圳”的历史大跨越，为国家全面推进建立战略性新兴产业提供宝贵经验。

2. 全方位推进“体制机制改革”，努力为全国政治体制改革探出新路子

创造透明、高效的行政体制、扩大民众的政治参与，是中国改革开放新局的突破口和起步点。温总理2010年8月视察深圳时指出：“不仅要推进经济体制改革，还要推进政治体制改革。没有政治体制改革的保障，经济体制改革的成果就会得而复失，现代化建设的目标就不可能实现。”对照这一高要求，从总体上看深圳在不少方面创新力度欠大，步伐尤显优柔寡断。故建议：

(1)快速、全面推进行政体制改革。从依然存在的条条及各个垂直管理机构的制约为重点突破口，实现全市所有机构、部门步调一致，且现在条件、时机和形势都已成熟；

(2)切实推进党内民主制度改革。加快建立制度化党内民主参与机制，探索完善党代会代表任期制，试行党代表大会常任制，发挥党代表大会的决策和监督作用；

(3)充分发挥人大和政协的应有作用，加强对全市“人、才、权”的监督。率先建立起对政府官员“花钱”的监督体系，形成一套完整和健全的运行机制，让老百姓看到党和政府加快民主法制建设的决心和示范；

(4)全面建立政府决策公示制。增强民众对政府事权力的参与权、知情权、监督权、决策权，真正解决某些方面权力过于集中且缺乏有效监督以及执行不力等问题；

(5)创新人事制度新局。率先引入竞选机制，全市各级机关、部门配备干部时，彻底打破目前仍沿用的等额推介，按照1:2或1:3差额向人大推荐、向市民公示；继而延伸至副市长、市长，并逐渐将此法引入党内。同时，应依据国家民主生活的进程，在政府主要领导岗位

及政府主管部门增大民主党派、无党派人员比例。以敢触敏感区、敢闯禁区、敢趟雷区的气魄和杀出一条血路的精神敢闯、敢试、敢为，为全国消除经济社会转型期不断频现的各种矛盾和影响科学发展的体制机制探好路、示好范。

3.抓住“前海”开发契机，加快“深港融合”步伐，在新时期探索出加快发展中国特色社会主义的新路子

2010年8月26日国务院在《前海深港现代服务业合作区总体发展规划》批示中明确指出：前海开发“是新时期改革开放的重大举措”。开发前海就是为未来深港一体化做准备，其历史意义极为深远。当年邓小平同志选择深圳为特区，一个重要出发点就是要依托香港的综合功能、借鉴引进香港的发展经验、管理经验，借势而上。深圳特区30年的实践证明，这种决策是英明的、正确的，也是成功的。从最初的“三来一补”企业，到高科技创新企业之都；从经济改革到社会、行政体制改革；从以深圳为代表的最初对外开放“处女地”，成为先进经验和先进制度的试验田，始终引领中国风气之先。深圳先后诞生过200多个国内“首次”、“率先”，创下并保持着多项全国“第一”、“之最”，香港沟通国际的桥梁作用的贡献是不容否认的事实。

前海位于深圳西部蛇口半岛西侧，珠江口东岸，地处珠三角区域发展主轴和沿海功能拓展的十字交汇处，与香港、澳门毗邻，是珠三角城市群联系的交通枢纽。从全国来说，经过30年的改革、创新、探索，但与香港相比，与世界发达国家相比，在公共行政、城市管理、公共服务、法制化水平及行政效能建设、执行力建设上仍存在较大差距。因此，将前海确定为“特区中的特区”尤显必要和迫切。通过开发前海，在金融、税务、法律、法规、人事体制、公共服务、工资薪酬等全方位与香港对接，同时参照中央给海南省的特殊政策，在前海“试办一些国际通行的旅游体育娱乐项目，探索发展竞猜型体育彩票和大型国际赛事即开彩票”。借助前海的地缘优势和交通便捷条件与香港共建更加开放的“世界级新经济区域”的同时，加速推进深圳特区体制上的全面创新；在深圳迈向更高层次国际化大都市的同时，科学、全面地探索出加快发展中国特色社会主义的新路子、新经验。

4. 着力构建反腐的“深圳模式”，为全国反腐倡廉探索新体系、新模式

多年来深圳一直致力于构建完整的预防、惩治腐败体系，对有效打击、预防特区的腐败发挥了重要作用。尽管如此，深圳反腐败形势依然严峻，特别是现在全国已有不少省、市走在深圳前面。既然党中央赋予深圳先行先试的优先权，深圳就应不负重望参照国际反腐倡廉经验，本着“为党分忧、为国尽责、为民奉献”的宗旨，深入贯彻落实科学发展观，坚持标本兼治、综合治理、惩防并举、注重预防的方针，探索构建新时期更加完备的教育、监督、预防、惩治一体的反腐倡廉新体制、新模式，为全国做出榜样：

(1)成立深圳廉政公署。学习香港、新加坡经验，在全国率先成立廉政公署，书记、市长兼任一把手；

(2)领导干部财产申报一步到位。世界已有一百多个国家实行官员财产申报，一是其申报范围：领导本人、配偶、子女；二是申报内容：收入、存款、汽车、股权股份、古董字画及经办企业；三是申报对象：全市处以上领导和将提拔的处以上领导干部：四是领导财产申报不只给组织、纪检部门，而应向全市群众公布、公示，接受全社会的监督；五是凡不如实申报者，应采取严肃的组织措施；

(3)坚决执行人大对政府所有收入、支出全程监督；

(4)完善人大对政府计划和预算支出决策失误及造成浪费的责任追究制度；

(5)将反腐关口前移，重点加强对领导机关、领导干部特别是各级领导中的主要负责人的监督，加强对利益冲突行为的监督；

(6)在敏感领域、腐败易发领域率先完善派驻纪检监察组，并建立人大、政协、市民、媒体的质询制度：

(7)本着切实保护干部从政积极性的精神，在打击、严惩恶意腐败的同时，对敢触敏感区、敢闯禁区、敢趟雷区改革先行者的失误和失败予以保护，探索、完善营造领导干部阳光从政、献身改革的良好从政环境；

(8)充分发挥特区立法权的优势，及时将行之有效的反腐措施转

变为法律、法规，以不断完善的反腐体制，为深圳经济特区的再腾飞、为开创更加美好的中国特色社会主义崭新未来保驾护航。

5. 坚持生态、低碳主导，创人与环境和谐型城市发展新局

经济的高速发展、人口的爆炸性增长，使深圳生态环境面临严峻考验。一是空气质量急剧下降。170 万辆汽车尾气成为空气一大污染源，环保部最近公布的资料指出“近年来京津冀、长三角、珠三角等区域每年出现灰霾污染的天数达到 100 天以上，广州、南京、杭州、深圳等城市灰霾污染更为严重”；二是深圳每年产生 1000 万吨建筑垃圾，而自己只能消化 350 万吨；三是河流污染严重，虽然每年都加大投入，可效果不尽如人意；四是过度填海，致使海域污染、海洋自净能力丧失，深圳湾生态日趋恶化；五是特区扩大，原来的渔村、农村变为城市，旧债需要新还……这些都是深圳特区在走向国际化大都市的绕不过的坎，也在国内十分具有代表性。为不再重蹈发展经济以损害环境为代价的覆辙，深圳有条件在 6 个方面着力，创新人与环境和谐型城市发展新局：

(1) 制定出符合国际标准化城市环保标准和深圳中长期优化空气质量规划。在环境保护部等九部委新近共同制定的《关于推进大气污染联防联控工作改善区域空气质量的指导意见》指导下，充分利用今年初与国家住建部签订的《关于共建国家低碳生态示范市合作框架协议》的有利条件，修订深圳 2010—2015 年分两步走的方案；

(2) 率先推行全市汽车欧四排放标准。制定出台使用电动汽车的优惠、奖励政策，并建成适应这一趋势需要的配套设施；

(3) 利用特区立法权优势制定科学的绿色建筑、节能环保的相关政策和严格规划、严格督查、严格处罚法规；

(4) 对高效益、高能耗、高排放、高污染企业、单位坚持执行退出机制和发布限时整改令制；

(5) 立足科学、长远发展，学习、引进国际先进技术、标准、设备，率先做好城市垃圾回收、利用示范；

(6) 强化全市民众生态、低碳意识，建立健全全民监督举报制度、环境预警制度、整治通报制度及世界新信息、新技术、新能源推荐制

度。将深圳真正建设成为人与自然和谐发展的国际大都市，为全国低碳生态城市建设创新宝贵经验。

6. 更好发挥非公经济体的作用

改革开放30年来，非公经济已成为国民经济的重要支柱，其在国家经济生活中的地位、作用和贡献率举足轻重，深圳的非公经济较全国则更具代表性和典型意义。故建议：

（1）政府制定专门政策，对非公经济体与国有企、事业等同对待；

（2）政府在金融、税收、融资、土地征用、人才引进、出口审批、引进外资、境外并购予以倾斜性支持与鼓励；

（3）破格培养、重用非公经济体中有卓越管理才能的优秀管理者，并适时吸纳进政府领导岗位和政府主管部门。

主题词： 经济　改革　发展

提案人： 黄少良

中华人民共和国国家发展和改革委员会2011年8月24日以发改提案〔2011〕175号文函复：

黄少良委员：

您提出的《关于更好发挥深圳改革开放试验田作用的提案》收悉。现答复如下：

兴办深圳等经济特区是党和国家为推进我国改革开放和社会主义现代化建设作出的一项重大决策。三十多年来，在党中央、国务院的坚强领导和全国人民的大力支持下，深圳经济特区坚持锐意改革，敢闯敢试、敢为天下先，勇于突破传统经济体制束缚，率先进行市场取向的体制改革，在我国实现从高度集中的计划经济体制到充满活力的社会主义市场经济体制的历史进程中发挥了重要作用，为全国改革开放和现代化建设积累了宝贵经验，为香港、澳门的顺利回归和繁荣稳定以及两岸关系发展发挥了重要作用。去年是深圳经济特区成立三十周年，党中央、国务院对深圳特区的发展成就作了充分的肯定，同时也对深圳在更大范围实现科学发展、为全国发挥示范带动作用寄予了更高的期望，提出了更高的要求。

随着我国社会主义市场经济体制的初步建立，特区和全国一样进入了改革的攻坚阶段，改革成本日益增加，改革难度不断加大，改革"试验田"作用明显减弱，特区对外开放的"窗口"地位也在逐步降低，新形势下特区的发展模式的确有待进一步创新。应该承认，深圳经济特区在取得举世瞩目的成绩的同时，也率先遇到了发展的一些瓶颈。如依赖资源和廉价劳动力低水平扩张的发展模式仍然没有得到根本改变，资源环境瓶颈约束不断加剧，发展后劲相对不足，行政和社会领域改革进入利益调整的深水区，现代服务业和高技术产业发展有待加强等。这让我们进一步认识到转变经济发展方式迫在眉睫、刻不容缓、极为重要，也更加坚定了我们加大改革力度，转变经济发展方式的决心。应该说，方式大转变、思想大解放、观念大更新，不仅是深圳特区的重大命题，也是当前全国面临的共同任务。您在深入调研的基础上提出"关于更好发挥深圳改革开放试验田作用的建议"，深入分析了深圳特区目前面临的问题，提出了今后改革的方向，提案中关于更好地发挥深圳改革开放试验田的六点建议，剖析深刻、对策合理，对于深圳市乃至全国下一阶段的改革工作都具有很强的借鉴意义。

一、关于加速从"速度深圳"向"质量深圳"转变，努力探索加快经济发展方式转变的路子的建议

"十二五"及今后一个时期，我国将以转变经济发展方式为战略核心。新时期经济特区的定位首先要与国家发展战略相联系，这同时也是今后经济特区的发展方向和发展机遇，深圳市以创造"深圳质量"为目标，加快建立促进经济发展方式转变的体制机制，在完善自主创新体系，促进产业结构优化升级；深化投融资体制改革，建立扩大消费需求的长效机制；完善中小企业服务支撑体系，深化国有企业改革等方面已经取得了积极进展。结合您的建议，我们将在今后的工作

中积极支持深圳经济特区在以下四个方面进行改革创新。一是坚持以深圳市开展国家综合配套改革试验为依托,加快制定并完善有利于推动科学发展、加快经济发展方式的绩效评价考核体系和具体考核办法,弱化对经济增长速度的评价考核,强化对结构优化、民生改善、资源节约、环境保护、基本公共服务和社会管理等目标任务完成的综合评价考核。二是支持深圳市增强自主创新能力和推动产业结构优化升级,加快进行自主创新体系建设,抢占未来产业竞争的制高点,加速发展战略性新兴产业。三是创新人才管理体制,整合人才管理职能,创新人才引进、培养、评价、任用、激励和服务保障机制,彻底打破人才身份限制,促进人才合理有序自由流动。四是注重创建有利于创新的制度优势,继续把自主创新作为深圳市发展的战略主导,完善自主创新的体制机制和政策环境,优化配置创新资源,提高创新能力,加强对制度创新、管理创新和人力资本特别是企业家制度创新的支持力度。同时,我们将积极总结深圳市在转变经济发展方式、加快创新体系建设方面的好的做法和经验,及时将深圳市创造出的成熟经验向全国推广。

二、关于全方位推进"体制机制创新",努力为全国政治体制改革探索出新路子的建议

深化包括行政管理体制改革在内的政治体制改革,率先建成公共服务型政府,是新时期中央赋予深圳的一项重大使命,也是深圳市实施综合配套改革的首要任务和重要突破口。深圳市实施综合配套改革以来,积极稳妥推进改革工作,不断完善和推进政府机构改革,率先试行公务员分类管理改革,深化事业单位改革,积极推动特区一体化发展,行政管理体制等改革事项已经迈出了实质性步伐,引起了社会各界的广泛关注和讨论,为深圳进一步改革发展奠定了良好的基础。我们认为,深圳市通过转变政府职能,改革政府机构,创新基层管理,推进政府管理扁平化,初步有效界定了政府与市场、社会的关系,精简了行政机构,再造了行政流程,提高了行政效能,公共服务型政府建设初显成效。相信深圳市推进行政管理体制改革的成功经验在经过实践检验后,将逐步发挥示范和带动作用,为全国其他地区相关工作提

供借鉴。目前,深圳市的民主政治建设正在按照党中央、国务院的统一部署稳步推进。我们积极支持深圳市以推进党内民主为重点,探索加强基层民主法治新路径,加快社会主义民主政治建设。在深入推进党内基层民主建设方面,深圳市出台了《深圳市基层党组织领导班子成员公推直选暂行办法》,全面推行基层党组织领导班子"公推直选",在深圳市第五次党代会代表选举,从全市 19 个选举单位中确定光明新区党工委等 4 个试点单位,采取组织推荐、党员联名推荐和党员个人自荐的方式推荐 14 名市党代表候选人,推荐人选、初步人选及正式候选人的差额比例分别达到 72.9%、45.7%、85.7%。在充分发挥人大、政协作用,健全政府决策公示制度等方面,我们将按照您提案中提出的有关意见和建议,在制订《深圳市综合配套改革三年(2012—2014 年)实施方案》中予以体现,积极指导协调深圳市开展上述改革,并建立健全评估机制,确保改革落到实处。在深化干部人事制度改革方面,2010 年深圳市分三批公推公选了 13 名市管正局级领导干部和 22 名副局级领导干部。针对不同层级职位,采取了个人自荐、一级党组(党委)会议民主推荐等相结合的提名方式。对 74 个市管党政正职职位进行了常委会票决,对 14 个市管党政正职进行了全委会票决,公开推荐选拔领导干部工作正逐步制度化、规范化和常态化。对于您提出在人事制度中逐步引入竞选机制,同时增大民主党派、无党派人事作用等建议,我们将结合深圳市改革工作的实践,在相关调研报告中向党中央、国务院予以反映。

三、关于抓住"前海"开放契机,加快"深港融合"步伐,在新时期加快发展中国特色社会主义的新路子的建议

去年 8 月,国务院批准了《前海深港现代服务业合作区总体发展规划》,为新时期深圳经济特区的发展提供了更为良好的平台和空间。按照国务院批复,前海合作区将以生产性服务业为重点,创新发展金融、现代物流、信息服务、科技服务及其他专业服务业;承担现代服务业体制机制创新区、现代服务业发展集聚区、香港与内地紧密合作先导区、珠三角地区产业升级引领区的功能,建设粤港现代服务业创新合作示范区,率先落实《内地与香港关于建立更紧密经贸关系的

安排》中有关先行先试的内容。目前,《前海管理局管理办法》、《前海湾保税港区管理办法》等办法正在征求意见,《前海深港现代服务业合作区条例》已经通过市人大终审,通过立法,为前海在治理结构、行政管理、财政体制、人事薪酬、土地开发、廉政建设等方面进行一系列改革创新提供了有力保障。我委作为方案制定和落实的牵头制定部门,在下一步工作中,将按照国务院批复精神,积极支持前海合作区的改革发展工作。对于您提出的有关前海地区在金融、税务、法律、法规、人事体制、公共服务、工资薪酬等方面全方位与香港对接等具体建议,我们将结合前海合作区改革和发展实践认真研究,在落实好目前已有方案、用足已有政策的前提下,争取新突破,为使深港合作和粤港合作进一步迈上新台阶奠定坚实基础。

四、关于着力构建反腐败的"深圳模式",为全国反腐倡廉探索新体系、新模式的建议

加强反腐倡廉建设是构建和谐社会、落实科学发展观的迫切需要,也是广大人民群众的呼声。我们将按照党中央和国务院的统一部署,坚持以人为本、执政为民,以保持和人民群众血肉联系为重点,坚持标本兼治、综合治理、惩防并举、注重预防的方针,扎实推进深圳市反腐倡廉体系建设。同时加强领导干部廉洁自律和严格管理,认真落实领导干部收入、房产、投资、配偶子女从业等情况定期报告制度。深入推进改革和制度创新,逐步建成内容科学、程序严密、配套完备、有效管用的反腐倡廉制度体系。建立健全决策权、执行权、监督权既相互制约又相互协调的权力结构和运行机制,积极推进政务公开和经济责任审计,加强对权力运行的制约和监督。加大查办违纪违法案件工作力度,同时借鉴国际有效经验。您提出的从组织机构、立法保障等方面构建反腐倡廉体系的建议,对深圳市下一步开展反腐倡廉工作具有很好的启示和借鉴意义,我们将会同中央有关部门和深圳市,对这些建议进行认真梳理和系统研究,确保其中切实可行的意见和建议充分发挥作用。

五、关于坚持生态、低碳主导,创新人与环境和谐型城市发展局面的建议

经过三十年高速发展,深圳市的生态环境面临严峻考验,特区内环境、人口、土地等承载能力已经接近极限。以发展绿色经济和强化节能减排为重点,加快建设资源节约型和环境友好型社会,是深圳市经济社会全面协调可持续发展的本质要求。目前深圳市已经开展了主要污染物排污权交易试点,制定了《深圳市主要污染物排污权有偿使用和交易管理办法》和《深圳市主要污染物排污权有偿使用和交易试点实施方案》,2010 年 10 月 8 日,深圳排放权交易所挂牌成立,主要污染物排污权交易试点工作正式启动。同时正在加快建立完善生态补偿机制,制定了《深圳市生态补偿系统工程研究和实施工作方案》,并选择基本生态控制线和水源保护区内具有一定代表性的地区作为全市实施生态补偿系统工程的试点区域,科学划分生态补偿的相应等级和标准。在创新生态文明城市建设机制方面,深圳市着手启动制定深圳低碳经济发展的中长期规划和近期行动计划,加快推进深圳市低碳经济试点实施方案编制工作和碳排放量测算研究工作,组织编制了《深圳市低碳经济"十二五"发展规划及 2020 年远景目标》。下一步工作中,我们将积极支持深圳市强化能源资源节约利用,大力发展循环经济,加强环境保护,促进生态修复,发展低碳经济,并根据您提案中的有关建议,会同有关部门共同支持深圳市尽快制定出台符合国际标准的城市环保标准和中长期优化空气质量规划,率先推行汽车欧四排放标准,制定节能建筑等相关政策,加快淘汰高耗能、高排放的落后产能,完善城市垃圾回收利用体系,建立资源节约和环境保护新信息、新技术、新能源推广使用机制,并做好相关宣传和监督工作。

六、关于更好发挥非公经济体作用的建议

今后一个时期是我国全面建设小康社会、实现中华民族伟大复兴的战略机遇期,迫切需要通过完善社会主义市场经济体系,转变经济发展方式,实现科学发展。加快发展非公有制经济是完善社会主义市场经济体制的重要组成部分。改革开放三十多年来,非公经济已经成为国民经济的重要支柱,深圳市的非公经济更是具有较强的代表性和典型意义。我们积极支持深圳市建立促进非公有制经济发展的体制机制,切实消除制约非公有制经济发展的制度性障碍,全面落实促进非公有制经济发展的政策措施。鼓励和引导民间资本进入法律法规未明文禁止准入的行业和领域。建立公平市场准入制度,切实做到市场准入标准和优惠扶持政策公开透明,不对民间资本单独设置附加条件。鼓励和引导非公有制企业通过参股、控股、资产收购等多种方式,参与国有企业改制重组。健全促进非公有制经济发展的政策法规体系,完善金融服务和财税支持政策,为非公有制经济发展创造良好环境。同时积极探索非公有制经济企业家更广泛地参与行政和社会管理等领域的新途径和新办法。

特区的最大特色在于改革创新,最大优势也在于改革创新。"解放思想、改革创新"是深圳等经济特区的生命线和灵魂,也是转变经济发展方式的前提。今后一个时期,深圳市要实现发展与跨越,一是要靠改革。要有敢于争先的精神,努力当好科学发展排头兵,在大胆试验方面一定要有底气,要弘扬特区人敢闯敢冒、敢为天下先、艰苦奋斗的改革创新精神,进一步解放思想,继续开拓前进。着力深化体制改革,在完善社会主义市场经济体制的同时,加大政治体制、社会体制、文化体制改革力度,促进特区二次转型。在转变经济发展方式和实现科学发展的成绩上求"特"求"新"。二是要靠开放。要对符合国际惯例和通行规则的重大制度大胆进行先行先试,实现社会主义市场经济体制下的生产要素自由流动,在参与国际经济合作、实现同国际市场顺利接轨方面取得新进展、新突破,率先形成有中国特色的开放型体制机制。把对内改革和对外开放更好地结合起来,努力建设现代化的国际大都市。三是要靠人才。要大力培养和吸引人才,构筑特区人才发展战略,提升公共服务水平,推进民主法治进步,建设"以人为本"的民生幸福的和谐城市。四是要靠创新。通过技术创新和制度创新,优化产业结构,依靠市场机制和科技进步驱动经济内生增长,建设国家创新型城市。我们相信,有党中央、国务院的正确领导,有过去三十年积累起来的坚实基础和丰富经验,有深圳市干部群众改革创新的勇气和实干精神,只要深圳继续沿着这条道路坚定不移地走下去,就一定能够把有中国特色、中国风格、中国气派的经济特区建设得更好更快,深圳经济特区的前景一定更加美好,一定能够在改革开放和科学发展的新征途上创造出更大的辉煌。

感谢您对国家发展改革工作的关心和支持。

欢迎登录我委门户网站(www. ndrc. gov. cn),了解国家经济和社会发展政策、经济建设和社会发展情况、经济体制改革方面的重要信息。

全国政协十一届四次会议提案第0623号

案　　由:关于推进环境损害赔偿评估管理体系和相关制度建立的提案

审查意见:建议国务院交由主办单位环保部会同中央编办办理

内　　容:随着社会经济发展进入高速发展的工业化阶段,人类与环境的冲突和矛盾开始显现,污染事故时有发生。近年来因环境污染所引发的群众投诉以平均每年10%的速度递增,这不仅反映出经济发展、生活水平提高后人民群众的环境意识迅速提升,也凸显了损害与赔偿的问题。环境损害赔偿问题不仅关系到环境资源的合理利用和保护,同时也是体现环境保护公众权益和公众监督的重要实质性举措,成为影响我国建设社会主义小康社会的重大民生问题,日益引起政府和公众的关注。

无论在发达国家还是在发展中国家,对环境损害赔偿问题的研究都方兴未艾。相比之下,目前我国环境污染损害鉴定评估和管理工作还处于起步阶段,有关的理论和实践多是空白。其原因涉及以下几项因素:

一、我国对于环境损害评估和管理处于起步阶段,对环境损害的内涵及外延定义较为狭义,只对传统的人身、财产等损害进行评估,没有考虑生态环境的破坏或降级的评估。

二、我国目前环境损害赔偿方面的标准、规范、制度化和法制化还不完善,在环境损害赔偿方面缺少专门的法规。由于缺乏现实操作上的可行性,我国环境纠纷行政解决机制的优势没有得到充分的发挥,环境损害行政调解、救济制度等机制还不健全。

三、在环境损害评估技术体系、评估标准、相关理论以及环境损害量化手段方面，都存在很大的差距。

四、环境损害评估管理的社会化机制，诸如环境保险、环境损害赔偿基金、环境健康损害补偿基金等社会化的制度，在中国的发展还很不成熟，有些领域还处于空白状态，导致环境损害得不到及时的赔偿，污染和被损害的环境得到修复补偿也有一定障碍，环境赔偿的落实存在一定的阻力。

五、由于我国法律对非政府组织的设立、活动等方面的规定较为严格，环境法规中也较少见到支持民间环保组织的规定，环境损害的公众参与监督方面的力量略显薄弱，民间力量参与环境保护的范围和程度还很有限。

为此，我们提出以下建议：

一、开展环境损害评估和赔偿的理论方法的研究，重新界定环境损害的内涵和外延，拓展传统环境损害的内涵，将原来针对污染对于人身和财产损失扩充到经济活动造成的直接、间接资源和环境损害，以及再拓展到对于资源环境本身原有价值的评估。

二、进行环境损害赔偿领域的立法研究，环境损害赔偿立法的制定将迫使排污企业自觉治理污染，减少环保部门的执法阻力，促进公民对环境保护事业的参与热情，也会使我国的环境资源法体系更加健全和完善。加强在环境损害赔偿方面的民法及相关环境法规的修订，制定专门的环境损害责任赔偿法，明确法规要素，明晰个主体责任和义务；明确行政处理与司法处理一体化的评判原则、程序、效力和机制。

三、建立评估组织机构，明确其职责，有资质的评估机构挂靠在环境保护科研机构和环境医学研究机构，组建由各相关学科专家组成的科学家团队组成评估专家组，承担环境损害评估、举证、提供赔偿科学依据的责任，确定评估组织和专家的认证原则和要求，以及确立聘雇程序及原则；确立对环境评估与赔偿的有关管理部门。

四、建立环境损害赔偿的管理制度体系，包括建立法律规范下的行政与司法一体的社会化的环境损害赔偿管理制度；适合国情的行政调解、行政救济制度；拓展诉讼主体范围，明确诉讼程序、要求，完善法律诉讼支持体系；在制止损害的同时，尽可能消除和修复环境影响和损害，并探索实现社会化生态补偿的途径和方法等相关制度。

五、建立环境损害赔偿管理机制，在法律规范、管理评估技术和程序完善的基础上实行行政和司法一体化管理；以环境信托，保险、基金等手段作为社会化管理环境损害赔偿的保障。

六、通过法律赋予公众相关责权利，定期组织公众参与：听证、交流、研讨；重大事件和决策进行不定期参与；定期进行环境需求和支付意愿调查；引导公众了解解决环境损害赔偿的途径和程序；鼓励环保社团组织的参与活动。

主题词： **环保　建设**

提案人： 民革中央

中华人民共和国环境保护部2011年8月17日以环提函〔2011〕55号文函复：

民革中央：

贵党提出的《关于推进环境损害赔偿评估管理体系和相关制度建立的提案》由我部会同中央编办办理。经商中央编办，现答复如下：

加强环境污染损害评估鉴定工作，妥善解决环境污染损害赔偿等相关问题，对经济持续健康发展和社会和谐稳定具有十分重要的意义。提案在开展环境损害评估和赔偿的理论方法研究、立法研究、建立评估组织机构、建立环境损害赔偿管理制度体系、管理机制、公众参与等方面提出的具体建议，符合我国现阶段开展环境污染损害鉴定、评估和赔偿工作的实际需要，具有积极的现实意义，我们非常赞同。

一、关于开展环境损害评估和赔偿的理论方法研究的建议

自2006年开始，我部组织环境规划院、最高人民法院应用法学研究所、中国政法大学等单位就环境污染损害评估和建立环境污染赔偿救济机制等主题开展专项研究，对欧美和日本等国在环境风险预防、环境损害评估、环境损害赔偿、环境污染修复、生态环境恢复等方面的理论体系、技术方法、法律法规、管理制度、工作机制进行了系统梳理。

2011年5月我部印发《关于开展环境污染损害鉴定评估工作的若干意见》，提出开展环境污染损害鉴定评估的重要意义、工作目标、工作任务和保障措施；同时编制了《环境污染损害数额计算推荐方法（第一版）》，在推荐方法中我们突破传统环境损害的定义，将间接损失、生态环境损害和自然资源破坏纳入损害赔偿的范围。

二、关于进行环境损害赔偿领域立法研究的建议

我部一贯重视进行环境污染损害赔偿领域的立法研究，在我部印发的《关于开展环境污染损害鉴定评估工作的若干意见》中明确将推进相关立法进程列为开展环境损害评估鉴定工作的工作任务。今后，我部将在研究论证环境污染损害责任承担主体、赔偿责任范围、责任承担方式等基本制度，及时总结各地实践经验的基础上，积极推进环境责任、环境污染损害赔偿和土壤污染防治等方面的立法进程。

三、关于建立评估组织机构的建议

为推进环境污染损害鉴定评估工作顺利开展，2010年我部在环境规划院和中国环境监测总站分别组建环境风险与损害鉴定评估研究中心与环境污染损害鉴定技术中心，负责环境污染损害鉴定评估技术的研发、标准制定以及相关政策与法律建议的提出。下一步我部将积极依托环保系统内现有科研技术单位的业务优势，组建地方环境污染损害鉴定评估管理与技术支撑队伍。此外，我部还积极与司法部等有关单位进行沟通协商，争取在条件成熟时推动环境污染损害鉴定评估队伍纳入国家司法鉴定体系。

中央编办认为贵党提出的有关建立环境损害评估组织机构的建议符合中央关于分类推进事业单位改革的精神。中央编办将按照中央统一部署，会同有关部门在下一步分类推进事业单位改革以及深化

行政管理体制改革等工作中统筹考虑，认真研究。

四、关于建立环境损害赔偿管理制度体系的建议

建立健全生态补偿机制，对保护生态环境、促进人与自然和谐发展、建设生态文明意义重大。我部一直积极推进生态补偿工作，2007年原国家环保总局出台《关于开展生态补偿试点工作的指导意见》（环发〔2007〕130号），开展了自然保护区、重要生态功能区、矿产资源开发、流域水环境保护等重点领域的生态补偿试点工作，取得了良好成效。2008年修订的《水污染防治法》，对饮用水水源保护区以及江河、湖泊、水库上游的生态补偿机制作了明确规定。

为进一步规范生态补偿机制，推动生态补偿工作的发展，国家已将生态补偿立法工作提上议事日程。目前《生态补偿条例》已列为国务院2011年立法工作计划二类项目，由国家发展改革委牵头，我部和其他有关部门共同参与起草工作。在前期调研的基础上，国家发展改革委牵头起草了国务院《关于加强生态补偿工作若干意见》，现正在征求有关部门和地方的意见，意见的出台将加快《生态补偿条例》的出台。我部将积极配合国家发展改革委，认真反映代表们所提意见和建议，推动条例尽快出台。

此外我部将积极配合有关部门，推动出台行政与司法一体化的社会化环境损害赔偿管理制度、适合国情的行政调解、行政救济制度，完善法律诉讼支持体系。

五、关于建立环境损害赔偿管理、保障机制的建议

在建立环境损害赔偿管理机制方面，2011年5月我部印发《关于开展环境污染损害鉴定评估工作的若干意见》，要求抓紧建立高效便民的环境污染损害鉴定评估机制，逐步规范运行模式，完善管理制度；联合相关研究机构、大专院校以及地方环境保护科研技术单位，形成环境污染损害鉴定评估技术研发体系；加强与司法部门等有关单位的协调配合，推动研究成果的应用转化。

在环境损害赔偿管理保障机制方面，我部和保监会于2007年年底联合发布《关于环境污染责任保险工作的指导意见》，启动环境污染责任保险试点工作。目前试点工作进展顺利，河北、湖南、湖北、江

苏、浙江、福建、辽宁、上海、重庆、四川、云南和广东12个省(市)已在全省或部分地区积极开展试点。此外,我部正在按照国务院和全国人大有关立法机关的工作安排,研究起草《大气污染防治法(修订草案)》和《环境保护法(修订草案)》。在这两部法律修订草案中,我们已研究提出高环境风险企业强制保险的立法建议,要求排放重金属企业、危险化学品生产经营企业和危险废物收集、贮存、运输、利用、处置企业等高环境风险企业,应当投保环境污染责任保险。

六、关于通过法律赋予公众相关责权利,定期组织公众参与重大事件和环境决策的建议

我部一直注重公众对环境决策的参与,为保障公众的环境知情权,及时公开相关信息。我部还积极组织公众参与听证,听取群众意见,将有益的建议纳入决策当中。我部2008年制定的《环境保护部工作规则》明确要求,重大事项的决策应事先经专家评审论证;涉及部内其他部门和单位的,应事先主动协调沟通;涉及相关部委的,应事先充分协商;涉及地方的,应事先征求地方意见;涉及重大公共利益和人民群众切身利益的,应通过座谈会、论证会、社会公示等形式公开征求意见,必要时举行听证会。

感谢贵党对环境保护事业的关心和支持!

全国政协十一届四次会议提案第1163号

案　　由:关于加快我国旅游安全保障体系建设的提案

审查意见:建议国务院交由国家旅游局办理

内　　容:旅游安全是旅游者出游的最基本需求,是旅游业发展的最根本保障。随着旅游业上升到国民经济的战略性支柱产业,我国旅游业面临前所未有的机遇,发展迅速。2010年我国旅游业三大市场实现全面恢复并较快增长。国内旅游人数达21亿人次,比上年增长10.6%;国内旅游收入1.26万亿元,增长23.5%;入境旅游人数1.34亿人次,增长5.8%;旅游外汇收入458亿美元,增长15.5%;全国旅游业总收入1.57万亿元,增长21.7%。但因自然灾害、交通事故、治安犯罪、疾病或人身伤害等引起旅游安全事件和事故的概率将有所增大。目前因旅游安全监管不力、旅游企业缺乏安全管理意识、景区安全设施建设的不足、旅游安全预警及救助系统的有效性欠缺等因素,导致我国旅游安全问题时有发生,又因为我国旅游安全保险体系不完善,从而严重影响我国的形象和声誉,制约我国旅游业健康和可持续发展。

为此,我建议:

一、尽快确定旅游安全保障体系建设的框架内容

1.旅游安全预警系统建设。要结合我国的实际,尽快建立和完善旅游安全预警系统。在安全事故发生之前,通过科学指标,对未来特定的一段时间,一定旅游区域内的旅游动向进行预测和引导,使旅游效果达到最佳。

2.旅游安全急救系统建设。包括:(1)救援指挥中心。对整个旅

游安全急救工作进行开展、协调、整体统筹。(2)安全救援机构。涉及很多部门,如医院、消防部门,及其他与救援工作有关系的其他部门。(3)安全救援的直接外围机构。包括可能发生旅游安全问题的旅游景区(点)、旅游企业、旅游管理部门和社区。(4)安全救援的间接外围机构。包括旅游地、保险机构、新闻媒体和通讯部门。这些部门虽然不参加直接的救援工作,但是却对救援工作的顺利开展起着非常重要的影响作用。

3. 旅游安全法规体系建设。要加快立法,从法律上保障旅游安全,为旅游活动中出现的各种安全问题的解决提供法律依据,依靠其权威性和强制性规范旅游从业人员的行为,增强旅游从业人员的安全意识和防控意识,提高旅游者的旅游安全防范意识,约束旅游者在旅游活动中的各种不当行为。

4. 旅游安全保险体系建设。包括:(1)由保险公司为游客及旅游从业人员制定专门性综合保险保障项目;(2)建立旅游保险服务信息平台;(3)设立呼叫服务中心;(4)建立紧急救援中心;(5)建立理赔服务中心;(6)设立旅游保险基金。

二、加快我国旅游安全保障体系建设的建议

1. 提高认识,强化责任意识,完善相关法规建设。政府和社会各方面要真正重视旅游安全问题,要提高居安思危、防患于未然的意识,并加强责任追究。社会主义市场经济,从一定意义上讲也是法制经济。要有效建立起我国旅游安全保障体系,从长远着眼,必须逐步建立和完善有关旅游安全保障体系的法规,使之有法规依据,且不再是软要求,而是硬规定。

2. 加强调查,开展专项研究。目前我国已开展对旅游安全体系建设的研究,但一般的理论研究较多,对旅游危机以及冒险旅游等专项旅游的安全问题研究较少,尤其是没有具体到自然灾害、传染病、卫生事件和人为事故等的研究;没有重视实地调查,也缺少案例研究,没有注重建立模型进行数理分析和定性、定量分析,研究技术手段较为单一;研究成果没有针对具体领域和旅游者的安全意识等提出可操作性意见和战略管理措施。建议有关部门多设立课题进行研究。

3. 加大投入，依靠科技进步。没有投入，就无法保证安全。因此，要改善设施技术手段，配备先进的救助设备，包括救助飞机、船舶和通讯设备等。

4. 强化教育，加快人才培养。旅游企业和旅游有关部门应按照国家有关规定定期对旅游从业人员进行培训，提高他们的安全知识水平，强化他们在旅游活动过程中严格按照规章制度工作的意识，提升队伍整体素质，将安全事故的发生消除在萌芽阶段。

5. 加强宣传，提高防范意识。针对近年来出现的诸多安全事故，旅游主管部门及旅游企业应加大旅游安全的宣传教育，尤其是加强旅游者的安全认知和防范教育，提高社会大众的防范保险意识。

6. 加强排查，集中治理防范。如在清明节、中秋节、国庆节和春节等节日前，要集中人力、物力、财力，对旅游安全隐患进行认真治理，完善落实防范措施，确保高峰期旅游安全。

7. 落实机制，确保信息畅通。要建立全国旅游行业快速反应、运行有序的事故报告机制，确保旅游行业安全生产信息渠道畅通。

主题词： 旅游　安全　建设

提案人： 连介德

中华人民共和国国家旅游局2011年6月20日以旅函〔2011〕178号文函复：

连介德委员：

您提出的《关于加快我国旅游安全保障体系建设的提案》收悉。现答复如下：

诚如您所言，旅游安全是旅游者出行的最基本需求，是旅游业发展的最根本保障。多年来，我们高度重视、积极推进旅游安全保障体系建设。

一、不断加强旅游法规机制建设

一是加快旅游安全法规体系建设。在新修订的《旅行社条例》、《旅行社投保责任保险管理办法》等法规、规章中,增加了旅游安全管理内容;启动了《旅游法》的立法,将专门设立“旅游安全”章节,对政府、相关部门、旅游企业和旅游者的旅游安全保障义务予以明确;并即将出台《旅游者安全保护办法》部门规章。同时各级旅游部门不断完善旅游突发事件应急预案和旅游突发事件信息报送机制。国家旅游局专门研制了“涉旅突发事件报送系统”,以提高涉旅突发事件信息报送的规范性和及时性。二是推进旅游安全标准化工作。启动了《旅游紧急救援服务规范》国家标准的起草工作,在新制订和修订的《星级饭店的划分与评定》、《旅游集散中心设施与服务规范》、《旅游咨询中心设施与服务规范》等国家标准中进一步强化了旅游安全保障的规范和要求,下一步还将启动旅行社安全服务规范等标准的编制。三是强化旅游安全的部门、区域和境内外协作机制。加强与外交、公安、交通、安监、质检、气象、食品药品监管等部门的合作,强化旅游安全保障协作机制,并不断加强旅游安全区域合作和联动,逐步深化旅游安全国际合作。

二、旅游安全风险预警防范体系初步建立

一是建立了旅游安全风险提示制度。近年来国家旅游局积极履行公共服务职能,不断完善旅游目的地风险提示制度。今年以来先后在国家旅游局官方网站发布境内外旅游目的地安全风险提示50余条。各地旅游部门利用手机短信、网络等手段,发布了旅游风险提示或转发国家旅游局的风险提示。下一步还将在增强提示信息的覆盖面、及时性和针对性等方面加以完善。二是强化旅游安全的日常管理和专项检查。各地旅游部门不断加强对旅行社的安全监管和对饭店、景区等的旅游安全指导。在安全生产月活动期间及黄金周、暑期等高峰时段,加强联合安全检查,排查隐患,督促整改。三是广泛开展宣传教育,提高认识。近年来,国家旅游局通过召开旅游安全与应急工作会议、下发行业文件通知、组织培训宣传等方式,不断提高各级旅游部门对旅游安全重要性的认识，不断强化旅游企业的安全主体责任和旅游部门的安全监管责任。国家旅游局专门组织编写《旅游安全培训》系列丛书，指导各地开展相关旅游安全培训与教育，提高从业人员和管理人员的安全应急意识和应急处置能力。旅游行业积极开展“安全生产月”和“安全生产万里行”活动，并利用旅行社门市窗口、景区宣传栏、饭店告示牌、旅游网站、短信、旅行社行前说明会等多种形式，向游客广泛开展旅游安全知识宣传。四是强化旅游安全研究。国家旅游局每年都要组织行业内安全调研和检查。同时委托有关专家进行旅游安全方面的课题研究，开展旅游事故案例剖析。

三、旅游安全应急处置机制逐步健全

一是加强机构建设、应急投入和手段创新。国家旅游局专门成立了应急办，各级旅游部门也不断加强对旅游安全的人员、资金投入和保障，确保旅游突发事件发生后，能够按照预案要求及时启动相应的应急响应机制，并积极改善保障安全的技术手段。配合安全监管、交通等部门，积极推动落实旅游客运车辆安装具有行驶记录功能的卫星定位装置，实现旅游客运车辆全程安全监控；建设旅游气象网，搭建应对旅游灾害性天气预警的应急平台。二是整合资源，完善救援体系。整合相关行业和社会紧急救援力量，形成旅游专业化和社会化、商业化应急救援力量相结合的旅游紧急救援体系。三是探索规范旅游紧急救援工作。拟通过制订《旅游紧急救援服务规范》国家标准，规范各类旅游企业和旅游救援机构的旅游救援服务、人员和设施配置，指导各地开展旅游紧急救援工作。四是强化与相关部门的协作配合，做好协调处置、信息沟通及新闻发布等工作。

四、推动完善旅游保险保障机制

2010 年起国家旅游局推动实施了“旅行社责任保险全国统保示范项目”。该项目建立的有责赔付、无责垫付，“巨灾”超赔和调解处理等机制，使重特大旅游突发事件得到妥善处置，旅行社与旅游者及保险公司的纠纷逐步减少，旅行社的风险防范意识和风险管控水平不断增强，旅行社行业安全风险得到有效的转移和化解。下一步国家旅游局还将在实施旅行社责任保险制度的基础上，通过行业协会推动建立包括景区、饭店、车船等旅游各环节的责任保险体系,并推动完善旅游者个人保险产品,解决旅游者在境内外突发意外和疾病、行程延误、行程取消后的经济补偿,从而推动完善覆盖旅游全过程、各环节的旅游保险保障体系。

感谢您对旅游业的关心和支持。

全国政协十一届四次会议提案第3805号

案　　由:关于建立健全大江大河水质监测体系和上下游排污权有偿使用和交易机制的提案

审查意见:建议国务院交由环保部办理

内　　容:三峡库区腹心区位于重庆市境内。三峡工程建设以来,为确保三峡库区水质安全,重庆市加大污水处理建设力度,并大幅度提高城市污水处理费标准,自2010年1月起全市城市污水处理费达到每立方米居民用水1.00元、非居用用水1.30元,有效增强了全市污水处理行业自身积累和自我发展能力,也有效提升了社会对排污的自我约束能力。目前重庆已建成城市污水处理厂51座、小城镇污水处理厂23座,形成污水处理能力7亿吨/年。全市城市污水集中处理率为83%,城镇污水集中处理率为65%,三峡库区长江水体质量总体达到二类水质标准。自2008年起重庆市开展了声势浩大的"森林重庆"建设,2010年又发起绿化长江重庆行动,为有效改善重庆生态环境和三峡库区水环境质量作出了应有的贡献。

三峡库区水环境质量和生态安全不仅事关三峡库区饮用水质量,而且事关长江全流域可持续发展。三峡库区水环境质量的改善不仅取决于重庆自身的努力,而且取决于长江上游其他地区水环境质量的改善。为有效抑制污水排放,目前中央及各级政府加大了环保执法力度,健立了城市污水处理费和排污费征收体系。但是,由于GDP政绩考核的主导,导致政府环保监管不到位,高耗能高污染企业被作为招商引资项目大量引进,部分企业污水处理设施开启不足成为名不符实的"晒太阳工程",部分高污染企业为降低企业污水处理成本甚至向江河直接排放，中小河流面源污染更是屡禁不止，致使部分河流水污染安全事件仍时有发生。长此以往，我们的母亲河将不堪重负。绿化长江保护母亲河事关“十二五”时期科学发展大计，事关国家民族持续兴盛的未来，不仅要唤起全民的高度关注，更急需加大政府环境保护的责任。为此，建议国家要进一步加大环保立法执法力度，健全大江大河水质监测体系，建立上下游排污权有偿使用和交易机制。

一、健全大江大河水质监测体系。中央政府要对大江大河流经省市区河界进行水质监测，省市区政府要对大江大河流经区市县河界进行水质监测，准确记录流入水质和流出水质指标，定期分析并公布监测结果。

二、建立上下游排污权有偿使用和交易机制。当河流界面流出水质差于流入水质时，上级政府要按河流界面径流量计量该行政区域向下流地区的污染排放量，按质差系数计算向该行政区域征收排污权交易费，建议每类水质价差不低于每吨0.2元的标准。当河流界面流出水质好于流入水质时，上级政府按河流界面径流量计量该地区污染处理量，按质差系数设计量向该行政区域转移支付补偿排污权交易费，建议每类水质价差不低于每吨0.2元的标准。

三、健全大江大河水质监测体系，建立上下游排污权有偿交易机制，其目的在于加大政府保护水质安全的责任。不仅应从道义上唤起全民保护水生态环境意识，更要从经济上健全惩奖机制，以进一步明晰各级政府的环境保护责任。

主题词： **水域　污染**

提案人： 卢晓钟

中华人民共和国环境保护部2011年6月1日以环提函〔2011〕4号文函复：

卢晓钟委员：

您提出的《关于建立健全大江大河水质监测体系和上下游排污权有偿使用和交易机制的提案》收悉。现答复如下：

一、关于健全大江大河水质监测体系的问题

“十一五”期间，环境保护部在全国重点流域共布设759个国控监测断面（其中省界断面145个，三峡库区监测断面共6个），监控318条河流，28个湖（库），共262个环境监测站承担国控点位的监测任务。国控监测断面中，每月河流的监测项目为《地表水环境质量标准》（GB3838—2002）表1中的24个项目，湖库的监测项目在河流监测项目的基础上，增加叶绿素a、透明度和水位3项，用于评价富营养化状态。

“十二五”国家地表水环境质量评价网设置方案已经过论证，拟设置国控断面（点位）970个（其中省界断面149个，三峡库区监测断面6个），其中河流断面765个，湖库点位205个，共监测416条河流和61座湖库。“十二五”国家地表水环境质量评价网监测的水资源总量为2.43万亿立方米，约占全国地表水资源总量（约2.7万亿立方米）的90%以上。

为实施水质预警，国家还在部分重点流域开展水质自动监测工作。目前国家投资建成的重点流域地表水自动监测站共100个，其中省界断面37个。国家地表水自动监测站主要监测项目包括：水温、pH、溶解氧、浊度、电导率、高锰酸盐指数、总有机碳、氨氮等，湖库有些还配备总磷、总氮等自动监测设备。自动监测频次一般设为每2h或4h监测一次（即每天12个或6个监测数据），当发生水污染事故时，监测频次可调整为连续监测。水质自动监测数据在环境保护部网站（www. mep. gov. cn）、中国环境监测网（www. cnemc. cn）等媒体上实时发布。2011 年还将有 48 个国家地表水自动监测站投入运行，基本形成覆盖全国重点水域的水质自动监测网络，形成对重点水域实施实时监控的能力。

全国地表水自动监测周报、水质月报、年报等各类报告定期在环境保护部网站（www. mep. gov. cn）、中国环境监测网（www. cnemc. cn）等媒体上公开发布。自 2010 年开始，我部每半年向社会公开发布《重点流域水环境质量状况》公告，不断加大信息公开力度，促进水污染防治工作。

二、关于建立上下游排污权有偿使用和交易机制的问题

排污权有偿使用与排污交易制度是环境管理制度的重大创新。“十一五”以来，我国主要污染物总量减排取得重要进展，但环境污染的严峻形势仍然没有根本转变，部分河流水污染事件仍时有发生。为建立污染减排长效机制，促进经济与环境协调发展，优化污染减排成本，引入并建立排污权有偿使用与排污交易制度非常必要。

为稳妥地推进该项制度，“十一五”期间，我部在部分省、市开展了试点工作，先后将江苏、浙江、天津、湖北、湖南、内蒙古、山西和重庆 8 个省（区、市）列为国家排污交易试点省份。另外，广东、山东、辽宁、黑龙江等十余个省也在省内积极探索尝试。通过先期试点，该项制度取得了积极进展，各地区配合总量减排工作出台了一系列地方性法规政策文件，部分地区已全面开征排污权有偿使用费，并进行了多笔排污权交易，盘活了总量指标，节省了污染减排成本。

下一步我部将按照 2011 年政府工作报告提出的“研究制定排污权有偿使用和交易试点的指导意见”的精神，配合财政部等部门出台排污权有偿使用的指导意见和具体办法，进一步规范和指导各地区的排污权交易工作。在试点省份工作的基础上，积极研究有关政策、措施，规范排污权有偿使用和交易市场，形成适合我国国情、分级管理的排污权有偿使用和排污交易制度，在全国逐步推行。

感谢您对环境保护工作的关心。您的建议对于建立健全我国大江大河水质监测体系,促进上下游排污权有偿使用和交易机制的建立,具有重要价值。请您继续关注并一如既往地支持我国的环境保护工作。

全国政协十一届四次会议提案第 4396 号

案　　由:关于加强大气微尘污染防治的提案

审查意见:建议国务院交由主办单位环保部会同住房和城乡建设部办理

内　　容:近 30 年来,我国肺癌发病率增长了 4 倍,这与大气微尘污染而形成的灰霾天气增加曲线完全相吻合,其因果关系已得到专业机构的证实。尤其是在城市,灰霾天气已成为不折不扣的“健康杀手”,最直接的后果就是导致肺癌。20 世纪 80 年代以前,我国城市每年灰霾天气通常仅为几天至十几天。此后,灰霾天数猛增,不少城市一年达 100 天乃至 200 天。这是因为随着工业的发展、汽车的增加和城市建设步伐的加快,造成大量工业废气、挥发性化学物质、汽车尾气和施工扬尘等转化的有毒有害微尘的迅猛增加。目前我国空气中可吸入颗粒物(微尘)浓度严重超标,达到一百至一百五十微克/立方米,甚至更高,而美国等发达国家仅为十几个微克/立方米。2011 年 1 月 19 日,中国人民大学与公众环境研究中心联合发布了 2010 年度中外城市空气质量信息评价报告,20 个大陆城市无一及格。我国城市大气污染指标的监测和发布尚不全面,有些重要指标(如细颗粒物 PM2.5 等)根本不监测或不发布。

研究表明,微尘有凹凸不平的发达表面,极易吸附空气中的污染物,如铅、砷、镉、汞等有害元素,苯并(a)芘、二噁英、芳香胺和有机磷类农药等有毒有机物,对人的危害极大。微尘可被直接吸入肺泡,并慢慢沉积下来,甚至进入血液,危害其他脏器。有毒有害微尘不仅引起中毒、支气管炎、肺气肿、过敏性鼻炎、哮喘发作、心脑血管病和其他疾病,并引起肺组织细胞的损伤,最终导致肺癌。现在肺癌已上升为我国癌症的第一杀手,除吸烟外,主要是大气微尘危害造成的。此外,微尘易吸附水份,滋生细菌,是SAS、H1N1流感病毒等的主要传播媒介,其危害已引起人们的警觉。总之,我国微尘污染的危害已十分严重,但尚未得到有效防治,这已成为影响民生的大事,必须尽快摆到政府的重要议事日程上来。为此,我们建议:

一、要把扬尘防治摆在微尘污染防治的首位。因为有数据显示,当前我国60%的可吸入颗粒物是由扬尘引起的。因此要把扬尘防治摆在最重要、最紧迫的位置来抓,可以起立竿见影的效果。要尽快建立一套行之有效的扬尘防治管理机制和体系,一是要建立扬尘防治管理的标准体系,将考核指标量化,即将抽象的概括性的软指标变为可供准确评估考核的硬指标;二是建立扬尘防治的责任体系。根据扬尘污染源面广量大的特点,建议各级政府组织包括公安、市容市政、环保、城建、交通等在内的各个部门建立单独执法和联合执法的责任体系;三是加大监测力度。要加大监测的投入力度和监测队伍的建设力度,实施源头管理和重点防治,做到监测、监察、监督"三监"联动;四是建立扬尘防治的监督体系。要建立监督和处罚机构,以行政监督为主,联合公众监督、媒体监督和经济监督,开设专门的门户网站和举报信箱,便于公众的监督;五是采用经济手段防治扬尘污染。应试行扬尘排放经济制裁制度,建设单位在工程概算中设立扬尘污染控制专项基金,承担扬尘防治的直接责任,并实行施工单位扬尘防治工作与工程款相挂钩的措施和扬尘超标的经济处罚措施。

二、加大工矿企业废气污染特别是微尘排放的控制力度。一是要狠抓火电厂、水泥厂及其他产生大量粉尘的企业的治理,要采用先进的除尘设备和技术,让废气微尘达标排放,并尽可能合理地减少微尘到最低限度;二是加强所有废气排放单位的治理工作,尽量减少废气中有毒有害物质的排放,减轻微尘的危害;三是加快集中供气供热的建设步伐,尽快取消小锅炉、减少一家一户燃煤取暖和炊事。四是应在全国推广市区禁止摩托车通行的做法,因为摩托车尾气污染比汽车还严重,且难以治理。此外,要采取断然措施,杜绝农田秸秆焚烧现象。

三、加大汽车尾气的治理力度。汽车尾气是产生有害微尘的重要原因之一,因此要坚决执行汽车尾气达标要求,不达标者不准上路;二是加快绿色公交的进程,减少燃油动力的污染;三是加快“便捷公交”的建设,让公交成为公众出行的第一选择,减缓私家车的增长速度和出行比例;四是进一步改善行道树的建设和城市绿化,提高其吸附有害物质和微尘的功能,减轻有毒有害气体和微尘的危害。

四、要做好城市建设和改造的规划。近年来,随着城市建设和改造的迅速推进,大楼越建越高,越建越密集,使风流经城市时明显减弱,静风现象增多,不利大气污染物向外扩散和稀释,容易形成微尘积累、灰霾不易消散的“楼区小盆地”。在城市建设和改造规划中要避免出现这种盆地现象。此外,要尽量减少裸露土地的面积,减少扬尘。

五、加强宣传力度。一是要把空气中可吸入颗粒物浓度和灰霾天气作为气象预报的重要内容,做到透明、真实、可信,让公众了解本地区微尘危害的情况,做好防范工作;二是要利用各种媒体普及微尘危害和防范的有关知识,发动公民积极参与环保活动和科学对待微尘污染的危害。如出现灰霾天气,要减少户外活动,少年儿童特别是婴幼儿要少到交通繁忙的道路附近特别是十字路口活动等。

主题词： 污染　治理

提案人： 盛小云　滕矢初　冯　远　冯小宁　刘宇一　刘秀荣　刘锡津　杨　赤　杨春霞　吴为山　何水法　宋雨桂　张　柏　张廷皓　金铁霖　赵　卫　赵汝蘅　美朗多吉　徐庆平　席　强　崔建华　阎维文　曾成钢　谭利华　王川平　田军利

中华人民共和国国家环境保护部2011年8月15日以环提函〔2011〕51号文函复：

盛小云等委员：

你们提出的《关于加强大气微尘污染防治的提案》由我部会同住房城乡建设部办理，经认真研究，现答复如下：

一、关于扬尘污染防治

扬尘是影响我国城市空气质量的重要因素。《大气污染防治法》第四十三条对扬尘污染防治明确要求，城市人民政府应采取绿化责任制、加强建设施工管理、扩大地面铺装面积、控制渣土堆放和清洁运输等措施防治扬尘污染。2007年原国家环保总局发布的《防治城市扬尘污染技术规范》，对施工扬尘、土壤扬尘、道路扬尘、堆场扬尘提出严格管理要求。经过不断实践和探索，初步建立了防治扬尘污染的监督管理体系。

但随着各地城镇化的快速发展，房屋建筑、交通设施、市政工程设施规模的进一步扩大，扬尘污染问题日益突出。为切实解决扬尘污染，我部正在编制《重点区域大气污染联防联控“十二五”规划》，把扬尘污染防治作为大气污染防治工作的重要内容，重点将抓好以下几方面的工作：一是落实责任制，将扬尘控制作为城市环境综合整治的重要内容；二是加强施工扬尘监管，将施工企业扬尘污染防治情况纳入建筑企业信用征信体系，推进绿色施工；三是提高道路保洁水平，加强渣土运输车密闭运输管理；四是推进煤堆、物料堆的监督管理；五是积极推进杭州、西安、沈阳等市开展扬尘排污收费试点，用经济手段促进扬尘污染防治。

二、关于工业废气污染控制

“十一五”以来，工业废气控制取得了积极的成效，在燃煤快速增长的情况下，工业烟粉尘、二氧化硫排放量持续下降。“十二五”时间，我部将着重做好以下几方面的工作：一是着力推进二氧化硫、氮氧化物、烟粉尘减排，以火电、水泥、钢铁、燃煤工业锅炉为重点，推进脱硫、脱硝、高效除尘技术升级改造，大幅度减少污染物排放量；二是提高污染物排放标准，目前我部正在组织修订火电、钢铁等行业的污染物排放标准，从严控制二氧化硫、氮氧化物、烟粉尘和汞排放；三是在重点区域探索实施煤炭消费总量控制制度，把煤炭消费总量作为项目审批的前置条件，以总量定项目，以总量定产能；四是加快淘汰落后产能，加大热电联供，淘汰分散燃煤小锅炉，降低污染排放。

三、关于机动车污染防治

经过十几年的不断探索，我国初步建立起了一套涵盖新车、在用车、车用燃油等机动车环境管理各个领域的管理体系，在制定和实施排放控制标准、新生产机动车型式核准、环保生产一致性检查、在用车定期环保检验、黄绿标标志管理、加快淘汰黄标车、改善车用燃油品质等方面取得了积极进展，有力促进了我国汽车产业的发展和机动车污染控制水平的提高。我国已实现国Ⅰ标准到国Ⅳ标准的升级，新生产汽车的单车污染物排放量下降90%以上。

“十二五”期间，我部将开展以下几项工作：一是加快机动车排放标准实施进度，完善机动车环保型式核准制度，加大机动车环保生产一致性检查力度，确保新生产机动车排放达标，从源头防范尾气污染；二是强化在用车环境监管，进一步加强机动车环保检验机构委托管理，扩大环保检验合格标志核发范围；三是研究制定黄标车淘汰的激励政策和强制措施，加快高排放黄标车淘汰步伐；四是着力提高车用燃料品质，积极协调有关部门加快制定国Ⅳ、国Ⅴ汽柴油标准，推进车用燃料低硫化；五是大力发展可持续交通体系，积极推广使用新能源汽车。

四、关于细颗粒监测

我国现行环境空气质量评价体系不包括细颗粒（$PM_{2.5}$）指标，仅有少数城市开展了监测试点工作。目前我部正在着力开展以下两方面的工作：一是组织修订《环境空气质量标准》，研究将$PM_{2.5}$指标纳入标准体系;二是加快 $PM_{2.5}$ 监测体系建设,在天津、重庆、上海、南京等 7 个典型城市 $PM_{2.5}$ 监测试点的基础上,继续扩大监测范围,为解决灰霾污染等大气环境问题提供科学支撑。

五、关于城市规划

在我国城镇化发展过程中,对土地的节约利用是基于我国土地资源紧缺这一基本国情的现实选择。在城市大楼渐高渐密的情况下,如何避免城市静风现象已成为城市规划工作的重要课题。在现有工作的基础上,城乡规划部门将加强以下工作:一是在制定各级城市规划中加强对城市通风系统的研究,在规划制定环节做好统筹规划;二是在建设项目规划行政许可过程中加强建设项目通风影响的审核,尽量减少城市和楼区间的静风现象。

六、关于环境宣传教育

自 1997 年起,我部向社会公布空气质量日报,要求各地也要及时公布空气质量信息;每年环境日期间,通过召开新闻发布会等方式公布全国环境质量状况年报,公众能及时了解空气质量状况。为进一步加大环境宣传力度,2010 年我部与新华社合作开办电视新闻栏目“环境”,围绕空气污染治理等重要话题展开报道,及时向社会传递我国加强环保工作的举措,宣传环保知识。同时我部正在研究制订《环境空气质量指数(AQI)日报技术规定》,将 $PM_{2.5}$ 纳入日报体系,让空气质量日报信息与公众的直观感受更加贴近。

感谢你们对环境保护工作的关心和支持。

全国政协十一届四次会议提案第1274号

案　　由:关于推动农村金融创新促进农村经济发展的提案

审查意见:建议国务院交由主办单位中国人民银行会同国家发改委、中国银监会、财政部办理

内　　容:改革开放以来,我国农村金融对推动农村经济发展发挥了重要作用。但是,农村金融体系与农村经济转型对金融服务不断增长的需求还相去甚远。

一、农村金融存在的主要问题

1.农村金融服务规模小,手段单一,难以满足农村经济主体多层次、多样化的金融需求。仅以河南省为例,目前只有农村信用社和邮政储蓄银行两家金融机构在乡镇设有机构网点,并且仍然以传统的存、贷款和汇兑为主,中间业务仅仅局限于代理保险、代收代付、代签汇票等。

2.农村贷款主体单一,农业贷款利率高,加重了"三农"的负担。据某市银监部门统计,2009年年末,该市农信社发放贷款利率在基准利率1.3—2.3倍之间的额度,占到了全部贷款发放额的26.2%。

3.农户、农民经济合作组织和农村企业贷款难度大。某市在工商部门登记注册的农民专业合作社多达几千家,至2010年3月末,农村经济组织贷款余额仅占全部农业贷款的7%。

4.农业保险逐年萎缩,难以满足农村经济发展的实际需要。某市人民财产保险公司分公司商业性农业保险费金额占全公司保险费总额的比例不到1%。

二、推动农村金融创新,服务农村经济发展的建议

1. 加大对涉农金融机构的政策扶持力度

一方面各级政府应进一步加大对农村水、电、交通、通信等公共基础设施建设的投入,通过政策性投资,拉动农村金融需求,降低金融机构开展农村金融业务的成本,增加各金融机构向农村拓展业务的积极性。另一方面各级政府应在财政税收补贴等方面对农村金融机构更加倾斜,并且对准备金、利率等政策进行适当调整,加大对农村金融的支持力度,从而吸引各金融机构进入农村金融市场。

2. 建立农村金融风险补偿机制

当前我国农业急需政府提供不以营利为目标的政策性农业保险,作为一种公共服务来保证农业生产的顺利进行。同时为了鼓励商业金融对农业的投资,各级政府应当尽快建立适当的农业信贷风险补偿机制,如对支农信贷少提坏账准备,坏账核销由财政补偿等,为农业现代化进程中的资金投入提供保障。

3. 建立农村资金回流机制

一是以法律形式规定商业银行每年新增存款的一定比例投放到农业或涉农领域。二是进一步完善邮政储蓄的有关政策,建立起邮政储蓄资金回流机制。三是加大中央银行对农村信用社的再贷款支持力度。

4. 创新金融服务品种,满足农村小额信贷需求

一是可以借鉴国外小额信贷的成功经验,鼓励金融机构在小额信贷工具上不断创新;二是充分发挥各种类型合作组织、行业协会的作用,将小额贷款的投放与提供完善的农村金融服务结合起来;三是充分利用商品交易所,推出适合农村经济需求的避险交易工具与套期保值工具。四是建立健全农户和农村企业的贷款抵押担保机制,完善对担保机构的监管框架。针对农户和农村中小企业的实际情况,实施多种担保办法,探索实行动产抵押、仓单质押、权益质押等担保形式。鼓励政府出资的各类信用担保机构积极拓展符合农村特点的担保业务,有条件的地方可设立农业担保机构,鼓励现有商业性担保机构开展农村担保业务。

5. 逐步健全充分的竞争机制,改变农村金融机构的“非农”偏好

一是鼓励有条件的地方，在严格监管、有效防范金融风险的前提下，通过吸引社会资本和外资，鼓励各种经济主体积极兴办直接为“三农”服务或者商业取向的多种所有制的金融组织。例如培育民营银行，增强农村金融市场竞争活力；也可以对农村信用社进行产权组织形式的多样化的产权改革，或在县级信用联社基础上组建农村商业银行或农村合作银行，或组建地市级信用联社，甚至建立跨县和跨地市的农村商业银行或农村合作银行；还可以建立社区性金融机构。二是允许有组织的民间借贷在一定的法律框架内开展金融服务。三是加速国有商业性金融的改革，按照行业或地区拆分，形成众多具有行业特点或地域特点的股份制商业银行、区域性商业银行和地方性商业银行。

6. 完善农村信用监督体系

积极推动人民银行、各级政府部门对农村地区个人、企业以及乡村集体单位的信用评级工作，并制定优惠政策，鼓励其他金融机构开展信用监督业务，在适当的时候创立民间性质的独立而权威的信用监督管理机构，对其业务范围不设城乡和地区限制，并最大限度地实现跨区域的信用信息共享。

主题词： **金融　农业**

提案人： 龚立群

中国人民银行2011年8月9日以银函〔2011〕185号文函复：

龚立群委员：

您提出的《关于推动农村金融创新促进农村经济发展的提案》收悉。经商发展改革委、财政部、银监会，现答复如下：

人民银行一直高度重视深化农村金融改革、提高农村金融服务质量问题。2011 年人民银行将您提出的《关于推动农村金融创新促进农村经济发展的提案》列入重点办理提案之一。为更好地完成重点提案答复工作,2011 年 7 月 10 日至 15 日,人民银行牵头成立专题调研组,邀请包括您在内的部分全国政协委员、全国人大代表,财政部、银监会、证监会、保监会等部门赴陕西和山东开展以“金融支农”为主题的调研活动,就农村金融政策扶持、农村金融市场准入、农村金融产品和服务创新、农村基础服务设施建设、农业保险和抵押担保创新发展等问题进行实地调查和深入交流。

总体上看,近年来,在党中央、国务院的高度重视和正确领导下,人民银行积极与有关部门协调配合,大力推动农村金融体系建设,在加大对“三农”发展的信贷投入、创新农村金融产品和服务方式、推动农村支付环境和农村信用体系建设等方面都取得了明显成效。但正如您在提案中提到的,当前农村金融服务工作仍存在一些薄弱环节,表现在农村金融服务规模小、手段单一,农业企业贷款难、农业保险难以满足需要等,需要有关部门继续深入开展研究,进一步改善农村金融服务。

一、关于加大对涉农金融机构的政策扶持力度问题

近年来,人民银行综合运用再贷款、差别准备金率等多种货币政策工具,加大对涉农金融机构的政策扶持力度。一是通过实施优惠的存款准备金率,增加农村金融机构支农资金来源。目前农村信用社、村镇银行的存款准备金率比大型商业银行低 6 个百分点,对资产规模小、涉农贷款比例高的农村信用社和村镇银行实行低于同类机构正常标准 1 个百分点的存款准备金率。二是加大支农再贷款支持力度。按照向西部地区和粮食主产区倾斜的原则,人民银行加强了对支农再贷款额度的地区间调剂。2003 年以来,对西部地区和粮食主产区累计调增支农再贷款额度 1078 亿元,上述地区支农再贷款额度占全国的比例达 93% 。三是发挥再贴现促进结构调整和引导资金流向的作用。2011 年 4 月末,全国再贴现额度 1370 亿元,余额 727 亿元,再贴现总量中涉农票据占 33% 。

财政部积极探索运用财政税收政策，支持农村金融机构加大“三农”信贷投放。一是开展县域金融机构涉农贷款增量奖励试点，对符合条件的县域金融机构涉农贷款增量，按照一定比例给予奖励，引导和激励金融机构加大涉农信贷投放。二是开展新型农村金融机构定向费用补贴政策，对符合条件的村镇银行、贷款公司、农村资金互助社等3类新型农村金融机构和西部基础金融服务薄弱地区的银行业金融机构网点，按照贷款平均余额的一定比例给予补贴，支持其健康发展。三是进一步完善税收优惠政策，对金融机构的小额农户贷款给予营业税全免、利息收入按90%减计应纳税所得额，对农村信用社、新型农村金融机构和县域以下法人的农村合作银行、农村商业银行减按3%征收营业税。

下一步人民银行将会同有关部门对现有政策存在的问题进行深入研究，进一步增强货币、财税和监管政策的协调性，逐步构建起正向激励的、长期化、制度化的对涉农金融机构的扶持政策体系。

二、关于建立农村金融风险补偿机制问题

财政部、人民银行、银监会、保监会等相关部门通过开展农业保险、财税政策支持、建设融资性担保机构等多种支持方式，加大对农村金融机构的风险补偿力度，降低涉农信贷风险。一是通过保险保费补贴等多种形式，促进包括政策性农业保险在内的各类农业保险的发展。目前中央财政对农业保险的保费补贴品种已由最初的5种扩大至14种，包括水稻、小麦、玉米、能繁母猪、奶牛等，基本覆盖了关系国计民生和粮食安全的主要农畜品种。同时地方在中央的支持下也开展了特色险种补贴试点。二是采取财税优惠、风险补偿、财政奖励等政策，支持担保机构向包括农村企业在内的中小企业提供融资担保服务，逐步完善农村融资担保体系。三是完善涉农贷款核销政策。2010年财政部印发《金融企业呆账核销管理办法(2010年修订版)(财金〔2010〕21号)，放宽金融机构对涉农贷款呆账核销条件，允许金融企业对单笔500万元以下的涉农不良贷款，经追索1年以上确实无法收回的，按照账销案存的原则自主核销。同时授权金融机构对符合一定条件的涉农贷款进行重组和减免，对涉农贷款损失准备金实施税前全额扣除。四是鼓励金融机构积极开展与保险公司业务合作,在向农村借款人发放贷款时引入涉农保险机制,建立了涉农信贷与涉农保险之间的联姻机制,有效分散银行业金融机构涉农信贷风险。上述政策的有效实施,增强了金融机构提供涉农金融服务的积极性,也有利于保障其加大涉农投入的可持续性。

三、关于建立农村资金回流机制问题

2010 年 9 月,人民银行会同银监会出台了《关于鼓励县域法人金融机构将新增存款一定比例用于当地贷款的考核办法》(银发〔2010〕262 号印发),其中规定对考核达标的县域金融机构实施正向激励政策,达标且财务健康的县域法人金融机构可按新增贷款的一定比例申请再贷款,并享受优惠利率。目前 2010 年度的考核工作已经完成,达标的金融机构已开始享受相关优惠政策。邮政储蓄银行改革近年来也稳步推进,其县域机构网点不断完善,涉农信贷业务持续增加,邮政储蓄资金回流机制基本建立。在加大对农村信用社再贷款支持力度方面,2011 年初人民银行对同时达到新增存款用于当地贷款比例考核政策和专项票据兑付后续监测考核政策标准的 425 个县(市)农村信用社,安排增加支农再贷款额度 200 亿元,并在额度安排上适当向西部和产粮大县倾斜。下一步人民银行将会同有关部门进一步完善县域资金回流机制,充分发挥相关货币政策工具、监管政策的正向激励作用,鼓励更多资金投放到涉农领域。

四、关于创新金融服务品种,满足农村小额信贷需求问题

2008 年人民银行、银监会联合下发了《关于加快推进农村金融产品和服务方式创新的意见》(银发〔2008〕95 号),明确粮食主产区的中部六省和东北三省为首批试点省份,鼓励和引导涉农金融机构创新推广适合农村实际需求特点的金融产品和服务方式,大力推广农户小额信用贷款和农户联保贷款,扩大有效担保品范围,探索发展基于订单和保单的金融工具,探索发行涉农中小企业集合票据。2010 年 7 月,人民银行会同银监会、证监会、保监会进一步出台了《关于全面推进农村金融产品和服务方式创新的指导意见》(银发〔2010〕198 号),把农村金融产品和服务方式创新工作推向全国。目前在全国范围内

有明显影响的试点创新产品包括：农户小额信用贷款、农户联保贷款、集体林权抵押贷款、土地承包经营权和宅基地使用权抵押贷款、大型农机具抵押贷款、“信贷+保险”产品、中小企业集合票据和“惠农卡”等等。总体来看，农村金融产品和服务方式创新改善了农村金融基础设施和金融生态环境，让广大农村和农民得到更多便捷和优质的现代化金融服务，农户贷款需求得到更好满足。

五、关于逐步健全农村金融市场的充分竞争机制问题

近年来，人民银行、银监会等部门积极推进涉农金融机构改革，致力于培育和完善商业性金融、合作性金融和政策性金融相结合的农村金融组织体系，增加对农村新型经济组织的金融服务供给。2006 年银监会发布了《关于调整放宽农村地区银行业金融机构准入政策更好支持社会主义新农村建设的若干意见》（银监发〔2006〕90 号），按照“低门槛、严监管”的原则，引导社会各类资本在服务薄弱地区设立村镇银行、贷款公司、农村资金互助社等三类新型农村金融机构。2008 年人民银行、银监会联合发出了《关于村镇银行、贷款公司、农村资金互助社、小额贷款公司有关政策的通知》（银发〔2008〕137 号），明确了村镇银行、贷款公司、农村资金互助社和小额贷款公司等四类机构在存贷款利率管理、存款准备金管理、支付清算管理等方面的政策。同时人民银行配合银监会制定出台了《关于小额贷款公司试点的指导意见》（银监发〔2008〕23 号），进一步明确了小额贷款公司试点工作的政策原则和制度框架，并将小额贷款公司试点范围扩大到全国。截至 2011 年 3 月末，全国已成立新型农村金融机构 448 家，其中村镇银行 400 家，贷款公司 9 家，农村资金互助社 39 家。全国共成立小额贷款公司 3027 家，贷款余额 2408 亿元，2011 年 1 季度累计新增贷款 427 亿元。四类机构在引导民间资本支持“三农”方面发挥了积极作用。下一步人民银行将会同相关部门继续推进涉农金融机构改革和发展，促进农村金融服务主体多元化。同时人民银行正会同相关部门研究推动《贷款通则》修订工作，以引导民间融资规范发展。

六、关于完善农村信用监督体系问题

为切实缓解“三农”融资难问题，人民银行积极推动农村信用体

系建设工作，采集农户信用信息，如个人基本情况、家庭成员情况、家庭基本情况（含拥有的耕地和林权等）、家庭收入情况、家庭资产、金融负债、社会公共记录情况等，帮助建立农户电子信用档案，并开展信用评价工作，引导金融机构增加对“三农”的融资。2009年人民银行印发了《中国人民银行关于推进农村信用体系建设工作的指导意见》（银发〔2009〕129号），推进农户信用评价和信用档案建设，改善农村信用环境，支持农户小额信用贷款业务发展。通过开展信用与金融知识宣传、农户信用信息征集与评价、推进“信用户”、“信用村”、“信用乡（镇）”建设等工作，人民银行联合地方政府、金融机构初步构建起“守信受益、失信惩戒”的信用激励约束机制。截至2011年6月末，个人征信系统采集农户信用档案约1.38亿户；逐步建立了农户信用评价体系，评定了8704万信用农户，其中7621万农户获得贷款，贷款余额为1.43万亿元。

在人民银行、财政部、银监会等部门的鼓励和引导下，金融支持“三农”工作取得了明显成效。截至2011年6月末，各金融机构涉农贷款余额13.4万亿元，同比增长27.2%，占全部贷款余额的比重为24.5%，比上年同期提高2.3个百分点。下一步人民银行将继续研究完善推动农村金融创新、促进农村经济发展的政策支持体系。

感谢您对金融工作的关心和支持。欢迎登录人民银行门户网站（www.pbc.gov.cn），了解人民银行最新工作动态及金融领域的相关信息。

全国政协十一届四次会议提案第2930号

案　　由:关于国家尽快出台《质量强国战略发展规划》的提案

审查意见:建议国务院交由国家质检总局办理

内　　容:我国改革开放30多年来在创造经济发展奇迹的同时,由于在发展中过分强调速度和数量而造成的经济结构失衡、资源消耗过多、低水平产能过剩等问题也在不断累积并逐渐显现。例如奶粉中添加三聚氰胺问题毁掉了消费者的信心,导致整个乳制品行业蒙受巨大而惨痛的损失;出口玩具含铅的问题,严重影响我国玩具产品出口业务乃至我国产品的国际声誉;还有诸如桥梁、楼房因工程质量问题导致垮塌的事件时有发生,旅游服务质量差、强制购物现象等也屡屡曝光,对我国居民消费信心、国民经济发展乃至国际声誉均造成了极大的损害。由此可见,质量对当前扩大内需、增加投资、稳定出口、促进生产方式转变的重要保障作用,以及对我国经济的持续、健康发展的影响至关重要。

因此,以实施质量振兴为抓手,推动经济发展方式的转变,支撑我国经济持续、协调发展,已经成为上至党中央、国务院,下至地方各级党委、政府的普遍共识。2010年4月14日,温家宝总理主持召开国务院常务会议研究部署下一阶段经济工作时就明确指出,把加快转变经济发展方式提高经济增长的质量效益摆到突出位置。目前全国已有20个省(区、直辖市)开展质量兴省活动,有2244个市区县开展质量兴市活动,占全国市区县的78%,越来越多的省市县把经济发展方式从数量规模型向质量效益型转变,但是就整体而言,我国发展水平总体还不高,发展不平衡、不协调、不可持续的问题仍然突出。在当前整个世界经济的发展趋势已由数量型经济向质量型经济转变的大形势下，建议国家尽快出台《质量强国战略发展规划》，以深入实施技术标准发展战略和名牌发展战略为载体，着力加强公共检验检测平台建设、质量诚信体系建设、质量法制建设和人才队伍建设，切实强化质量工作在转变经济发展方式、应对市场竞争、提高自主创新能力、节约资源能源、维护社会和谐稳定等方面的宏观调控和基础保障功能，夯实质量基础保障体系，加强重点领域质量安全监管，建立符合社会主义市场经济要求的质量工作机制，把提高经济增长的质量效益摆到突出位置，全面提升我国质量总体水平，促进经济社会又好又快发展。

主题词： 质量　规划

提案人： 黄维义　夏　宁

国家质量监督检验检疫总局2011年7月15日以国质检质函〔2011〕536号文函复：

黄维义、夏宁委员：

你们提出的《关于国家尽快出台〈质量强国战略发展规划〉的提案》收悉。现答复如下：

如你们所言，质量对当前扩大内需、增加投资、稳定出口、促进生产方式转变，以及对我国经济的持续、健康发展的影响至关重要。我局高度重视你们提案中“国家尽快出台《质量强国战略发展规划》”的建议，结合我局“质量强国”战略论证和《质量发展纲要（2011年—2020年）》编制等工作，针对你们提案中的建议进行了认真研究并开展了一系列工作。

一、对“质量国强”战略进行了系统的调研和论证，为“质量强国”纳入国家战略提供理论依据收到你们的提案后,我局立即组织有关研究单位成立了质量强国战略课题组,就质量强国战略的研究和论证走访了经济、法律、哲学等领域的65位国内知名专家、学者,调查了5002名社会公众,在广泛听取社会各界意见的基础上,4次召开研究论证专题会,2次向中央政策研究室、国务院研究室有关部门进行专题汇报,听取意见和建议,进行多次修改,最后形成3个课题报告,分别对质量强国战略社会公众意见、质量强国战略实施必要性和紧迫性、质量强国战略内涵目标和实施要点等进行了调查、研究和论证。在质量强国战略社会公众调查报告中提出以下结论:57.4%的公众认为质量是影响我国经济社会可持续发展的重要因素,55.4%的公众认为质量是影响我国国际形象的重要因素,95.1%的公众认为有必要实施质量强国战略。在质量强国战略分析论证报告中提出以下结论:实施质量强国战略符合当前我国经济社会发展的历史阶段,我国实施质量强国战略必要而且紧迫,实施质量强国战略机理和理论上可行。在质量强国战略内容研究报告中明确了质量强国战略的标志、内涵、方针、目标及实施要点。

在以上研究的基础上,我局积极与中央政策研究室、国务院研究室沟通协调,推动将质量强国战略纳入国家战略。下一步我局还计划与中央政策研究室开展进一步调研,研究我国实施质量强国战略的可行性和必要性。同时我局还将加强对质量强国战略课题研究结果的宣传。通过报纸、网站等媒体,以领导访谈、专家解读等形式,大力宣传实施质量强国战略的意义。

二、组织编制《质量发展纲要2011年—2020年》,明确提出"质量强国"战略

根据国家发展改革委《关于印发"十二五"期间报国务院审批的专项规划整体预案的通知》中专项规划预案的安排,我局目前正会同发展改革委、科技部、工业和信息化部、环境保护部、住房城乡建设部、交通运输部、商务部、卫生部、工商总局、国家统计局等单位共同编制《质量发展纲要(2011年—2020年)》(以下简称《纲要》)。在《纲要》编制中以质量强国战略研究论证的有关内容作为素材和依据,将《纲要》作为实施质量强国战略的重要载体,将质量强国战略作为《纲要》

的主线和核心,用质量强国战略课题研究成果作为《纲要》的重要理论支撑。《纲要》全篇紧紧围绕实施质量强国战略提出发展目标与工作措施,并借鉴《质量振兴纲要(1996 年—2010 年)》的成功经验,提出建立质量强国战略部级联席会议制度,确保质量强国战略的有效实施。

三、深入实施技术标准战略,增强参与国际标准化活动能力

2005 年《国家中长期科学和技术发展规划纲要(2006—2020 年)》明确提出实施技术标准战略重大举措,在《国民经济和社会发展第十二个五年规划纲要》中,标准化工作被列为国家经济社会发展政策的重要组成部分,这些都为实施标准化战略奠定了基础。我局在"十二五"期间将从以下各方面推进标准化战略的实施:建立和完善符合我国国情并与国际标准相协调的国家标准体系,提升国家标准有效性、适用性和竞争力;重点加强现代农业、基础工业、战略性新兴产业、现代服务业和社会事业等领域国家标准体系建设,组织开展基础通用、强制性、关键共性技术、重大战略产品等重要技术标准研制,为加快产业结构调整升级、规范市场秩序、促进对外贸易发展提供技术支撑;推进标准化与科技创新、产业调整升级紧密结合,加快科技成果的产业化、市场化;统筹国内国际标准化工作,增强我国实质性参与国际标准化活动能力;在事关国家利益、产业和市场有明显优势的领域,实现重点突破,争取以我国技术或标准为基础形成一批国际标准;完善国家技术标准资源服务平台,整合标准信息资源,为技术创新、标准研制、广大企业和社会用户提供标准化信息服务;加强地方和行业标准化工作的指导与协调。

四、深入实施名牌发展战略,牵头推进品牌建设工作

2011 年 6 月,质检总局与发展改革委、工业和信息化部、农业部、国资委、国家知识产权局、国家旅游局等部门联合制定了《关于加强品牌建设的指导意见》,强调了新时期加强品牌建设的重要性和意义,确立了加强品牌建设的指导思想和基本原则,明确了加强品牌建设的重点领域、主要措施和组织实施方案。根据该指导意见,质检总局目前重点开展了以下工作:一是强化品牌培育,推动地方政府重视

品牌建设。在全国范围内推动开展"全国知名品牌创建示范区"建设试点工作,试点主要面向相关省份中产业聚集区、经济技术开发区、高新产业园区、现代服务区、旅游区等。二是指导中小企业加强品牌建设。为适应市场经济发展中的企业需求,质检总局正组织制定品牌价值及评价系列国家标准,明确各行业影响品牌价值的各项要素,以此指导中小企业加强品牌管理和建设,为企业品牌管理、提升品牌价值提供指导和技术支撑。三是建立中国品牌价值评价制度和体系。质检总局今年开展了品牌价值测算试点工作,明年扩大至全国推广实施。力争经过2—3年的实践建立具有中国特色的品牌价值评价制度和体系,引导企业加强品牌建设,提升品牌价值,使我国掌握在国际品牌定价活动中的话语权,以此推动我国优秀民族品牌走向国际。

五、大力加强检验检测公共技术服务平台建设

为提高质检系统技术机构公共技术服务能力和水平,更好地发挥在促进产业发展中的技术职称和技术保障作用,我局发布了《关于推进检验检测公共技术服务平台建设的指导意见》,全面推进检验检测公共技术服务平台建设。指导意见中明确提出要"紧密围绕国家经济和区域产业发展、产品质量安全、进出口贸易、节能减排以及民生、民安等需求,科学规划、合理布局检测服务平台"。检验检测公共技术服务平台将为政府、企业和消费者提供检验检测技术服务,包括质量分析评价服务、技术标准服务、预警与信息服务、科研服务和咨询与培训服务等。在产业集聚地和出口加工区,规划建设检验检测公共技术服务平台,提供产品研发、检验测试、技术诊断、信息咨询等方面的公共技术服务,促进对外贸易发展,服务当地经济建设。

六、完善质量诚信体系制度建设,利用质量信用服务经济发展

我局高度重视质量诚信体系建设,根据你们的建议和今年总局重点工作部署,目前重点开展了以下工作:一是将推进质量诚信体系建设作为《纲要》和总局的"十二五"规划的重要内容,明确提出把诚信至上作为质量发展的重要基石,倡导诚实守信、合法经营的价值取向,增强全社会质量诚信意识。二是尽快出台《质量信用信息管理办法》和《关于进一步加快质量诚信体系建设的意见》,指导和推动质量诚

信体系建设。三是以组织机构代码实名制为基础，搭建质量信用信息共享应用平台，实现质量信用信息资源社会共享，发挥服务政府监管和社会查询的作用。四是完善质量信用分类指标体系和分类软件，稳步推进质量信用评级工作，对企业质量信用进行分级，依据企业质量信用等级，实行分类管理。五是推动与地方政府及相关部门的合作，加强质量信用信息共享，在国家食品储备、政府采购、招投标管理、公共服务、项目核准、市场准入、技术改造、融资授信、资金政策等方面参考使用企业质量信用信息，探索建立联合惩戒机制。六是制定质量失信企业“黑名单”制度，动态管理和发布“黑名单”，加强与相关部门的情况通报和沟通合作，建立失信行为联合惩戒机制，利用市场机制和法律手段惩处质量失信行为。

七、健全“质量强国”法治保障体系，完善执法打假工作体系

我局将积极配合全国人大法工委和国务院法制办加快《产品质量法》、《标准化法》、《计量法》的修订工作，通过立法明确体现建设质量强国的理念和要求，将质量强国战略确立为国家经济社会发展的重大战略。同时以确保重点产品质量安全、服务经济社会又好又快发展为目标，完善执法打假工作体系，为实施质量强国战略提供执法保障。一是以食品、农资、建材、家电、汽配、洗涤用品及化妆品等关系国计民生的产品为重点，组织开展专项执法打假。二是深入推进区域性质量问题整治。按照“打与治、治与扶、扶与建”相结合的方针，建立健全地方政府负总责、各部门各负其责、企业为第一责任人的区域整治责任体系，形成政府推动、部门联动、企业主动的齐抓共管整治格局。三是完善与行业协会和名优产品生产企业联手开展“打击假冒、保护名优”活动协作网络，促进行业自律机制的健全。四是建立健全缺陷产品召回制度。以消除缺陷产品安全隐患、保障广大人民群众生命健康安全、服务科学发展为目标，加快建立健全我国缺陷产品召回管理制度。五是建立健全质检系统 12365 举报处置指挥系统，为质检行政执法工作提供有力的支持与保障。

按照你们的建议，我局今后将以“质量强国”战略为指导，以“抓质量、保安全、促发展、强质检”为方针，全面做好 2011 年的质检工作。

在抓质量方面，重点抓好质量强国战略的论证和实施，抓好质量标准、认证和计量体系的完善，抓好质量责任和诚信体系建设，抓好质量评价和激励机制的健全；在保安全方面，严格实施风险分析，严格实施准入制度，严格企业生产监管，严格监督抽查和检验检疫，严格执法打假，严格处置突发事件；在促发展方面，重点服务经济结构调整，服务节能减排，服务外贸发展大局，服务保障和改善民生，服务区域经济发展；在强质检方面，重点着力建设法治质检、科技质检、和谐质检。

感谢你们长期以来对质量工作的关心和大力支持，也请你们继续关注和呼吁实施质量强国战略这项工作。

全国政协十一届四次会议提案第3587号

案　　由:关于规范征信信息使用、完善我国社会信用体系的提案

审查意见:建议国务院交由中国人民银行办理

内　　容:社会信用体系建设,是完善我国社会主义市场经济体制的客观需要,是整顿和规范市场经济秩序的治本之策。作为社会信用体系的基本构成要素,完善的征信体系有利于约束企业和个人信用行为,强化社会信用意识,提高社会信用水平。2006年中国人民银行征信系统全国联网运行,截至2010年9月底,人民银行个人征信系统收录自然人数计7.1亿,全国累计建立中小企业信用信息档案210.8万户,征信建设初见成效。然而在征信信息使用方面,仍存在若干盲点,需要从多方面加以规范和提高,夯实征信建设基础,进一步完善我国社会信用体系。

一、目前我国征信信息使用过程中存在的问题

1.征信法律法规亟待建立健全。国际上发达国家在征信信息的使用方面,一般都有非常完善的法律体系。以美国为例,已经形成包括《公平信用报告法》等16部法律在内的法律体系支持和规范征信活动。反观我国,征信立法仍处于起步阶段,尽管在《民法通则》、《合同法》和《反不正当竞争法》中规定了诚信守法的法律原则,在《刑法》中规定了诈骗等犯罪行为的处罚,但缺少与信用制度直接相关的立法,特别是《征信管理条例》目前尚未出台,缺少一部正式全面的法律法规对征信业进行规范。

2.对信用主体缺乏系统性保护。一是对信用报告的使用范围没有明确界定;二是对滥用征信信息的行为缺乏制度与流程监督;三是

对滥用行为没有明确的惩罚机制。诸多规定与流程的缺失，很容易引起因为商业目的而滥用信用报告的行为，不利于保护信用主体权益。

3. 中国征信中心产品定价机制有待完善。中国征信中心是由人民银行设立的征信机构，负责全国统一信用信息基础数据库的建设、运行和管理，不以盈利为目的。从2010年10月1日起，中国征信中心对外有偿提供征信查询服务，收费金额由基准服务费、贡献量系数、查询量系数共同决定。大银行的规模决定了其向征信中心报送、查询的数据量均远远超出中小银行，因此不同规模银行之间的征信查询成本存在较大差异，极端情况下信用报告的最高查询费用可达到最低费用的四十倍。这在无形中扩大了大银行与中小银行的竞争差距，不利于中小银行的健康发展，也不利于激发和保持整个金融体系的活力。

二、关于规范我国征信信息使用的建议

1. 进一步加快征信立法步伐。建议加快我国征信立法步伐，尽快完善推出《征信管理条例》，结束我国征信行业长期无法可依的状态，依法规范征信信息的使用。并在此基础上逐步建立健全相关政策规定，营造良好的法制环境，保障征信业的健康快速发展。

2. 注重保护信用主体权益。一是明确界定征信信息的使用范围，例如可参照国际上的常用标准，将其规范为仅限于信贷、保险、雇佣、获得政府许可证等几种情况；二是要求征信公司必须建立征信信息查询记录系统，对所有购买和查询信用报告的企业及其使用情况进行记录；三是对滥用信用信息的行为规定明确的惩罚措施，滥用信用信息的企业和个人需承担相应的民事责任和惩罚。

3. 建立并完善多层次定价机制。一是适当调整征信查询收费标准，以消除大银行与中小银行之间由于规模差异而引起的查询成本悬殊的现象。建议给予中小银行一定的政策优惠，例如可对大银行与中小银行采用不同的收费调整系数，降低中小银行查询成本，促进中小银行的发展；二是目前中国征信中心仅仅提供信用报告等低附加值的信用产品，建议征信中心加大力度开发信用评分、信用评级、信用调查等高附加值征信产品与服务，且对不同附加值的信用产品，采用差异化定价策略，建立并完善多层次的定价机制。

主题词： **信用　信息**

提案人： 闫冰竹　杨　超　穆占英　陈晓颖　侯外林　洪敬南　王为强　张家林

中国人民银行2011年7月8日以银函〔2011〕134号文函复：

闫冰竹等委员：

你们提出的《关于规范征信信息使用、完善我国社会信用体系的提案》收悉。现答复如下：

一、关于进一步加快征信立法问题

加快信用立法是推进社会诚信体系建设的重要基础工作。2002年以来，人民银行一直在积极推动出台专门的征信法规。在国务院领导的高度重视下，《征信管理条例》（以下简称《条例》）已列入国务院立法工作计划。目前《条例》（草案）已经完成向社会公开征求意见环节的相关工作，国务院法制办正会同人民银行等部门根据各方面的反馈意见进行修改和完善，力争推动《条例》早日出台。对于你们提出的有关立法的具体建议，国务院法制办将会同人民银行认真加以研究，在《条例》修改过程中注意吸收采纳。

二、关于保护信息主体权益问题

2005年人民银行颁布了《个人信用信息基础数据库管理暂行办法》（中国人民银行令〔2005〕3号）（以下简称《暂行办法》），对保护信息主体权益问题作了相关规定。依据《暂行办法》，人民银行征信管理部门已多次对金融机构查询企业和个人信用信息基础数据库（以下简称征信系统），以及使用相关信用信息的情况开展检查，并对检查中发现的违规行为进行处罚。目前企业和个人征信系统严格依据人民银行发布的有关规定，为金融机构、信息主体本人、司法机关等有法律法规授权的机构提供信用报告查询服务，征信系统也及时记载查询机构、用户、姓名和查询原因等方面的信息。正在制定中的《条例》也对保护信息主体合法权益作了明确规定。如采集个人信息要征得信息主体同意，敏感信息不得采集，不良信息设定保存年限，对侵犯信息主体合法权益的要追究责任等。

今后人民银行将以相关法律法规为依据，充分发挥行政监管、行业自律和社会监督在信息主体权益保护中的作用，综合运用法律、经济和行政等手段来保障信息主体的合法权益，对信用服务机构侵犯国家秘密、企业商业秘密和个人隐私等违法行为给予严厉查处。

三、关于建立并完善多层次定价机制问题

人民银行征信中心提供的基础征信服务的收费标准，是由国家价格主管部门经过充分调研并征求金融机构、银监会和国务院法制办的意见后批准的。该收费标准有一年的试行期，试行期结束后，价格主管部门将根据试行期间的收费情况和金融机构的反馈意见，进一步完善收费标准。目前在征信系统查询收费方面，对主要为中小企业和“三农”服务的金融机构已经给予了一定的优惠。今后人民银行将根据金融机构的业务需求，指导征信中心依法开发信用产品，并在充分征求金融机构意见的基础上，建立科学的定价机制。

感谢你们对金融工作的关心和支持。欢迎登录人民银行门户网站(www.pbc.gov.cn)，了解人民银行最新工作动态及金融领域的相关信息。

全国政协十一届四次会议提案第3600号

案　　由:关于家政服务市场亟需规范的提案

审查意见:建议国务院交由商务部办理

内　　容:一、家政服务市场的现状和成因

随着中国社会经济的发展,人民生活水平的不断提高,生活节奏的加快,工作压力的增大,以及老龄化社会的加速到来,人们对家政服务的需求越来越大。与此相对应的却是,家政服务市场日益呈现出极度混乱的局面,构成市场三大主体雇主家庭、家政从业人员和中介机构(家政公司)之间的矛盾日渐凸显:雇主家庭怨声载道,好保姆难找,频繁更换家政人员已是常态;家政人员则对雇主挑三拣四、工作不认真、缺乏责任心、坐地起价、说辞职就辞职,却未有任何一方为此承担责任;家政公司巧立名目收取各类管理费用,却对家政人员不提供规范的培训和必要的监管,不能有效处理家政人员和雇主之间的矛盾。造成上述市场混乱的原因是多方面的。其中有主体自身的原因:对于雇主家庭而言,他们对自身需要的服务数量和质量不能清晰界定,往往导致服务人员提供的服务与预期落差较大;对于服务人员而言,其构成绝大多数是受教育程度较低的农村妇女,业务素质欠缺,加之缺乏规范的培训,对服务工作的认识、职业技能、行为模式、生活习惯等不能完全满足雇主的需求;而对于市场中介(家政公司),由于多数成立时间短、规模小,监管弱,经营者过分以追求利润为导向,出现管理培训不到位、不规范的问题也就不足为奇。

除上述主体自身原因外,外部环境也是导致市场混乱的重要因素。主要包括:

1. 政策法规缺失滞后及监管不到位。由于我国家政服务市场刚刚起步，欠缺相应规范的法律法规政策；或者有相关的法规但已滞后，无法有效执行，在缺乏法律依据的情况下，市场监管工作也就很难到位，产生的矛盾也无法得到及时处理。以北京市为例，北京市曾在1997年颁布了《北京市外地来京人员从事家庭服务工作管理规定》(1999年修正)，这份文件规定，外地来京人员从事家庭服务工作需办理从业登记、接受培训，并持有《就业证》，否则不得从事家庭服务工作。但是实际效果却乏善可陈。

2. 缺少一套可行的职业服务标准和细则，缺少行业的自律机制。家政行业协会组织未能充分发挥其职能，未在行业内制定一套普遍认可的服务标准和细则，以形成行业的自律机制，组织、协调、规范、引导本行业健康有序地发展。

二、对加强家政服务市场管理的建议

国务院办公厅于2009年9月发布了《关于发展家庭服务业的指导意见》，从基本原则和发展目标、统筹规划、扶植政策、规范市场秩序、提高从业人员的职业技能、维护其合法权益、加强组织领导七个方面提出了较为详尽的指导意见。根据该指导意见，特提出如下建议：在现阶段必须牢牢树立发展家庭服务业应以政府为主导的观念。政府应在相关主管部门中设立专门机构，统筹规划家庭服务业的发展，组织、领导、协调与家庭服务业发展相关的事宜。作为发展家庭服务业的专门机构，它应在指导意见所确立的原则和框架下明确自己的职责范围，提出自己的工作计划和目标，向社会公示，接受公众监督。家庭服务业的发展规模、规范程度、人民满意度等一并作为主管领导绩效考核的一个重要方面。除专门机构外，政府应在人力、物力、财力的投入方面加大力度，通过各种手段、方式培育、规范家庭服务市场。在现阶段政府应主要办三件事情：

1. 尽快落实《商务部、财政部关于推进家政服务网络体系建设的通知》。根据该通知，在地级以上城市要建设"家政服务网络中心"，此举意义重大，该网络中心通过电话、网络等信息手段，无偿为市民、企业提供供需对接服务，建立健全信息咨询、供需对接、人才调配、标准制订、资质认证、服务监督等功能，成为对接供需、规范服务、保障安全的重要载体。依托该中心整合各类家政服务资源，形成便利的家政服务网络；对企业资质、服务质量进行监督评价，对服务标准进行统一规范，及时淘汰不能满足居民需求的企业，形成基于行业自律的市场准入和退出机制，提高家政服务业发展水平和服务质量，保障居民便利、安全消费。因此，该中心不仅是提供信息服务，同时还具有了市场监管职能。由于网络只是信息平台，是一个工具，其市场监管功能是否能充分发挥，还依赖于政府机构对这个信息平台的大力建设和充分利用。

2. 在目前家政公司盲目追求利润、短期行为严重、经营不规范的情况下。可考虑由政府主导设立家政中介机构。该机构会同家政行业协会，制定一套完整可行的服务标准和规则，并应严格按照这套行业标准和规则从事经营活动。无论是其提供的家政服务员的素质、中介服务本身以及企业经营管理应都是一流的，在社会上形成很强的示范作用，从而引导、带动社会上其他家政公司改变经营理念和行为模式，使家政服务市场趋于规范。

3. 政府还应大力加大宣传力度，合理引导雇主家庭对家政服务的消费观念，使雇主家庭对家政服务需求的数量和质量能有比较合理清晰的认识，形成对家政服务的合理预期，并以标准合同条款加以规范与落实。

主题词： **服务业　市场**

提案人： 刘　敏　韩书力　冯　英　尼玛泽仁　仲呈祥　杜滋龄　李素华　杨力舟　吴祖强　宋祖英　张会军　张学津　陈　力　陈立德　陈祖芬　单霁翔　赵秀云　侯　露　姜　昆　秦百兰　贾平凹　夏燕月　郭瓦加毛吉　黄　宏　于魁智　王书平

中华人民共和国商务部2011年7月15日以商服贸函〔2011〕524号文函复：

刘敏等委员：

你们提出的《关于家政服务市场亟需规范的提案》收悉。现答复如下：

近年来，随着我国经济社会的全面发展和人民生活水平的不断提高，家政服务业市场需求迅速扩大。推动家政服务业持续健康发展是加快我国服务业发展的重要方面，也是新时期搞活流通、扩大消费的重要内容。商务部作为行业主管部门，十分重视推动我国家政服务业规范发展。

一、加大政策扶持力度，建立健全家政服务体系

近年来，商务部会同财政部等有关部门认真贯彻《国务院办公厅关于搞活流通扩大消费的意见》（国办发〔2008〕134号）的精神，积极运用中央财政资金，支持地级以上中心城市建设家政服务网络中心，培育家政服务企业，培训家政服务人员。目前支持资金累计达19亿元，先后在137个地级以上城市建设了家政服务网络中心，培育了300多家规范性品牌服务企业，培训了60万名从业人员，解决了42万多人的就业问题。利用家政网络中心覆盖范围广、反应快捷、利于监管的功能，对服务质量、服务价格进行跟踪反馈，从而解决了居民的后顾之忧，带动了服务企业的发展和服务质量的提升。相继出台了《商务部、财政部关于推进家政服务网络体系建设的通知》（商商贸发〔2009〕14号）、《商务部、财政部、全国总工会关于实施"家政服务工程"的通知》（商商贸发〔2009〕276号）等多个文件，支持和指导地方开展家政服务体系的建设工作。

下一步我部将会同有关部门全面加强政策扶持力度，在家政市场

需求较大的城市加快推进家政服务网络中心建设。2011年计划建设34个家政服务网络中心，力争培育100家大型龙头家政服务企业做大做强，支持500家中小专业型家政服务企业做专做精，培训20万名家政服务人员。积极配合相关部门完善和落实有关家庭服务业用地、投资、金融、税收、劳动关系等方面的政策措施，为加快行业发展营造良好环境。

二、制订家政服务业法规标准，规范行业行为

近年来商务部积极研究制订家政服务业有关法规、标准。2009年商务部拟订了《家庭服务业管理暂行办法》，重点对家庭服务机构经营规则、经营模式、合同管理、从业人员资质、服务等方面提出了明确要求。此外，我部拟订了《家政服务规范》、《家庭服务业态分类》、《家庭服务企业管理技术规范》等10项行业标准。同时积极推动北京、天津、吉林等16个省（自治区、直辖市）和杭州、宁波、潍坊等16个城市制定了有关家政服务的规章制度共180件，为家政服务业的规范化发展打下了良好的制度基础。

下一步商务部将抓好规划、法规、标准和统计工作，强化行业管理基础，积极会同相关部门制订家庭服务机构资质规范，规范家庭服务机构资质等级，建立规范家庭服务供需各方的诚信体系。

三、加强协会组织建设，引导行业自律

目前已成立了中国家庭服务业协会，开展家庭服务业里的信息交流、业务培训、刊物编辑、国际合作、法律咨询等工作。截至2010年年底，全国13个省（直辖市、自治区）成立了家政（家庭）服务业协会，另有近40个地级城市成立了家政（家庭）服务业协会。

下一步我们将继续鼓励和推动地方行业协会建设，大力支持和指导行业协会对家庭服务业的管理和服务，促使协会承担起整合行业资源、增进行业团结、规范行业管理、协调政企关系、维护行业利益、搞好行业服务等责任，推动行业的自我发展、自我约束、自我规范，引导企业按照协会章程自觉接受统一管理和监督，并不断规范行业服务行为、服务质量及服务价格标准等。

四、加强家政服务宣传力度，营造良好舆论环境

近年来各地商务主管部门通过网络、报纸、广播电视等媒体，大力宣传家政服务体系的惠民政策，宣传家务劳动社会化的新观念，宣传家政服务从业人员的社会贡献，积极引导家庭和从业人员转变观念。同时利用家政服务网络中心建成或培训启动等契机广为宣传，提高了家政服务平台的知名度、可信度和影响力；通过社会公益活动、家政服务职业比赛等形式展示家庭服务业的良好形象，为家政服务体系建设营造了较好的舆论氛围。

下一步我部将会同有关部门，继续加大力度，深入宣传家庭服务业的方针政策，总结推广各地经验，为家庭服务业发展营造良好的社会氛围和舆论环境。

感谢你们对我国商务事业的关心和支持，欢迎多提宝贵意见和建议，共同促进我国家政服务业健康有序发展。

全国政协十一届四次会议提案第4403号

案　　由:**关于制订和完善商品过度包装限制政策的提案**

审查意见:**建议国务院交由主办单位国家发改委会同商务部办理**

内　　容:改革开放以来,随着我国经济的快速发展,人民生活水平的不断提高,公众对商品包装的要求越来越高,许多精美的包装远远超出了保护、储存和标识宣传商品的基本功能,耗材过多、体积过大、成本过高、装潢过于华丽,成为过度包装。商品过度包装不仅浪费资源、污染环境,还会增加消费者负担、助长社会不良风气,损害社会和消费者的利益。据《南方日报》报道,我国每年白白扔掉的包装废弃物价值达2800亿元,截止到2009年,我国每年产生4000万吨包装废弃物,其重量已占到固体废弃物的1/3,体积占1/2,80%的包装废弃物与生活垃圾一起被送往填埋场进行填埋。为了遏制过度包装,国家质检总局发布的《限制商品过度包装要求——食品和化妆品》国家标准(GB23350—2009)(以下简称"国家标准")已于2010年4月1日正式实施,"国家标准"对所有食品和化妆品类商品的包装层数、空隙率和成本作了严格限制。同时,国家质检总局还在抓紧制定《限制商品过度包装条例》(以下简称"条例"),并已于2008年8月发布过一次征求意见稿。作为一项涉及民生的公共政策,该条例的制定应广泛听取社会各方的意见,综合考虑各利益相关方的义务和权利。

一、现状及"条例"征求意见稿存在的主要问题

目前,我国关于过度包装的限制政策,只有2010年4月1日正式实施的"国家标准",《限制商品过度包装条例》尚处于制定过程中。从现实生活来看,过度包装的问题比比皆是。2010年的一项调查显

示,40.3%以上的月饼盒存在过度包装的问题。

根据过度包装的现状,“条例”征求意见稿存在如下问题:

1. 不同商品种类对包装层数、空隙率的要求不完全相同,而征求意见稿对各种商品包装层数和空隙率的规定是相同的且过于宽松。

2. 征求意见稿第十二条规定“除初始包装成本之外,商品包装成本不得超过商品销售价格的15%”,若商品销售价格被恶意抬高,该条款将不具约束力。

3. 调查显示,95%(重量)以上的月饼盒包装材料对实现包装基本功能都不是必需的,且多数难以回收利用,征求意见稿未对包装材料和重量做定量的、强制性的规定。

4. 商品生产者、销售者对产品承担的责任需要延伸到产品的整个生命周期,特别是废弃后的回收和处置,征求意见稿未对此做出规定。

5. 过度包装存在的原因很大程度上在于社会消费文化,征求意见稿对此未涉及。

6. 过度包装很大程度上牵涉到资源节约问题和环境问题,从消费者角度来看,过度包装还涉嫌商业欺诈行为,征求意见稿对此未涉及。

二、主要政策建议

为了对商品过度包装形成实质性的法律约束,有效限制商品过度包装,国务院应尽快完成《限制商品过度包装条例》的立法工作。针对立法的内容,提出如下五个方面的政策建议:

1. 要明确“条例”的制定、执行和监管部门以及各自职责。

2. 在充分调研和论证的基础上,细分商品种类,针对各种商品制定强制性的、可测量的、严格的包装层数、空隙率、成本、材料和重量限制标准,要求生产者明确标识出包装层数、空隙率和材料名称,同时修改“国家标准”中相应的条款。

对于包装层数和空隙率,应该比“条例”征求意见稿中规定的“商品包装空隙率不得大于55%、除初始包装外商品包装层数不得多于3层”更加严格。对于包装成本,需要制定出一套便于操作的包装成本核算方案。对于包装材料,考虑制定包装材料白名单和包装方式黑名单。

3. 结合《循环经济促进法》第三十七条，以及正在制定的《包装物回收利用管理办法》，明确商品生产者、销售者、消费者和政府在包装物生产、使用和回收处理中各自承担的责任。

4. 明确“条例”主管部门和物价管理部门之间的合作机制，控制物价虚高。

5. 鼓励相关人民团体、事业单位、民间公益团体和消费者对过度包装进行社会监督和必要的法律追诉。

主题词： 商品　政策

提案人： 王　名　卢中南　朱孝清　朱晓明　刘大钧　刘庆柱　李　铀　李　蓝　李冬妮　李崇富　杨胜群　宋镇豪　张国初　张树华　郝树声　黄小同　曹义孙　方　工

中华人民共和国国家发展和改革委员会2011年7月14日以发改提案〔2011〕35号文函复：

王名等委员：

你们提出的《关于制订和完善商品过度包装限制政策的提案》收悉。经商商务部，现答复如下：

近年来，随着人民生活水平的提高和社会零售商品种类的丰富、商品内在质量不断提高的同时，包装水平也日益提升。然而，受传统文化和消费习惯的影响，消费者在选择商品特别是礼品时，比较注重商品的外在包装，部分企业为了迎合这种消费需求，赚取高额利润，在商品包装上大做文章，过度甚至奢华的包装逐渐出现并在礼品等一些商品包装上蔓延。商品过度包装浪费资源、污染环境、推高价格、损害消费者利益、助长了社会上不良风气，引起社会的广泛关注。为使治理商品过度包装工作有法可依，质检总局会同我委等部门起草了《限制商品过度包装条例》,明确商品生产者、销售者的义务,细化过度包装的判定问题,并对违反限制商品过度包装规定的行为规定了相应的处罚措施。目前我委正在配合法制办、质检总局进一步论证有关问题,对于你们提出的有关立法建议,我们将结合工作认真研究。

一、关于明确各部门责任问题

按照《国务院办公厅关于治理商品过度包装工作的通知》要求,我委在国务院节能减排工作领导小组第二次联络员会议上,对各部门治理商品过度包装重点工作进行部署。会同中宣部等 12 个部门印发了《2009 年治理商品过度包装工作安排及部门分工》,拟定部门分工、明确任务要求。目前我委正在研究起草并拟印发《2011—2012 年治理商品过度包装工作安排及部门分工》,完善各部门各司其职、各负其责的工作机制。

二、关于制定各种商品包装的标准问题

商品种类繁多,各类商品的包装难以用一个统一的标准规定,目前除食品、化妆品外,大部分商品包装没有明确的标准,鉴定商品的包装成本和包装空隙率需要较高的技术和经济成本。目前主要从关系百姓生活、群众反映强烈的商品入手,质检总局等部门修订了《月饼》国家标准,规定月饼的包装成本应不超过出厂价格的 25%,发布《限制商品过度包装条例》,要求食品和化妆品按照国家标准和《食品和化妆品包装计量检验规则》等国家计量技术规范,从包装空隙率、包装层数和包装成本等方面作出强制性要求。

三、关于包装物回收利用问题

我委正在研究制定《大宗固体废物综合利用实施方案(2011—2015 年)》,将包装废弃物综合利用作为重点内容之一,拟从推动绿色包装试点示范、回收体系建设、打造包装废弃物综合利用基地等几方面入手,推动包装物的回收利用工作。同时根据《循环经济促进法》的要求,我委正在抓紧研究制定并拟于今年发布《强制回收的产品和包装物名录》和《包装物回收利用管理办法》,探索实行生产者责任延伸制以及建立重点商品包装分开销售制度的可行性,推动废弃包装物的减量化、再利用和资源化。

四、关于防止商家利用过度包装抬高商品价格问题

针对部分商家利用商品过度包装提高价格、损害消费者利益问题,我委将积极研究在《限制商品过度包装条例》中增加条款,对经营者违背消费者意愿,利用商品过度包装捆绑销售商品等不正当竞争,损害消费者利益的行为进行规制。

五、关于充分调动各方积极性问题

我委将联合有关部门在节能宣传周、世界环境日等活动期间,利用多种载体,普及消费知识,大力宣传商品过度包装的危害和抵制过度包装的重要意义,引导消费者科学、健康、文明消费,推广绿色消费模式,自觉抵制过度包装,倡导理性、简约、绿色的消费模式。

感谢你们对国家发展改革工作的关心和支持。

欢迎登录我委门户网站(ww. ndrc. gov. cn),了解国家经济和社会发展政策、经济建设和社会发展情况、经济体制改革方面的重要信息。

全国政协十一届四次会议提案第5314号

案　　由:关于呼吁制定《品牌法》、规范和促进品牌良性发展的提案

审查意见:建议国务院交由国家质检总局办理

内　　容:塑造品牌是企业发展和壮大的必由之路,企业在打造品牌的同时,需要政府出台相关的政策法规来对品牌进行扶持和保护,这并不仅限于对商标注册上的保护,更需要从法律上对品牌进行保护和扶持。

随着中国经济实力的迅速增强,特别是危机后中国政府出台了一系列行业的调整和振兴规划,以4万亿元投资拉动内需,并将带动3年约25万亿元的全社会总投资,有力推动了中国经济的增长与发展。在金融危机过后,跨国品牌加速实施本土化品牌战略,参与中国市场的竞争,而本土品牌积极谋求发展,首先要在国内市场上站稳脚跟。本土品牌与跨国品牌的交锋与碰撞在所难免,品牌竞争将日趋激烈。十七大报告提出加快培育我国的跨国公司和国际知名品牌。“十二五”规划也提出要重点扶持自主品牌的发展。

国际经验表明,创建强势品牌不仅需要发挥好企业作为市场主体的作用,也需要各级政府来共同培育。对于品牌的保护,国家虽然制定了一批保护品牌的法律法规,如《商标法》、《专利法》、《广告法》和《反不当竞争法》等,但是随着市场经济发展和消费者需求的不断变化,有必要通过专门制定《品牌法》来补充,从而规范和促进品牌事业的良性发展,真正对品牌进行有效的保护,更好地为企业和品牌服务。

一、企业的品牌保护意识相对比较薄弱

经过20多年的努力,中国品牌已经开始逐渐赢得了消费者和市场，海尔、联想、华为、青啤、中兴、中移动等品牌已经具有国际影响力。但是总体而言，企业对品牌重视不够，品牌的发展还相对比较薄弱，政府对企业的品牌扶持和保护的力度还不够。国内知名品牌的商标频遭抢注，比如“同仁堂”、“九芝堂”等被日本抢注，“青岛啤酒”则被美国抢注等。这让企业在品牌国际化的征途上付出了巨大代价。据有关资料显示，自1983年3月我国颁布《商标法》以来，各级外贸企业在国内的注册商标仅为5000多件，在国外注册的约700件，仅占全部商标的1.2%左右，与产品商标国际化要求相距甚远。而反观美国，在我国大陆注册商标就多达12500多件，占全美产品商标的60%以上。目前中国品牌的平均寿命只有两年，品牌的发展状况堪忧。

二、国家对品牌的政策支持需要法律化

近年来，虽然国家对支持品牌发展制定了一些优惠的政策，十七大提出要加快培育国际知名品牌，制定并实施产业调整和振兴计划拉动内需等，但是没有法律化和程序化。经营环境不是企业所能解决的问题，这就需要政府出面来调解，创建一个良好的消费环境和消费文化，制定《品牌法》以支持品牌发展。在推动品牌发展的过程中，政府的作用不可缺失。

三、十七大报告提出加快培育我国的跨国公司和国际知名品牌

中国共产党第十七次全国代表大会于2007年10月15日上午9时在北京人民大会堂隆重开幕。大会的主题是：高举中国特色社会主义伟大旗帜，以邓小平理论和“三个代表”重要思想为指导，深入贯彻落实科学发展观，继续解放思想，坚持改革开放，推动科学发展，促进社会和谐，为夺取全面建设小康社会新胜利而奋斗。胡锦涛代表第十六届中央委员会向大会作报告，明确指出，要提高自主创新能力，建设创新型国家，加快培育我国的跨国公司和国际知名品牌。

四、国家制定并实施重要产业调整和振兴规划，拉动内需

为了缓冲世界金融危机对中国经济的影响，国务院制定并实施了重要产业调整和振兴规划，同时还制订了相应的监督协调机制，从源头上进行有效的监管。目前钢铁、汽车、造船、石化、轻工、纺织、有色金属、装备制造、电子信息和物流等多个行业的产业振兴计划已经出

台并实施，振兴计划不仅拉动了内需，还有力推动了相应产业的发展，确保经济社会的平稳发展。目前消费市场也在慢慢地被激活，行业信心也在逐渐恢复。从长远的角度来看，产业调整和振兴计划有力拉动内需，缓解了经济发展中的矛盾，解决了金融危机下经济缓慢增长的问题。品牌经济作为产业振兴计划中的重要组成部分，进行产业结构优化升级，增强企业在国际上的品牌竞争力，促进相关产业和国民经济平稳较快发展。

五、十二五规划提出发展拥有国际知名品牌和核心竞争力的企业

2010年10月18日，党的十七届五中全会闭幕，会议审议通过了《中共中央关于制定国民经济和社会发展第十二个五年规划的建议》。建议明确提出：发展拥有国际知名品牌和核心竞争力的大中型企业；坚持把科技进步和创新作为加快转变经济发展方式的重要支撑，增强自主创新能力，加快建设创新型国家；实施知识产权战略，完善知识产权法律制度，加强知识产权创造、运用、保护、管理。建议还表明将重点扶持自主品牌，这对我国品牌事业的发展提出了新的要求。

六、《自主品牌促进法》被列入全国人大财政经济委员会立法工作计划

此前，品牌中国产业联盟（BCIU）于2008、2009年两次向全国两会提交议案，呼吁制定《自主品牌促进法》。2009年2月3日，《自主品牌促进法》被列入全国人大财政经济委员会日后的立法工作计划。为加快推动企业和品牌的良好发展，品牌中国产业联盟（BCIU）强烈呼吁制定《品牌法》，加强对企业和品牌的扶持、保护。

基于上述理由，建议有关部门从保护和支持品牌发展的角度考虑，正面扶持品牌健康发展，严厉打击惩罚危害品牌正常发展的行为，政策法制化，帮助和引导企业对品牌进行宣传推广，制定《品牌法》，规范和促进品牌事业的发展，支持和保护品牌发展，从而拉动内需，有力推动品牌经济的发展。主要建议如下：

一、制定并实施《品牌法》，优先购买和使用品牌产品

对于国家相继出台的支持品牌发展的政策，希望能尽早法制化，

制定并实施《品牌法》，还需要出台一系列鼓励企业品牌创建发展的优惠、扶持和服务政策，正面提倡消费者购买和使用品牌产品，鼓励企业实施品牌战略，积极引导，拉动内需，推动中国经济的全面发展。当然也要加强对企业品牌质量和品质的监督，促进品牌经济的健康茁壮成长。

二、严惩危害品牌发展行为，重点保护和监测品牌状况

鉴于目前部分生产假冒伪劣产品、质量不过关的企业给消费者带来了损害，甚至影响了产品和品牌的形象，不利于品牌的良性发展；因此，政府需要通过立法的形式，进一步加强对危害品牌正常发展的行为进行有效的打击，加大曝光和处罚力度，以警示并对品牌进行重点保护和持续监测。

三、帮助和引导企业进行品牌宣传推广

在市场竞争日益激烈的今天，品牌经济的发展受到了一些阻碍，一些好的品牌由于缺少足够的政策支持和有效的品牌传播，发展相对比较缓慢。希望通过制定标准、组织评选评比、举办论坛展会和品牌节日等形式，表彰、宣传、推介优秀的品牌和企业，包括企业家、品牌经理人等个人品牌，树立典范，鼓励后来者。例如法国为了向世界推广自己的名酒和农产品，经常举办国际品酒大赛和法国美食展。德国举办柏林国际电子消费品展览会，吸引了全球消费电子科技的领导厂商参展，成为全球最大的电子消费品博览会。中国也需要举办大型的品牌展览活动和节庆活动来向世界宣传和推广品牌，目前每年8月8日的中国品牌节已经成功举办四届，广受关注。

主题词： **发展　法规**

提案人： 冯　军

国家质量监督检验检疫总局2011年8月4日以国质检质函〔2011〕619号文函复：

冯军委员：

您提出的《关于呼吁制定〈品牌法〉、规范和促进品牌良性发展的提案》收悉。现答复如下：

如您所言，塑造品牌是企业发展和壮大的必由之路，在品牌竞争日趋激烈的今天，从法律上对品牌进行保护和扶持显得尤为重要。针对您提案中的建议，我局高度重视并进行了认真研究，开展了一系列工作。

一、质检总局履行名牌发展战略职能情况

推进和实施名牌发展战略是国务院赋予质检总局的一项重要职能。“十一五”期间，根据国务院《质量振兴纲要(1996年—2010年)》关于“实施名牌战略，振兴民族工业”的要求，按照党中央、国务院的部署，质检总局大力实施名牌发展战略，制定了《中国名牌产品管理办法》，成立了由部门、行业协会、新闻媒体等60多个单位组成的中国名牌战略推进委员会，建立起了以市场为导向、以企业为主体、部门加强合作，发挥中介组织作用、全社会共同参与的名牌战略推进机制，取得了明显成效。迄今为止，共有近2000个产品获得了中国名牌称号，还有10个产品获得了中国世界名牌称号。目前全国省级名牌超过1.7万个。名牌战略的实施，促进全社会形成了关心名牌建设、重视名牌成长的良好环境，使一批优势名牌产品脱颖而出，为用户和消费者提供了高质量的选择，一批优秀名牌企业走出国门，树立了“中国制造”的良好形象。对加快经济发展方式转变，推动中国经济社会又好又快发展发挥了重要作用。名牌产品及其生产企业已经成为推动经济发展的主要动力。

二、国家高度重视品牌建设工作

改革开放以来,党中央、国务院高度重视我国的自主品牌建设工作。邓小平同志曾指出:“我们应该有自己的拳头产品,创出我们中国自己的名牌,否则就要受人欺负。”江泽民同志对品牌建设提出了“立民族志气、创世界名牌”的要求。胡锦涛总书记更是高度重视品牌建设工作,在去年召开的十七届五中全会上提出:“增强新产品开发能力和品牌创建能力,发展拥有国际知名品牌和核心竞争力的大中型企业。”今年颁布实施的《中华人民共和国国民经济和社会发展第十二个五年规划纲要》,从各个不同的方面对我国品牌建设工作做出了规划和部署。针对转型升级、提高产业竞争力方面,提出了“推动自主品牌建设,提升品牌价值和效应,加快发展拥有国际知名品牌和核心竞争力的大型企业”。针对营造环境、推动服务业大发展方面,提出了“培育发展一批高技术服务骨干企业和知名品牌,支持服务业企业品牌和网络建设”等要求。

三、质检总局积极牵头推进我国品牌建设工作

如您所言,品牌并不仅仅是商标的概念,品牌的本质应该是品牌所有者向消费者提供的一组特定的特点、利益和服务的允诺。一个好的品牌传达的是质量的保证,是自主创新的结晶,是质量和信誉的载体。收到您的提案后,在认真总结我国以往品牌建设工作的基础上,我局牵头积极开展、推动了以下重点工作,以加强我国品牌建设工作。

是组织制定我国加强品牌建设的指导意见。今年6月质检总局牵头,会同发展改革委、工业和信息化部、农业部、国资委、知识产权局、旅游局等部门起草了《关于加强品牌建设的指导意见》,在该意见中强调了加强品牌建设的重要性和意义,确立了加强品牌建设的指导思想和基本原则,明确了加强品牌建设的重点领域、主要措施和组织实施方案。二是强化品牌培育,推动地方政府重视品牌建设。质检总局已于上半年开始组织在全国范围内开展“全国知名品牌创建示范区”试点工作,试点工作主要面向相关省份中产业聚集区、经济技术开发区、高新产业园区、现代服务区、旅游区等开展。三是指导中小企业加强品牌建设。为适应市场经济发展中的企业品牌管理需求,质检总局

目前正组织专家借鉴国际经验，制定品牌价值及评价系列国家标准，明确影响品牌价值的各项要素，以此指导中小企业加强品牌管理和建设，为企业提供品牌管理技术支撑和服务。四是建立中国品牌价值评价制度。质检总局今年组织在我国优势行业开展了品牌价值测算试点工作，明年将扩大至全国推广实施。力争经过2—3年的实践，努力建立具有中国特色的品牌价值评价制度和体系，引导企业加强品牌建设，提升品牌价值，使我国掌握在国际品牌定价活动中的话语权，以此推动我国优秀自主品牌走向国际。五是完善执法打假工作体系，营造品牌培育良好环境。以食品、农资、建材、家电、汽配、洗涤用品及化妆品等关系国计民生的产品为重点，组织开展专项执法打假。深入推进区域性质量问题整治，形成政府推动、部门联动、企业主动的齐抓共管整治格局。完善与行业协会和名优产品生产企业联手开展“打击假冒、保护名优”活动协作网络，促进行业自律机制的健全。建立健全缺陷产品召回制度，建立健全质检系统12365举报处置指挥系统，为质检行政执法工作提供有力的支持与保障。六是联合相关部门，参照《中国名牌产品管理办法》，研究制定品牌保护方面的法律如《品牌保护法》，进一步明确政府、政府职能部门、行业组织、企业和个人等主体在品牌发展和保护中的责任和义务。

按照您提案的建议，我局今后将认真履行有关职责，加强研究品牌立法工作，进一步加强我国品牌建设工作。同时以“抓质量、保安全、促发展、强质检”为方针，全面做好质量工作。在抓质量方面，重点抓好质量强国战略的论证和实施，抓好质量标准、认证和计量体系的完善，抓好质量责任和诚信体系建设，抓好质量评价和激励机制的健全。在保安全方面，严格实施风险分析，严格实施准入制度，严格企业生产监管，严格监督抽查和检验检疫，严格执法打假，严格处置突发事件。在促发展方面，重点服务经济结构调整，服务节能减排，服务外贸发展大局，服务保障和改善民生，服务区域经济发展。在强质检方面，重点着力建设法治质检、科技质检、和谐质检。

感谢您长期以来对品牌建设工作的关心和重视，也请您继续关注和呼吁推动我国品牌建设工作。

全国政协十一届四次会议提案第2955号

案　　由:关于加快推进二甲醚车用新能源发展的提案

审查意见:建议国务院交由主办单位工业信息部会同国家能源局办理

内　　容:随着我国经济的快速发展,能源消费逐年增长,石油对外依存度不断递增,石油安全已成为我国亟待解决的重大问题。同时能源利用过程中产生的环境污染问题也困扰着我国的经济发展。面对能源供给和环境保护的双重巨大压力,针对我国自然资源条件,合理利用我国的能源资源,尤其是煤炭资源,开发新型替代石油的清洁能源迫在眉睫。

二甲醚是一种无毒含氧燃料,常温常压下为气态,常温下可在五个大气压下液化,易于储存与运输。由于二甲醚能从煤、煤层气、焦炉气、天然气、生物废弃物等多种资源中制取,多来源、多用途,作为一种新型清洁二次能源,二甲醚具有很大的发展潜力和市场前景。

近年来世界二甲醚生产与应用技术快速发展。在我国二甲醚生产与建设投资更呈井喷之势,目前我国已经具备建设百万吨级两步法生产二甲醚装置的能力。2002年全国二甲醚总产能仅3.18万吨,近年来二甲醚产能高速增长,山东、陕西、山西、四川、内蒙古、新疆、宁夏、安徽、江苏、广州等地已建成或正在建一批数十万吨到数百万吨规模不等的二甲醚制造基地,我国的二甲醚总产能已超过500万吨。

二甲醚的生产成本取决于二甲醚燃料制造工艺和生产规模,根据我国二甲醚生产厂提供的资料,以煤为原料、年产20万吨级规模制取二甲醚,生产成本在3000元/吨以下。二甲醚作为柴油的替代燃料,在价格上具有很强的竞争力。今后若采取煤的多联产系统,将使二甲醚生产成本以及过程能耗进一步下降。

国家发改委多次召开了二甲醚产业发展座谈会，指出实施替代能源战略是缓解石油紧缺的重要措施，二甲醚是具有良好发展前景的替代能源产品，是适合于我国能源结构的替代燃料。2008 年 3 月国家财政部、税务总局宣布，为促进二甲醚的推广使用，自 2008 年 7 月 1 日起，二甲醚增值税率由 17% 调整为 13%。二甲醚的持续充足供应、生产成本优势，为二甲醚车用新能源产业的发展奠定了坚实的基础。

二甲醚在车用上，日本在北海道和新泻建了两个二甲醚示范工厂，开发了十多辆不同类型的二甲醚汽车，目前正在为产业化和商业运行做准备。欧洲丹麦、瑞典等国从生物质废弃物中制取二甲醚，正在大力发展生物二甲醚汽车。我国具有自主知识产权的二甲醚公交车已成功地在上海 147 路公交线上示范运行，累计运行已达 50 万公里。2009 年 6 月 17 日，工业和信息化部发布了《新能源汽车生产企业及产品准入管理规则》，明确将二甲醚汽车列入新能源汽车行列。

选择二甲醚车用新能源，一是符合我国能源资源条件和国家能源替代战略，二可改善大气环境，三有利于解决汽柴比问题，四是燃料成本和发动机成本具有竞争优势。二甲醚车用新能源对发展具有中国资源特色的汽车代用燃料、缓解石油供需矛盾、保证我国能源安全及环境保护具有重大战略意义。为此建议：

一、尽快编制我国二甲醚车用新能源发展规划和产业发展政策，在二甲醚车用新能源产业上及早布局和推广应用，有效带动一批相关产业，形成具有我国资源特色的新能源汽车产业链，成为我国石油替代和车用新能源产业发展的一个新的生长点。

二、尽快制订二甲醚车用新能源和相关汽车产业相关标准，为二甲醚车用新能源产业化和商业化、大批量推广应用提供重要的技术保障，使二甲醚车用新能源的发展从起步阶段就能够做到有规可循，有法可依。

三、二甲醚新能源已有市场需求和巨大市场发展潜力，在我国西北、西南和煤炭产地及时启动二甲醚车用新能源推广计划，使这种具有显著节能减排效果、对我国能源安全有战略意义的车用新能源尽快造福社会。

主题词：　　**能源　工业**
提案人：　　黄　震

中华人民共和国工业和信息化部2011年8月30日以工信提案〔2011〕148号文函复：

黄震委员：

您提出的《关于加快推进二甲醚车用新能源发展的提案》收悉。经商能源局，现答复如下：

积极发展醇燃料、天然气等替代燃料汽车是改善空气质量、降低对汽柴油能源依赖的有效手段。政府部门高度重视替代燃料汽车的发展。2004年发布的《汽车产业发展政策》，明确国家支持研究开发醇燃料、混合燃料等新型车用燃料，和鼓励汽车生产企业开发生产新型燃料汽车。

2009年工业和信息化部发布《新能源汽车生产企业及产品准入管理规则》，根据技术成熟程度、产业化程度等，将二甲醚汽车技术阶段划分为起步期，并按起步期产品实施管理。2009年制定发布了《二甲醚汽车专用装置技术要求》、《快插式二甲醚汽车加注口》、《二甲醚汽车专用装置的安装要求》等行业标准。目前已有上海申沃客车有限公司的两款二甲醚汽车车型（包括底盘）进入工业和信息化部《车辆生产企业及产品公告》，其生产的二甲醚汽车已在上海示范运行。

能源局认为，车用能源是能源行业的重要组成部分，是一个系统工程。新的燃料产品对产业链、基础设施建设的影响巨大。在对新型燃料的选择上应加强研究，慎重决策，避免重复投资和资源浪费。

按照国务院指示，工业和信息化部正会同相关部门抓紧编制《节能与新能源汽车产业发展规划》,在《规划》中已明确要积极开展替代燃料制造技术的研发与应用,鼓励具有天然气、生物燃料等资源优势的地区,因地制宜发展替代燃料汽车。我们将根据您的建议,积极会同相关部门,认真总结二甲醚试点示范经验,加快推进开展二甲醚等替代燃料汽车相关标准体系建设,进一步完善二甲醚等替代燃料汽车发展的政策措施,积极推动替代燃料汽车产业的发展。

感谢您对汽车工业的关注,欢迎再提宝贵意见。

全国政协十一届四次会议提案第3567号

案　　由:关于提高制药行业产业集中度的提案

审查意见:建议国务院交由工业信息部办理

内　　容:我国制药企业多、小、散,产业集中度低,产品结构趋同重复建设严重,产能过剩,造成过度竞争和资源浪费。2009年制药工业销售额前十强企业占医药工业总产值的比重仅为14%,百强企业为42.2%。国家基本药物目录中个别品种有50多家企业可以生产,重复生产、水平低下、能力过剩、过度竞争,最终导致利润下降,削弱了企业的投入能力和发展能力。

为此建议:

一、贯彻国务院促进企业兼并重组的精神,鼓励优势企业实施跨地区、跨所有制兼并和联合重组,促进品种、技术、渠道等资源向优势企业集中。重点是如何细化扶持大企业扶优做强的政策,如提高行业准入门槛,明确行业发展指导目录,对于大企业审评注册给予优先,对于招标、医保、定价等给予倾斜,同时提高GMP标准,鼓励优势企业提高药品标准等,将政策扶持与市场竞争相结合,最终提高行业集中度。单纯使用政策,容易产生歧视的不利的舆论环境。国家在56号文中也提到了"引导药品生产经营企业兼并重组,加快结构调整",建议国家出台医药行业整合方案,借助政府之手,有计划地进行企业兼并重组行为。

二、通过扶优扶强和在市场竞争中优胜劣汰,显著提高企业规模经济水平和产业集中度。培育1—2家销售收入超千亿的企业集团,3—5家销售收入超500亿的企业集团,一批销售收入超百亿的制药企业，形成一批具有国际竞争力和对行业发展有较强带动作用的大型企业集团。十强制药企业销售收入占全部销售收入的30%以上，百强制药企业销售收入占全部销售收入的60%以上。

三、支持中小企业向“专、精、特、新”的方向发展，形成大型企业和中小企业分工协作、协调发展的格局。

主题词： **医药　改革**

提案人： 刘革新

中华人民共和国工业和信息化部2011年8月31日以工信提案〔2011〕118号文函复：

刘革新委员：

您提出的《关于提高制药行业产业集中度的建议》收悉。现答复如下：

一、赞同关于提高制药产业集中度的建议。提高制药企业集中度，支持企业做大做强，有利于提高我国药品的质量水平，有利于增强企业的创新能力，有利于提升制药行业的整体发展水平。

二、我部高度重视医药行业组织结构调整。一是根据国务院印发的《关于促进企业兼并重组的意见》（国发〔2010〕27号），我部联合卫生部、食品药品监管局共同制定下发了《关于加快推进医药行业结构调整的指导意见》，其中组织结构调整是医药行业结构调整的重要组成部分。鼓励优势企业实施跨地区、跨所有制的收购兼并和联合重组，促进品种、技术、渠道等资源向优势企业集中。通过扶优扶强和在市场竞争中优胜劣汰，显著提高企业规模经济水平和产业集中度，使医药企业数量明显减少。二是积极推进《中小企业促进法》的实施。加强政策资金引导，提升中小企业技术创新能力；注重创新环境营造，不断促进专业化配套，引导中小企业走“专、精、特、新”的发展道路。

三、在《国民经济和社会发展第十二个五年规划纲要》中，明确将医药行业列为促进企业兼并重组的八个重点行业之一。我部在组织制定的《医药工业“十二五”发展规划》中，将提高制药行业产业集中度作为“十二五”期间一项主要任务，重点是：鼓励优势企业实施兼并重组，支持研发和生产、制造和流通、原料药和制剂、上下游产品、相同治疗领域产品、中成药和中药材企业之间的重组和整合；深化体制机制改革和管理创新，鼓励兼并重组企业建立健全规范的法人治理结构，转换企业经营机制，创新管理理念和管理模式；促进大中小企业协调发展，鼓励大型骨干企业加强新药研发、市场营销、品牌建设，完善产业配套体系，支持中小企业发展技术精、质量高的医药中间体、辅料、包材等产品，提高为大企业配套的能力。力争到2015年销售收入超过500亿元的企业达到10个以上，超过100亿元的企业达到100个以上，前100位企业的销售收入占全行业的50%以上。

感谢您对医药工作的关心和支持。

全国政协十一届四次会议提案第3877号

案　　由:关于进一步抓好食品安全工作的提案

审查意见:建议国务院交由主办单位国务院食品安全办会同卫生部、国家工商总局、国家质检总局、国家食品药品监管局办理

内　　容:食品安全是当前公众最为关心的热点问题之一。虽然各级政府对此高度重视,但我国食品安全问题依然时有发生,人们对于食品安全问题的忧虑并没有消除。长此以往,不仅威胁人民群众的身体健康和生命安全,也将严重损害政府声誉、法制尊严和人们对社会诚信、道德建设的信心。

改革开放以来,我国相继制定了近20部与食品安全相关的法律,近40部与食品安全相关的法规,部门规章更是有150部,初步构建了我国食品安全保障的法制体系,促进了食品安全保障的法制化水平。然而,这些法律法规的制定与实施,并没有从根本上解决我国的食品安全问题。这主要是由多方面的因素造成的。一是监管方面存在漏洞。尤其是分段监管、多部门监管的状况,不仅造成监管不到位,而且在执法过程中存在着交叉和空白地带。二是生产经营方面存在漏洞。有的食品生产经营者为追求利润,违背法律和道德,随意添加和滥用食品添加剂等有害物质,而政府部门对此监管不力,在一定程度上纵容了食品安全方面的违法行为。三是消费者缺乏食品安全意识。不少消费者贪图小便宜,致使不法食品制造商有机可乘,不安全食品具备生存空间。四是技术支撑体系不完善。部分食品企业和监管部门检测设备和检测手段落后,难以为食品质量提供强有力的技术监控手段。五是执法不严。少数执法者不作为、乱作为、随意执法甚至腐败现象,严重干扰了食品安全工作的正常开展。

为此,特提出以下几点建议:

一、加强食品安全监测。改革和健全合理有效的食品安全监控体系,明确责任,消除监管空白地带。

二、认真整治食品生产环节。坚决取缔无证、无照生产加工食品的行为,加强对食品生产环节的监管和检查,建立相应的追溯制度。

三、构建食品安全评估评价体系和食品安全信息体系,进一步完善食品安全的相关标准和相关认证。

四、加强宣传。大力普及食品安全知识,努力在全社会形成重视食品安全的浓厚氛围。

五、严格执法。对于不作为、乱作为、随意执法、贪赃枉法的行为进行严厉打击。建立严格的追究制度,发现一起查处一起,同时建立严格有效的预防和监督机制,从源头上防止食品安全事故的发生。

主题词: **食品 轻工**

提案人: 王乃静

国务院食品安全委员会办公室2011年9月15日以食安办函〔2011〕49号文函复:

王乃静委员:

您提出的《关于进一步抓好食品安全工作的提案》收悉。经商卫生部、工商总局、质检总局、食品药品监管局,现答复如下:

一、关于加强食品安全监测问题

食品安全风险监测是保障食品安全、防范系统性风险的基础性工作。有关部门高度重视这项工作,不断加大投入力度,制定、实施了国家食品安全风险年度监测计划,目前已经建成了由1个国家级、32个省级(包括新疆生产建设兵团)、241个地(市)级和65个县级疾控机构组成的食品安全风险监测网,监测项目(指标)包括农药残留、兽药残留、重金属、真菌毒素、食品添加剂、非法添加物质、致病菌等154项,初步掌握了我国主要食品中化学污染物和食源性致病菌污染的基本状况,并建立了食源性疾病监测报告系统。由于我国食品安全风险监测工作起步比较晚,目前仍存在监测点少、覆盖范围窄、样本量小等问题。为此,"十二五"期间将加大投入,重点建设食品安全风险监测体系和评估体系,提高食品安全风险监测能力,使食品污染物监测网络覆盖到全部县级行政区,食品污染物监测点由344个扩大到2862个;监测样本量从12万余个/年扩大到286.2万个/年,由0.08份/千人扩大到2份/千人。

有关部门在加强监测预警体系建设的基础上,进一步完善和创新统一协调与分工负责相结合的监管体制,不断推进诚信体系、监督体系、责任体系、应急体系等建设,逐步形成科学系统、责任明晰的"从农田到餐桌"的全程监控体系。下一步我们将继续加大协调、指导力度,不断完善全程监管制度、堵塞监管漏洞,积极推动各环节的有效衔接,切实解决食品安全监管职责不清及监管空白等问题。

二、关于认真整治食品生产环节问题

我国在食品生产环节监管方面,严格执行生产许可制度,质检部门为此制定发布了《食品生产许可管理办法》等多项制度。在严格执行生产许可制度的同时,各地区、有关部门进一步加大了监督检查力度。2010年各地共检查食品生产单位116.9万家(次),发现问题20.02万个,已完成整改16.8万个,其中吊销了17家企业的生产许可证。

您提出的建立相应的追溯制度,是保障食品安全水平的重要措施。近年来有关部门积极推动食品追溯制度的建立,加快了重点食品电子追溯体系建设及试点工作。《国务院办公厅关于进一步加强乳品质量安全工作的通知》(国办发〔2010〕42号)要求,2011年年底前完成婴幼儿配方乳粉和原料乳粉电子信息追溯系统的建设。商务部、财政部2010年开始启动肉类蔬菜流通追溯体系建设的试点工作,目前已安排两批共20个试点城市，初步建成了中央和城市两级追溯管理平台，追溯体系覆盖170多个屠宰企业、100多个大型批发市场、3000多个标准化菜市场、1400多个大中型超市、4400多个团体消费单位。下一步有关部门将充分利用现代信息技术手段，加快推进乳品、肉类、蔬菜等重点品种追溯系统建设，并逐步向其他品种推广，统一整合、规划各类食品安全追溯系统建设，保证追溯链条的科学性和完整性，提高食品安全监管综合效能。

三、关于构建食品安全评估评价体系和信息体系、完善相关标准问题

2010年国务院食品安全委员会办公室专门制定了食品安全整顿工作考核评估办法，对各地区、各有关部门两年来的食品安全整顿工作进行了督促检查和考核评估。2011年下半年，我办将继续对各地区和各有关部门的食品安全工作进行督查考核，并在此基础上积极探索建立和完善食品安全激励约束机制，完善督查考评方法，督促各地区、各有关监管部门认真研究解决食品安全工作中存在的问题。

目前各级食品安全监管部门间的综合协调及信息通报等机制已初步建立。为进一步加强食品安全信息发布工作，卫生、农业等部门制定出台了《食品安全信息发布管理办法》、《农产品质量安全信息发布管理办法》等规章制度，切实提高了信息发布工作的规范化水平。近期成立的国家食品安全风险评估中心及专家委员会，将对整合食品安全信息资源、构建食品安全信息体系起到积极的促进作用。

近年来，我国食品安全标准体系建设和相关认证工作也在积极推进。据统计，我国现行食品、食品添加剂及食品相关产品的国家标准有1829项，地方标准有1201项，按照内容可分为食品安全基础标准、生产规范、产品标准、检验检测方法等，与国际标准总体上是一致的。食品安全法颁布实施后，卫生部组建了食品安全国家标准审评委员会，建立了食品安全标准审查制度，开展了食品安全标准清理整合工作，目前已新公布实施了177项食品安全国家标准，包括68项乳品安全标准、《食品添加剂使用标准》、《食品中真菌毒素限量》、《预包装食品标签通则》等3项重要基础标准，102项食品添加剂产品标准、2项

农药残留限量标准(含66种农药)以及蜂蜜产品标准等。年底前卫生部还将完成202项标准的制修订。各地也在及时研究制定地方标准,并针对一时难以出台地方标准的,加快制定规范性的规定。同时鼓励企业自行制定严于国家和地方标准的企业标准,并做好企业标准的备案管理工作。

四、关于加强食品安全宣传问题

国务院食品安全委员会办公室高度重视食品安全宣传教育工作,积极组织协调有关部门开展科普宣传,宣讲食品安全法律法规,深入解读有关食品安全工作的重大部署和政策措施,集中宣传专项治理行动取得的成效,及时曝光典型案例,展现政府加强食品安全工作的态度和决心,以增强社会消费信心,有效震慑违法犯罪活动。2011年3月,我办商请中宣部、司法部将食品安全法列入"六五"普法规划;5月印发了《食品安全宣传教育工作纲要(2011—2015年)》,要求各有关方面深入开展"食品安全宣传周"和"食品安全进社区、进农村、进学校、进企业"等活动,广泛普及食品安全法律法规和科学知识,进一步提高社会公众的食品安全意识和预防应对风险能力。目前我办正在配合有关部门制定食品安全宣传具体实施办法,将食品安全纳入国民素质教育体系和中小学教育课程体系,并作为各级公务人员教育培训的重要内容。

五、关于严格执法和责任追究问题

各地区、各有关部门始终把严格执法、严厉打击食品安全违法犯罪活动作为保障食品安全的重要任务。2010年全国共检查各类食用农产品、食品及相关产品生产经营单位3552万户次,发现和限期整改安全隐患50余万个,取缔和停产违规企业单位10余万家;查处各类违法违规行为13万起,其中立案查处了涉及食品安全的刑事案件115起,抓获犯罪嫌疑人248人。同时对于监管部门及工作人员不作为、乱作为、随意执法、贪赃枉法行为,实施严格的责任追究制度。有关部门已对2010年问题乳粉案件中负有失职渎职等责任的192名地方政府领导和监管人员,进行了严厉的行政问责和党纪政纪处分,目前正在深入调查和严肃查处河南生猪"瘦肉精"案件中的责任人员。

为进一步加大责任追究力度，有关部门正在制定食品安全违法违纪责任追究办法，以促进各地区、各有关部门切实落实监管责任，提高监管水平。下一步我们将继续加大监督检查力度，建立健全预防和监督机制，确保责任落实到位，从源头上防范食品安全风险的发生。

感谢您对食品安全工作的关心和支持！

全国政协十一届四次会议提案第3971号

案　　由:关于加快推进企业清洁生产的提案

审查意见:建议国务院交由主办单位工业信息部会同财政部办理

内　　容:清洁生产是一种全新的发展战略,是实现经济与环境协调发展的最终归宿。近年来国家注重建立以政府引导、企业主体、市场运行的促进清洁生产机制,通过政策规范、中介合作、部门推动等举措,逐步把清洁生产理念和清洁生产审核向重点行业、重点企业推进,促进了资源节约、污染削减、环境保护,取得了一定的经济效益、环境效益和社会效益。但是我们也应该清醒地看到,清洁生产工作还处于起步阶段。由于缺乏有力的实施清洁生产的财税、产业、技术等激励政策,实施清洁生产的企业比例还比较低,企业完成自愿性清洁生产审核的数量还比较少。据统计,到2009年开展清洁生产审核的工业企业仅占全国工业企业总量的0.15%,大部分行业开展审核的企业数量不超过企业总数的5%;清洁生产审核提出的中高费方案实施率也偏低。“十二五”是深化改革开放、加快转变经济发展方式的攻坚时期,为了全面推进清洁生产,从源头上遏制污染,实现节能降耗、促进产业结构调整,提高能源资源利用效率,特建议:

一、加大政策扶持,提高清洁生产保障能力。各级政府要积极落实国家对企业实施清洁生产的鼓励政策,加大对清洁生产技术创新、成果转化以及推广应用的支持力度。逐步扩大中央财政清洁生产专项资金规模,提高中小企业发展专项资金用于支持清洁生产工作的比例,细化对符合清洁生产要求的企业所得税、增值税及节能、节水等税收优惠政策。建立产业政策、财政政策、金融政策三位一体的绿色信贷机制，通过产业政策导向、财政政策支持、金融政策配合，广泛深入推动企业实施清洁生产。

二、强化技术进步，推动清洁生产全面开展。充分发挥科技在清洁生产中的引领作用，加快建立清洁生产信息系统和技术咨询服务体系，健全清洁生产的技术研发、成果转化和推广机制。积极引导企业利用清洁生产新工艺、新技术和新装备，加快改造传统产业。逐步建立以企业为主体、市场为导向、产学研相结合的技术创新体系，完善统一的工业领域清洁生产行业标准体系，明确资源能源利用、产品的运输和包装、污染物产生及废物回收利用等指标，加快提升企业清洁生产的技术水平和自主创新能力。

三、发挥主体意识，提升企业清洁生产水平。充分发挥企业的积极性、主动性和创造性。一方面要使企业明确其在清洁生产方面的权利和义务，对将要或正在实施的清洁生产项目进行明晰的综合环境经济效益分析、比较，使企业自愿走上清洁生产之路。另一方面企业也要准确把握国际国内环境形势，特别是面临的资源、能源及环境制约，树立绿色经营理念，制定开发绿色产品战略，把实施清洁生产贯穿于企业文化、经营战略、绩效管理和生产技术等各方面，走资源节约型、环境友好型的发展道路。

四、加强宣传教育，营造清洁生产良好氛围。充分利用报刊、广播、电视、网络等宣传舆论工具，广泛开展宣传教育，把清洁生产作为保护和改善环境、推动能源资源节约和高效利用的有效措施，作为新的生产方式和消费模式、促进绿色新兴产业发展的有力手段加以推进。有关部门要按照各自的职责，采取多种形式，加强对企业管理人员、工程技术人员及企业员工的清洁生产技术培训，普及清洁生产知识，提高广大企业和社会各界的资源忧患意识、节约意识和环境保护意识。

主题词： 企业　生产

提案人： 丁耀民

中华人民共和国工业和信息化部2011年8月23日以工信提案〔2011〕50号文函复：

丁耀民委员：

您提出的《关于加快推进企业清洁生产的提案》收悉。经商财政部，现答复如下：

一、关于加大政策扶持，提高清洁生产保障能力的建议

清洁生产是促进环境保护从单纯的末端治理向污染预防转变的根本途径，是促进工业发展方式转变、实现绿色发展的重要措施。近年来有关部门不断加大财政税收政策对清洁生产工作的支持力度，引导和支持企业加快推进清洁生产。

1. 加大财政资金支持引导力度

一是建立清洁生产专项资金。2004年中央财政设立了清洁生产专项资金，主要用于重点行业中小企业清洁生产技术试点示范及宣传培训、制度建设、标准制订等基础性和技术性支撑工作。近年来清洁生产专项资金规模逐步扩大。2008年我部会同财政部加大了对工业领域清洁生产示范项目的支持引导力度，2009年至2011年中央财政共安排6.77亿元，支持了89个清洁生产示范项目。下一步中央财政将重点支持清洁生产推行规划中确定的重点领域清洁生产工作，开展重大关键清洁生产技术的示范和推广。

二是加大中小企业有关专项资金支持力度。中央财政将清洁生产作为中小企业有关专项资金支持的重点之一，在中小企业发展专项资金、科技型中小企业技术创新基金中，安排部分资金支持中小企业节能减排技术改造和关键技术创新，资金规模及所占比重实现了逐年较快增长。

2. 加大税收政策支持力度

一是充分利用现行鼓励节能减排的税收政策，支持企业实施清洁生产。为促进节能环保工作的开展，国家制订了一系列税收优惠政策，如企业低碳技术研发投入、环保节能节水项目和相关设备投资、资源综合利用产品等，均可享受现行企业所得税、增值税等方面的优惠政策。这些政策对于引导企业加强清洁生产技术研发，实施清洁生产技术改造，起到了重要的促进作用。

二是根据税制改革总体要求，在对资源税、流转税、所得税、出口退税等相关税种进行改革和政策调整的过程中，强化税收政策对清洁生产等环境保护促进工作中的调控功能，使现行税制进一步“绿色化”，促进企业不断提升清洁生产水平。下一步的重点是尽快理顺现行环境税费制度，研究开征环境保护税，将主要污染物和二氧化碳排放纳入环境税征收范围，为企业积极实施清洁生产建立有利的税收政策环境。

二、关于强化技术进步的建议

科技进步是提升工业企业清洁生产水平的重要支撑。在推行清洁生产过程中，我们始终把科技进步和技术创新放在突出位置，推动技术不断进步。工业和信息化部积极推动工业领域清洁生产技术升级。一是发布了铜冶炼、铅锌冶炼等22个重点工业行业清洁生产技术推行方案，印发了电石法聚氯乙烯行业汞污染综合防治方案，为企业实施清洁生产提供技术信息指导。二是加大政策支持，利用中央财政清洁生产专项资金，采用补助或奖励的方式，推进应用技术示范，加快成熟适用技术的推广。三是加快前沿技术的研发。对于行业急需攻关的清洁生产技术，加强与有关部门的沟通协调，争取纳入科技发展规划予以重点支持。

“十二五”期间，我们将紧紧围绕技术进步这一工作主线，明确技术示范推广重点领域，实施重点污染物削减工程，建设一批清洁生产技术创新基地，力争研发和示范一批重点行业关键共性技术，推广一批具有显著污染预防效果的成熟技术和一批无毒无害或低毒低害的原料（产品），有效削减二氧化硫、氮氧化物、氨氮、化学需氧量以及汞、铬、铅污染物的产生量，促进节能减排目标的完成。

三、关于建立完善统一的工业领域清洁生产行业标准体系的建议

建立统一的清洁生产标准体系，对于提升企业清洁生产水平十分必要。针对清洁生产标准制定和发布问题，中央机构编制委员会办公室的《关于进一步落实清洁生产促进工作职责分工的意见》（中央编办发〔2010〕108号），明确要求发展改革委、环境保护部会同工业和信息化部、农业部等部门，制订重点行业清洁生产评价指标体系，组织编制清洁生产技术指南和审核指南，各部门不得单独制定和发布清洁生产相关标准。

根据上述职责分工，结合工业行业清洁生产工作需要和技术发展实际，我部已提出钢铁等31项清洁生产行业标准制修订计划，其中钢铁、热处理、丙烯腈、无机颜料（钛白粉）4项标准已向发展改革委提交报批稿待发布。下一步我们将在发展改革委统一标准框架的要求下，加快制修订工业领域重点行业清洁生产评价指标体系，并加强清洁生产标准与产业政策、行业准入条件、环保政策等衔接，指导企业不断提高清洁生产水平和可持续发展能力。

四、关于发挥企业主体意识及加强宣传教育工作的建议

企业是实施清洁生产的主体。发挥企业主体地位，需要在提供清洁生产技术信息服务、加强政策激励约束引导的同时，加大对清洁生产知识、理念的宣传和普及，使企业切实理解清洁生产“节能、降耗、减污、增效”的本质，从而调动企业自觉实施清洁生产的积极性。

一是结合工业领域清洁生产工作开展的实际情况及“十二五”工作目标，我部拟加强宣传培训工作。对工业企业负责人、清洁生产行政管理人员、行业协会负责人、行业专家、审核咨询服务机构从业人员等分类组织培训，力争“十二五”期间工业领域规模以上工业企业主要负责人接受清洁生产培训比例和通过清洁生产审核评估的企业（特别是国有企业）比例大幅提升。二是建立清洁生产信息系统，为企业开展清洁生产提供信息服务，帮助企业及时了解清洁生产方法、清洁生产技术、可再生利用的废物供求和清洁生产政策法规等方面的信息和情况，促进清洁生产信息交流。三是加大宣传报道力度，通过召开清洁生产技术现场会、报刊、网络等媒体报道清洁生产案例等多

种方式，广泛开展宣传教育，为企业实施清洁生产营造良好的环境和舆论氛围。

目前我部正在编制《“十二五”工业清洁生产推行规划》，对您所提的意见和建议，我们将结合规划的制订加以认真研究和采纳。

感谢您对清洁生产工作的关心，欢迎再提宝贵意见。

全国政协十一届四次会议提案第0414号

案　　由:关于强化快递行业监管的提案

审查意见:建议国务院交由主办单位国家邮政局会同国家工商总局办理

内　　容:随着快递行业的快速发展,消费者对快递服务的投诉也日益增多,知名快递企业突然倒闭的事件更是引起了全社会的高度关注。因此,加强对快递行业的监管已成为有关部门亟待解决的问题。据了解,当前快递行业主要存在以下问题:一是不合格的市场主体大量存在。按照新《邮政法》规定,目前市场上还有相当一部分快递企业达不到经营快递业务的条件,此类小规模快递企业必须升级整改,才能继续从事快递业务。而升级整改面临的最大难题则是资金问题,这导致在法律给予的一年过渡期内,仍有大量不符合条件的快递企业抱着等过渡期过了再说的心理,继续按原有规模从事快递业务。二是钻法律空子的行为时有发生。由于缺乏完善的法律与行业内部监管体系,一些快递企业为追求盈利,置消费者利益于不顾,在经营中钻法律空子,不规范行为时有发生,给消费者带来很大损失。主要表现在快递运送时间慢,快递"转包"情况严重,服务合同存在"霸王条款"。三是行业自律机制严重缺失。随着市场需求的增大,快递行业市场主体发展迅猛。但由于当前快递企业大部分为小规模企业,缺乏规范的内部管理与经营制度,且没有统一的行业协会指导约束,导致经营过程中常出现无序竞争。企业硬件设备简陋、价格体系混乱、从业人员参差不齐已成为普遍现象,运送不及时、货物损坏或丢失等情况时有发生,而最严重的则是负责人卷走客户货款,企业突然倒闭消失,甚至连员工都不知情。

快递行业与国家服务业、经营者日常经营活动、群众普通消费行为都息息相关。加强快递行业监管、规范快递行业经营行为已是势在必行。为此,我们建议:

一、严格市场准入制度,规范主体资格。对于新开设快递企业,工商部门要充分发挥职能作用,在登记注册时严格遵守新《邮政法》以及《快递业务经营许可管理办法》的有关规定,严格审查申请人的《快递业务经营许可证》以及快递业务员的从业资格,同时落实好场地检查,看是否符合规定的服务条件,确保只有符合法律要求的才能获得营业执照,切实把好市场准入关。同时对于新《邮政法》实施前已取得营业资格而又不符合经营条件的快递企业,要督导其升级整改,使其达到新《邮政法》以及《快递业务经营许可管理办法》的有关规定。

二、规范合同文本,构建长效监管平台。工商部门要引导企业积极使用国家统一制定的格式合同文本,引导企业自觉规范经营,打破快递行业多年来的潜规则。同时切实做好合同监管工作,针对目前快递行业格式合同中常见的"霸王条款"、模糊条款,要求快递企业将自制的快递服务协议送交工商部门审查备案,尤其要对对协议中的注意环节和忠告性用语等容易出现加重消费者责任的条款进行仔细审查,对发现存在问题的向其制发修改建议书和责令改正书。

三、探索行业自律模式,填补监管空白。虽然目前对快递行业的监管已有新《邮政法》和《快递业务经营许可管理办法》等的法律监管,但在实际操作中,快递经营的许多细节问题仍需靠企业自律来解决。一是大力推动行业诚信建设,制定行业自律公约,建立风险、警示和举报制度,规范会员行为,抑制恶性竞争、打击扣件压件行为;二是帮助企业加强内部管理,规范企业加盟与经营方式,防止企业突然倒闭的事件发生;三是组织各种人才、技术、管理、法规等培训与咨询服务,帮助会员企业提高素质,改善经营管理;四是做好投诉纠纷处理工作,在出现消费者投诉时主动承担起调解员的角色,按法律相关规定有效化解争议和矛盾;五是协调好企业与政府之间的关系,在政府与企业、企业与市场间架起信息沟通的桥梁,引导快递企业通过合资、参股、联合等多种方式，实现规模扩张，实现快递价值链的提升，不断发展壮大快递行业。

主题词： **邮政 管理**

提案人： 台盟中央

国家邮政局2011年7月1日以国邮函〔2011〕45号文函复：

台盟中央：

贵党提出的《关于强化快递行业监管的提案》收悉。现答复如下：

近年来我国快递市场发展迅速。2010年全国快递业务收入完成574.6亿元，快递业务量达到23.4亿件，分别比“十五”末增长了250%和300%。但目前我国快递市场尚处于发展的初级阶段，市场经营主体数量众多，企业规模普遍较小，区域发展亦不平衡，行业整体服务水平不高，快递服务能力与经济社会发展和人民群众生活需要之间还存在差距。快递企业自身管理能力不强，员工队伍素质有待提高，市场秩序仍需进一步规范。快递服务关系到亿万用户的切身利益，关系到社会和谐和民生问题。对此我局一直高度重视，认真研究快递业务发展规律，积极采取措施解决快递市场存在的问题。

一、有序施行市场准入。依据修订后的《中华人民共和国邮政法》和《快递业务经营许可管理办法》，稳步推进快递业务经营许可工作。出台了《快递业务经营许可条件审核规范》，进一步明确了快递业务经营许可的申请条件与审批流程，规范了企业申请和邮政管理部门审批应遵循的行为准则。截止到2010年年底，依法取得快递业务经营许可证的法人企业5883家，占市场份额90%以上的快递企业纳入了许可范围。其中70%的企业以特许经营方式(加盟)参与12家品牌企业经营,市场集中度得到了提升。

二、规范市场秩序。为严格市场准入制度,规范主体资格,维护消费者合法权益,邮政管理部门开展了“规范市场秩序,维护用户权益”专项执法活动。以依法查处未经许可经营快递业务和超范围经营快递业务的违法行为为重点,自2010年11月至2011年4月底,共有7624人次参加了专项检查,检查企业4601个(次),纠正和查处违法违规行为1199起,下达行政处罚决定和整改通知774份,依法取缔非法经营快递业务的企业73家。

三、规范服务,维护用户合法权益。国家邮政局与国家工商行政管理总局联合印发了《国内快递服务合同(示范文本)》,对寄递合同中涉及消费者利益的条款进行规范,保证消费者合法权益不受侵害。《快递服务标准》已修订完成并报请国家相关部门将《快递服务标准》从行业标准上升为国家标准。全国统一的《快递业务操作规范》正在制定中。

四、充分发挥行业自律作用。指导中国快递协会制定发布了《中国快递协会企业自律公约》,认真落实公约,加快建立自律机制,规范企业行为,促进公平竞争,提升自律水平,维护行业整体利益和消费者的合法权益,全面推动快递业健康有序发展。召开“快递服务热点问题研讨会”,配合政府做好促进行业改革发展以及解决服务热点难点问题的相关协调工作。

五、畅通用户申诉渠道。充分发挥12305邮政业申诉中心的作用,积极受理、督促办理消费者的每件申诉,及时协调妥善解决消费者反映的快递服务问题。每月在政府网站和相关媒体发布邮政业申诉情况通告,加大社会监督力度,大力推动行业的诚信建设。

通过上述具体措施,强化了对快递行业的监管。我们将继续努力,按照提案的建议认真做好对快递市场的监管工作。

全国政协十一届四次会议提案第0738号

案　　由:关于大力发展云计算产业的提案

审查意见:建议国务院交由主办单位工业信息部会同国家发改委、科技部、国家能源局办理

内　　容:云计算是互联网和超级计算能力的结合,是一种通过网络以便捷、按需的形式从共享性可配置的计算资源池(这些资源包括网络、服务器、存储、应用和服务)中获取服务的业务模式。数十亿台个人电脑和其他设备(如智能手机)接入云计算中心,将带来工作方式和商业模式的彻底变革,这就好比是从古老的单台发电机模式转向了电厂集中供电的模式。它意味着人们能利用个人电脑等设备以非常低的成本获取超强的信息处理能力。

云计算将成为未来信息时代最重要的公共基础设施,就好比水、电、煤气一样,是我们生活和工作中不可或缺的一个重要组成部分。发展云计算产业,不仅有利于推动中国信息基础设施建设,而且有利于推动传统产业的改造升级、支撑中小企业信息化升级和加速推进战略性新兴产业的发展。2010年我国互联网上网人数已达4.57亿人,其中宽带上网人数4.50亿人,互联网普及率达到34.3%,发展云计算产业有着迫切的需求和巨大的市场潜力。

需要指出的是,我国云计算产业的发展中存在着很多突出的问题亟待解决:

一、通过宽带参与云计算的成本很高,严重制约了云计算的发展。我国宽带市场存在垄断现象,造成宽带费用相对较高。目前我国数据营运费用比美国高出2.5倍,而计算资源利用效率仅相当于美国的

1/3。

二、较高的电力费用限制了云计算的快速发展。就目前而言，由于采取的是工业用电标准，电费支出依然是云计算中心主要的成本之一。

三、云计算仍然面临着安全问题的威胁。数据的安全、用户的隐私保护、云计算平台的稳定性等问题是制约云计算进一步发展的重要因素。

四、现有的云计算专业人才储备远远无法满足云计算发展的需求。

为了解决云计算产业发展过程中的问题，我们提出如下建议：

一、引入新的竞争主体，促进互联网宽带市场的有效竞争，逐步打破宽带市场的垄断格局，实现低成本接入宽带城域网，为云计算运营企业的技术与业务创新提供必要条件，推动云计算产业的发展。

二、考虑对云计算中心实施电价优惠，充分利用清洁能源。从技术层面讲，数据传输的成本比电力传输的成本低很多，因此，建议将云计算中心建立到我国风能、水能、太阳能丰富的地区，就近开发利用便利的清洁能源，授予云计算企业直购电的资质，从政策上给予电价补贴，降低云计算电力成本，从而更好地发挥云计算对社会经济的积极作用。

三、要将监管、技术和用户三个方面相结合，解决安全性问题。建议由监管部门制定相关法律法规，加强对云计算技术和云计算数据、信息的保密和监管工作；云计算服务提供商应该采取必要的措施，按信息的重要性采用分权分级管理等方法，保障客户的信息安全；云计算用户也应该提高对个人信息的安全意识；从而确保整个云计算使用过程中的保密性、完整性及可用性。

四、建议将云计算产业作为国家战略性新兴产业，加强对我国云计算技术的研究、应用和核心人才的培养，鼓励高校、科研院所与软件企业的合作，并在政策、资金、项目等方面给予大力支持，形成支撑云计算产业的核心技术，大力推动云计算产业的发展。云计算产业链的构建，不仅能培养新的产业增长点，而且在促进就业和增加我国经济活力方面都有积极作用。

主题词： 网络 信息 发展

提案人： 贺 强

中华人民共和国工业和信息化部2011年8月24日以工信提案〔2011〕57号文函复：

贺强委员：

您提出的《关于大力发展云计算产业的提案》收悉。经商发展改革委、科技部、能源局，现答复如下。

诚如您在提案中所言，云计算顺应了当今全球范围内计算资源和服务能力整合的需求，是信息技术竞争的战略制高点。大力发展云计算，对促进我国信息产业和传统产业转型升级、提升信息安全保障能力和国家综合竞争力具有十分重要的意义。

国家高度重视发展云计算相关产业的发展，加强战略部署。国务院颁布的《关于加快培育和发展战略性新兴产业的决定》，已将云计算作为新一代信息技术产业发展的重点内容之一。十一届全国人大四次会议审议通过的《国民经济和社会发展“十二五”规划纲要》也明确提出要大力发展云计算等新一代信息技术产业。

工业和信息化部、发展改革委、科技部等部门积极组织云计算技术研发、标准制定和试点示范工作，统筹有序地推进我国云计算发展。一是积极营造良好的产业发展环境。在业界广泛开展调研的基础上，认真总结分析，把握产业发展趋势，提出政策措施建议。我部在《信息产业“十二五”发展规划》、《软件和信息服务业“十二五”发展规划》等重要政策、规划制定中积极研究将云计算作为发展重点。科技部也将云计算列入“十二五”科技专项规划。二是积极开展试点示范工作。我部与发展改革委联合开展云计算服务创新试点城市工作，在北京、上海、深圳、杭州、无锡五个城市先行开展云计算创新发展试点示范工作，通过先行先试，形成示范能力和示范作用，为发展云计算积累经验。三是积极开展云计算相关标准的研究制定工作。我部组织召开中国云计算标准大会，研究构建自主云计算标准体系。同时组织SOA标准工作组和信息技术服务标准工作组等积极参与ISO/IEC—JTC1 SC38等国际标准组织活动，参与国际标准的制定，不断提高国际标准制定的话语权。指导信息技术服务标准工作组联合业界骨干企事业单位筹备成立云计算服务标准专业组，开展云计算标准化的预研工作。四是利用重大专项等项目资金，大力支持云计算相关技术产品研发和产业化。例如，我部在“核高基”（“核心电子器件、高端通用芯片和基础软件产品”）重大专项2011年和2012年课题中，分别部署实施了“新型网络计算操作系统”、“网络化应用支撑工具”、“智能海量数据资源中心”、“大型网络应用及服务平台研制与示范”等相关项目，有力支持了云计算领域的共性关键技术产品研发和产业化；在2011年电子信息产业发展基金中，组织实施了“云计算关键支撑软件研发与产业化”等招标项目，促进云计算领域的技术产品研发和产业化。科技部也在2010年的863计划中启动了“云计算关键技术与系统”重大项目，开展云计算相关技术研发和应用示范。

云计算尚处于发展的初期阶段，市场也还处于培育过程中，潜在市场需求庞大。同时云计算也将引起信息产业的变革和升级，为我国信息产业的进一步发展和技术创新提供新的机遇。但是我们也要看到目前云计算在技术、标准和产业化方面还存在诸多问题，在服务、应用方面更是面临许多挑战，如安全性问题、可用性问题、付费模式问题等。因此我国应统筹规划布局，充分发挥自身优势，抢占未来产业发展的制高点，带动产业快速发展。

提案对我国云计算技术、产业发展现状、存在的问题以及发展的重要性进行了较为客观全面的分析，提出了富有建设性的意见和建议，对于促进我国云计算相关工作具有非常重要的意义。

关于提案中的第一条，我部正在研究“宽带中国”战略，科技部将进一步推动信息网络产业发展，目前已编制完成国家宽带网科技专项规划，并启动 863 计划“三网融合演进技术及系统研究”重大项目。同时我部也将会同发展改革委等有关部门按照国务院推进经济体制改革的有关文件精神，积极支持非国有资本参与信息基础设施建设，进一步推进电信体制改革，鼓励社会资本参与信息产业发展，扩大电信市场对社会资本的开放，探索引进社会资本参与宽带市场经营的管理机制，加快推进下一代国家信息基础设施建设。

关于提案中的第二条，能源局正在积极研究和统筹风电、太阳能开发与电网的发展，推进就地消纳可再生资源，并支持在风能、水能、太阳能丰富地区建设云计算中心。另外，我部也将配合有关部门积极关注云计算发展所涉及的电价、直接购电资质等问题，在国家电价相关管理制度下，推动加强与有关部门的沟通和协调，为云计算的发展积极创造更好的条件。

关于提案中的第三条，我部将在推进云计算产业发展中，着力解决好云计算数据安全、个人隐私保护等信息安全问题。下一步我部将联合各相关部门加强对云计算相关安全监督和管理制度的建设，完善信息安全保障体系，加强对云计算服务提供商的管理，对服务提供者的基础资源情况、运维能力、安全资质、信用水平等各方面进行有效监管。加强行业和企业自律，提高企业诚信水平和服务质量。同时结合云计算应用的特点，积极研究加强对个人隐私和数据进行保护的方法，为云计算发展营造良好的环境。

关于提案中的第四条，我部将继续联合有关部门，进一步加强引导和支持力度，充分发挥企业创新主体作用，推动产学研用结合，加强云计算关键核心技术和产品研发及产业化。鼓励有实力的大型企业兼并重组、集中资源，提高创新水平，增强竞争能力，形成一批具有较强实力的云计算龙头企业。充分发挥龙头企业对产业发展的带动辐射作用，打造云计算产业链，形成良好的产业生态环境，带动云计算产业发展。

发展云计算涉及范围广、内涵丰富，既是产业的发展需要，也是国家利益的体现。发展云计算是一项长期艰巨的系统工程,不仅涉及软件和信息技术服务业主管部门,还涉及到发展改革、科技、能源等多个职能部门,需要各有关方面务实协作、联合推进。下一步希望与您进一步加强沟通与交流,共同研究推进提案中的思路和措施。我部将在职责范围内集中相关的资源和力量,坚定不移地推进相关工作。

全国政协十一届四次会议提案第1111号

案　　由:关于加快转变环渤海港口发展方式的提案

审查意见:建议国务院交由主办单位交通运输部会同海关总署、国家发改委、铁道部办理

内　　容:近年来环渤海区域港口群发展迅猛,港口规模不断扩大,总体水平不断提高。截止到2009年年底,环渤海区域共有生产性泊位961个,其中万吨级以上泊位507个,2009年累计完成货物吞吐量21.73亿吨,集装箱吞吐量达3050万TEU(国际标准箱单位,下同)。其中煤炭及其制品吞吐量约为3亿吨,金属矿石吞吐量约为5亿吨。根据辽宁省、河北省、天津市和山东省港口发展规划,2020年港口货物吞吐能力将分别达到10亿吨、11亿吨、7亿吨和8亿吨,集装箱吞吐能力分别达到3500万TEU、540万TEU、和2000万TEU,即累计形成沿海港口货物吞吐能力36亿吨、集装箱吞吐能力8040万TEU。总体上环渤海地区各港口都在加快建设,力求以此带动区域经济的快速发展。随着港口基础设施建设的快速推进,港口核心竞争力也在大幅提升;同时环渤海地区各省(市)正尝试通过多种途径实现行政区域内港口资源的整合。

伴随环渤海经济圈的建设,环渤海地区港口走过了一段快速发展的时间。但是随着国家产业化的调整,许多问题也日益显现,如港口间存在着同质化竞争的风险,港口集疏运体系过度依赖公路,海铁联运比例低,口岸软环境建设滞后。

为此,我们建议:

一、强化环渤海港口规划的执行力,严把港口建设审批关

1. 国家有关部门采取措施，按照《中华人民共和国港口法》（以下简称《港口法》）和《全国沿海港口布局规划》的规定，严格环渤海地区深水岸线资源的使用审批。《港口法》和环渤海地区港口建设管理的现状，都要求要进一步突出港口总体布局规划的实施和深水岸线资源使用审批的严肃性，严禁在全国和区域性港口规划以外的建设。建议每年年底由国家发改委牵头，会同有关部委、省市政府部门对当年港口规划的执行情况进行执法检查。

2. 转变发展方式，把港口发展思路从加快扩大规模向高效、统筹及合理使用已有资源转变。谨慎审批尚未开发的新港区，从国家战略和决策部署出发，强化环渤海地区港口群的整体意识，找准环渤海各港口的定位，实行差异化发展、错位发展，加快推进环渤海地区国际航运中心建设。加强环渤海地区港口结构调整，进一步优化集装箱、原油、矿石、煤炭等专业化码头的布局，形成层次分明、功能互补、竞争有序的格局。

二、完善环渤海地区港口集疏运网络，大力促进海铁联运发展

1. 由国家发改委牵头，规范和指导环渤海地区海铁联运体系建设发展思路、总体规划、政策措施以及运行方法，组织相关部门，建立区域协调机制，促进环渤海地区海铁联运体系快速健康发展。

2. 尽早启动环渤海地区铁路双层集装箱运输线路改造项目，并对各集装箱中心站、内陆无水港、铁路双层集装箱运输线路改造等项目建设予以扶持和推动。

3. 支持以环渤海主要港口为出海口的海铁联运体系信息平台建设。建议国家设立多式联运信息平台建设扶持资金，并以环渤海地区的海铁联运体系信息平台建设作为试点，高起点、高水平建设集装箱多式联运协同服务系统。

三、创建优越的口岸软环境，提升环渤海港口的竞争实力

1. 在环渤海地区港口电子口岸建设过程中，进一步发挥海关总署大通关牵头部门的作用，与有关部门密切合作，积极稳妥地推进口岸通关、物流、商务的信息化，加快实现大通关主要业务流程在电子口岸的全程贯通，实施“属地申报，口岸验放”和“统一认证、统一标准、统

一品牌”的原则，扎实推进电子口岸建设。由国家口岸办进行协调，建立口岸工作联络协调机制，消除行业壁垒，进一步提高口岸通关效率。

2. 由海关联合边检、检验、检疫、海事、港口、船公司等多家单位，积极探索保税物流管理形式的整合和政策优惠的叠加，进一步深化环渤海地区已有保税港区和保税物流园区的“境内关外”的自由贸易区功能，进一步落实“一线放开，二线管住，区内自由，入区退税”，实现入区企业数、物流量和贸易量的大幅提升。

主题词： **港口　建设**
提案人： 致公党中央

中华人民共和国交通运输部2011年9月6日以交规划提字〔2011〕53号文函复：

致公党中央委员会：

贵党提出的《关于加快转变环渤海港口发展方式的提案》（第1111号，交通邮电类058号）由我部主办，海关总署、国家发展改革委、铁道部会办。经研究，现答复如下：

我部赞同贵党提出的“严把港口建设审批关，转变发展方式，大力促进海铁联运和创建优越的口岸软环境”的建议，认为妥善处理好上述方面的事务，将有力促进沿海港口的健康、持续发展。关于环渤海港口间“存在着同质化竞争的风险”和“谨慎审批尚未开发的新港区”等建议，已引起我部高度重视。为了摸清情况，我部于2011年5月先后对辽宁沿海港口和山东沿海港口的发展与建设问题进行了专题调研，并对环渤海地区港口的能力适应性进行了分析，认为该区域港口的码头能力与实际吞吐量之比处于较为合理的发展水平，但存在着结构性不平衡问题，主要是承担“北煤南运”的煤炭装船码头能力不足，进口铁矿石、原油等重点货类码头以及为临港产业发展服务的通用码头能力较为紧张，而集装箱码头能力有所富余。

为了促进“十二五”期间我国沿海港口健康、持续发展，我部正在组织起草沿海港口发展与建设的指导意见，将对“十二五”期间沿海港口发展的总体思路、建设重点、保障措施等方面提出具体要求。考虑到沿海港口“十二五”期间发展存在一定的不确定性，将按照“审慎决策、把握节奏、控制规模、有序推进”的原则，推进沿海港口码头设施建设特别是新港区开发，同时要求地方各级政府和企业切实提高投资风险防范意识，保障沿海港口又好又快发展。

一、关于环渤海港口的定位

2006 年国务院批准了《全国沿海港口布局规划》，对包括辽宁、津冀和山东沿海港口群在内的环渤海地区港口群体进行了科学定位和合理分工，其中辽宁沿海港口群主要服务于东北三省和蒙东地区，津冀沿海港口群主要服务于京津、华北及其西向延伸的部分地区，山东沿海港口群主要服务于山东半岛及其西向延伸的部分地区。经过近年来的发展与建设，环渤海地区已经形成了以大连港、营口港、秦皇岛港、天津港、烟台港、青岛港、日照港为主要港口，其他港口为地区性重要港口的层次分明、分工合理的布局，有力保障了环渤海地区经济社会的快速发展。

二、关于严把港口建设审批关

在《全国沿海港口布局规划》指导下，我部先后会同天津市、辽宁省、河北省、山东省人民政府陆续审查、批复了环渤海地区的大连港、营口港、烟台港、青岛港、日照港等主要港口的总体规划，从国家层面对各港口功能定位作了进一步的明确，确定了各港的服务方向、建设重点和岸线利用方案等。

在上述规划指导下，我部和国家发展改革委在港口建设项目核准和港口深水岸线使用审批工作中依法行政，坚持做到港口建设必须符合港口规划，对于港口规划范围以外以及不符合港口规划的建设项目，均不予办理港口岸线使用许可；对于未办理港口岸线使用许可的建设项目,不办理建设项目核准。今后,我部将会同有关部门,加强对港口规划执行情况的专题调研,切实维护港口规划的权威性,同时也将加强对各省港口非深水岸线审批工作的指导。

三、关于转变环渤海地区港口发展方式

从“十一五”开始,环渤海地区港口在实施码头、航道设施建设的同时,积极采取措施推进港口结构调整和港口资源整合。辽宁省鼓励大型港口集团跨地区参与港口开发,大连港集团参股锦州港集团,并参与葫芦岛港、锦州港、丹东港的建设;营口港集团整合盘锦荣兴港区。河北省在秦皇岛港务集团的基础上整合黄骅港、唐山港的国有资产成立了河北港口集团,推动港口之间合理分工和优势互补。山东省加强对中小港口的发展引导。上述措施推进了环渤海地区港口的合理分工与合作,促进了港口岸线、土地资源和海域资源的合理开发和有效保护。

“十二五”期间,我部将继续把优化港口布局、转变港口发展方式作为环渤海地区港口发展的重点,进一步强化主要港口的核心地位,突出天津北方国际航运中心、大连东北亚国际航运中心的引领作用,大力发展现代航运服务业和现代港口物流业,完善保税港区建设。有序推进煤炭、原油、进口铁矿石码头主要货类运输系统码头建设,通过建设专业化码头和实施老港区改造,提升港口专业化、规模化水平。同时还将进一步加强对新港区开发的引导,做到突出重点、稳步实施,防止出现低水平重复建设。

四、关于促进海铁联运发展

海铁联运是环渤海港口集疏运体系的重要组成部分。“十二五”期间,交通运输部将把“积极推进多式联运,重点推进集装箱、大宗物资水铁联运、江海联运”作为提升水运服务能力和水平的重要方面加以推进。2011 年5 月 11 日,我部与铁道部共同签署了《关于共同推进铁水联运发展合作协议》,提出通过加强和完善铁水联运发展规划,合理布局联运通道和网络,加强铁水联运基础设施建设,加强铁水联运组织管理,加快铁水联运信息化建设,支持港口、航运和铁路运输企业发展铁水联运业务等具体措施,推动海铁联运发展,以进一步优化运输组织结构，完善综合运输体系，促进国家经济结构调整和区域经济协调发展。

铁道部将按照《中长期铁路网规划》，加快建设大同—秦皇岛重载铁路扩能、蓟港铁路扩能、大连铁路集装箱中心站等项目，推进张家口—唐山、德州—龙口—烟台铁路扩能改造以及天津铁路集装箱中心站等重大项目建设。这些项目建成后，将大幅提升环渤海地区铁路运输能力和质量，加强路港运输无缝衔接和海运联运，形成运力强大、便捷高效、低碳绿色的铁路运输网络。

五、关于创建优越的口岸软环境

在提高口岸整体工作效率方面，海关总署（国家口岸管理办公室）、公安部、铁道部、交通运输部、商务部、质检总局等部门已建立起由国家口岸管理办公室牵头的口岸工作联络协调机制，每年至少召开一次联络协调会议。通过联络协调机制，各成员单位就口岸大通关建设及相关工作提出意见并及时研究解决，各成员单位之间加强沟通协作，积极推动口岸大通关建设工作的发展。

在推进电子口岸建设方面，海关总署积极支持和协调推动地方电子口岸建设，组织开展地方电子口岸建设指导意见和建设模式研究，加强指导，每年组织召开地方电子口岸建设经验交流会，促进地方电子口岸之间的互联互通和信息共享。今后海关总署将继续加强与环渤海地区各省市政府的沟通协调，推进大通关信息资源整合和环渤海地区电子口岸的合作，改善环渤海地区口岸软环境。

海关总署已于2005年实施“属地申报、口岸验放”区域通关改革，允许守法水平较高的AA和A类企业在属地海关办理申报、征税手续，在口岸海关直接办理进出口货物验放手续，从而实现跨关区通关，目前该模式已在全国海关范围内推广应用。今后海关总署将深入推进这一模式，积极落实各项通关便利措施，不断提升通关效率。

2011年我部会同国家质检总局联合印发了《关于共同推进电子口岸建设的通知》（厅水字〔2011〕8号），将推进运输和物流信息标准体系建设，建立信息共享共用平台和机制，建立完善电子闸口管理模式，以进一步强化口岸监管，提高服务效率。

关于“进一步深化环渤海地区已有保税港区和保税物流园区的‘境内关外’的自由贸易区功能”。自由贸易区是指两个以上的主权国家或单独关税区通过签署协定，在世贸组织最惠国待遇的基础上，互相进一步开放市场，分阶段取消绝大部分货物的关税和非关税壁垒，改善服务和投资的市场准入条件，最终形成的实现贸易和投资自由化的特定区域。考虑到目前尚无相关法律规定，因此需要进行认真研究和不断探索来解决实际操作问题。

感谢贵党对交通运输事业的关心和支持。

全国政协十一届四次会议提案第2260号

案　　由:关于加强珠海口岸建设的提案

审查意见:建议国务院交由主办单位海关总署会同广东省政府、国家质检总局、公安部办理

内　　容:口岸作为对外开放的窗口和门户,是一个地区对外开放的窗口和城市名片,口岸建设从一个侧面反映出国家地区对外开放水平和经济发展速度,没有现代化的口岸就没有对外开放。就珠海而言,从特区30年的发展不难看出,口岸在推动经济发展方式转变和产业结构升级中所起的作用愈发显现,口岸的地位日趋重要。随着横琴大开发、港珠澳大桥、广珠城际轨道等建设步伐的日渐加快,口岸将聚集更为巨大的人流、物流、资金流和信息流,不论是对珠海的口岸建设,还是对珠海经济社会发展,都将是一个不容错过的黄金发展战略机遇。

当前珠海拱北、横琴、九洲港口岸等查验区域与口岸管理部门、查验单位、经营单位办公区域之间的规划不够科学,不利于口岸综合管理。虽然珠海的口岸较多,但是缺少直接通达的国际机场口岸,且现有口岸功能却相对单一,基本上局限于人员、车辆出入境,口岸在促进经济发展上的作用不是很明显。随着出入境人员和澳门关闸口岸通关能力的大幅提升,仅运行11年的拱北口岸日均通关量已超24万人次,高峰时更是高达30万人次,早已超出原最大日通关量15万人次的设计标准;口岸各查验单位均积极改进工作方式方法,推出了一系列服务出入境人员和企业的举措,用实际行动支持了大通关建设,尤其边检机关,自2007年便持续开展了提高边检服务水平专项工作,相继推出了多项便民利民服务措施，珠海边检总站以不到全国边检机关1/40的警力完成了全国近1/4的出入境人员查验任务和超过1/8的出入境交通运输工具查验任务，通关能力明显增强；尽管珠海边检总站不断创新查验方式，研发自助查验通道并相继在九洲港、拱北、横琴、湾仔等口岸启用，大大提高了通关能力，但是每逢节假日期间，拱北口岸拥堵现象未得到彻底改观，已不能适应出入境旅客快捷、舒适的通关需求。

目前由于种种原因，口岸各查验单位与珠海市政府之间大都存在一些历史遗留问题，既涉及动辄上亿元的地方配套建设资金，也涉及办公、业务、生活设施用地及建设等。虽历经几届市领导，但上述历史遗留问题仍未得到妥善解决。

为了积极营造快捷安全舒适的通关环境、诱人的服务配套设施和宽松的投资环境，更好地吸引旅游消费和企业投资经营等，推动珠海经济社会快速发展，特建议：

一、加快口岸建设步伐，建设现代化口岸，打造大通关环境

一是做好口岸规划设计，优化功能布局。应当积极争取开放机场口岸，并在将来九洲港、湾仔口岸改扩建及港珠澳大桥口岸等建设时，充分吸收市政府口岸部门、口岸各查验单位和经营单位等意见建议，口岸查验区域与办公区域、经营区域等应相互独立，分开管理，明确各区域管理者的职责，以服务人员出入境为出发点，合理划分口岸查验单位执勤用地，共同参与，规划好、建设好口岸及周边服务配套设施，努力做到适度超前设计、可持续发展，确保口岸安全、畅通、有序、舒适；同时应统筹安排口岸各项建设用地，优化功能布局，为口岸持续发展备足后劲。

二是加快推进口岸改扩建工作，完善口岸设施。在改扩建拱北口岸的同时，应加紧对九洲港、湾仔、横琴等口岸和珠澳跨境工业区专用口岸改造和功能调整进行调研，均衡拱北、横琴、湾仔口岸和跨境工业区专用口岸发展，优化口岸功能，发挥好各口岸自身优势，提升整体通关能力；湾仔口岸作为国家一类口岸，与澳门隔江相望，近在咫尺，却只能靠轮渡过关，通关能力严重受阻，应加快推动湾仔口岸永久联检

大楼建设步伐，推进珠澳海底人行隧道项目，分流、缓解拱北口岸及周边交通等巨大压力的同时，更好地便利珠澳两地人员出入境和经贸往来，积极为出入境人员和货物快进快出、大进大出营造快捷通关环境。

三是加大科技投入，推动口岸现代化建设。要依靠社会力量，调动各方面参与口岸建设的积极性，在现有口岸改扩建及将来港珠澳大桥口岸，甚至是珠澳城轨连接后的口岸建设上可采取多元投资机制，广泛动员社会各界参与口岸建设；要在口岸建设上加大科技应用和科技投入力度，做好旅客自助查验通道改扩建和系统升级，加快"一站式"和电子口岸建设步伐，使人员出入境和企业进出口更加有序、便捷；要积极推动口岸通关模式创新，加紧调研一地两检、单边验放等查验方式可行性调研工作；珠海市政府应统筹全市口岸建设，建立口岸建设专项资金，把口岸基础设施建设（维护）纳入基本建设计划，并列入财政预算，专款专用，确保口岸建设持续、健康、快速发展，努力把口岸建设成为功能完备、查验设施和服务设施一流，集出入境、服务、仓储、物流、旅游、金融等一体化的现代化口岸。

二、创新口岸发展思路，大力发展口岸经济

一是抓住机遇，乘势而上，快速发展。最近几年随着CEPA和内地居民赴港澳自由行政策等的相继实施，经由珠海出入境的人员数量正以年均500万人次的速度递增，2010年出入境人员更超过9000万人次，伴随横琴大开发、港珠澳大桥建设和广珠、珠澳城轨的对接以及内地"自由行"的进一步开放，经珠海口岸出入境旅客必将迅猛增长。珠海市应充分利用大量人员出入境的客流优势和港珠澳大桥、珠澳城轨对接后的交通优势，创新发展思路，抓住战略发展机遇，不能使珠海在未来发展中仅仅充当"加油站"或"传送带"的角色，以港兴市，口岸强市，乘势而上，快速发展。

二是加强口岸配套服务设施建设，营造便捷舒适的环境。要站在宣传珠海特色和便利出入境人员的角度，做好口岸周边尤其是情侣路（含延长线）沿线相关服务配套设施建设，加强口岸及周边的综合管理，主动营造便利、舒适的环境，充分利用口岸聚集的人流、物流、资金流和信息流等资源优势，想法设法吸引出入境人员到珠海旅游、购物等;珠海市相关部门应加大宣传珠海工作的力度,尤其要加强在港澳地区的旅游宣传推广,使港澳居民、赴港澳旅游的内地居民及在港澳的外籍人士等愿意到珠海旅游、投资、留宿、置业等。

三是利用好珠海的政策和地理优势,做足做强口岸经济。要抓住珠海口岸建设的新机遇,依托口岸,大力发展和壮大口岸经济,充分利用珠海作为经济特区的政策优势,营造宽松的投资环境,吸引商家到珠海投资发展,加入到建设珠江口西岸核心城市的大潮;要兼顾经济和社会效益,把口岸建设成为通关便利、功能完备、交通便捷、开放水平高、经济文化繁荣的现代化国际化口岸经济区;要挖掘拱北、湾仔、横琴口岸和跨境工业园区专用口岸的地理优势,由市政府口岸部门联手边检等口岸查验单位和知名旅行社,在加强口岸限定区域管理的同时,试点经营口岸限定区域旅游,尤其是在港珠澳大桥口岸落成后,可将这独一无二的特色口岸一并列入口岸限定区域旅游范围。

三、加强口岸联检单位队伍建设,提高服务水平

目前口岸各查验单位服务地方经济建设的能力还不够强,队伍素质还有待提高,口岸各查验单位应进一步加强队伍建设,加大教育培训力度,转变思想理念,提高人员素质,增强主动为珠海经济社会发展服务的意识和能力;同时珠海市政府应想方设法解决口岸查验单位经费保障等实际困难,使口岸各查验单位能与驻地公务员“同城同酬”,解除后顾之忧,全力提高服务能力和水平,为珠海经济社会发展作出更大的贡献。

四、建设高效协调机制,发挥好地方在口岸建设中牵头组织作用

在珠海经济特区新一轮大发展之际,应加大口岸建设投入,尽快妥善解决历史遗留问题,建设行之有效、具有约束力的口岸协调机制,真正发挥好珠海市政府在口岸建设中的牵头组织作用,积极推动珠海口岸快速健康发展,种梧桐树,引金凤凰,不能让历史遗留问题影响和制约珠海口岸建设和特区未来30年的发展。

主题词: **口岸 建设**

提案人: 吕耀东

中华人民共和国海关总署2011年9月8日以署岸函〔2011〕498号文函复：

吕耀东委员：

您提出的《关于加强珠海口岸建设的提案》收悉。经研究，并商公安部、质检总局和广东省人民政府，现答复如下：

一、关于加快口岸建设步伐，建设现代化口岸，打造大通关环境问题

1.关于口岸规划设计，优化功能布局。

做好口岸规划设计，是口岸科学发展的前提。为此珠海市已编制《珠海市口岸总体发展"十二五"规划》，明确"十二五"期间珠海市将集中资源发展拱北、横琴、珠海港"三大重点口岸"并推进其他口岸和部分码头对外开放，进一步形成陆、海、空口岸全方位开放格局；同时以拱北口岸改扩建、港珠澳大桥珠海口岸规划建设、横琴口岸实施"分线管理"规划建设等为重点，着力推进口岸基础设施建设，加强珠港澳口岸合作，加快推进三地口岸资源共享，探索"单边验放"新模式。

同时在口岸改扩建过程中，地方政府将积极与口岸相关部门及各查验单位等沟通协商，进一步做好口岸查验区、办公区和经营区以及周边服务区的规划和建设，充分发挥口岸整体效能，努力做到适度超前设计和可持续发展，确保口岸安全、畅通、便捷、高效。

2.关于推进口岸改扩建工作，完善口岸设施。

口岸基础设施建设属于基建投资范畴，所需资金原则上应由地方统筹安排。国家历来高度重视口岸建设，2010年中央基建投资安排3亿元支持相关工作开展，珠海口岸建设可按照规定程序申请中央基建投资支持。在口岸运行维护经费方面，中央财政已经给予珠海市特殊

支持,2003 年起每年补助 2000 万元,2007 年起又增加至每年 4000 万元。

“十二五”期间,广东省将积极推进拱北口岸改扩建、珠澳跨境工业区专用口岸基础设施建设、横琴口岸分线管理一期工程的规划建设,积极推进港珠澳大桥珠海口岸和横琴口岸综合交通枢纽工程的规划建设,开展湾仔口岸迁建前期研究。

拱北口岸改扩建工程已于 2010 年 3 月动工建设,设计通关能力为每日 50 万人次,计划 2012 年竣工并投入使用。届时拱北口岸的通关能力将与澳门关闸口岸相对接,从而大幅提高通关速度,减少等候时间。

湾仔口岸迁建的前期工作研究已编入《珠海市口岸总体发展“十二五”规划》。目前珠澳城市规划与跨境交通研究工作小组已举行多次工作会议,就澳门内港与珠海湾仔之间建设河底行人隧道项目规划进行磋商和探讨规划方案。同时正在编制的《珠海十字门中央商务区控制性详细规划》已预留湾仔口岸河底行人隧道规划发展用地。

3. 关于加大科技投入,推动口岸现代化建设。

目前拱北口岸客车通道已完善“一站式”电子验放系统,横琴口岸客货车通道已建设“一站式”电子验放系统;旅检通道实现了海关、检验检疫“一机两屏”;拱北、九洲、横琴、湾仔口岸旅检大厅已开通旅客自助通道 96 条;珠澳两地海关实现了查验结果互认和通关电子数据交换;边检完成了“单边验放”可行性研究报告。

“十二五”期间我们将继续加大科技投入,提高查验电子化水平,推进公共查验货场建设和电子口岸建设,进一步优化旅客自助通关查验系统和扩大自助通关适用对象范围,全面实施“一机两屏”查验模式,推动口岸资源共享。同时我署也将积极与国家有关部门磋商,进一步加强对珠海口岸科技投入资金的支持,推动口岸现代化建设。

二、关于创新口岸发展思路,大力发展口岸经济问题

我们历来高度重视口岸周边地区的配套和建设,以建设高效的口岸地区综合交通枢纽,促进口岸经济发展。

珠海市编制了拱北口岸地区综合交通规划,提出全面清理整治及

相关设施改造建设的办法和措施；同时研究编制了横琴口岸综合交通枢纽、湾仔口岸综合交通枢纽建设等规划。近年来广东省还加大了资金投入和管理力度，强化拱北口岸周边地区交通综治管理，完善交通信号灯和交通标志、标线、标牌设置，调整口岸地区出租车、旅游大巴的交通运行，整治出租车市场，优化拱北口岸地下通道交通秩序，拱北口岸周边环境得到明显改善。

为发展口岸经济，珠海市将发挥口岸优势，统筹规划城市功能布局，把产业调整转型与城市发展升级结合起来，优化横琴新区、高栏港经济区和航空产业园的规划，并创新发展口岸旅游经济，以实施大海港发展战略和打造粤港澳合作新平台的思路，推动口岸城市又好又快发展。

三、关于口岸联检单位队伍建设和同城同酬问题

关于口岸联检单位队伍建设问题。口岸各查验单位非常重视队伍建设，通过教育培训等多种方式，不断提高人员素质，使工作人员在依法把关的前提下，努力增强为内地与澳门尤其是珠海经济社会发展服务的意识和能力。

关于同城同酬问题。目前规范公务员津贴补贴工作正在全国范围内稳步推进，已取得阶段性成效。京外中央国家机关的规范津贴补贴工作，按照属地原则逐步实施同城同待遇。中央纪委等六部门于今年1月下发文件，分别就二级管理京外中央国家机关第二步规范津贴补贴和三级以下管理京外中央国家机关规范津贴补贴政策作出了规定，明确京外中央国家机关现有津贴补贴标准低于所在城市机关同职级标准的，执行所在城市机关同职级标准。随着相关政策的贯彻落实，口岸各查检单位与驻地公务员“同城同酬”的问题将会得到解决。

四、关于建设高效协调机制，发挥好地方在口岸建设中牵头组织作用问题

一直以来，珠海市坚持不定期召开口岸联席会议制度，统筹协调口岸工作中存在的问题。2010年12月珠海市政府颁布了《珠海市口岸管理规定》，进一步理顺了口岸各部门、各单位的关系；同时不断提高口岸管理的质量和效率，使口岸管理工作进一步走向制度化、规范

化。今后国家口岸办将继续加强对地方口岸工作的指导，开展口岸文明共建活动和口岸运行绩效评估，及时研究解决口岸建设及发展中存在的问题，增进口岸各部门的凝聚力、增强口岸综合管理部门组织、协调、管理、服务的职能作用，切实建好、管好、用好珠海口岸，使之能成为珠澳两地便捷高效的桥梁。

感谢您对海关和口岸工作的关心与支持，并欢迎继续对我们的工作提出宝贵的意见和建议。

全国政协十一届四次会议提案第2895号

案　　由:关于加大对新疆铁路运输支持力度的提案

审查意见:建议国务院交由铁道部办理

内　　容:近几年来,尤其是在2010年中央召开新疆工作座谈会以后,随着自治区资源优势向经济优势转换的不断深入,新疆铁路运输需求快速增长,然而在全国铁路运力紧张的大环境下,受各方面因素制约,出疆、出口物资铁路运输非常紧张且矛盾突出。

一、区位条件制约运力资源配置

新疆地处国家铁路路网的末端,与内地省区相比运力资源处于劣势,特别是在全国铁路运输最繁忙、能力最紧张,同时又是出疆物资必经之路的陇海线兰州—郑州(天水口)、宝成线宝鸡—成都(广元口)、京广线长沙—广州(坪石口)等线路的通道能力配置上,这种劣势表现得尤为突出,新疆受到的限制和影响最大。

二、车皮总量不足、车型不匹配是出疆物资运输紧张的瓶颈

目前新疆铁路运输进出疆的物资比例高达1:2.5,大量出疆物资的运输依靠铁道部的长距离调入空车解决。随着我区经济的快速发展,对主型车(棚车、敞车、平板车),特别是棚车的需求越来越大,特别是第四季度,棉花、白糖、粮食等农副产品集中上市发运,出疆物资运输进入高峰期,棚车不足的矛盾十分突出。铁路棚车短缺是当前出疆物资铁路运输紧张的最主要原因。

三、季节性、阶段性运输紧张的矛盾十分突出

新疆地区每年有500多万吨棉花、番茄酱、玉米、棉油、棉粕、白糖等农副产品需要运输出疆,这部分货物在秋季集中上市,运输高峰在

当年第四季度和来年第一季度，从而造成这一时期运力供应不足，车皮紧张的矛盾十分突出。春运期间，全国铁路运输以客运为主，出疆货物特别是发往南方的货物运输十分紧张。

四、向西出口运输不畅

阿拉山口作为新疆西出的唯一铁路口岸，在自治区向西开放战略中发挥着无可替代的作用。目前受周边国家运输政策不统一、通关手续繁杂、哈方换装能力不足以及阿拉山口口岸通关效率不高等多种因素制约，向西出口铁路运输不畅，时常出现出国货物滞留积压现象。

为此建议：

一、增加新疆铁路运力

1. 建议铁道部将新疆地区 2011 年铁路货物发送量计划指标增加到 8000 万吨以上，并在机车、车辆、限制口安排等方面给予全面保障。

2. 建议铁道部加大向新疆地区排入主型车的力度，力争近期达到棚车 2000 辆/日、敞车 2100 辆/日以上。“十二五”期间接入空棚、敞车增速达到 70% 以上。

3. 建议铁道部在路网通道能力配置上对新疆给予倾斜，增加天水、广元、坪石、安口窑、定边、惠农等限制口过车数量，为出疆物资运量增长创造条件。

二、畅通西出通道，助推向西开放战略

1. 建议国家有关部门对新疆周边国家经济社会发展、运输政策、通关政策及运费标准等方面的情况进行专题调研，尽快破解新亚欧大陆桥西出通道通而不畅的难题，促进新疆和内地企业扩大向西出口。

2. 积极推进阿拉山口口岸扩能改造，尽快将阿拉山口铁路口岸过货量提高到 2000 万吨/年。

主题词： 铁路　管理

提案人： 林圣雄　段成桂　罗黎辉　赵光华　陈景秋　罗富和

中华人民共和国铁道部2011年8月23日以〔2011〕铁政复字第43号文函复：

林圣雄等委员：

你们提出的《关于加大对新疆铁路运输支持力度的提案》收悉。现答复如下：

近年来随着西部大开发战略的深入实施和中央援疆工作会议精神的贯彻落实，新疆自治区新型工业化进程进一步加快，罗布泊钾盐、独山子炼油、八一钢铁、新疆天业、中泰化学、乌鲁木齐石化、库尔勒化肥等一批企业相继投产、扩建，产品运输需求急剧增加，铁路运力紧张的矛盾十分突出。据新疆自治区经信委统计，2011年新疆地区铁路棚车需求增加近50%。

我部对出疆物资运输工作高度重视。针对出疆物资运力紧张的状况，铁路部门与自治区经信委建立了沟通协调机制，优化运输组织，加大运力支持，优先保证石化、盐化、煤化深加工产品的外运，出疆物资运量逐年增长。2010年新疆自治区货物发送量完成6777万吨，较2009年增加388万吨，增长6.1%。

尽管铁路部门做出了很大努力，但出疆运力不足的局面很难在短时间内改变。一是出疆运输的两条主干线陇海线、宝中线能力已基本饱和，无法全部满足出疆物资外运的需求；二是由于长期以来出疆物资运量远远大于进疆物资，新疆地区空车严重不足，需要从南方铁路局长距离向新疆调运空车；三是新疆农产品主要集中在每年的一、四季度上市运输，与多品类出疆货物运输需求叠加，进一步加剧了出疆运力的紧张状况。

我部将深入贯彻落实中央新疆工作座谈会的精神，进一步采取有效措施，全力做好出疆物资的运输工作。一是加大向新疆地区空棚车的调整力度，实施运力倾斜，最大限度地保证新疆地区外运物资的需求。二是认真落实与自治区政府有关部门的定期协调会议制度，加强沟通联系，优先保证重点物资、重点企业的运输需求。三是对兰新线进行电气化改造，由现在的内燃机车改为电力机车牵引，南疆铁路改为大功率和谐机车牵引，进一步提高铁路运输的能力；科学有序地推进兰新第二双线、南疆二线的建设，从根本上缓解出疆铁路运力紧张的矛盾。四是稳步推进口岸建设。近年来铁路部门投入近10亿元对阿拉山口站进行改造扩能，增加了线路、换装场地、库房等设施，目前阿拉山口进出口能力已达到2000万吨。中国已和哈萨克达成协议，两国近期将同时建设新的铁路口岸霍尔果斯（中国），阿尔腾科里（哈萨克），霍尔果斯口岸站预计投资17.6亿元，设计能力进出口1800万吨/年，预留3150万吨/年。这些项目实施后，将大幅提升新疆铁路运输的能力和质量，为促进新疆经济社会发展提供可靠的运输保障。

感谢你们对铁路工作的关心和支持。

全国政协十一届四次会议提案第3676号

案　　由:关于缓解春运期间火车票"一票难求"现状的提案

审查意见:建议国务院交由铁道部办理

内　　容:中国春运承载着公众举家团圆这一沉甸甸的传统文化,公众回家过年的刚性市场需求,决定了春运现象不可能很快消失。火车作为每年春运的商务客流、务工客流、学生客流、探亲客流和旅游客流物美价廉的交通工具,在我国的旅客运输中起着至关重要的作用。据铁道部介绍,2011年铁路春运从1月19日开始至2月27日结束,预计完成客运量2.3亿人,比去年增长12.5%。

经济学家把计划经济体制下产品和服务的供给不能满足有支付能力的需求的经济现象称为"短缺经济"。中国经过30年以市场化为导向的改革,绝大多数商品和服务都已经摆脱了供不应求的状态,唯有火车票还处于典型的"短缺经济"状态。尽管铁道部和各铁路局今年采取充分运用好新线的运输能力,分别加开高铁列车和普通旅客列车;充分挖掘既有铁路的运输能力,在既有的繁忙干线大量增开普速旅客列车;增加客车车辆的能力,在投用一大批新造客车的基础上,采取挖掘备用车底,提高车辆利用率,扩大车辆能力应对春运等措施,实现运输能力的最大化,但是铁路春运仍然面临非常严峻的考验,铁路春运"一票难求"的现象仍未得到根本缓解。

对于春运火车票之所以摆脱不了"一票难求"的局面,其根源是供应不足。从客观上说,我国人口多,铁路建设起步晚,因此"运力不足"是客观存在的;从主观上讲,中国人重感情,春节讲究个全家团圆,因此"回家过年"的情结始终未变。这就造成有限的资源与庞大的需求之间产生冲突。铁路部门也一直在探索可行的手段,以保证每年客流高峰时期的火车购票通畅。然而目前"站内买票难、站外能买到"的情况依然存在,显示了当下铁路春运的售票环节的确存在较为严重的问题。如何缓解这一民生痛楚的关键又回到了原点,那就是依据完善的管理和先进的技术,以便能更有效、更合理地利用现有的票源和运力。为此提出以下的建议:

一、加强铁路票源的信息公开。对于火车票,人们是患寡但主要是患不均,增加购票的透明度、及时公布余票额等信息,也是缓解人们"一票难求"焦虑的有效办法。春运期间铁路部门要不断加强信息公开的透明度,将票务信息向社会公开,防范违规操作;要公布举报电话,方便群众举报,自觉接受社会各界和人民群众的监督,切实保障人民群众的知情权、参与权和监督权;要依法对票务信息公开的实施情况进行监督检查,进一步加大铁路票源信息公开的力度。

二、改革现行火车票售票方式。要借鉴民航的售票方式,改革现行火车票售票方式,逐步取消火车站作为售票中心的功能,逐步废除火车站对车票垄断的售票机制,火车站不再直接承担主要的售票功能,而主要是负责接送旅客上下车及相应的管理。售票则采用分散、透明、公平的售票机制,让各种车票代销点联网售票、出票,并且全国每一台联网售票终端的出票机会一律平等;要适时开展电话订票、网上订票、短信订票、自助售票等多种形式的服务,营造公平、公正、公开、便民的火车票售票环境。

三、试行火车手机电子车票。火车手机电子车票是采用移动电子商务手段,使用手机购买的火车电子车票。它的出现是科技进步的体现,并以其方便、快捷、高效、安全,实现票务营销方式的创新,从而给广大乘客带来极大的方便,有效提高铁路客运的服务水平和服务质量,缓解"一票难求"现状。首先,乘客可自助购票,不需要去车站售票大厅排队购票或者付出比较高的成本通过票务公司订票的麻烦,只需发条短信或者通过电话呼叫中心即可完成购票。而且无论乘客身处何地,都可以异地买票。如果需要中转联程,则更加方便快捷,从而产生良好的社会效益。其次,在技术上将电子票和手机号码绑定,从技术上方便百姓实名制购票，从而可以控制“黄牛”倒票的行为。再次，电子车票使用加密过的一串数字来表示，使车票很难伪造，解决了车票防伪问题。第四，结算方便，通过移动手机话费和第三方支付系统，降低现金结算的风险和不便。第五，通过对检票设施进行改造，乘客可以直接持电子票上车，从而起到了实名制的效果，又避免了实名制检票成本高等弊端，并大大提高检票效率。此外，还减少了纸质票的使用，既环保又节省资源。据调研，湖南作为全国唯一授牌的国家移动电子商务试点示范省，在政策、标准、技术平台、应用四个方面实现突破，全国唯一的全网手机支付平台建成上线，手机缴费、手机现场购物、手机投注、手机购书、手机购电影票、手机网上购物等移动电子商务业务全面推广，为试行火车手机电子车票提供了有利的支撑，可在湖南试行火车手机电子车票，探索模式，取得成效，进而全国推广。

主题词： **铁路　管理**
提案人： 张大方

中华人民共和国铁道部 2011 年 10 月 14 日以〔2011〕铁政复字第 76 号文函复：

张大方委员：

您提出的《关于缓解春运期间火车票“一票难求”现状的提案》收悉。现答复如下：

近年来铁路部门积极采取有效措施，着力解决“买票难、出行难”问题，努力为广大旅客购票乘车创造良好条件。一方面按照中长期铁路网规划，有序推进铁路建设，加快提升技术装备水平；另一方面深入挖潜提效，通过加开列车、加挂车辆、席位复用提高运输能力，缓解铁路运力的紧张状况；同时不断推出便民利民措施，最大限度地方便旅客购票乘车。

尽管如此，在节假日等客流高峰时期，铁路运输不适应旅客需要的情况依然存在，特别是在春运期间，部分地区"一票难求"的问题仍然突出。铁路部门对此高度重视，不断改进铁路售票组织工作，努力为人民群众提供优质服务。

在票务信息公开方面。一是利用各种媒体，及时向社会公布旅客列车开行方案、服务措施和投诉渠道；二是开通了12306铁路客户服务中心，采取语音自助、人工在线、网站查询、客户信箱等方式，向广大旅客提供列车车次、时刻、票价、余票等信息服务，并受理旅客投诉、咨询和建议；三是改进车站基本信息服务，通过公告栏、广播系统、电子显示屏、客运综合服务系统等方式，及时公布列车运行和车票发售情况；四是在加强路风监督检查的同时，完善社会监督网络，聘请人大代表、政协委员、新闻记者等各界人士担任服务质量监督员，及时发现和整改服务工作中存在的问题；五是加大警力投入，严厉打击倒票行为，震慑不法分子，净化购票环境。

在改进售票方式方面。充分运用现代信息技术，创新售票组织，丰富旅客购票渠道。今年6月1日全国铁路动车组列车实行了实名制车票；9月底动车组列车全部实行了互联网售票；目前有500多个车站开办了银行卡购票支付业务，北京、上海、广州等9个铁路局开通了电话订票。下一步铁路部门还将进一步采取信息化手段，为广大旅客购票乘车提供便利。

对您提出的手机电子车票问题，铁路有关部门正在组织科研机构开展研发工作，条件成熟后将进行试点。

感谢您对铁路工作的关心和支持。

全国政协十一届四次会议提案第4974号

案　　由: 关于应大力支持我国完全自主知识产权的高新技术、推广中央广播电视在庞大移动人群中的有效覆盖的提案

审查意见: 建议国务院交由国家广电总局办理

内　　容: 随着经济的持续发展和交通运输的建设提速,中国已经是目前世界上最大的人口流动国家,乘用各种交通工具的移动客流2010年末已超过285亿人次,其中全国铁路客运超过16亿人次/年。

这一庞大的移动人群,如果能够在移动中及时收听收看到中央广播电视的新闻和其他节目,及时了解党和政府的大政方针,在我国具有重大的社会和政治意义。

目前在世界各国尚没有成熟的技术解决高速移动广播电视的正常传输。为攻克这一技术难关,2003年中广电信有限公司和中央电视台开始合作进行"央视全国移动传送系统"项目的技术研发和建设。

在项目论证专家组的指导下,中广电信移动通信研究中心组织各方工程技术人员进行大量相关研发。

2005年3月完成了上海磁悬浮列车431公里时速实时传送中央电视台节目的测试。

2008年11月完成了南京到上海包括在1500米栖霞山铁路隧道内实时传送的央视新闻的"卫星干线和地面基站转发相结合"的技术测试。实现了央视关于列车实时收看电视新闻包括通过隧道时不中断的技术要求。

2009年3月25日,李长春同志在中央电视台内参片2009年第2

期“全国铁路移动电视传送系统沪宁试验示范段优化工程”的情况汇报上批示：

“云山并太华同志，要加快在铁路、地铁、工交、民航、出租车等推广移动电视的步伐。”

中央领导要求在各种交通工具上都实现移动覆盖的要求，推动技术团队将原方案升级为“卫星直传十全遮挡地面转发（简称卫星直传）”。

2009年7月15—18日，中广电信技术专家采用升级方案，在海拔5000米的青藏线上，从西宁—拉萨往返4000公里进行历时53小时列车移动连续测试，获得重大成功。在车上收看到的中央电视台新闻联播图像清晰，画面稳定，伴音响亮。

10月9日李长春同志在9月27日央视上报的“青藏铁路卫星直传列车测试成功”的央视内参片报告上批复：

“这是一个革命性的技术，可以解决中央电视台在全国各种交通工具的移动覆盖，关键是保证系统和国产接收设名的稳定可靠。请云山太华同志关注，支持。”

根据李长春、刘云山同志的指示，目前中广电信的技术团队已经完成了“超宽波束雨衰补偿、超宽接收角度、免维护车载移动卫星接收天线”，包括大功率上行系统、隧道同步转发系统等国产技术设备的自主研发。

测试表明，国产技术设备的各项性能远远超过同类进口产品（例如移动车载天线增益超过一倍，仰角扩展超过5倍），成本的降低则超过10倍，可适应未来我国各种交通工具低成本大规模的应用。

该系统在传输体制和图像编码方面，完全使用国标直播卫星传输体制。该项技术已经申报国家知识产权局并获得国家核准的技术专利。

“中央广播电视全国移动传送系统”项目，是解决中央广播电视在火车等交通工具广大移动人群中覆盖基本空白的公众服务项目。是一个用党的宣传占领全国移动旅客文化宣传市场的社会政治项目。

技术研发单位中广电信是拥有国家牌照的卫星通信公司，基础电信运营企业,曾先后为国家司法部、文化部、财政部等中央部委承建专用通信网,拥有十年卫星通信的应用经验,熟悉国家卫星通信的管理政策及具备全国卫星专网系统的建网和管理经验。希望国家有关部门给与切实支持,尽早实现中央领导和广大群众期盼的我国跨地区庞大移动人群的中央广播电视的有效覆盖。

主题词: 广播　管理

提案人: 赵化勇　王乃坤　王连生　刘振英　海　霞　李瑞英　杨　波　杨　澜　马胜荣　李东东

国家广播电影电视总局2011年7月11日以〔2011〕广建议提案字62号文函复:

赵化勇等委员:

你们提出的《关于应大力支持我国完全自主知识产权的高新技术、推广中央广播电视在庞大移动人群中的有效覆盖的提案》收悉。现答复如下:

国家广电总局高度重视利用卫星直播等技术推广中央广播电视在庞大移动人群中的有效覆盖问题。2009年对于我国铁道线路行经地面和山区隧道卫星广播难以有效覆盖的问题,我们专门就列车接收直播卫星广播技术进行了立项研究。经过大量的调研数据、实际测算、技术研发和试验,该项目从理论上解决了技术难题,获得了广电总局2010年度科技创新一等奖。

该项目针对我国铁路分布广泛和沿线多山体遮挡的现实条件,通过链路预算,确定了广播系统将基于自主知识产权的中国广播电视直播卫星技术进行覆盖,采用“动中通”自动跟踪天线解决列车车载移动接收问题,根据列车接收广播的具体需求、列车广播系统的现实条件和广播规章制度进行针对性设计，特别是针对列车接收广播的最大障碍——隧道遮挡进行专门设计，提出了时间分集抗遮挡接收技术、分区定制下发的轮播技术和对抗罕见的超长隧道和超密集隧道群遮挡的垫场播放技术，实现了列车无障碍接收广播的项目目标。

系统设计可对抗最长的连续遮挡时间为 10 分钟，并可根据需求进行扩展。通过多路分集广播机制，系统可以解决 10000 米以上的隧道（占全国隧道总数 99%）的广播接收问题，结合垫场机制和补点覆盖，系统可以基本解决全部隧道的广播接收问题。同时经过系统研发，研制完成了实时广播前端子系统、特供广播前端子系统、实时广播终端、特供广播终端，开发完成了节目制播系统、端到端闭路仿真和测试系统，构建了完整的端到端试验系统，申请相关技术专利三项，具有完全的创新性，处于国际领先水平。系统研发成功之后，进行了大量的列车车载接收试验，并进行了实际线路的节目试播。试验和试播结果表明，技术方案达到了最初的设计目标，技术成熟可靠，关键设备性能指标、安全性、稳定性、兼容性都达到了实际应用要求，非常适用于旅客列车移动广播接收。

目前我们已经在技术上实现旅客列车移动广播接收广播电视，关键是应用问题。我们也认为，大力支持我国完全自主知识产权的高新技术推广中央广播电视在庞大移动人群中的有效覆盖很有市场、很有必要。我们将继续关注这方面的研究，取得铁道部等相关部门的大力支持，以及列车制造商的支持与配合，在列车设计上考虑庞大天线的安装，以及内部视音频系统单屏集中收看和多屏个体收看等问题。

感谢你们对广播电视工作的关心和支持。

全国政协十一届四次会议提案第1344号

案　　由:**关于建立海洋生态损害补偿赔偿制度、促进海洋开发与保护协调发展的提案**

审查意见:**建议国务院交由主办单位国家发改委会同国家海洋局办理**

内　　容:由环境污染者、生态破坏者承担污染治理、生态恢复的责任,是生态环境保护工作的一项基本原则。发达国家往往通过建立行之有效的补偿赔偿制度,为协调开发和保护提供经济调控手段,为治理环境污染、恢复生态环境提供法律和资金保障。

当前我国沿海地区开发利用海洋的热情空前高涨,对海洋生态环境的压力也不断增加。然而由于我国尚未建立有效协调开发与保护的海洋生态调控政策体系,海洋开发活动的生态环境代价尚未得到有效补偿,导致了近岸海域污染严重、海洋及海岸带栖息地损失、海洋生态系统结构失衡、生物多样性和珍稀濒危物种减少、海洋生态灾害频发等一系列海洋生态环境问题。

同时一些海洋开发活动所导致的海洋环境突发事件,进一步加剧了海洋污染和生态破坏的严峻形势。对于这类事件,目前也缺乏可操作的海洋生态损害赔偿制度。虽然《中华人民共和国海洋环境保护法》第90条规定,对破坏海洋生态、海洋水产资源、海洋保护区,给国家造成重大损失的,由依照本法规定行使海洋环境监督管理权的部门,代表国家对责任者提出损害赔偿要求。但是由于缺乏可操作的行政法规、部门规章及相应的技术标准,海洋生态损害的国家索赔工作迄今未有全面有效的实质性开展,许多海洋环境污染事件所导致的海洋生态损害,最终只能由国家负担。

近几年来，沿海地区已经在海洋生态损害补偿赔偿领域作出了一些积极探索。例如浙江、山东以及宁波等沿海地区正在开展本地区海洋生态损害补偿赔偿的地方立法工作，天津、山东、广东等地海洋主管部门开展了向海洋生态损害责任者索赔的实践。这些工作为国家层面的海洋生态损害补偿赔偿立法提供了有益的经验。

主题词： 海洋　灾害

提案人： 吴能远　黄小同　朱孝清　朱晓明　刘庆柱　李　蓝　李冬妮　李崇富　李景源　宋镇豪　张树华　罗　援　郝树声　唐铁汉　方　工　叶小文

中华人民共和国国家发展和改革委员会2011年7月29日以发改提案〔2011〕76号文函复：

吴能远等委员：

你们提出的《关于建立海洋生态损害补偿赔偿制度、促进海洋开发与保护协调发展的提案》（第1344号、第3057号）收悉。经商财政部、国家海洋局，现答复如下：

近年来按照中央关于东部地区率先发展的战略部署，各沿海地区大力发展海洋经济，开发利用海洋资源的热情空前高涨，海洋环境保护工作压力随之不断增加。海洋生态补偿是生态补偿机制的一个重要领域，建立海洋生态损害赔偿制度，有利于促进海洋资源环境的可持续发展。你们提出的建立海洋生态损害补偿赔偿制度、促进海洋开发与保护协调发展的建议，对加强我国海洋生态建设和环境保护、实现海洋经济持续健康发展具有重要意义。

一、关于建立海洋生态补偿赔偿制度问题

建立健全生态补偿机制，是贯彻落实科学发展观、加快推进生态文明建设的必然要求，是推进形成主体功能区、促进区域协调发展的制度保障。党中央、国务院高度重视生态建设和环境保护，强调要建立健全生态补偿机制，建设生态文明。党的十六届五中全会首次明确提出，“按照谁开发谁保护、谁受益谁补偿的原则，加快建立生态补偿机制”。胡锦涛总书记在党的十七大报告中再次强调指出，要完善有利于节约能源资源和保护生态环境的法律和政策，加快形成可持续发展的体制机制；实行有利于科学发展的财税制度，建立健全资源有偿使用制度和生态环境补偿机制。

为加快建立海洋生态补偿赔偿机制，近年来国务院有关部门做了大量工作。中央财政从 2010 年起通过中央集中的海域使用金，加大了对海域、海岛、海岸带整治修复与保护以及海洋特别保护区能力建设与生态修复的资金支持，同时积极引导地方政府加大对海洋生态环境的保护力度。“十一五”期间，国家海洋行政主管部门将建立和完善海洋生态补偿赔偿制度作为重要任务，组织开展了海洋生态补偿赔偿制度和相关标准的研究，海洋生态损害补偿赔偿办法、海洋生态损害评估技术导则、海洋生态资本评估技术导则等取得了阶段性成果，《海洋溢油生态损害评估技术导则》已作为海洋行业推荐性标准颁布实施。沿海省市各级政府也积极进行了有关海洋生态补偿赔偿的实践探索，积累了一些好的经验。

近期我们在广泛调查研究的基础上，正在会同国务院有关部门研究起草《关于建立完善生态补偿机制的若干意见》（以下简称《意见》），对涉及生态补偿的基本原则、主要领域、补偿方式、资金来源、补偿标准、政策措施、相关利益主体间的权利义务、责任追究、考核评价等重要问题做了原则性规定。《意见》稿已征求了国务院有关部门、各省（区、市）及有关专家的意见和建议，待进一步修改完善后上报国务院审议。我们将加快工作进度，争取《意见》早日印发实施，形成涵盖森林、草原、海洋等多个领域的、比较健全的生态补偿机制，为促进海洋开发与保护协调发展提供有力的政策支撑和体制保障。

二、关于启动生态补偿立法程序问题

为建立生态补偿法律法规，国务院已将《生态补偿条例》正式列入 2010 年的立法计划。我委会同财政部、国家海洋局等国务院有关部门成立了《生态补偿条例》起草领导小组、工作小组,并组建了由国内相关领域知名专家组成的专家咨询委员会,制定了专门的工作方案和计划。我们在研究借鉴国内外实践经验的基础上,会同有关部门和科研机构联合起草了《生态补偿条例》的基本思路和框架,并征求了有关方面的意见和建议,其他各项基础工作正按预定计划有条不紊地推进。目前我们在基本框架的基础上,正在草拟《生态补偿条例》的具体条文。下一步我们将加大工作力度,加快生态补偿法律法规的起草进程,争取早日颁布实施《生态补偿条例》,实现我国生态补偿的制度化和法制化,为海洋生态补偿工作提供法制保障。

感谢你们对国家发展改革工作的关心和支持。

欢迎登录我委门户网站(www. ndrc. gov. cn),了解国家经济和社会发展政策、经济建设和社会发展情况、经济体制改革方面的重要信息。

全国政协十一届四次会议提案第1824号

案　　由:**关于正式立项启动若尔盖湿地沙化治理的紧急提案**

审查意见:**建议国务院交由主办单位国家林业局会同农业部、国家发改委、财政部办理**

内　　容:20世纪90年代开展若尔盖防沙治沙试验示范以来,通过封沙育草、填勾堵渠、退牧还草等,局部生态环境得到改进,但整体恶化趋势尚未得到改变。10多年前若尔盖湿地的核心区沙化面积不到10亩,现在沙化面积已达上千亩,局部治理进度已远远赶不上整体沙化的速度,形势非常严峻。若继续停留在小范围试验示范阶段,势必危及长江、黄河及其流域的生态、经济安全。因此紧急建议:

一、参照"三江源"生态保护与建设工程模式,尽快立项和启动实施"若尔盖湿地生态功能区保护建设"项目,整体推进,全面治理。

二、阿坝州近10年的试点示范治理实践已取得了行之有效的经验,掌握了一整套成熟对路的治理保护技术,国家和省要集中财力加大投入,确保用3—4年的时间彻底完成沙化治理任务。

三、建立湿地保护补偿机制。特殊功能区应享受特殊政策扶持。国家应尽快对处于江河源头地区的生态环境进行科学评估和利益分析,作出利益分配,出台相关生态利益补偿的政策。同时应建立生态受益地区对生态保护地区的补偿机制。

四、实施综合治理。开展退牧还湿(草)行动,将湿地核心区牧民进行搬迁退牧或就地转化组织成专业队伍保护湿地;重新科学分配草场,根据载畜能力实行限养轮牧,通过国家投入专项资金和省、州安排财政资金,保障牧民基本生活;将防沙治沙与防鼠治鼠、防治病虫害等相结合，全面系统地保护和治理；成立具有权威性的若尔盖湿地保护领导协调机构，进一步健全保护区管理机构，引进高素质管理人才，提高监测、保护、教育、科研、执法等方面的技能，提高政府、非政府组织、当地社区的湿地保护能力。

五、建立生态十分脆弱地区休牧补偿资金或基金，用于保障休牧群众的生计。

主题词： **防沙治沙　工程　投入**

提案人： 吴正德　张晓梅

国家林业局2011年9月9日以林案协字〔2011〕44号文函复：

吴正德等委员：

你们提出的《关于正式立项启动若尔盖湿地沙化治理的紧急提案》收悉。经商农业部、国家发展改革委、财政部，现答复如下：

若尔盖湿地位于青藏高原东麓，行政区划属于四川省阿坝州和甘肃省甘南州。若尔盖高原总面积19600平方公里，其中四川境内16200平方公里，甘肃境内3400平方公里，平均海拔3400—3900米。若尔盖湿地因其在影响全球气温变暖和补充河流水源方面的巨大作用，而成为世界上最著名、最重要的高原湿地，是名副其实的“中国高原之肾”，其中若尔盖国家级自然保护区是我国国际重要湿地之一。若尔盖高原湿地泥炭分布面积5000多平方公里，泥炭最深处38米，泥炭总储量20亿吨，约占全国泥炭总量的40%。若尔盖湿地是黄河上游最重要的补水区，从若尔盖湿地注入黄河的水量，枯水期占40%，丰水期占26%，平均补水达30%。若尔盖湿地是全球生物多样性最关键的地区之一，栖息着9种国家Ⅰ级重点保护野生动物、41种国家Ⅱ级重点保护野生动物。若尔盖湿地生态系统十分脆弱,尤其是随着全球气温的升高、人类干扰程度的增加,若尔盖湿地地下水位显著下降、湿地面积锐减、沙化严重、鼠害猖獗,湿地生态功能明显下降,濒危野生动植物栖息地遭到严重破坏。

针对若尔盖湿地面临的严峻形势,国家加大了湿地保护、沙化土地治理、草原治理的力度,在此相继开展了自然保护区建设、湿地保护和恢复、防沙治沙、退牧还草等工作,在一定程度上减缓了若尔盖高原的生态恶化。四川、甘肃两省林业部门在此建立了7个湿地自然保护区,保护面积约100万公顷,占若尔盖地区的55%。按照《全国湿地保护工程实施规划(2005—2010年)》,投资实施了若尔盖湿地保护项目、阿坝曼则唐湿地保护项目,完成中央投资1695万元。根据2009年中央1号文件和中央林业工作会议精神,2010年财政部会同我局启动了湿地保护补助工作,安排中央财政专项资金600万元,实施了若尔盖湿地保护补助项目,用于开展湿地恢复、监测监控等工作。2003年将若尔盖县列为全国防沙治沙综合示范区,到2010年共完成中央预算内防沙治沙资金625万元,若尔盖、红原两县共治理沙化土地5000多公顷。2003—2010年通过在四川省实施退牧还草工程,若尔盖县已累计建设草原围栏达615万亩,补播改良草原137万亩,工程实施面积已占全县草原面积的66.3%。"十一五"期间在若尔盖县累计开展草原鼠害防治388万亩,虫害防治251万亩。但是由于治理措施分散、力度较小等原因,若尔盖湿地保护和治理工作还处于试点阶段,仍然表现为局部治理、整体破坏,短期治理、长期破坏的局面。

若尔盖湿地生态恶化不仅直接影响到当地经济社会的可持续发展,而且还威胁着成都平原、四川盆地乃至三峡库区生态安全。继续加强若尔盖湿地保护十分必要。

关于尽快立项和启动实施"若尔盖湿地生态功能区保护建设"项目的问题。我局正在组织编制湿地保护"十二五"实施规划,将对若尔盖湿地保护予以重点支持。同时将商请四川省在编制《川西藏区生态保护和建设规划》时,对若尔盖湿地的防沙治沙给予统筹考虑,届时将积极推动阿坝州湿地沙化的治理保护。

关于建立湿地保护补偿机制的问题。目前国家正在研究制定湿地生态效益补偿的政策，待相关政策出台后，将对若尔盖湿地建立生态补偿机制的问题予以统筹安排。

关于实施综合治理的问题。国家有关部门将在若尔盖积极落实草原生态保护补助奖励机制，对牧民实行草原禁牧补助、草畜平衡奖励、畜牧品种改良补贴和牧民生产资料综合补贴等政策措施。继续加大退牧还草工程实施力度，启动实施青藏高原牧区特色畜牧业发展示范工程。同时结合全国防沙治沙综合示范区建设，在治理任务和资金投入上对若尔盖县予以重点倾斜，将防沙治沙与防鼠治鼠、防治病虫害等相结合，全面系统地推进若尔盖湿地的保护和治理。下一步中央财政将进一步加大对湿地保护和草原生态保护的支持力度，促进湿地和草原生态恢复。

感谢你们对林业工作的关心和支持。

全国政协十一届四次会议提案第2277号

案　　由:关于进一步加强对云南生物多样性保护的提案

审查意见:建议国务院交由主办单位国家林业局会同财政部办理

内　　容:云南是我国和世界上最独特和最有价值的生物基因库,素有"植物王国"、"动物王国"、"生物多样性王国"等美誉。云南的高等植物种类占全国的60%,动物种类占全国的一半以上。云南丰富的生物多样性是巨大的基因库,包含了大量具有重大经济价值的物种和种质资源,是国家战略资源的重要组成部分。

一、云南生物多样性保护面临的问题

1. 人为干扰日益严重。随着人口的增长,对土地、水、森林资源需求和依赖加大,经济开发和自然保护之间的矛盾亟待解决,包括公路、水库、电站、供电设施等工程建设,矿产开发等加剧了对生态环境的破坏。存在盗伐、偷猎、滥采等违法犯罪行为,特别是古茶树、兰科植物、红豆杉等具有较大的经济价值,种质资源的保护与管理更加困难。

2. 外来入侵物种的危害。外来物种对本地生物多样性的威胁日益增多,已成为不可忽视的问题,紫茎泽兰、水葫芦随处可见,土著鱼类资源锐减,外来鱼类成为优势种。目前在云南省分布广泛,已对本地生物多样性及农林业生产破坏较为明显的外来入侵物种有紫茎泽兰、飞机草、凤眼莲即水葫芦、刺茄、薇甘菊、豚草、鰕虎鱼、麦穗鱼、银鱼、福寿螺、褐云玛瑙螺、白蚁、美洲斑潜蝇、美洲大蠊、松材线虫等。

3. 资金投入严重不足。云南具有山区、边疆、民族的特点,地区经济发展与发达地区相比还很滞后,依靠自身的力量远远不能满足保护需求。尽管近年来国家加大了生态保护方面的投入,但就生物多样性保护影响最大的野生动植物保护、自然保护区建设等方面的投入却十分有限,制约了我省生物多样性的有效保护。

生物多样性保护迫在眉睫。1997—2003年云南省开展的国家重点保护野生植物和陆生野生动物资源调查结果显示,野生动植物资源的现状十分严峻。根据IUCN地方濒危等级标准评价,云南已调查的144个国家重点保护野生植物物种中,评定了132个种(12个物种因缺乏数据资料未评定)的濒危等级,在已评定等级的物种中,极危种(CR)有82种,占62.21%;濒危种(EN)有45种,占34.09%;易危种(VU)有5种,占3.79%;CR和EN等级合计达96.30%;且分布面积不足$5km^2$的物种竟达51.65%,并多呈岛屿状孤立分布和间断分布,充分反映了云南野生植物资源保护的紧迫性。为此特提出以下建议:

一、根据《中华人民共和国野生植物保护条例》尽快修正和完善国家重点野生植物保护名录,确保有法可依。

二、建议优先在云南建立野生动植物保护监测体系,加大珍稀濒危、特有物种及其栖息地、动物疫病的监测和监管力度。对云南有外来物种入侵和以食草动物为主要保护对象的自然保护区进行栖息地改造。

三、请国家对滇西北生物多样性、滇南热带林生物多样性保护给予专项资金支持。

四、增加对云南生物多样性保护的资金投入,加大对自然保护区建设、极小种群物种保护、野生动物肇事补偿资金的投入力度。加强高原湿地生态系统的保护与恢复。

主题词: 生物 保护

提案人: 倪慧芳

国家林业局 2011 年 9 月 23 日以林案协字〔2011〕62 号文函复：

倪慧芳委员：

您提出的《关于进一步加强对云南生物多样性保护的提案》收悉。现答复如下：

云南以其特殊的地形地貌，多样的气候类型，孕育了丰富的生物多样性，素有“植物王国”、“动物王国”之美誉，是全国乃至全世界高度重视和广泛关注的生物多样性热点地区之一。特别是云南省分布着从热带雨林到高山暗针叶林等 105 个主要的森林类型；拥有高等植物 17000 多种，占全国的 62.9%；有脊椎动物 1737 种，占全国总数的 58.2%，在我国公布的 335 种重点保护野生动物中，云南就有 199 种，占全国总数的 59.4%。云南的高原湿地是我国乃至国际大江大河的源头，具有特殊的生态地位，滇西和滇西北一些重要湿地是我国水禽迁徙的重要停歇地和越冬地。因此云南在我国生物多样性保护工作中地位独特，十分重要。

我局对云南省生物多样性保护工作十分重视，针对其面临的人为干扰严重、外来物种入侵、保护投入不足等问题，已经并正在采取相应的措施，促进上述问题的解决，具体如下：

一、关于修正和完善国家重点保护野生植物名录问题

当前我局正在与农业等部门就国家重点保护野生植物名录修改问题进行研究和协商，已初步选定了一批亟待保护的珍稀濒危植物物种，拟在按程序报批后列入国家重点保护野生植物名录。在上述物种中，已包含许多在云南分布的野生植物。

二、关于建立保护监测体系、加大监管力度、防控外来物种入侵和动植物栖息地改造问题

在我局的支持下，云南省在西双版纳、高黎贡山、哀牢山三个不同保护对象和生境类型的国家级自然保护区开展监测示范工作，将GEF、FCCDP等项目监测成果进行整合，已在生物多样性监测上取得阶段性成果，并将在有条件的地区进一步推广上述监测、监管工作。为提高云南省林业有害生物入侵及异地传播的防控能力和水平，我局已在“十一五”期间支持云南开展林业有害生物防控体系基础设施建设等相关项目7个，总投资额5604万元，其中中央投资4595万元。

今后我局将继续积极支持云南省实施《生物多样性保护工程规划》，加强对云南建立野生动植物保护监测体系的指导，尤其是加强对外来入侵物种的监测，在相关资金安排上支持云南开展试点，总结经验，对外来物种入侵严重的保护区实施栖息地改造，清除危害，还原自然生态系统。

三、关于对滇西北、滇南地区生物多样性保护给予专项资金支持，并加强保护区建设、极小种群物种保护、野生动物肇事补偿资金的投入问题

“十一五”期间我局共安排生物多样性保护相关基本建设资金11523万元。2008—2010年为云南安排自然保护区补助资金1000万元、野生动物肇事补偿资金1250万元，并通过珍稀濒危物种调查监管、野生动物疫源疫病监测与预警系统维护、湿地监管与管理、珍稀濒危物种野外救护与繁育、重点野生动植物资源调查等专项资金，为云南省安排了相关项目。按照《国务院关于加强预算外资金管理的决定》（国发〔1996〕29号）文件的相关要求，财政部门暂不宜为滇西北、滇南生物多样性保护设立专项资金。今后我局将进一步向财政部、国家发改委等部门反映云南生物多样性保护工作的重要性，为该区域保护工作争取更多的资金支持。

感谢您对林业工作的关心和支持。

全国政协十一届四次会议提案第2450号

案　　由:关于加快推进新一轮"菜篮子"工程建设的提案

审查意见:建议国务院交由主办单位农业部会同国家发改委办理

内　　容:农业关系国计民生,菜篮子事关千家万户。最近农产品价格的上涨波动,在社会上造成较大的影响,党中央、国务院高度重视,菜篮子问题愈来愈受到社会的高度关注。去年以来粮食、菜篮子等主要农产品,均出现价格普遍上涨的态势,9月份全国农产品批发价格同比增长5.3%。不同农产品领涨不同季节,呈现价格轮番上涨的格局。在生产成本上升、自然灾害频繁、资源环境约束、人口消费增长、加工需求强劲、通货膨胀预期、国际农产品价格飞涨的背景下,预计今年农产品价格保持高位运行。

为此建议:一、加强对菜篮子工程的领导。国家和省应尽快成立以分管领导为召集人,发改、农业、经信、财政、卫生、环保、工商、质检等部门参加的"菜篮子"工程建设联席会议。国家和省级政府制订考核指标,实施考核制度,统筹推进菜篮子工程,协调解决菜篮子工程的重大问题,加强对各地菜篮子工作的检查指导。二、加强农业基础设施建设。包括菜篮子基地、农产品批发市场、农业信息化基础设施建设,提高现代农业物质技术装备水平,提高菜篮子产品的数量规模、质量水平和市场效率。三、加强农产品市场监管和减少流通环节。建立健全农产品质量安全保障、质量溯源管理和标准体系,实施农产品标识管理,培育特色农业品牌,努力提高农产品质量。合理布局建设农产品批发市场,大力推进"农超对接",支持龙头企业和农民专业合作社进入城市建立超市和"平价商场",努力减少农产品流通环节,降低流通成本,平抑物价。四、设立菜篮子工程专项资金。为了确保菜篮子生产供应和保持价格稳定,建议国家和省设立菜篮子工程专项资金,主要用于菜篮子统筹、推进新一轮菜篮子工程,落实菜篮子市长负责制,推进菜篮子基地、批发市场和农产品名牌建设。五、充分发挥媒体和社会监督作用。各媒体要全面客观准确报道主要农产品生产供应和消费情况,大力宣传政府在严厉打击违法行为,维护正常市场秩序,保障农产品生产者、消费者和经营者合法权益方面所采取的政策措施。

主题词: **经济作物　工程**
提案人: 程　萍

农业部文件2011年8月17日以农办案〔2011〕168号文函复:

程萍委员:

您提出的《关于加快推进新一轮"菜篮子"工程建设的提案》收悉。经认真研究,现答复如下:

一、关于加强对菜篮子工程的领导问题。按照《国务院办公厅关于统筹推进新一轮"菜篮子"工程建设的意见》(国办发〔2010〕18号)的要求,已经建立了我部牵头,国家发展改革委、财政部、国土资源部、环境保护部、交通运输部、商务部、卫生部、税务总局、工商总局、质检总局、银监会、证监会、保监会等部门参加的菜篮子食品管理部际联席会议制度。从我们掌握的情况看,各地特别是大中城市都强化了菜篮子市长负责制,成立了菜篮子工程领导小组或联席会议,明确了菜篮子工作机构,落实了工作职责。下一步我部将通过研究制定《菜篮子市长负责制考评办法》、组织开展多部门联合监督检查等多种方式,推动各地落实菜篮子工程的各项政策措施。

二、关于加强农业基础设施建设、农产品质量安全监管、农产品流通体系建设等问题。近年来各地各部门在加强农业基础设施建设、强化农产品质量安全监管、完善农产品流通体系等方面开展了大量工作,取得了积极进展。“十二五”规划纲要提出,要将菜篮子建设工程作为新农村建设12项重点工程之一。根据纲要要求,我部已经制定了《新一轮菜篮子工程建设总体规划(2011—2015年)》。下一步我部将努力推动规划尽早通过审批,积极争取落实项目资金,协调出台扶持政策,重点支持各地建设一批园艺产品标准化生产基地、畜禽标准化规模养殖场(小区)和水产健康养殖示范场,改善菜篮子产品生产基础设施,提高菜篮子产品综合生产能力;建设一批国家级重点大型批发市场和区域性批发市场,大力发展“农超对接”、“农校对接”等流通方式,加大品牌建设和产销信息体系推进力度,提高物流集散能力和产销对接水平;大力推广标准化生产,完善菜篮子产品标准体系、检测体系、认证体系和监管体系,严格产地准出和市场准入,确保菜篮子产品质量安全。

三、关于设立菜篮子工程专项资金问题。多年来国家为支持菜篮子产业发展,在预算内固定资产投资和财政资金方面已经开辟了一些投入支持渠道,如农产品质量安全体系建设、批发市场升级改造、冷链体系建设、园艺作物标准园创建、农民专业合作组织培育等,这些项目已经基本覆盖了生产、流通、质量等各个环节。但就总体推进菜篮子工程建设而言,目前国家尚未设立相应的专项资金。今年以来我部正在与有关部门研究建立菜篮子工程考核激励约束机制,下一步将继续加强与有关部门的沟通协调,争取能够安排一定规模的财政专项资金,采取以奖代补形式,加大对地方的转移支付力度,进一步推动各地抓好菜篮子工程实施。

四、关于发挥媒体和社会监督作用问题。我部历来高度重视发挥媒体作用,主动自觉接受社会监督,积极营造有利于菜篮子工程实施的舆论氛围。自《国务院办公厅关于统筹推进新一轮“菜篮子”工程建设的意见》(国办发〔2010〕18号)印发以后,我部多次组织对重点城市、典型做法、先进经验等宣传报道，引导各地结合实际推进菜篮子工程。同时我部先后与中央电视台、中央人民广播电台等媒体开展战略密切合作，不断加大生产、价格、质量等信息发布力度，引导农民合理安排生产和农产品跨区域合理流通。今后我部将继续鼓励媒体加大对菜篮子工程政策措施的宣传力度，全面、客观、准确、及时报道农产品供求信息，引导农产品生产稳定发展和市场平稳运行。

感谢您对"三农"工作的支持，希望多提宝贵意见。

全国政协十一届四次会议提案第 4455 号

案　　由:关于加强我国农产品市场风险预警与管理的提案

审查意见:建议国务院交由主办单位农业部会同中国证监会办理

内　　容:随着我国社会主义市场经济体制的确立,市场在资源配置和经济运行中发挥着越来越重要的作用。农产品供求态势的变化,农村生产经营格局的调整,特别是面对发达国家农产品市场的激烈竞争,我国农业发展面临巨大的不确定性,农业生产者承受更大的市场风险。农产品市场屡屡发生"卖难、"买难"现象以及农产品价格的大幅度波动,表明了农产品市场的周期性、连续性、关联性和短期不可逆性等高风险性特点。2011 年 1 月我国消费者物价指数(CPI)高达 4.9%,在涨价因素中食品价格上涨 10.3%,为 CPI 上涨的重要推动力。因此,加强农产品市场风险预警与管理,对于降低农产品市场的大幅度波动、缩短农产品供求调控时滞、增强市场调控的精确度、确保农产品市场供应、保障人民生活、促进农业持续健康发展、增加农民收入、构建和谐社会具有重要现实意义。为此,我们提出以下建议:

一、建立完善农产品市场信息网络体系

通过健全农产品市场信息网络体系,实现信息搜集处理的科学化、标准化、网络化、现代化、动态化和便捷化,有效地为农业生产经营服务。根据农业生产的特点,农产品市场信息体系主要内容应包括:农业气象信息、自然环境与灾害信息、农业生产资料市场信息、农产品市场供求信息、农业政策信息、农产品国际贸易信息、农业科技信息、农业科技人才市场信息、农产品加工行业发展信息、农产品质量信息体系以及专业农产品市场信息。

二、加强农产品市场风险预警

农业生产受生物规律制约具有周期性，因而农产品市场调控管理具有时间滞后性和调控效果的不精确性。为此必须建立组织管理、技术标准和风险预控有机统一的农产品市场风险预警体系，根据市场信息对农产品市场风险进行分析、评价、推断、预测，根据风险程度事先发出警报信息，并提出相应的防控对策。

三、强化农产品市场风险调控管理

根据农业生产经营的特点、农产品市场风险的类别及其特性，可从以下几个方面减少、回避、分散、转移、控制农产品的市场风险或将风险损害或损失减少到最小程度。

1. 优化农产品市场政策。一是生产领域中的农产品补贴政策。通常农产品补贴政策可分为流通领域补贴政策和生产领域补贴政策。我国目前农产品供求基本上达到平衡，个别农产品还出现相对过剩，因此流通领域补贴已不适合我国的国情。生产领域补贴政策主要表现在两个方面：农业基本建设投资和农用生产资料补贴，其实质是通过降低农产品的成本而达到增加农产品生产者的收入，增加农产品产量。但不同农产品的供求弹性不同，补贴政策对各类农产品供求、均衡价格和均衡数量的影响存有差异，所以生产领域农产品补贴政策应该针对不同类别的农产品采取不同的政策导向。二是农产品价格干预政策。应根据农产品的供求状况，确定最低保护价格。当市场上农产品价格低于这一干预价格时，政府就以干预价格收购农产品，限制农产品价格的进一步下跌，依此保护农产品生产者的利益。实施干预价格政策，会使供给和需求逐渐增大的波动幅度得到限制。三是农产品转移利用政策。农产品生产周期长，任由市场调节必然造成农产品生产与市场供求的大起大落，最终损害生产者与消费者的利益。特别是对于已经或即将生产上市的农产品而言（如已经种植或养殖而即将或者正在陆续上市的果品、蔬菜、畜禽等），更有必要实施农产品转移利用政策，即由政府或某些组织出面收购过剩农产品，使之脱离这些农产品的正常消费领域，从而减小该种农产品的市场供给量，使供求趋向均衡。这些农产品脱离原有市场后，其利用效率通常较低，政府必须对这些转移利用措施进行财政补贴。

2. 健全农产品期货市场。农产品期货市场是稳定农产品价格、规避农产品价格风险的有效工具。许多国家历史上都发生过诸如生猪、玉米、小麦、棉花等农产品的价格大幅度波动。20世纪以来,这种波幅大、破坏性强的价格波动基本消失,拥有健全完善的农产品期货市场是其重要原因之一。目前我国农产品期货市场的格局已基本形成,已发展成为郑州、上海、大连三大商品期货交易所,进行菜籽油、小麦、棉花、白砂糖、绿豆、玉米、黄豆、豆粕、豆油、棕榈油、天然橡胶等农产品的期货交易,生猪、大米等农产品期货品种正在准备上市。我国农产品期货市场发展时间短,尚不成熟。为充分发挥其功能作用,应大力培育中介组织,引导农民利用期货市场规避风险;培育机构投资者,改善市场主体结构;增加农产品交易品种,扩大期货市场交易规模;建立并完善全国电子期货交易平台,形成全国统一的农产品价格体系。

3. 完善订单农业。订单农业简单易行、适用范围广,一直是世界各国防范农产品市场风险的最有效的工具之一。为提高我国订单农业的履约率,应该不断完善订单农业运行机制,创新订单农业运行模式:将订单农业与期货期权市场结合形成二者的复合模式,即在订单合同中引入期权理论的卖权机制。当市场价格低于保护价格时,按保护价收购;高于保护价时,按市场价收购,建立一种既满足个人理性又满足集体理性的制度。此外可以按照国家与地方资助、龙头企业出资的办法,筹集建立订单农业风险保障基金,补偿订单农业的损失,降低其风险;提高农业订单的规范化水平,详细规定双方责权;建立社会信用记录和信用档案制度,形成信用约束机制;加快发展农业专村合作经济组织,提高农民组织化程度,改善农户单独进入市场的势单力孤的被动局面,提高其市场地位。

4. 增强农户风险意识。农户是农产品生产经营的主体和农产品市场风险的主要承担者,为此要增强农户市场风险观念,树立以市场为导向的意识,提高生产和经营管理水平,以减小农产品市场风险。对农户而言,所承担的市场风险主要是价格风险和滞销风险。为此要准确分析农产品的供求状况、影响供求的因素及其变化趋势,合理组织农产品生产，力求实现风险强度不同的生产经营项目的多样化组合，降低农产品生产成本，提高农户经营企业化经营水平，运用直接销售、间接销售等方式提高农产品销售技术，增加收入，降低风险。

5. 健全农业科技创新体系，完善农业技术推广服务组织。农业科技进步是增强农业抗风险能力的根本途径。为此应该建立以国家投资为主体，高校、科研院所、企业和其他社会力量共同出资的农业科技创新体系，加快农业科技创新，推广农业科技成果的应用。为此要全面落实《农业法》和《农业技术推广法》，不断增加农业科技投入与农业技术推广资金；保障、改善农业科技人员的工作生活条件；加强农村义务教育，提高农民的文化素质，增加现代农业科技的接受应用能力。

6. 强化政府职能。政府在农产品市场风险调控管理中扮演着重要角色。一是增加农业基础设施建设投资，以改善农业生产条件，增强农业抗御自然灾害的能力，从而降低自然灾害风险的影响程度；二是农产品市场风险预警系统建设属于公共服务范畴，应该由政府投资并按照公共物品属性运营管理，以避免市场失灵。其重点内容是预警系统的建立、运行、维护与管理。三是按照政府资助推动、企业自主投资的发展模式，借鉴发达国家的经验教训，开展种植业、养殖业等专业化农业保险业务，促进农业保险事业特别是政策性农业保险制度的发展，分散、转移自然环境因素对农产品生产经营的影响，将自然环境因素的风险降低到最低限度。

主题词： 农产品　信息

提案人： 解士杰　张亚忠　陈永川　黄润秋　葛会波　闫　伟　袁汉民

农业部文件2011年8月1日以农办案〔2011〕26号文函复：

解士杰等委员：

你们《关于加强农产品市场风险预警与管理的提案》收悉。经商中国证监会，现答复如下：

一、关于建立完善农产品市场信息网络体系问题

在社会主义市场经济体制下，加强农产品市场信息网络体系建设十分重要。我部对此高度重视，并为此做出了积极努力。目前已经建立了"生产环节与消费环节相衔接、重点监测与全面监测相补充"的信息采集体系：依托农业部农产品批发市场信息网，每天采集全国400多家批发市场主要品种农产品批发价格；依托地方农业部门，每月采集全国300多个县大宗农产品和农资城镇集贸市场价格；依托畜牧、渔业等行业管理体系，定期采集生猪、生鲜乳和水产品的产销价格。同时还于2008年12月建立了农业应急信息采集系统，重点监测50家大型农产品批发市场58种菜篮子产品每天的价格和交易量，全面提高了信息采集快速反应能力。2010年我部出台了《关于加强农业信息统计工作的通知》、《农业部定点批发市场信息工作规程》、《农业部农产品成本调查工作规范》等一系列规范性文件，对农业各行业、各地加强和改进信息采集工作做出了进一步的部署和安排。此外，还积极推动建立与国家发展改革委、统计局、商务部、粮食局等有关部委之间的涉农经济信息共享机制。

二、关于加强农产品市场风险预警问题

从2002年开始，我部全面启动并逐步加强了农产品市场风险预警工作，不断强化对农产品市场运行中重大问题的深度分析和研判。一是开展稻谷、小麦、玉米、大豆及蔬菜等18个品种市场情况月度监

测会商工作，对重要农产品的国内外生产、需求、库存、进出口贸易、现货期货价格和成本收益等信息进行动态监测和分析研判，每月形成《农产品供需形势分析月报》并及时发布。二是加强与地方农业部门的沟通与协调，建立自下而上的市场热点报送机制，及时发现苗头性、突发性、趋势性问题，为有效应对农产品市场异动争取主动。三是加强与中国科学院、中国农业科学院、中国农业大学等科研院所的合作，构建多元化分析研判体系，准确把握市场动态，及时提出政策建议。四是借鉴联合国粮农组织、美国农业部等国际组织及有关国家的做法，建立重要农产品预警模型，逐步开展中国农业展望工作。同时还建立健全了信息发布制度，以引导农产品市场健康运行。2005 年开始推出了《农业部经济信息发布日历》，有计划地通过《农民日报》、中国农业信息网、央视农业频道、《农产品市场》周刊和中央农业广播学校等部属“五个一”媒体，定期对外发布农业各行业信息。目前每天通过中央电视台财经频道等媒体发布价格信息，每周通过部属媒体发布国内外农产品价格信息，每月通过网络媒体发布重要农产品市场监测预警信息，为决策者、生产者、经营者和消费者提供多方面的信息服务。

三、关于强化农产品市场风险调控管理问题

加强农产品市场风险管理，是一项复杂的系统工程。近年来我部及有关部门按照党中央、国务院的部署，在强化“经济调节、市场监管、社会管理、公共服务”的过程中，积极探索调控农产品市场风险的有效办法，不断丰富调控的政策工具，初步构建了适合我国国情、农情的农产品市场风险调控管理框架。主要包括：

1. 建立农产品价格支持及补贴政策。2004 年粮食市场放开后，国家在粮食主产区先后对稻谷、小麦等重点粮食品种实行了最低收购价政策。2011 年早籼稻、中晚籼稻、粳稻、白小麦、红小麦和混合麦最低收购价分别比 2006 年提高了 45.7%、48.6%、70.7%、31.9%、34.8% 和 34.8%，有力地保护和调动了农民的种粮积极性，促进了粮食生产的稳定发展。2008 年开始，针对一些地方个别品种出现的“卖难”及价格大起大落的现象，国家先后出台了玉米、大豆、油菜籽、棉花等临时收储政策和生猪调控预案，既解决了部分农产品的销售问题，也增加了农民收入，稳定了农产品生产和市场。同时国家出台了一系列支农惠农的政策，加大了对农业生产的补贴力度，2010 年粮食直补、良种补贴、农机具购置补贴、农资综合补贴的“四补贴”资金为 1345 亿元，比 2004 年增长了 8.3 倍。此外国家还对鲜活农产品运输实行绿色通道政策，在全国“五纵二横”公路上免收车辆通行费，从而大大降低了农产品流通成本，提高了流通效率。

2. 开展农业政策性保险。自 2007 年国家开展农业保险保费补贴试点以来，农业保险投入不断加大、品种不断增加、范围不断扩大，为有效化解农业灾害风险发挥了积极作用。一是积极扩大农业保险保费补贴的品种和范围。开展试点以来，实行农业保险保费补贴的省份已达 15 个，补贴品种包括玉米、水稻、小麦、棉花等大宗农作物，大豆、花生、油料等油料作物，能繁母猪、奶牛、育肥猪等重要畜产品，以及天然橡胶、青稞、藏羚羊、牦牛等。二是探索开展农机具、渔业等保险。近年来一些地方以发展当地特色经济为重点，积极开展蔬菜、糖料、渔业等特色作物类保险；以发展现代农业为重点，积极开展农机保险；以服务“三农”为重点，积极开展农房、小额保险等涉农保险业务。三是健全农业再保险体系。近年来我国农业气象灾害呈突发频发重发态势，造成的风险远大于普通保险行业，必须通过再保险分散风险，确保农业保险系统运行安全和可持续运行。目前国家有关部门正在积极研究建立农业再保险体系，建立农业风险分散机制。

3. 健全农产品期货市场。发现价格和套期保值是期货市场的两大功能，对加强我国农产品市场风险预警及管理有积极作用。近年来中国证监会始终坚持把发挥农产品期货基本功能、为农业服务作为农产品期货市场发展的目标。一是增加农产品期货交易品种。截至 2011 年 4 月，已在郑州商品交易所上市了棉花、强麦、硬麦、早籼稻、菜籽油、白糖；在大连商品交易所上市了黄大豆 1 号、黄大豆 2 号、豆粕、豆油、玉米、棕榈油；在上海期货交易所上市了天然橡胶。13 个上市农产品期货品种占已上市商品期货品种数量的 52%，基本涵盖了我国主要大宗农产品。二是通过创新促进农产品期货市场功能的发挥。积极支持期货交易所不断探索,适应市场发展的要求,优化合约设计,完善相关业务规则,制订了全新的套期保值管理办法,以方便套期保值投资者入市,改善市场投资者结构。同时发布上市期货新品种相关工作指引,支持和引导各交易所研究具备上市条件的期货品种,适时上市期货新品种,不断拓展期货市场服务实体经济的深度和广度。

4. 发展订单农业。我部在推动农业产业化发展的过程中,把促进龙头企业与基地、农户建立稳定的购销订单作为一个重点,已取得了较大的发展。中国证监会指导和支持相关期货交易所积极探索利用期货市场服务订单农业,相关期货交易所陆续摸索出了利用棉花期货为涉棉企业和棉农服务的“银丰模式”、“潜江模式”;利用“公司+农户、期货+订单”方式进行粮食经营的“四平模式”等较为有效的运行范例。

加强农产品市场风险调控管理涉及很多方面。除上述政策措施外,我部还与有关部门一道,通过加强信息发布等方式,增强农户的市场风险意识;通过加强农业科技创新和技术推广,强化规避风险的技术支持;通过加大农业基础设施建设的投入,改善农业生产条件,增强农业抗御自然风险的能力。今后我部将继续加强与有关部门协调沟通,共同做好农产品市场风险预警与管理工作,为我国农业平稳较快发展和农民持续增收服务。

感谢你们对农产品市场风险预警与管理工作的关心和对我部工作的支持。

全国政协十一届四次会议提案第5133号

案　　由:关于加快推广食品农产品安全区域化管理的提案

审查意见:建议国务院交由主办单位农业部会同国家质检总局、国务院法制办办理

内　　容:食品农产品安全事关人民健康和生命安全,事关经济发展和社会稳定,事关农产品国际竞争力和国家声誉。近年我国农产品食品安全状况总体有所好转,但还远远未得到根本解决。通过对山东安丘、荣成市等地调研,深深感到其所开展的农产品食品安全区域化管理很有成效,不失为破解农产品食品安全这一难题的有效途径。我国近期公布了《初级农产品安全区域化管理体系要求》(GB/T26407—2011),并将于2011年9月1日实施。为此我们建议,国家应大力推进和支持食品农产品安全区域化管理的实施,解决好人民群众最为关心的这一热点难点。

食品农产品产生安全问题涉及种植养殖、加工、运输、仓储、销售和消费等环节,主要原因一是农产品生产受环境污染影响严重。工业、采矿与城镇化的快速发展,导致大量"三废"及其他化学污染物的排放,对大气、水体和土壤造成污染,种植养殖过程滥用化肥、农药、兽药和激素,导致农兽药残留、重金属等有毒有害物质越来越多进入食物链,成为严重影响我国食品农产品安全的污染源头。二是食品安全责任主体生产企业诚信和管理水平不高。目前我国食品生产加工企业规模10人以下的占70%以上,不少企业不讲诚信,管理水平低,滥用各种添加剂等化学品突出,难以保障食品农产品安全。三是各食品安全监管部门存在衔接不够紧密、配合不够协调、沟通不够及时、标准

不够统一等问题，行政管理资源浪费，削弱了政府主管部门的监管职能。四是食品安全法律法规、标准、标识、技术等宣传、培训不够。

山东检验检疫局在国家质检总局和山东省政府的支持下，于2007年提出“区域化管理”的模式并进行试点，从安丘试点开始推广至54个县市区。近四年的实践取得了非常显著的效果。该省年出口食品农产品约30万批，货值约170亿美元，约占全国的三分之一，出口食品合格率由2007年的96.4%提高到2010年的99.93%，农兽残问题国外通报率比实施之前下降70%。目前广东、福建、浙江、江苏、河南、河北、新疆、宁夏、陕西、黑龙江等27个省、自治区、直辖市已有261个县市区推行食品农产品安全区域化管理，大大提高了蔬菜、茶叶、肉食、水产、乳制品、水果、蜂蜜、食用菌等食品农产品的安全水平，其中25个示范区内出口的食品农产品合格率基本都达到100%，有效保障了出口食品农产品质量安全。实践证明，区域化管理取得了切实有效的成果。

食品农产品安全区域化管理主要就是“政府主导、科学引导、部门联动、企业带动、全民行动”（简称“两导三动”）。政府主导是指地方政府切实负起食品安全责任，履行对消费者健康安全的担保；科学引导是指有关部门以GAP、GHP、HACCP和风险分析原理为科学依据，正确引导农民和企业科学种植养殖、生产加工，树立绿色环保意识，减少农药、兽药、化肥、激素、添加剂等可能对食物链构成的源头污染；部门联动是指整合行政管理资源，形成合力，建立和完善一套务实高效的食品安全管理机制。企业带动是指发挥食品加工企业的龙头作用，在原料基地建设以及生产加工环节的自检自控方面发挥主体作用。全民行动是指加强食品安全知识的宣传和培训，提高全民的食品安全意识，在各个环节构筑食品安全屏障。通过实施区域化管理，发挥政府、部门、企业、农民、消费者和媒体的作用，对食品链实行全程监控，把食品安全风险控制在可接受程度。

实施区域化管理，通过标准化、法制化、科学化、系统化等手段控制全过程，能够从根本上突破当前制约食品安全管理的瓶颈：一是对政府行政资源进行优化配置和整合，提高行政监管效能；二是对环境及农业化学投入品进行有效控制，从源头上治理污染；三是全面推行食品农产品安全标准化建设，提高农业生产和食品加工标准化程度；四是建立食品安全信息可追溯性平台，实现食品安全信息共享；五是建立风险监测和风险管理控制机制，及时发现和消除食品安全隐患；六是提升食品安全风险应急处置能力，避免发生系统性、区域性和行业性问题；七是加强食品企业安全诚信管理，提高企业遵纪守法的自觉性；八是有效开展食品安全知识的宣传、教育和培训工作，提高全民食品安全意识和自我保护能力，从而最终保障区域内的食品安全。因此，全面推行食品农产品质量安全区域化管理是解决食品安全问题的治本之举。

我国《食品安全法》的出台和成立国务院食品安全委员会，使食品安全管理工作进入了依法监管的新阶段。区域化管理提出的"政府主导、科学引导、部门联动、企业带动和全民行动"与《食品安全法》的法律精髓完全一致，成为地方政府依法行政、贯彻落实《食品安全法》的有效载体。《食品安全法》规定县级以上地方政府统一负责、领导、组织、协调本行政区域内的食品安全监督管理工作。区域化管理即是通过整合区域内的社会、行政、生产和检测等各方资源，突出了政府在食品安全监管方面的主导责任。通过整合和优化配置区域内的各种资源，发挥资源的规模化、集中化与科学化效应，实现资源利用效率和作用的最大化。区域化管理从构建整个区域内的食品安全大环境出发，不仅明确各部门的职责权限，而且建立了部门联动机制，定期开展化学投入品与食品安全集中整治等联合行动，开展食品安全风险监测与信息交流等活动，形成了食品安全监管的强大合力，加强了对种植养殖、生产加工、仓储流通等环节违法违规行为的有效监管。

我们认为，农产品食品安全区域化管理是一个行之有效的管理模式，应在全国范围内尽快全面推行，为此我们建议：

一、组织实施好食品农产品安全区域化管理国家标准。建议国家食品安全委员会会同农业部、工信部、国家质检总局、国家认监委、国家标准委等部门尽快将推行《初级农产品安全区域化管理体系要求》的国家标准列入日程，开展国家标准的全国宣贯培训，制定实施计划，推动标准体系的实施工作，真正发挥区域化管理保障食品安全的有效作用。

二、加快食品农产品质量安全区域化管理的制度化。建议国务院法制办会同有关部门在《农产品质量安全法》、《食品安全法》及其实施条例等相关立法修订中，增补食品农产品安全区域化管理的相关内容。

三、进一步完善国家推行食品农产品安全区域化管理的工作机制。建议国务院食品安全委员会加强对食品农产品安全区域化管理工作的领导和指导，统一组织协调各相关职能部门开展工作。请财政部、发改委、农业部、工信部、质检总局、工商总局、国家认监委、国家标准委等部门根据各自职能制定推行食品农产品安全区域化管理的支持政策和措施，形成紧密衔接的食品安全监管网络和工作合力。

四、进一步总结山东安丘、荣成等地区实施食品农产品区域化管理的实践经验，加快食品农产品安全区域化管理模式的推广工作，按照国家标准要求，结合各地实际，将食品农产品安全区域化管理工作列入当地经济社会发展规划，纳入地方政府年度绩效考核，将食品农产品安全工作真正做好。

主题词： **食品　安全**

提案人： 葛志荣　郭汝斌　叶培建　包为民　张　泽　张　鳌
陈大卫　茅玉麟　林惠民　欧阳钟灿　周名江　徐延豪
栾恩杰　黄伯云　曹淑敏　蔡耀军　马军胜　王庭大

国务院食品安全委员会办公室2011年7月19日以食安办函〔2011〕20号文函复：

葛志荣等委员：

你们提出的《关于加快推广食品农产品安全区域化管理的提案》

收悉。首先感谢你们对食品安全工作的关心和支持，提案中的建议非常有针对性，对于我们加强食品安全监管、提高食品安全保障水平有重要的现实意义。经商农业部、质检总局、法制办，现答复如下：

一、关于推广食品农产品质量安全区域化管理问题

提案中提及的食品农产品质量安全区域化管理是提升食品农产品质量安全水平的一项重要举措，对于延长产业链、提升竞争力、促进农业和食品产业优化升级、提高食品农产品出口水平等具有重要作用。

目前，在稳步开展出口食品农产品质量安全区域化管理的基础上，质检总局会同有关部门正在全国各地推行出口食品农产品质量安全示范区建设，初步建立了“地方推动、企业带动、部门联动、行业协动、社会行动”的出口食品农产品保障体系。下一步质检总局将把出口食品农产品质量示范区工作作为今后一段时间里食品安全工作的重要内容，科学规划，全面推进。质检总局将进一步加强协调工作，争取相关部门和地方政府的支持，深入推进食品农产品质量安全区域化管理。继续组织开展《初级农产品安全区域化管理体系要求》（GB/T26407—2011）标准的宣传贯彻培训工作，推动全国初级农产品安全区域化管理工作的开展。同时充分利用国际合作与交流平台，加大推介力度，积极申请世界银行资助项目，扩大出口食品农产品质量安全示范区的影响力。

与食品农产品质量安全区域化管理的模式和基本理念相一致，近年来农业部开展了国家级农业标准化整体推进示范县和“三园两场”（蔬菜水果茶叶标准园、畜禽标准化示范场和水产健康养殖场）创建工作。在创建国家级农业标准化整体推进示范县（场）的过程中，要求实现以下目标：一是在农业标准化建设方面，农药、兽药实行统一管理，统一配送率达 100%；二是在产地准出方面，以质量追溯为载体建立完善产地准出和市场准入制度，生产档案建设率达到 100%，农产品包装标识率 95% 以上，农垦示范农场农产品追溯信息系统建设率 100%，基本实现订单生产；三是在应急管理方面，建立“检打联动”和“联防联控”为核心的处置机制，将农业综合执法力量和检测力量紧

密结合起来，将产销地区间执法力量紧密结合起来，促进行政资源的优化配置和整合；四是在品牌化方面，示范产品100%通过无公害农产品（绿色食品、有机食品、地理标志农产品）认证，基本实现品牌销售；五是在技术培训与推广方面，标准入户率、标准转化应用率、标准宣传培训率达到100%。经过几年的努力，目前已在全国范围建设了标准化示范县549个，蔬菜水果茶叶标准园819个、畜禽养殖标准示范场1555个、水产健康养殖场500个。下一步农业部将在现有工作的基础上，借鉴山东安丘和荣成等地的成功做法，进一步整建制区域化推进农业标准化建设。一是抓紧研究制定整建制推进农业标准化生产的指导意见。以"三园两场"为基础，不断扩大生产面积和总量规模，逐步实现以县域为单位整建制推进。二是加强执法监督。紧密结合产品发展，突出抓好主产区、优势产区以及大中城市郊区生产基地监管，严格落实投入品监管、生产过程控制、质量监测、产品准出和市场准入等管理措施，严把农产品质量安全产地关。三是指导各地围绕产品安全和产业发展需要，依法制定一批符合本地农产品生产实际的技术规范和操作规程。四是加强安全生产技术培训和指导，积极推动病虫害专业化统防统治，大力推广高效低毒农兽药和生物、物理防治技术。

二、关于进一步完善推行食品农产品安全区域化管理工作机制的问题

正如提案所述，食品农产品区域化管理从构建整个区域内的食品安全大环境出发，明确了各部门的职责权限，建立了部门联动机制，定期开展化学投入品与食品安全集中整治等联合行动，开展食品安全风险监测与信息交流等活动，形成了食品安全监管的合力，加强了对种植养殖、生产加工、仓储流通等环节违法违规行为的有效监管。这与食品安全法所提出的着力构建统一协调和分工负责相结合的监管体制是一致的。

2010年2月，国务院成立食品安全委员会并单设办公室，加强综合协调和监督指导。国务院食品安全委员会成立以来，多次召开全体会议和全国电视电话会议，组织协调各地区、各部门深入开展集中整

治，严厉查处食品安全违法行为，同时加强长效机制建设，不断完善全程监管制度、堵塞监管漏洞，综合监管水平有了较大提高。目前有关部门正在结合实际工作认真进行研究，积极推进食品安全监管体制机制的完善，以进一步理顺部门职责，明确监管责任，为做好食品安全监管工作提供体制机制保障。今年3月《国务院办公厅关于印发2011年食品安全重点工作安排的通知》（国办发〔2011〕12号）也明确要求，2011年年底前所有县级以上地方政府都要建立健全食品安全综合协调机制，并明确办事机构。下一步我们将加大对各地区、各有关部门的协调、指导力度，积极推动各环节监管的有效衔接，切实提高食品安全综合监管效能。

提案中所述及的食品农产品区域化管理要求，在现行的农产品、食品安全法律、行政法规中基本得到了体现。这些法律法规对各级人民政府和相关管理部门的食品、农产品质量安全监督管理职责以及生产经营主体的食品、农产品质量安全责任、食品安全风险监测和评估、食品检验等方面做了全面规定，为促进食品、农产品质量安全提供了较为完善的制度保障。随着农产品质量安全法、食品安全法及其实施条例等相关法律法规的贯彻实施，相关部门和地方政府将继续总结经验，进一步完善食品、农产品质量安全的管理制度。

感谢你们对食品安全工作的关心和支持，欢迎继续对我们的工作提出宝贵意见。

全国政协十一届四次会议提案第5604号

案　　由:关于将四川纳入政策性森林保险中央财政补贴试点范围的提案

审查意见:建议国务院交由财政部办理

内　　容:四川是全国森林资源大省,林业资源十分丰富。现有林地面积3.6亿亩,占全省国土面积的49%,居全国第3位,其中森林面积2.5亿亩,居全国第4位,活立木蓄积17.34亿立方米,居全国第3位。全省天然林面积1.35亿亩,主要分布在长江上游干流及主要支流源头区域,集体林面积1.64亿亩,占全省林地面积的47%。按照中央部署,2007年我省启动了集体林权制度改革,截至2010年年底,全省涉及林改的176个县(市、区)基本完成了改革任务。

四川林业灾害发生范围广、频率高、损失大。2009年全省发生森林火灾310起,过火面积8.6万亩,火灾造成损失超过3亿元;全年森林病虫害发生面积1163.8万亩,损失超过2亿元,发生洪涝干旱灾害造成森林资源和林区资产损失超过6亿元。2010年全省发生森林火灾353起,受害森林面积1232公顷,损失林木蓄积16.5万立方米;6—8月连续发生的暴雨洪灾,造成全省林木、林地受灾面积超过172万亩,经济损失7.87亿元;2010年全省林业遭遇持续旱灾,经济损失超过13亿元。严重的自然灾害对于发展林业经济提出了严峻挑战,尤其是集体林权制度改革后,广大林农成为集体林的主要所有者、经营者,抗击自然风险能力减弱,对林木资产保全倍加关注,急切盼望国家出台政策性森林保险等相关配套改革制度,建立健全森林保险机制,推进林权抵押贷款和流转,促进山区农民增收致富。

2009 年国家在福建、江西、湖南三省开展了中央财政森林保险保费补贴试点工作,在省级财政至少补贴 25% 保费的基础上,中央财政再补贴 30% 的保费。这一试点的实施对有效保护森林资源,巩固集体林权制度改革成果,促进林农就业增收,保障生态安全,促进林业发展起到了积极作用。建议将四川纳入国家政策性森林保险中央财政补贴范围。

主题词: **林业 保险**

提案人: 陈　杰　陈世俊　徐建群　张庆文　黄润秋　胡先春　张晓梅　郭瓦加毛吉　洪建胜　戴晓雁　陈　放　罗　霞　田伏洲　高晓笛　王福耀　多央娜姆　阿　称　阿侯蜀革　唐诚青　雷世银　陶武先　吴正德

中华人民共和国财政部 2011 年 6 月 28 日以财金函〔2011〕77 号文函复:

陈杰等委员:

你们提出的《关于将四川纳入政策性森林保险中央财政补贴试点范围的提案》收悉。现答复如下:

为深入贯彻落实党中央、国务院的有关精神,积极支持发展现代林业,增强林业抵御风险的能力,2009 年我部开展了中央财政森林保险保费补贴试点工作。在综合考虑集体林权制度改革进展和森林保险开展情况的基础上,本着地方自主自愿的原则,我部选择了森林覆盖率较高、林地比较集中、基层具备较高积极性的福建、江西、湖南 3 省进行试点。2010 年在总结上述 3 省森林保险试点经验的基础上,又将辽宁、浙江、云南 3 省纳入中央财政森林保险保费补贴范围。今后中央财政将继续结合森林面积、森林覆盖率，林权制度改革状况，以及地方开展森林保险的能力和积极性等情况，积极研究逐步扩大森林保险保费补贴省份。

下一步我部将根据党中央、国务院的有关精神，进一步完善森林保险保费补贴政策，加大财政的支持力度，充分发挥森林保险风险保障作用，为健全农村金融服务体系和生态环境、支持“三农”事业健康发展发挥积极的作用。

感谢你们对财政工作的关心和支持，欢迎再提宝贵意见。

全国政协十一届四次会议提案第0211号

案　　由:关于积极推进高校学生创业教育的提案

审查意见:建议国务院交由教育部办理

内　　容:随着高等教育的迅速发展,尤其是高校大规模扩招以来,大学毕业生人数大幅度增长,2009年中国高校毕业生已达到610万。同时处于待业状态的往届大学毕业生仍有一百多万。面对如此沉重的就业压力,高校应不断提高学生的综合素质,增强学生的创新意识、创造精神和创业能力,以满足知识经济时代对大学生创新精神、创新能力的需求,积极推进创业教育。

建议:

一、倡导科学的大学生创业教育理念。教育主管部门和高校应科学确立人才培养目标,即把普及有关创业知识和技能,培养学生创业所具备的综合能力作为创业教育的目标。教育理念上应兼顾就业教育与创新、创业教育,设立适应经济社会环境的创业教育课程,努力实现创业教育与自我教育相结合,充分发挥大学生的主体作用,调动他们的积极性、主动性和创造性,以其自身的能动作用推动创业能力的增长。

二、建立与创业教育相适应的师资队伍。首先,高校应拓宽创业教育师资的选拔渠道。聘请一批具有创业经历的专家作为"创业导师"或"客座教授",定期或不定期地为大学生作专题讲座或授课,以现身说法来激发学生的创业欲望,给学生带来一线的创业经验,使学生对创业活动有更加深刻的认识和理解,为学生的创业活动提供相关咨询和帮助。其次,要实现创业教育师资专业化。高校应鼓励教师到企业兼职或参与创业项目等实践活动来积累创业经验，提升创业意识、创业实践感知和对经营管理实际操作的认知度。

三、完善大学生创业教育的课程体系。大学生创业教育课程设置的原则是突出学科的互补性，内容是与创业综合素质相关知识的整合，目的是提高学生的市场观察能力、思维能力、创新能力等创业技能。高等院校可将《创新思维》、《创业管理》等相关课程纳入公共基础课程范畴，加强创业管理入门、创造性思维训练、创业案例研究、商务沟通与交流、创业财务基础、创业市场调查等知识内容，培养大学生的创业意识并对其进行创业基础教育。

四、强化大学生社会化实践平台。实施大学生创业教育离不开课堂，但更需要亲身实践。高校应树立“大创业教育”观念，采取多种形式开展面向社会的“大创业实践活动”。如举办创业竞赛、科技作品竞赛、创业社团活动等，由学生设计与组织公共活动、构思与设计报刊，组织学生到企事业单位实习等，这都是创业实践活动的重要内容。

五、对大学生创业进行多样化激励。可将创业教育纳入二级学院学生工作年度考评指标体系，在大学生综合素质测评中增加创业素质测评的内容。通过经费支持、学分奖励等多种举措，激励大学生树立“创业光荣、创业有为、创业发展”的时代理念，积极投身于创业行动，并在校园形成“理解创业、支持创业、帮助创业”的良好氛围。

六、相关部门应在已出台优惠大学生创业政策的基础上，继续积极创造条件，千方百计鼓励和扶持大学毕业生自主创业，制定扶持政策和措施，为大学生创业提供相应的制度保证。扩充大学生创业担保基金，为创业大学生提供小额贷款担保，简化审批手续并制定相应的税收减免扶持政策。对有创业意向的大学生提供专门的创业培训，进行开业指导、政策咨询、项目论证、跟踪辅导等服务，提高其创业能力。

主题词： 高教

提案人： 民盟中央

中华人民共和国教育部2011年11月8日以教提案〔2011〕371号文函复：

民盟中央：

你们提出的《关于积极推进高校学生创业教育的提案》收悉。现答复如下：

近年来教育部全面落实党中央、国务院“促进以创业带动就业”的发展战略，把在高校开展创新创业教育、积极鼓励高校学生自主创业，作为服务于创新型国家建设的战略举措，作为深化高等教育教学改革、培养学生创新精神、创业意识和创业能力的重要途径，作为落实以创业带动就业、促进高校毕业生充分就业的重要措施，制定印发了《教育部关于大力推进高等学校创新创业教育和大学生自主创业工作的意见》，召开了中国大学生自主创业工作经验交流会暨全球创业周峰会，取得了重要的阶段性成效。我们着重开展了以下几个方面的工作：

一、完善创新创业教育课程体系

课堂教学是开展创新创业教育的主渠道。教育部着力把创新创业教育有序纳入专业教育、思想政治教育和文化素质教育教学计划和学分体系，逐步建立多层次、立体化的创新创业教育课程体系。一是教育部在2006年全面实施高校思想政治理论课新课程设置方案时，把大学生创新创业和择业教育列为必修课《思想道德修养与法律基础》的重要内容，专门设立有关章节面向全体大学生讲授。二是教育部于2007年制定印发了《大学生职业发展与就业指导课程教学要求》，要求所有普通高校从2008年起开设职业发展与就业指导课程，并作为公共课纳入教学计划。三是教育部于2011年启动了《高等学校创业教育教学基本要求》和《〈创业概论〉课程教学大纲》研究制订工作,开发创新创业教育课程,并纳入学分管理。四是鼓励各高校将创新创业教育与专业教育有机融合,创新创业实践活动与专业实践教学有效衔接,积极推进人才培养模式、课程体系和教学内容改革。

二、加强创新创业师资队伍建设

建设一支既有理论知识又有实践经验的专兼职创新创业教育师资队伍,是加强创新创业教育工作的关键。一是教育部从 2003 年开始委托北京航空航天大学每年举办创新创业教育骨干教师高级研修班,已累计为 450 多所高校培训骨干教师 1100 余人。2011 年继续委托北京航空航天大学和中南大学联合举办创新创业教育骨干教师高级研修班。二是教育部从 2006 年起每年对《思想道德修养与法律基础》课教师进行一次全员培训。三是引导各专业教师、就业指导教师积极开展创新创业教育方面的案例研究,不断提高在专业教育、就业指导课中进行创新创业教育的意识和能力。四是积极从社会各界聘请企业家、创业成功人士、专家学者等作为兼职教师。

三、强化创新创业教育实践环节

一是建设创新创业教育实践基地。2010 年教育部会同科技部出台了《高校学生科技创业实习基地认定办法(试行)》,认定清华大学科技园等 66 家单位为"高校学生科技创业实习基地";教育部还先后授予辽宁省教育厅、徐州市、昆山市、杭州市、长沙市"国家大学生创业示范基地"称号。各地各高校也广泛建设了创业孵化基地。截至 2010 年共建立 2000 多个创业实习或孵化基地,总面积达 330 万平方米。二是在教育部、财政部 2007 年联合启动的"高等学校本科教学质量与教学改革工程"中,有针对性地安排了大学生创新性实验计划、人才培养模式创新实验区、资助大学生竞赛等项目。教育部、财政部还决定在"十二五"时期实施的"本科教学工程"中,设立 5 万个大学生创新创业训练项目,鼓励支持 60 万在校大学生开展创业计划、企业问题诊断和真实创业等实践活动。三是教育部已经启动了"卓越工程师教育培养计划",即将启动"卓越农林人才教育培养计划"、"卓越医生教育培养计划"和"卓越法律人才教育培养计划",探索高校与科研院所、行业企业联合培养人才的新机制,提升学生的创新精神和实践能力。四是开展丰富多样的创新创业实践活动。教育部会同全国工商联联合开展了“中国大学生创业大讲堂公益行动”，主办了“昆山杯”全国大学生优秀创业团队大赛，指导开展了“易梦想、易成就”2010中国高校创业大赛以及首届“交大杯”海峡两岸大学生创业竞赛等。

四、加强高校学生就业思想政治教育，引导大学生树立正确的创业观、就业观、成才观

教育部认真贯彻落实《中共中央、国务院关于进一步加强和改进大学生思想政治教育的意见》（中发〔2004〕16号）和《国务院办公厅关于加强普通高等学校毕业生就业工作的通知》（国办发〔2009〕3号）精神，积极引导大学生调整就业预期、转变就业观念，促进大学生多层次就业、创业。一是教育部于2009年制定印发了《关于加强普通高等学校学生就业思想政治教育的通知》（教思政厅〔2009〕1号），要求各地各高校把学生思想政治教育与就业工作统筹考虑和安排，大力开展就业主题教育活动，充分发挥思想政治教育在引导和促进大学生就业、创业中的积极作用。二是大力宣传大学生自主创业的典型事迹。2009年、2010年教育部会同中宣部、团中央联合组织大学毕业生建功立业先进事迹报告团赴全国高校巡讲，14位创业成才、爱国奉献的大学毕业生讲述了自己不平凡的创业经历，在大学生中引起了强烈反响。三是教育部办公厅于2011年颁发了《关于印发〈普通高等学校学生心理健康教育课程教学基本要求〉的通知》（教思政厅〔2011〕5号），积极推动各地各高校加强毕业生心理健康教育，引导毕业生端正就业和创业心态。

五、出台大学生自主创业的扶持政策

教育部会同有关部门出台了一系列政策措施，为大学生自主创业提供有力的政策保障和支持。一是教育部会同财政部、人社部等六部委于2010年5月联合推出了高校毕业生“创业引领计划”，出台了放宽高校毕业生创业市场准入条件、个体经营税收减免等多项优惠政策；会同国家税务总局、财政部等四部委印发了《关于支持和促进就业有关税收政策具体实施问题的公告》，对符合条件的自主创业高校

毕业生实施税收减免。二是推动各地各高校出台多项针对大学生实际需求的创业扶持政策。上海市政府牵头创立了“大学生科技创业基金”,工商部门提出创业“零首付政策”;辽宁、江苏、四川、云南等省出台了针对高校毕业生创业企业多项税收减免政策;重庆市对大学生创办的微型企业按注册资本30%—50%给予补贴,最高可达5万元;河南、山东等省推出了高校毕业生“试营业”制度,实行货币出资“零缴付”、经营场地“零成本”、服务创业“零收费”等。

六、不断加大对大学生创业的金融支持与服务力度

国家有关部委通过改进和完善小额担保贷款政策,不断加大对大学生自主创业的金融支持与服务力度。一是积极发挥小额担保贷款政策对大学生创业的支持作用。2008年中国人民银行、财政部和人社部印发了《关于进一步改进小额担保贷款管理积极推动创业促就业的通知》,把享受财政贴息的贷款额度从2万元提高到5万元,并且从创新贷款管理模式、服务方式等方面进一步完善了小额担保贷款政策,更好地满足了大学生的创业资金需求。2010年中国人民银行会同人社部印发了《关于实施2010年高校毕业生推进行动大力促进高校毕业生就业的通知》,明确高校毕业生或毕业两年以内、完成登记求职的高校毕业生从事个体经营的、在自筹资金不足时可按照有关规定申请小额担保贷款。二是加强信贷政策指导,鼓励和引导金融机构努力做好大学生“村官”创业富民的各项金融服务。2010年中国人民银行印发了《关于进一步做好大学生“村官”创业富民金融服务工作的通知》和《关于金融支持大学生“村官”创业富民专项监测制度有关问题的补充通知》,鼓励各金融机构支持大学生“村官”创业的多元化融资需求。三是教育部推动各地各高校普遍设立大学生创业资金。据统计,全国各级政府和高校设立的大学生创业扶持资金累计已达16亿元。其中省级大学生创业资金10.85亿元,地市级资金2.57亿元,高校和大学科技园资金2.63亿元。

七、切实加强创业服务

一是继续推动各地各高校加强对大学生的创业培训。据统计,2010年全国各地教育部门和高校为毕业生举办创业培训共计5539

场次,覆盖的学生达88万余人。二是开展创业咨询和“一对一”指导。各地各高校积极聘请企业家、创业成功人士担任创业导师,对学生创业给予有针对性的指导和帮助。如杭州市设立大学生创业导师帮扶制度,帮助杭州市大学生创业率达5%,成功率超过60%。三是为大学生创业项目牵线搭桥。如福建省举办了“首届海峡两岸大学生创业项目对接洽谈会”,5000多名大学生参加洽谈,达成初步合作意向的有30多个项目。四是进一步加大创业信息服务力度,拓展服务内涵,充分利用现有就业指导服务平台,广泛收集创业项目和创业信息,开展创业测评、创业模拟,增强创业服务的针对性和有效性。2011年,建立了“全国大学生创业服务网”。与此同时,教育部还通过报刊、广播、电视和网络等媒体,宣传国家和地方促进大学生创业的政策、措施,宣传各地各高校加强创新创业教育和大学生自主创业工作的好经验好做法和新进展新成效,宣传毕业生自主创业的先进典型,营造鼓励创新创业的良好舆论氛围。

你们的建议很有针对性,对于积极推进高校创新创业教育和大学生自主创业工作有重要的参考价值。下一步教育部将结合你们的建议,全面落实《国家中长期教育改革和发展规划纲要(2010—2020年)》,采取更加切实有效的措施,基本实现“创业政策比较完善、创业教育基本普及、创业平台较为健全、创业氛围更为浓厚、创业成果更加丰富”的高校创新创业教育工作目标。

感谢你们对高等教育事业的关心和支持。

全国政协十一届四次会议提案第0348号

案　　由:关于构建终身教育体系、努力建设学习型社会的提案

审查意见:建议国务院交由教育部办理

内　　容:教育是国家发展和民族振兴的基石。我国政府高度重视教育事业发展,不断推进教育改革,建成了世界上规模最大的教育体系,保障了亿万人民的受教育权利,实现了从人口大国向人力资源大国的转变。随着知识经济时代的来临,构建终身教育体系,创建学习型社会成为国际教育发展的重要趋势。我国在《国家中长期教育改革和发展规划纲要(2010—2020年)》中指出,到2020年基本实现教育现代化,基本形成学习型社会,进入人力资源强国行列。在13亿人口的发展中国家,建设世界上最大规模的全民学习和终身教育社会对中国本身以及对世界都意义重大,影响深远。

构建终身教育体系,创建学习型社会是当代世界教育发展和改革的共同趋势,正在成为世界各国为实现可持续发展、提高综合国力而采取的重要发展战略之一。各国实践表明,终身教育体系和学习型社会的建立,是一个复杂的社会系统工程,至少必须具备四个方面的前提条件:有终身教育的观念和一定学习能力的学习者;能为社会成员提供终身教育的教育结构体系和机构;建立有利于终身教育的政策和制度;教育信息化的发展水平。我国的教育在培养社会所需的各类人才方面发挥了巨大的作用,积累了不少好的经验。但是我们的教育在上述四个方面还存在很多的问题,亟需经历一场深刻的变革。为此,我们建议:

一、研究制定《终身教育法》,用国家法律的形式规范和引导终身教育工作的开展。美国、日本、韩国等国家在上个世纪已经颁布终身教育相关法律,并开始实施终身教育政策。台湾于2002年制定了《终身学习法》,福建省紧随其后,于2005年颁布了大陆地区第一个有关终身教育的地方性法规《福建省终身教育促进条例》,上海也于今年1月通过了相关条例。我们应该借鉴和学习其他国家、地区的经验,并在福建、上海等地通过立法促进终身教育的经验上,研究制定《终身教育法》,用国家法律的形式规范和引导终身教育工作的开展,促进教育制度的更新,以国家力量统筹调动社会资源,推进和保障终身教育事业的发展。同时成立“国家终身教育促进委员会”,协调、指导、推动终身教育工作的开展。

二、建设终身教育、终身学习的服务支撑平台。改革学校的封闭结构,向社会开放。探索建立社区学校和开放学校,充分发挥广播电视大学、自学考试、老年大学、农村实用技术远程培训等学习平台在全民学习、终身学习中的作用,加强课程资源建设,完善平台功能,扩大受众面,努力使人人享有终身学习的机会。支持和引导有条件的地区和单位,建立网上图书馆、科技馆、文化馆、网上学习中心等资源,逐步形成面向全社会成员的终身教育数字化网络学习平台。支持和引导各级各类教育机构,广泛开展面向城乡劳动者的职业培训和继续教育,重点抓好在职人员岗位培训、下岗失业人员再就业培训、进城务工人员培训和退伍军人、返乡务工人员、农民的技能培训等。举办各种形式的专题讲座,广泛传播科学文化知识。

三、努力营造终身教育、终身学习的社会氛围。要充分利用网络、电视、报刊杂志、宣传栏、横幅、标语等宣传形式,推进终身教育宣传工作,努力营造人人学习、时时学习、处处学习的良好氛围。政府设立的科技馆、图书馆、博物馆、美术馆、纪念馆、青少年活动中心、工人文化宫、老人活动中心等场馆免费向公民开放,同时鼓励社会力量举办的各类场馆也免费开放。开展培训、讲座、演讲、展览、咨询、读书会、知识竞赛、广场活动、文艺演出、放电影、网上学习等多种教育形式,开展职业技能、公民道德、科学文化、家庭教育、科技科普、卫生保健、休闲娱乐等群众喜闻乐见的社区教育活动,满足社区居民求知、求新、求美、求乐的需求，不断提高公民综合素质。

主题词：　　**教育　建设**

提案人：　　台盟中央

中华人民共和国教育部2011年12月15日以教提案〔2011〕第432号文函复：

台盟中央：

贵党提出的《关于构建终身教育体系、努力建设学习型社会的提案》收悉。非常感谢贵党对我国终身教育事业的关心和支持，贵党提出的问题和建议十分重要。构建终身教育体系、建设学习型社会是我国未来10年经济社会发展的重要任务之一。《国家中长期教育改革和发展规划纲要（2010—2020年）》明确指出“到2020年，基本实现教育现代化，基本形成学习型社会，进入人力资源强国行列。”继续教育作为终身教育体系的重要组成部分，肩负着重要职责，其发展处在重要的战略机遇期。

为全面贯彻《国家中长期教育改革和发展规划纲要（2010—2020年）》，教育部采取了一系列措施，积极推进继续教育的改革发展，如正在研究制定继续教育专题规划和加快继续教育改革发展的国家宏观指导意见；启动了“终身学习服务体系的建设与示范”系列项目，推进了终身学习公共服务平台研究及高校继续教育数字化学习资源免费开放等工作；加快了开放大学的研究与试点工作等。

贵党在提案中提到的制定《终身教育法》；建设终身教育、终身学习的服务支撑平台，广泛开展面向各类人群的继续教育，传播科学文化知识；加大宣传，开放科技馆、博物馆等场馆，营造良好社会氛围等建议，都已在我部继续教育专题规划和继续教育国家宏观指导意见中予以体现,并结合当前推进的重大项目和改革试点工作积极予以推进。

感谢贵党对构建终身教育体系和建设学习型社会的关注,我部将进一步深入研究贵党建议和意见,同时也希望贵党能继续关心和支持继续教育改革发展和学习型社会建设。

全国政协十一届四次会议提案第1554号

案　　由:关于我国职业教育发展与改革的提案

审查意见:建议国务院交由教育部办理

内　　容:《国家中长期教育改革和发展规划纲要》指出,要"把职业教育放在更加突出的位置"。职业教育既是教育工程,更是经济社会发展的基础工程,关乎国家经济的整体实力和产业的竞争能力,同时也是我国推进工业化进程、解决"三农问题"、促进就业、改善民生的重要途径。从现在起我们必须把职业教育放在更加突出和更加重要的位置。

一、职业教育现状及主要问题

1. 职业教育社会地位不高

一是社会上普遍不把技能型人才视为人才。重普教、轻职教,重研究型人才、轻技能型人才的现象仍很突出,成才的观念仍旧是初中——高中——大学。职业教育被视为"二等教育","手艺人"、"工匠"低人一等,"学而优则仕"的传统观念根深蒂固。二是现行各项制度和导向存在一定偏颇。职业院校学生录取列在同等院校的最末批次,使职业院校学生在一定程度上存在自卑感。国家职业资格鉴定政策规定,专科(高职)毕业生工作一年才能报考国家二级职业资格,而对本科生没有这种要求,非职业型人才反而比职业型人才更有资格取得职业资格证书,在一定程度上阻碍了职业教育的发展。在工资分配制度方面,技能型人才收入普遍偏低,给职业教育的发展带来了一定困难。

2. 师资队伍及实训设施是制约职业教育发展的薄弱环节之一

一是职业教育教师数量不足，高职、中职师生比远远低于国家的基本要求。二是质量不高，一方面教师学历达标率低，另一方面职业院校普遍存在基础课教师富余，专业课教师不足的现象，且专业课教师从基础课教师转型而来的居多，“双师型”教师匮乏。三是绝大多数职业院校实训设施严重不足，实训变味为“看训”，或“在黑板上种田”、或“在课本上开机器”，造成学生动手能力极差。

3. 职业教育配置不合理，统筹管理难度大

一是办学经费投入缺乏长效机制，甚至出现高职比中职更缺乏经费支持的现象。二是职业教育教材套用普通高校教材，缺乏职业教育特点。三是教师职称评定套用普通高校标准，重论文、轻技能，导致职业教育重理论、轻实践，脱离职业教育本原。四是专业设置缺乏长远规划，贪多求全，热门专业设置重复，分散了有限的教育资源，制约了职业教育专业化、规模化发展的进程。五是职业教育条块分割、多头管理。教育、各行业部门、乡镇企业局、扶贫办、企业、社会都举办和管理职业教育，造成职业教育在招生、管理、培养、就业安置等方面的混乱。

4. 中等和高等职业教育衔接不畅

按照规定，高等职业院校招收中等职业学校毕业生的比例只有5%，中职学生很难再到高职就读，极大地影响了初中学生报考职业学校的积极性和中职毕业生技能的再提高。

5. 校企合作不畅

校企合作缺乏有效的政策鼓励和支持企业接受职业教育毕业生在企业顶岗实习的制度。在现行体制下，毕业生在企业实习相当困难，顶岗实习变成了见习参观，甚至通过关系在企业搞实习鉴定，顶岗实习名存实亡。

6. 职业教育不“职业”，教育质量令人担忧

用人企业普遍反映职业教育毕业生与企业要求差距太大。一是缺乏职业技能，操作流程背得滚瓜烂熟，实战时不识图，不会操作，企业只得再次进行上岗技能培训。二是缺乏职业道德，不敬业，好高骛远，眼高手低，缺乏终身从事这个职业的决心。企业抱怨，有一流的技

术，一流的设备，造不出一流的产品，根本原因是缺乏掌握一流操作技能的人才。

二、对策建议

1. 强化职业教育的战略地位，优化职业教育发展的社会环境

国家要把职业教育纳入经济社会发展的总体规划，促进职业教育与经济社会的协调发展。要纠正“重普教、轻职教”的错误认识，弘扬“三百六十行，行行出状元”的社会风气，大力宣传技能型人才也是人才，都应受到社会的尊重；要改革和完善相应的劳动人事和工资分配制度，使技能型人才能够享有与其贡献相适应的地位和收入水平；要进一步完善和严格实施就业准入制度和职业资格证书制度。

2. 理顺职业教育管理体系，统筹职业教育资源整合

打破部门界限，取消部门壁垒，将各部门有限的职业教育项目、资金集中到教育部门，集中安排使用，改变多头管理现状。调整区域内职业院校布点，专业相对集中合并，组建区域性职业教育集团，避免小而全、散而全造成教育资源及资产浪费，不断向专业化、专门化、规模化发展。

3. 提高师资队伍素质，突出职业教育特色

按照职业教育的特点，尽快制定职业院校教师编制、管理、培养、培训标准体系。制定职业院校教师编制标准，启动职业院校教师核编工作；制定职业院校教师资格标准，对专业课教师、实习指导教师要有企业工作经历要求；允许职业院校在编制内面向大企业和社会自主聘用专业技术人员和能工巧匠担任专业课教师和实习指导教师；要制定职业院校教师定期到企业实践的制度。

4. 理顺职业教育体系，促进中等与高等职业教育衔接

要处理好中等和高等职业教育在教材和升学方面的衔接。一是对中职和高职学校的培养目标、教学大纲、教学计划、课程进行整体设计、统筹安排，促进中职与高职教育衔接。二是取消中等职业学校5%的毕业生能上高等职校的限制，改变目前高等职业院校主要在普通高中招生的做法，把高职生源主要放在中等职业学校。三是应按照1:1的比例对初中毕业生升入普通中学和中等职教的控制分流，并把

部分普通三本院校改建成职业教育本科、研究生层次的高等职业技术教育。

5. 尽快出台和建立校企合作的保障制度

从长远看职业教育质量的提高在于加强学生的职业实践，高素质技能人才的培养离不开企业的深度参与，校企合作就是努力把企业的需求变成学校的教学行动，实现课堂教学与岗位实训实习的无缝链接，让学生在实践中增长才干。因此国家应出台有关校企合作的鼓励、奖励和优惠政策，如企业接收教师、学生实习或为学校提供实训设备即应享受一定税收减免、政府补贴或授予荣誉等。力争做到：校企共建基地，互育人才；企业专家进校园，专业指导；顶岗学生进车间，强化技能，以促使职业教育质量不断提高，引导职业教育健康发展。

主题词： **职教　发展**

提案人： 李晓东

中华人民共和国教育部2011年9月19日以教提案〔2011〕第37号文函复：

李晓东委员：

您提出的《关于我国职业教育发展与改革的提案》收悉。现答复如下：

一、关于强化职业教育的战略地位问题

党中央、国务院对职业教育工作一直十分重视。“十一五”以来，职业教育发展的政策环境、舆论环境和社会环境明显改善。2010年7月，党中央、国务院印发的《国家中长期教育改革和发展规划纲要（2010—2020年）》中再次提出“大力发展职业教育”。强调“发展职业教育是推动经济发展、促进就业、改善民生、解决‘三农’问题的重要途径,是缓解劳动力供求结构矛盾的关键环节,必须摆在更加突出的位置","政府切实履行发展职业教育的职责。把职业教育纳入经济社会发展和产业发展规划"。在教育规划纲要的推动下,各地普遍制定和实施了职业教育发展规划。职业教育的战略地位日益巩固和提高。

二、关于理顺职业教育管理体系、统筹职业教育资源的问题

1996年5月15日第八届全国人民代表大会常务委员会第十九次会议通过的《职业教育法》第十一条规定:国务院教育行政部门负责职业教育工作的统筹规划、综合协调、宏观管理。国务院教育行政部门、劳动行政部门和其他有关部门在国务院规定的职责范围内,分别负责有关的职业教育工作。

为进一步理顺职教管理体系,今年初我部将高职与高专教育处、远程与继续教育处从高教司划归职成司管理,改职业教育按层次管理为按类型管理,将中等职业教育、高等职业教育和成人继续教育统筹研究、统一部署、协调推进。今后我部将在内部统筹基础上进一步加强与人社部的协调。

三、关于提高职业教育师资队伍素质的问题

当前和今后一个时期,我部将按照国家教育规划纲要的要求,引导地方完善专业教师到对口企事业单位定期实践制度;继续将高等职业学校教师的专业技术职务(职称)评聘纳入高等学校教师职务评聘系列;进一步完善符合高等职业教育特点的教师专业技术职务(职称)评审标准,将教师参与企业技术应用、新产品开发、社会服务等作为专业技术职务(职称)评聘和工作绩效考核的重要内容;会同有关部门完善相关人事制度,聘任(聘用)具有实践经验的专业技术人员和高技能人才担任专兼职教师,提高持有专业技术资格证书和职业资格证书教师的比例。

四、关于理顺职业教育体系,促进中等和高等职业教育衔接的问题

按照《国家中长期教育改革和发展规划纲要(2010—2020年)》的要求,我部将统筹推进中等和高等职业教育的发展,分步推进、分阶

段、分步骤构建现代职业教育体系。按照技能型人才的成长规律，树立系统培养人才的观念，努力改变中等和高等职业教育脱节、断层和重复的现象。近期重点在培养目标、专业设置、课程体系与教材、教学资源、教学过程、招生制度、评价机制、教师培养、行业指导、集团化办学等十个方面做好衔接工作；力争两年初步形成现代职业教育体系架构，十年建成完整的中国特色、世界水准的现代职业教育体系。

五、关于建立校企合作的制度问题

长期以来各行业主管部门、行业组织积极参与举办职业教育，为我国职业教育的发展作出了重要贡献。我部近期出台的《关于充分发挥行业指导作用的意见》就加快建立健全政府主导、行业指导、企业参与的办学机制，推动职业教育适应经济发展方式转变和产业结构调整要求，培养大批现代化建设需要的高素质技能型专门人才专业提出了意见，将对加强行业指导和校企合作起到积极推动作用。下一步，我部将进一步研究制定职业教育校企合作条例，以更好地推进校企合作制度化。

感谢您对职业教育工作的关心和支持。

全国政协十一届四次会议提案第2015号

案　　由:关于加强高校教师队伍建设、发挥教师主导作用的提案

审查意见:建议国务院交由教育部办理

内　　容:当今世界,随着社会经济的不断发展,"以人为本"的现代人本管理思想业已成为管理的一种价值取向、一种思维方式。大学管理最根本的对象都是"人",学校的一切管理活动都应围绕如何识人、选人、用人、育人与留人而展开,高校的管理要围绕"人"而展开,实施"以人为本"的人本管理。高校建设不仅要把教师作为管理和服务工作的主要对象,而且要把教师视为学校发展的不可或缺的资源,要紧紧依靠教师办学,科学地发掘教师的潜能,营造和谐的尊师重教氛围,最大限度地保护、调动和发挥好教师的积极性,从而为实现学校又好又快发展提供坚强有力的人才支撑。在教师队伍建设和管理中,在强调教师的人格力量、学术魅力、奉献精神、自律意识的同时,也要考虑教师自身的发展与需求,真正把教师作为教育事业的第一资源,充分发挥教师在教育教学中的主导作用。努力为教师办实事,努力提高教师的福利待遇,努力改善教师的工作、生活环境,为教师创造学习、提高的机会和条件。学校事业的发展与教师个人的发展是互为因果的关系,科学、合理地用人本管理思想来认识和加强教师队伍建设不仅是教师自身的客观需要,而且是引导高校取得改革成功、能够持续发展的关键。一个学校的教师是否把全部精力和时间投入到工作中,已经越来越取决于学校本身能否最大限度地满足他们各方面的合理需求;教师在不断地追求高一级的需求中取得进步和激励,学校也在不断地满足他们的需求中得以发展。所以,当前的教师队伍建设以教师

为主体的管理思想，能够充分的调动教师潜在的积极性和创造性。为此提出以下建议：

一、采取有力措施，改善教师待遇

除了所在的单位外，教学、科研、组织、财务、后勤、学科建设等职能部门，以及医院、附属中小学等其他相关单位也要为教师队伍建设提供方便，让教师生活无后顾之忧。加强对教师队伍建设工作的统筹规划、政策研究和综合协调；牢固树立为教学、科研第一线服务和为教师服务的思想；充分发挥校学术委员会、学位委员会、教代会等在学校科学决策、政策咨询、民主管理和民主监督中的重要作用。只有通过全方位的力量组合，采取有力措施，才能保障教师的地位、维护教师的权益，改善教师的待遇，从而调动并保护好教师参与学校建设与发展的积极性。

二、提高高校教师业务水平，优化队伍结构

为了提高教师业务水平，要完善并严格实施教师准入制度，严把教师入口关，完善教师退出机制；加强学校岗位管理，创新聘用方式，完善激励机制，完善教师培养培训体系，通过研修培训等造就一批名师。除了自己培养外，高校可以通过引进人才，优化高校人才队伍结构，将大师、教授纳入教学规划内。二者互相促进，相得益彰。采取切实有效的措施，通过"内培"把"未来人才"的潜力尽快挖掘出来，注重"外引"人才，达到汇聚创新人才、整合科技资源、营造竞争环境，从而达到优化队伍结构的目的。总之，必须坚持引进和培养并举，加速提升教师的综合素质和学术水平。

三、为高校教师的发展构筑更宽阔的平台

促进教师发展，关键还是要通过一系列人性化的制度设计营造好适合人才发挥作用的机制和环境。人性化的制度设计应当具有前瞻性、现实性、系统性和稳定性，确保制度最大限度地体现管理中的人文关怀。例如允许教师参与学校的民主管理，使教师成为学校与学生之间的桥梁纽带。顺应高等教育改革潮流，通过改革创新，不断完善岗位聘用制度、收入分配制度和绩效考核制度，构建顺畅的运行机制，为教师的发展构筑宽阔的平台，充分发挥教师的主导作用。

主题词：　　**学校　教师**

提案人：　　司富春

中华人民共和国教育部2011年10月18日以教提案〔2011〕121号文函复：

司富春委员：

您提出的《关于加强高校教师队伍建设、发挥教师主导作用的提案》收悉。现答复如下：

关于加强高校教师队伍建设的问题，教育部一直十分重视。1998年教育部在《面向21世纪教育振兴行动计划》中启动实施的"高层次创造性人才工程"，通过实施"长江学者奖励计划"等一系列优秀人才计划，加大了高校高层次人才的培养和吸引力度，高等学校学科带头人和学术骨干队伍规模不断扩大，人才队伍整体素质得到了提升，创新能力有了较为明显的提高。1999年教育部还专门制定下发了《关于新时期加强高等学校教师队伍建设的意见》（教人〔1999〕10号），通过政策指导和人才计划项目的实施，进一步推动各地和高等学校以培养中青年学科带头人和骨干教师为重点，建立促进教师资源合理配置与开发利用和优秀人才成长的有效机制，努力提升教师队伍整体素质和创新能力。近年来高等学校深入贯彻落实科学发展观，大力实施人才强校战略，进一步加大了优秀人才引进和中青年教师培养的力度，高校教师队伍建设取得了明显成效。

为贯彻落实《国家人才发展规划纲要》和《国家教育改革和发展规划纲要》，我部已印发《全国教育人才发展中长期规划（2010—2020年）》（教人〔2011〕1号）和《关于"十二五"期间实施"高等学校本科教学质量与教学改革工程"的意见》（教高〔2011〕6号），今后一个时期将主要从以下几个方面指导高等学校大力加强高校教师队伍建设。

一、实施教育人才优先发展政策。建立教育人才优先发展的体制机制。把教育人才队伍建设作为教育督导评估的重要指标和内容。进一步完善“985 工程”、“211 工程”等面向教育的重大工程项目经费使用政策,加大对人才队伍建设的支持力度。

二、完善高校教师培训体系。修订高等学校教师培训工作规程。依托高水平大学重点学科,建立高等学校教师培训基地,以中青年教师为重点开展教师培训。建立健全产学研合作培养高校教师的机制。设立高等学校教师教学能力提升项目,支持和引导高校建立教师教学发展中心,推进教师培训工作常态化、制度化。

三、大力培育青年学术英才。通过实施“高校哲学社会科学繁荣计划”、“新世纪优秀人才支持计划”、“高等学校青年骨干教师培养计划”等项目,加大对青年教师的培养支持力度。组织青年教师到学科实力强的高校、科研院所或大型企业挂职锻炼、进修学习、访问研修或开展合作研究。完善“青年骨干教师出国研修项目”实施办法,扩大出国留学规模,有计划地选派中青年教师参加海内外研修和开展学术交流。

四、实施鼓励青年教师脱颖而出政策。进一步完善优秀人才培养、引进和支持体系,建立不拘一格发现、评价、使用青年英才的制度。制定完善及早选苗、重点扶持、跟踪培养的特殊措施,鼓励高校采取设置特设岗位、提供科研经费支持等方式,培养支持创新思维活跃、创新能力强、发展潜力大的青年教师。改善青年教师生活条件,有条件的城市可在国家保障性住房建设中优先解决青年教师的住房问题。

五、大力推进高等学校师德建设制度化、常态化。制订颁布《高等学校教师职业道德规范》,从制度上规范高校教师职业行为,要求教师自觉做到为人师表、行为世范。建立长效机制,健全师德考评和奖惩制度,将师德表现作为教师考核、聘任(聘用)和评价的首要内容,实行师德一票否决制。完善教育、制度、监督相结合的惩防学术不端行为工作体系。

六、深化高校人事制度改革。高等学校全面实行聘任(聘用)制度和岗位管理制度,实行新进人员公开招聘制度。完善高校教师分类管理办法和考核评价办法,促进教师分类发展。探索以年薪制和协议工资制为主的新型薪酬管理模式。完善高校科研助理制度,建立多种形式的专职科研队伍。探索建立高等学校"人才发展改革试验区"。加强高校教师管理,完善教师准入制度和退出机制。大力改善高等学校教师学缘结构,逐步减少和消除"学术近亲繁殖"现象。

关于发挥教师主导作用的问题,我部正在积极贯彻落实《教育规范纲要》的有关要求,研究制定完善现代大学制度的政策举措,指导高等学校加强学术组织建设,推进教授治学,充分发挥学术委员会在学科建设、学术评价、学术发展中的作用,充分发挥教授在教学、学术研究和学校管理中的作用。

您关于"促进教师发展,关键还是要通过一系列人性化的制度设计营造好适合人才发挥作用的机制和环境",以及在教师队伍建设中体现人本管理思想的建议十分重要,我们将在研究加强高校教师队伍建设的顶层设计、机制创新和政策举措时认真参考。

感谢您对教育工作的关心和支持。

全国政协十一届四次会议提案第2029号

案　　由:关于在中小学统一国学教材的提案

审查意见:建议国务院交由教育部办理

内　　容:中华国学经典凝结着中华民族的民族精神和民族情感,承载着中华民族的文化血脉和思想精华,是中国人之所以为中国人的基础,是对广大群众尤其是青少年进行思想教育的宝贵资源。党的十七大报告提出,"要弘扬中华文化,建设中华民族共有的精神家园,进一步提高国民语言文化素质和国家通用语言文字社会应用水平"。经过近十年的传播和认知,国学教育已日渐成为国人越来越强烈的教育意识,在2005年新浪网做的关于国学的文化调查显示,有超过44%的调查对象希望让他们的子女接受国学教育,在"最有利于弘扬中华传统文化的措施"的调查中,有高达84%的人认为应该增加小学、中学、大学的国学必修课程。科技部研究中心对国学教育改革的评估报告显示,73%的家长和87%的教师认为国学教育对孩子起到了弘扬传统文化的作用,近90%的家长和96.7%的教师认为对孩子的个人修养和人格发育起到了良好作用。近来有不少民间教育机构,包括不少中小学开风气之先,开始在学校教育中进行国学传承的有益尝试,在儿童潜能开发、人格培养、道德塑造等方面都取得了为人所称道的成效。但就总体而言,国学教育还仅停留在非官方的零星探索与实践之中,并未得到组织、体制、纲领及计划上的推动和保障,还远远徘徊在规模化,规范化的国民教育体制之外。而就取得全社会普遍的族群认同与伦理共识而言,就和谐社会的建构与可持续发展而言,幼儿与中小学教育中的国文、国学教育不容忽视。因此，全社会都应当重视对幼儿、小学生和中学生加强中华民族人文知识与人文精神的教育。把国学教育纳入国民教育体系，对公民社会的形成，和谐社会的建构，对长治久安，对人的全面发展，百年树人的大业与共建中华民族共同的精神家园，都有极其重要的意义和作用。

目前从一些开展国学教育的中小学、教育机构来看，国学教育还存在着很大的问题，最大的问题就是教材不统一。采用的教材五花八门，而且不一定适合学生使用。有的小学校把《孝经》放在国学课的开篇，但一年级的孩子识字量不够，诵读起来不够琅琅上口，这样会影响孩子读书的兴趣。

另外现在一些老师本身国学素养不够，若仅仅教孩子诵读课文没有任何意义，而是要通过自身的魅力言传身教，对孩子进行为人处世等方面的教育。

如今国学教育与国民教育体制脱离，导致国学教育只能以民间特色教育的形式而存在，本具最广泛教育基础的国学教育衍生为商业性、功利性的教育行为，并越来越深刻地引发两种教育方式的抉择矛盾，理想教育模式与现实教育体制的两难甚至令不少家长选择了逃离主流教育。因此，基于对更多儿童和国民接受民族传统教育的权利的保护，教育变革势在必行。

因此我建议：

教育主管部门应本着弘扬民族优秀文化、提高青少年文化素质和思想道德素质的目的，通过试点的形式，编制统一的国学教材，在实践中使国学教育课本系统化、通俗化、基础化；力求用国学吸引学生，用国学感动学生，用国学滋养学生。然后再根据实际情况，全面推广国学课程。

国学经典诵读的选取要着眼于素质教育循序推进，重在潜移默化，不能急于求成，更不能做表面文章，应该注重在日常学习生活中的养成教育，让学生不但能诵读经典，而且能践行经典。同时抓好教师培训，尽快建设符合国学教育需要的优秀教师队伍。

主题词： **教学 教材**

提案人： 何 伟 池 慧 杨金生 吴以岭 菊红花 吴明江 帕尔哈提·阿不都热依木 金大鹏 高润霖 史大卓

中华人民共和国教育部2011年10月18日以教提案〔2011〕第237号文函复：

何伟等委员：

你们提出的《关于在中小学统一国学教材的提案》收悉。现答复如下：

中国有着悠久的历史和丰富的传统文化，这些宝贵的精神财富是中华民族凝聚力的灵魂和前进发展的不竭动力。因此，教育部一直高度重视中国优秀传统文化的传承和教育，将其有机渗透在每个年段、多门学科的课程之中。

今年新修订的《义务教育语文课程标准》要求学生"认识中华文化的丰厚博大，吸取民族文化的智慧"。1—6年级推荐了75篇中国优秀古诗词，要求学生背诵。7—9年级推荐优秀古诗文60篇，包括《论语》、《孟子》、《庄子》、《左传》、《战国策》、《礼记》等适宜学生接受的优秀篇章，要求学生背诵。加强了写字与书法教育，在语文课程中专设了书法课。另外还要求学生在课外阅读《西游记》、《水浒传》等中国古典文学名著。《普通高中语文课程标准（实验）》提出："高中语文课程必须充分发挥自身的优势，弘扬和培育民族精神，使学生受到优秀文化的熏陶，塑造热爱祖国和中华文明、献身人类进步事业的精神品质"。高中语文必修课约为180学时，古诗文内容丰富。在选修课程系列里，专门设立了"文化论著研读"，要求"选读古今中外文化论著，拓展文化视野和思维空间，培养科学精神，提高文化素养。"同时还向学生推荐《论语》、《孟子》、《庄子》、《诗经》、先秦散文、唐诗宋词、明清小说等一批文化经典诵读篇目和课外读物。

《义务教育品德与社会课程标准》要求小学高年级学生“感受父母长辈的养育之恩”,“孝敬父母长辈”,“珍视祖国的历史、文化传统,具有中华民族的归属感和自豪感”,“选择、列举代表民族文化的实例(诸如传统节日、歌曲、民间文化、历史故事、服饰、建筑、饮食等),进行交流展示”。《义务教育思想品德课程标准》要求初中生“感受个人成长与民族文化和国家命运之间的联系,提升文化认同感、民族自豪感”。《普通高中思想政治课程标准(实验)》安排必修模块“文化生活”,要求学生“解析中华民族传统文化在现实生活中的作用,阐述继承传统文化要取其精华、去其糟粕的道理”,“讨论:如何看待传统习俗的价值”与“传统美德在今天的作用”等,“设计展板:我国一些建筑、艺术、服饰等风格和形式的变迁体现着传统与现代结合之美”。

《义务教育历史课程标准》要求学生比较系统地学习中国古代史、中国近代史、中国现代史,“弘扬以爱国主义为核心的民族精神和以改革创新为核心的时代精神”,“认同中华民族的优秀文化传统”。在认识和理解中华民族优秀传统文化方面,要求学生通过了解“百家争鸣”、“丝绸之路”、“中医学”、“书法艺术”、“四大发明”、“京剧”等,体会中华民族的优秀传统文化。《普通高中历史课程标准(实验)》安排了“中国传统文化主流思想的演变”、“古代中国的科学技术与文化”以及“近代中国的思想解放潮流”等学习专题,要求学生“知道诸子百家,认识春秋战国时期百家争鸣局面形成的重要意义;了解孔子、孟子和荀子等思想家以及儒家思想的形成”;“列举宋明理学的代表人物,说明宋明时期儒学的发展”;“概述古代中国的科技成就,认识中国科技发明对世界文明发展的贡献”;“概述汉字、绘画起源、演变的过程,了解中国书画的基本特征和发展脉络”;“知道诗经、楚辞、汉赋、唐诗、宋词、元曲、明清小说等文学成就,了解中国古代不同时期的文学特色”;“了解京剧等剧种产生和发展的历程,说明其艺术成就”等。

《义务教育音乐课程标准》“将我国各民族优秀的传统音乐作为音乐课重要的教学内容”,要求学生“熟悉和热爱祖国的音乐文化,增强民族意识，培养爱国主义情操”。音乐教材所选曲目中，民族传统音乐、专业创作的经典作品“应占一定比例”，“要善于将本地区民族民间音乐资源（尤其是非物质文化遗产中的音乐项目）运用到音乐课程中来，使学生从小就感受到民族音乐文化的熏陶，树立传承民族音乐文化的意识”。《普通高中音乐课程标准（实验）》设“戏剧表演”专题，要求学生“了解我国传统戏剧及中外歌剧的起源、发展、流派风格、主要代表人物及艺术成就，并能对具有代表性的作品做出评价”。

《义务教育美术课程标准》要求学生“搜集我国民间美术作品（如剪纸、年画、传统纹样、皮影、面具等），并了解其中的特点或寓意，进行交流”，“了解传统节日的来历及其活动，开展相关的设计、创作与展示，体会美术与传统文化的关系”。“选择美术教科书内容时，要特别重视优秀的中国传统美术和民族、民间美术，弘扬优秀传统文化，体现浓郁的中国特色”。《普通高中美术课程标准（实验）》设置了“书法·篆刻”内容系列，在“绘画·雕塑”内容系列中设有中国画内容，在“设计·工艺”内容系列中设有传统工艺等内容。

《义务教育体育与健康课程标准》要求“各地、各校可根据实际情况选用武术、舞狮、舞龙、踢毽子、抖空竹、跳竹竿、蒙古式摔跤、抢花炮、荡秋千、重阳节登高等民族民间传统体育活动来补充和丰富体育与健康课程的内容”。《普通高中体育与健康课程标准（实验）》设选修系列5“民族民间体育类项目”，要求学校“鼓励更多的学生在选修Ⅰ范围内选择1—5个学分进行武术学习”，“继承和弘扬中华武术”。

基础教育课程设置及教学活动应体现基础教育的基本性质，遵循学生身心发展规律，适应社会进步、经济发展及科学技术发展的要求，为学生的全面发展奠定共同的基础，同时为不同地区、不同学校、具有不同兴趣的学生留有发展的空间。《义务教育课程设置方案》留出16%—20%的课时由地方和学校自主安排课程内容，以使学校教育内容更加丰富多彩、有特色，满足不同学生的需要。地方和学校可以利用这部分课时增加有关传统文化教育的内容。《普通高中课程方案（实验稿）》则设选修课程Ⅱ，并规定了学分，要求“学校根据当地社会、经济、科技、文化发展的需要和学生的兴趣，开设若干选修模块，供学生选择”,给学校自主开发课程留下空间。教育部 2010 年印发的《关于深化基础教育课程改革进一步推进素质教育的意见》指出:“在达到国家规定的基础教育质量要求的前提下,有条件的地区和学校可逐步提高地方课程和学校课程设置的比例。”目前,一些中小学开设了“经典诵读”“文化专题研究”,其中不乏《弟子规》、《三字经》等蒙学教材以及《老子》、《论语》、《孟子》、《大学》、《中庸》等选编内容,形成自己的国学教育特色。

对中小学生进行优秀传统文化的教育,还特别注意采取适合他们年龄特点的形式。这些年来教育部广泛开展了中华经典诵读活动,结合传统节日,对学生进行专题教育。2007 年教育部、国家语委等部门发起组织了以“亲近经典,承续传统”为主题的“中华诵·经典诵读”系列活动。2008 年结合国务院新增清明、端午、中秋三个传统节日为法定假日的契机,举办传统节日专题诵读晚会。2009 年在原有基础上又组织“中华诵”全国中小学生夏令营。从 2010 年起教育部、国家语委、中央文明办决定共同实施“中华诵·经典诵读行动”,由名家牵头,从大中小学语文课本、经典书籍和当代优秀作品中,遴选能够反映中华优秀传统文化精髓、符合社会主义核心价值体系的经典名篇,请名师讲解,名家书写、朗诵,多侧面展示中华经典的魅力,建设经典资源库,并将资源库相关内容输送给全国大中小学免费使用,为学校课堂教学及课外活动提供辅助和指导。上述“中华诵”系列活动为大家所喜闻乐见,吸引了全国中小学广大师生和各界人士的广泛参与,成为我们今天传承中华优秀文化的、具有较强影响力和感染力的载体形式。

感谢你们对教育事业的支持和关心!

全国政协十一届四次会议提案第2092号

案　　由:关于深化校企合作、逐步解决大学生就业难问题的提案

审查意见:建议国务院交由教育部办理

内　　容:当前网络民意显示:"大学生就业难"是网民重点反映的问题之一。国务院已经连续出台相关政策,鼓励高校、社会各界合力解决大学生就业问题,取得了一定成效。但是未来几年内大学生就业形势依然严峻。据央视报道,2011年大学应届毕业生约为750万人,已经达到近年增长峰值,未来几年大学毕业生数量将保持相对稳定,就业形势不容乐观。

大学生就业难,究其原因主要有三:一是由于近年大学扩招数量超出了社会经济发展的承载能力;二是部分大学生就业观念比较陈旧,艰苦岗位、基层岗位不愿意去;三是受大学扩招影响,高校在培养社会需要的实践人才方面仍有很大空间。大学生就业难危害巨大,它既阻碍了大学生通过劳动取得报酬的途径,造成了人力资源的巨大浪费,影响了国家核心竞争力,也给社会安定增加了不稳定因素。

因此探讨一种综合、系统解决大学生就业难问题的有效途径变得非常必要。本人作为学生创业的企业负责人,试图从校企合作方面为大学生就业问题提供有益的建议。

目前我国"校企合作"方式比较单一。一是在模式方面还停留在"产学研相结合",目的是为加强高校科技成果转化和提高企业技术创新,对提高大学生就业能力效果有限。二是在资助困难学生方面,企业大多停留在现金资助、设立奖学金资助等"输血"方式。

新形势下"校企合作"应开拓更为广阔的空间。建议由教育部出

面，构建政府、企业、高校立体合作平台，合力提高大学生就业能力，共同解决就业难问题。

一、改革高校大学生实习制度，入学第一年开始参与实习。《国家中长期教育改革与发展纲要(2010—2020年)》中指出，要加强学校之间、校企之间、学校与科研机构之间合作及中外合作等多种联合培养方式。因此建议高校改革大学生实习制度，并与企业建立社会实践基地，政府部门可以认证、授牌，以人才引进、落户等优惠政策鼓励企业走进高校，吸纳在校生进入企业实习。并建议高校从学生入学第一年起便开始加入实习阶段(例如一个月左右)，实习时间应随年级变化每年递增，待实习结束后，企业高校双方联合为学生开具"实习证明"。

二、建立"大学生校外勤工助学岗"。目前高校的"勤工助学"工作，主要是提供校内服务岗位，以解决贫困生问题。岗位有限，工作简单，对提高大学生就业能力帮助不大。社会兼职如家教、翻译等，因没有政府部门监管，存在大量中介公司和招工单位欺诈行为，学生基本权益得不到有效保障。因此建议由教育部门牵头，高校与企业共同参与建立"大学生校外勤工助学岗"。教育行政部门、高校及企业签订合作意向书，企事业单位按需求设立一定数量的"勤工助学岗"，高校负责选拔、输送符合用工单位用人条件的大学生，政府可在人才引进、人才落户等方面给予参与企业优惠政策。这样既可帮助大学生提前接触社会岗位，帮助高校培养高层次、复合型人才，也可帮助企业解决企业发展所面临的人才问题，大学生就业难问题可以迎刃而解。

三、合办"大学生创业孵化基地"。为鼓励大学生创业，建议教育行政部门、高校与企业联合举办"大学生创业孵化基地"。三方签订合作意向，政府将给予参与企业一定的政策优惠。高校聘请知名企业家到基地讲述创业历程，组织会员参观知名企业。参与企业设立实习岗。鼓励有意愿自主创业的学生加入"创业孵化基地"，并协助创业学生办理相关手续、提供法律咨询、资金赞助和金融服务等。在这方面，由共青团中央、中华全国青年联合会等7家机构倡议发起的中国青年创业国际计划(简称YBC)和北京共青团创业青年夜校(简称"青檬夜校”)作为先行者已做出了非常突出的成绩,值得广泛推广,特别是 YBC 帮助青年创业,成功率高达 95%,令全世界震惊。

总之,政府搭台,高校与企业联合“唱戏”。通过深化“改革高校大学生实习制度,入学第一年开始参与实习”、“大学生校外勤工助学岗”、“大学生创业孵化基地”等校企合作方式,构建系统化、综合性解决大学生就业难的工作措施,对提高大学生综合能力,改善企业用人环境和推进国家创新型人才培养等方面都具有重要作用。

主题词: **学生 就业**

提案人: 冯 军

中华人民共和国教育部 2011 年 11 月 9 日以教提案〔2011〕第 398 号文函复:

冯军委员:

您提出的《关于深化校企合作、逐步解决大学生就业难问题的提案》收悉。关于“由教育部出面,构建政府、企业和高校立体合作平台,合力提高大学生就业能力,共同解决就业难问题”的建议,我们非常赞同。近年来教育部高度重视大学生的就业工作,积极采取措施推进产学合作,创新人才培养模式,提升大学生的实践能力和就业能力。现就您提出的相关问题,结合我部与人力资源与社会保障部关于推进校企合作解决大学生就业问题的相关工作答复如下:

一、关于建立政企校合作平台,加强大学生实践能力培养问题

近年来教育部积极推动高校深入开展产学研合作,建立校企双方共赢、多方受益的产学合作模式。《国家中长期教育改革和发展规划纲要(2010—2020 年)》提出要“建立健全政府主导、行业指导、企业参与的办学机制,制定促进校企合作办学法规,促进校企合作制度

化”。2010 年 6 月教育部启动实施了“卓越工程师教育培养计划”，参与卓越计划的高校和企业通过校企合作途径联合培养人才，创立高校和企业联合培养机制，由高校和企业共同制订培养目标、共同建设课程体系和教学内容、共同实施培养过程、共同评价培养质量，要求参与卓越计划的本科及以上层次学生要有不少于一年的时间在企业学习。首批加入“卓越计划”的院校有 61 所，涉及专业点 286 个，已经加入“卓越计划”的在校生人数达 3 万余名，190 余所高校联合近 900 家企业提交了 950 个校级工程实践教育中心的建设方案，教育部将联合多部门择优认定一批学生在企业学习阶段管理规范、保障有力、效果良好的企业，设立国家级“工程实践教育中心”。

二、关于建立大学生实习制度问题

教育部、财政部、人社部等有关部门积极制定相关政策，鼓励企业为学生实习提供有利条件。《财政部、国家税务总局关于企业支付学生实习报酬有关所得税政策问题的通知》（财税〔2006〕107 号）规定，凡和高等院校签订三年以上期限合作协议的企业，支付给学生实习期间的报酬，准予在计算缴纳企业所得税前扣除。教育部与国家发展改革委、财政部、人事部、科技部和国资委等六部委共同发布了《关于进一步加强国家重点领域紧缺人才培养工作的意见》（教高〔2007〕16 号），鼓励企业积极接受高校学生实习，企业支付给在本企业实习学生的报酬，可以按照《国家税务总局关于印发〈企业支付实习生报酬税前扣除管理办法〉的通知》（国税发〔2007〕42 号）的规定，享受税收优惠；鼓励企业为高校学生实习提供便利条件并选派有经验的技术人员予以指导。

三、关于政企校合办“大学生创业孵化基地”的问题

近年来教育部积极推进大学生创新创业的组织工作，广泛搭建大学生创业服务平台。根据《教育部关于大力推进高等学校创新创业教育和大学生自主创业工作的意见》（教办〔2010〕3 号）要求，加强创业基地建设，打造全方位创业支撑平台，明确功能定位，规范管理，提供法律、工商、税务、财务、人事代理、项目推荐、项目融资等方面的创业咨询和服务，以及多种形式的资金支持。2010 年教育部会同科技

部下发《关于印发〈高校学生科技创业实习基地认定办法(试行)的通知〉》,以国家大学科技园为主要依托,重点建设一批"高校学生科技创业实习基地",目前认定清华大学国家大学科技园等66个单位为高校学生科技创业实习基地。同时教育部先后在昆山、辽宁、徐州、杭州、长沙等地建立"国家大学生创业示范基地",以点带面,推动各地建立大学生创业基地。截至2010年年底,全国建成2000多个大学生创业实习和孵化基地,总面积达330万平方米。各类大学生创业实习和孵化基地均为大学生创业开辟较为集中的专用场地,配备必要的设备和设施,切实帮助大学生解决创业初期的各种难题。如浙江大学科技园拿出5000平方米场地支持大学生创业,每个创业企业可享受50平方米全免2年租金的优惠政策。

四、关于建立"大学生校外勤工助学岗"的问题

根据《劳动法》以及原劳动部《关于贯彻执行〈中华人民共和国劳动法〉若干问题的意见》(劳部发〔1995〕309号)的规定,在校生利用业余时间勤工助学,不视为就业,未建立劳动关系,可以不签劳动合同。因此用人单位与其招用的在校学生无须订立劳动合同,双方之间的权利和义务不受劳动法律法规的约束。但是在劳动时间、劳动条件等权益保护方面,2007年教育部和财政部联合下发了《高等学校勤工助学管理办法》(教财〔2007〕7号),其中对学校组织的勤工助学活动的有关学校职责,勤工助学管理服务组织的职责、劳动标准、劳动报酬、法律责任等方面做出了明确规定。

五、解决大学生就业难问题,需要各有关部门的积极配合

我们非常赞成您提出的通过改革大学生实习制度、设立"大学生校外勤工助学岗"、建立"大学生创业孵化基地"等校企合作方式,系统化、综合性地解决大学生就业难问题。但深入推进这些校企合作形式,还需要多部门的积极配合。经过长期、深入调研,我们认为,做好上述工作,需要财政部门研究制定鼓励企业接收学生实习的财政政策并给予必要的经费支持,税收部门研究制定针对接受学生实习企业的税收减免政策及其实施细则,安监部门研究制定学生实习的安全责任事故处理办法,科技部研究制定鼓励科技园区建立"高校学生科技创

业实习基地”、接受学生实习的政策，以及其他行业部门研究制定鼓励本行业企业接收学生实习的有关政策。

今后我部将按照《国家中长期教育改革和发展规划纲要（2010—2020 年）》的要求，积极与有关部门协调磋商，共同出台有力措施支持校企合作，培养适应经济社会发展需要的高素质人才。

感谢您对高等教育事业的关心和支持。

全国政协十一届四次会议提案第2312号

案　　由:关于弘扬中华文化、加强青少年道德教育的提案

审查意见:建议国务院交由主办单位教育部会同共青团中央、全国妇联办理

内　　容:中华文化博大精深,是中华民族屹立于世界东方的重要依托。中华传统美德对国家、民族、社会发展和进步影响意义重大。众所周知,青少年是我们祖国的未来、民族的希望,是中国未来的建设者和主力军,青少年时期是人生发展与道德质量形成的关键时期。在新的历史时期,做好青少年的思想道德教育工作,必将更有利地创造出和谐的社会氛围。

本人建议(可直接针对有需要教育的"富二代"及"官二代"):

一、充分认识青少年的身心现状,奠定正确的价值观。我们应该深入研究青少年在成长过程中的思想道德状况,并有针对性地对其加强思想道德教育,形成以学校为核心、家庭为依托、社会为桥梁的道德教育三结合的协调网,引导和帮助青少年挖掘宝贵的历史文化资源,准确地找出历史和现实的结合点,让传统美德充分发挥培养健康、积极的道德质量的作用。

二、学习并推崇中华文化传统美德。中华两千多年前就以"国而忘家,公而忘私"强调对国家尽忠的精神。"精卫填海、愚公移山"等,则集中体现了中华民族锲而不舍、百折不挠的自强不息精神。"先天下之忧而忧,后天下之乐而乐"等都显示了强烈的为国家为民族为整体而献身的精神。"为国分忧,为民解难","以天下为己任",这些都是爱国者的理想,表现了强烈的社会责任感。弘扬中华文化的传统美德是爱国主义教育的精髓,并随着时代的发展,不断被赋予新的内涵,意义深远。

三、倡导"仁爱",崇尚和谐,注重"言行一致、表里如一、诚实守信"。中华传统美德注重人际关系的和谐融洽,倡导"仁爱"思想,特别是当人与人之间发生矛盾时,应当从自己的欲望、感情、意志、追求等方面设身处地地为对方考虑。我国古人主张"和为贵","亲仁善邻,国之宝也"的意思就是强调社会和谐、人际和谐、身心和谐。注重诚信也是中华传统美德的一部分,最基本的思想是"以诚为本,取信于人",把说话算数、言而有信看作是人的立身处世的最基本的要求。

总之,要培养青少年高尚的道德情怀和正确的价值观就需要继承和发扬中华传统美德,把中华优秀品德寓于现代德育中,让中华传统美德的博大精深内涵成为青少年自觉的习惯。有利于建造社会主义核心价值体系,有利于提高国民素质,有利于增强民族凝聚力,有利于促进社会和谐。

主题词: **青少年　教育**

提案人: 施祥鹏

中华人民共和国教育部2011年10月18日以教提案〔2011〕第101号文函复:

施祥鹏委员:

您提出的《关于弘扬中华文化、加强青少年道德教育的提案》收悉。现答复如下。

青少年是祖国的未来、民族的希望,做好青少年的思想道德教育工作对国家、民族、社会发展和进步有着重大意义。教育部也一直十分重视青少年的思想道德和优秀传统文化教育。

一是以学校道德教育为依托，在中小学的思想品德类课程中充分体现优秀传统文化的内容，充分发挥课堂教学的主渠道作用。如小学《品德与生活》课程标准明确提出“爱家乡、爱祖国”的教育目标；《品德与社会》中提出“热爱祖国，珍视祖国的历史、文化传统”，以及提出了“在生活中养成文明礼貌、诚实守信、友爱宽容、公平公正、热爱集体、团结合作、有责任心的品质”的教育目标，并设置了“我是中国人”的专题教学内容；在初中《思想品德》课程中设置“感受个人情感与民族文化和国家命运之间的联系，提高文化认同感”和“学会关心、尊重、宽容、理解他人，与人为善”等教育目标；高中《思想政治》课程标准中明确提出“解析中华民族传统文化在现实生活中的作用，阐述继承传统文化要‘取其精华、去其糟粕’的道理”等教育目标。为落实2005 年 6 月中宣部、中央文明办、教育部、民政部和文化部联合发出的《关于运用传统节日弘扬民族文化的优秀传统的意见》的精神，教育部在义务教育阶段课程标准修订中，增加传统文化教育内容，充分挖掘传统文化所蕴涵的道德教育资源，对青少年进行思想道德教育。并会同有关部门指导各地积极争取财政支持，采取政府采购等方式，通过免费播放、上网服务等多种形式，向广大中小学生推荐优秀传统文化的图书、电影、歌曲、网络资源等精神文化产品，满足青少年学生日益增长的精神文化需求。

二是营造良好的校园文化环境，结合学生行为习惯养成教育，培养优秀传统美德。2004 年 3 月教育部根据《中共中央国务院关于进一步加强和改进未成年人思想道德建设的若干意见》，立足儿童生活和时代发展的实际，重新修订并颁布了《中小学生守则》和《中(小)学生日常行为规范》，将中华传统美德纳入其中，并提出了新的明确要求。据此，各地中小学校开展了形式多样的学生行为习惯的养成教育，营造了良好的校园文化环境，有效促进中小学生传统美德的养成。2006 年 4 月教育部印发了《关于大力加强中小学校园文化建设的通知》，明确要求中小学校要充分利用清明节、端午节、中秋节、重阳节等传统节日，设计、开展丰富多彩的校园文化活动，要加强民族传统节日文化知识的普及工作，增强学生对传统节日的认知和理解，使广大青少年在深入了解传统节日、认同传统节日的过程中，开始了解和喜欢传统文化，养成中华民族之精神风骨。

三是积极开展丰富多彩、主题鲜明的社会实践活动，进行优秀传统道德文化教育。教育部要求各地充分利用“中小学弘扬和培育民族精神月”及中华民族传统节日和其他节日、纪念日开展以传统文化为主题的教育活动，推动中小学校积极挖掘文化遗产的道德教育作用，开展经典诗文、美文的诵读活动，编创普及“新童谣”等形式多样、丰富多彩的社会实践活动，不断提高学生对优秀传统道德文化的认同。教育部要求在各级各类学校开展“我爱我的祖国”主题教育活动，从2007年起连续开展了“中华诵”、“中华情”和“中华赞”等传统文化比赛以及中小学生夏令营，在实践中加深广大青少年对中华优秀传统文化的了解，增强民族自豪感和自信心。

四是与各有关部门、社会团体积极合作，共同探索构建学校、家庭、社会三位一体德育体系的有效途径和方法。共青团中央将“如何弘扬中华文化，加强青少年道德教育”列入共青团中央青少年和青少年工作研究课题，对中国传统文化教育的内容和方法等进行专题研究，并充分利用各类媒介做好宣传工作，引导广大青少年传承和弘扬中华传统美德。全国妇联组织创建和发展了多种形式的家庭教育指导服务阵地和家庭教育宣传实践活动，并积极进行调查研究，形成了有理论分析、对策建议和数据支撑的调研报告，提升了家庭教育指导的科学性、针对性和实效性。同时教育部充分发挥青少年活动中心、爱国主义教育基地、社会实践基地等在未成年人思想道德建设中的重要阵地作用，并与有关部门联合开展校园周边环境的清理整顿工作，共同努力营造青少年健康成长的良好社会氛围。

您所提出的建议非常重要，教育部将进一步加强理论研究，探索思想道德教育的新途径，推进中小学生思想道德教育工作新的发展。

感谢您对教育工作的关心和支持。

全国政协十一届四次会议提案第2336号

案　　由:关于加强和规范学前教育的提案

审查意见:建议国务院交由主办单位教育部会同中央编办、财政部办理

内　　容:办好学前教育,关系亿万儿童的健康成长,关系千家万户的切身利益,关系国家和民族的未来。近年来国务院高度重视学前教育改革发展,相继出台了一些重要政策文件,明确政府主导、社会参与、公办民办并举的办园体制,明确政府是发展学前教育的责任主体,坚持"公益性、普惠性"办好幼儿园,把发展学前教育作为促进社会事业和教育事业科学发展的重点工程,作为促进教育公平的民心工程。因此,应切实抓紧抓实抓好。建议如下:

一、加大公共财政投入,落实学前教育经费保障。长期以来,我国对学前教育的投入远低于国际3.8%的平均水平。2004年欧洲十几个国家学前教育经费占教育经费的10%以上。应该说,目前我国已具备增大学前教育投入的财力,建议明确GDP与学前教育的投入比,规定财政性学前教育经费在同级财政性教育经费中的最低比例,鼓励教育先行省份探索将学前教育纳入义务教育范畴,确保学前教育健康发展。

二、落实幼儿教师编制和管理问题,提高幼儿教师队伍质量。建成覆盖城乡的普惠性学前教育公共服务体系,逐步实现学前教育公共服务均等化,是当前政府工作的重要职责所在。建议从宽确定公办幼儿园教职工编制,大力提高公办园的比例、提高公办园在编幼儿教师的比例,落实公办幼儿园的财政经费保障。明确公办幼儿园事业单位

法人资格，扩大幼儿园的办园自主权；同时将集体所有制幼儿园列入定编标准范围。实施教师队伍培养工程，逐年将优秀的在职非公办幼儿教师转为公办编制，也可以面向社会招聘优秀人才纳入公办编制。公办编制要向农村幼儿园倾斜，以吸引并留住优秀幼儿教师在农村工作。切实保障幼儿园教师待遇，逐步做到各类幼儿教师同工同酬。可以先指定经济条件好的省份做试点。

三、加强规范建设，保障学前教育快速健康持续发展。督促各地要创造性地用足用好学前教育改革发展的新政策，结合本地实际认真制定学前教育三年行动计划，要求各省教育督导部门要将学前教育作为督导的重点，定期对政府责任落实、教师队伍建设、安全管理、保教质量等方面进行专项考核，建立完善考核奖惩和问责机制，使我国学前教育工作迈上科学、规范之路。

主题词： **教育　儿童**
提案人： 安信义

中华人民共和国教育部2011年11月3日以教提案〔2011〕第326号文函复：

安信义委员：

您提出的《关于加强和规范学前教育的提案》收悉。现答复如下：

学前教育是国民教育体系的重要组成部分，是重要的社会公益事业。《教育规划纲要》把学前教育作为今后十年教育改革发展的一项重要任务，提出了到2020年基本普及学前教育的发展目标。这是国家在基本普及九年义务教育后，为实现更高水平的普及教育、推进教育公平而做出的又一重大决策。

为贯彻落实《教育规划纲要》，国务院专门下发了《关于当前发展学前教育的若干意见》，对学前教育改革发展进行了全方位的制度设计，确定了“坚持公益性和普惠性，构建覆盖城乡、布局合理的学前教育公共服务体系”的基本方向。围绕扩大资源、加大投入、规范管理等方面，出台了一系列强有力的政策措施。一是扩大普惠性学前教育资源。要大力发展公办园，提供广覆盖、保基本的学前教育公共服务。积极扶持和引导民办园提供普惠性服务。二是加大学前教育财政投入。要落实各级政府的投入责任，将学前教育列入财政预算，新增教育经费向学前教育倾斜，提高财政性学前教育经费在同级财政性教育经费中的比例。研究制定幼儿园生均经费标准和生均财政拨款标准，提高公共财政在学前教育成本中的分担比例。三是加强师资队伍建设。要求各地核定公办幼儿园教职工编制，逐步配齐幼儿园教职工。严格幼儿教师资格准入制度。切实落实幼儿教师的工资、职称和社会保障等各方面的待遇。加大幼儿教师培养力度，通过扩大幼儿师范学校和高等师范院校招生规模，招聘非学前教育专业毕业生，选拔中小学转岗教师经培训合格后充实幼教岗位等，加快补充幼儿教师。五年内对园长和教师进行全员培训，提高教师队伍素质。

为加大对发展农村学前教育的支持力度，去年国家发改委、教育部启动实施了农村学前教育推进工程试点项目，已投入20亿元支持中西部地区建设乡村幼儿园1307所。近期财政部、教育部启动实施了一系列学前教育项目，“十二五”期间将安排500亿元重点支持中西部农村地区发展学前教育。

各地按照国务院的部署，积极编制实施学前教育三年行动计划，确定了未来三年的发展目标和年度任务，加大了财政投入力度，安排了项目。据不完全统计，未来三年各地计划新建改扩建幼儿园9万多所，新增在园幼儿规模500多万人。同时各地积极研究出台幼儿园教职工编制标准，加快核定公办园教师编制。许多地方明确规定将公办园教师工资纳入财政保障或纳入中小学教师工资保障体系。为提高幼儿教师队伍专业素质，中央财政实施幼儿教师国家级培训计划，支持各地对中西部农村幼儿园园长和教师进行专业培训。

可以说学前教育已经迎来了前所未有的发展机遇，进入了快速发展的崭新阶段。由于我国学前教育基础薄弱，区域、城乡之间发展差异显著，目前的首要任务是着力扩大普惠性学前教育资源，有效解决“入园难”问题，现阶段还不具备在全国范围内将学前教育纳入义务教育的条件。当然，我们也鼓励有条件的地方进一步加大投入力度，提高公共财政在学前教育成本中的分担比例，探索实行一定年限的免费学前教育，如陕西等省已经开始了这方面的探索。

下一步我们将重点做好以下工作：一是建立科学有效的督导评估机制，加强对国家学前教育项目和地方学前教育三年行动计划的监测评估，并开展专项督导，确保“国十条”提出的各项政策措施落到实处。二是抓紧制订《幼儿园建设标准》、《幼儿园教职工配备标准》、《幼儿教师专业标准》等配套文件，进一步规范学前教育管理，提高幼儿园办园水平和保教质量。

感谢您对教育工作的关心和支持。

全国政协十一届四次会议提案第2373号

案　　由:关于加强各类校车安全的提案

审查意见:建议国务院交由主办单位教育部会同公安部办理

内　　容:校车既是学校的交通工具,也是城市公共交通的重要组成部分,其安全直接关系到学生和其他相关人员的生命安全,关系到亿万家庭的安宁幸福和社会稳定。我国虽然已经颁布了首部校车国家标准——"专用小学生校车安全技术条件",但其落实与监督仍待提升。很多不符合标准的"黑校车"仍然大量存在,全国各地接送学生的车辆交通事故仍然不断发生。例如去年西安市某幼儿园校车严重超载后,将两岁半女童遗忘车上7个小时之久,导致女童窒息死亡;湖南省衡南县一辆三轮机车载小学生20名发生交通事故,坠河后导致14名学生遇难6人受伤的悲剧。此次事故发生后,教育部新闻发言人表示,目前中国的交通事故已经成为中小学生意外伤亡的最主要"杀手"。目前校车安全问题已经成为学生家长和社会高度关注的话题。因此落实校车安全是建设和谐社会、利国利民的重要举措。

根据调查所掌握的材料,校车安全事故频发主要有以下几方面的原因:一、政府有关部门在校车的专用标准、校车管理主体、配套管理制度、运营主体、司机准入条件等方面,缺乏强制力的法规和执行机构。二、许多学校对校车安全重视不够,同时许多经济欠发达地区由于经费限制,无专用校车接送学生,学校或者学生自发地租用社会上的"野鸡车"作为校车。三、"黑校车"流动性大,隐蔽性强,用车品种多,治理难度大,对于黑校车的处罚没有统一标准,影响了整治工作力度。四、校车车辆不规范,标识不统一,驾驶人员责任心不强等。

为此建议：

一、修改充实和完善“专用小学生校车安全技术条件”，将其扩展为涵盖所有校车（包括大学校车）的国家强制性标准。

二、制定有关规范校车管理主体、配套管理制度、营运主体等政府法规，条件成熟提请全国人大以法律的形式予以确认。要明确严格的部门监管职责和问责条款。

三、校车司机应该在准驾相应车型（校车也有不同载荷及类型）要求的考试基础上，加考相关内容，并颁发专门的校车准驾证；同时要严格审查驾驶人的历史记录，任何有超速、严重肇事记录的司机不予颁发校车准驾证。

四、修改相应的交通法规，将校车的“路权优先”理念整合进现有的道路交通规则，包括校车在道路上停车上下学生时所有车辆不得超越等作为强制规则。

五、对校车的政府补贴政策进行认真调研，确定不同经济发展水平和不同类别校车（如幼儿园、小学、中学等）的财政补贴标准；研究制定校车生产厂商的税收优惠标准，让学校买得起、用得起合格的校车。

主题词： **学校　安全**

提案人： 温思美

中华人民共和国教育部2011年10月20日以教提案〔2011〕第265号文函复：

温思美委员：

您提出的《关于加强各类校车安全的提案》收悉。现答复如下：

我部赞同您提出的“加强各类校车安全”的建议。我们认为，这是确保中小学生上下学交通安全的重要措施。推进校车发展、强化校车安全管理，既有利于防范学生、儿童道路交通伤害、减轻家长负担，也有利于减少机动车出行、缓解城市道路交通拥堵。

党中央、国务院高度重视中小学生、幼儿的上下学交通安全工作，中央领导同志多次作出重要批示，要求加强管理，确保学生安全。为贯彻落实领导指示精神，教育部与有关部委将确保中小学生幼儿上下学交通安全作为涉及民生的重大问题，在制定标准、调查研究、探索模式、排查整治、教育培训、推广经验等方面开展了一些工作，中小学生幼儿上下学交通安全工作取得了一定成效。

一是制订校车标准。教育部会同公安部等部门研究制定了《机动车运行安全技术条件》(GB7258—2004)第2号修改单和《校车标识》(GB24315—2009)两个国家标准，对校车核载标准等运行安全技术要求作了规定，对校车车身外观标识、校车标牌等进行规范。公安部会同工业和信息化部制定发布了《专用小学生校车座椅及其车辆固定件的强度》(GB24406—2009)和《专用小学生校车安全技术条件》(GB24407—2009)两个专用校车产品国家标准，已于2010年7月1日起正式实施。

二是开展专项调研。2011年4月，为全面了解全国中小学生上下学交通情况和接送学生上下学车辆情况，教育部部署开展了中小学上下学交通安全情况及校车情况专题调研。通过调研，摸清了底数，掌握了各地好的经验做法、学生上下学接送车辆运行管理模式以及在保障学生上下学交通安全方面存在的困难和问题。公安部成立了校车交通安全问题研究小组，到北京、江苏、安徽等地对校车发展和管理问题进行调研。

三是启动校车试点。教育部按照“试点先行、积累经验、探索模式、逐步推广”的原则，选择有一定工作基础、有代表性的浙江德清、山东威海等六个地区开展中小学校车运营管理试点工作，试验运行政府主导下成立专业公司运营、政府补贴社会公司运营、政府补贴社会车辆参与运营、政府购置校车供教育部门或学校使用等校车运营管理模式。力争通过试点工作，探索校车管理运行有效的政策措施、可持续的经费投入、有保障的安全管理，构建校车运营管理长效机制。8月24日，教育部召开全国中小学校车试点工作启动会，正式启动了试点工作。

四是开展排查整治。近年来教育部每年都联合公安部部署开展对校车安全工作进行专项整治和排查，健全并落实校车安全隐患定期排查和校车驾驶人资格审查制度，督促各地落实安全责任，切实加强校车及驾驶人源头管理。严查校车及接送学生车辆交通违法违规，重点查处超速、超载等交通违法行为，取缔“黑校车”，改善校园及周边交通设施，整顿交通秩序，消除了大量安全隐患。2011年5月，各地教育部门配合公安部门共设置交通安全设施3.2万余处，开展交通秩序整治1.4万余次，查处交通违法行为60.4万余起，查处校车交通违法行为1.1万余起，查处非法运载学生儿童车辆6414辆。公安部专门部署了保护学生儿童出行安全的“护卫天使行动”，加强校园及周边道路交通管理，推动中小学幼儿园安保措施和校车安全措施的落实。

五是开展教育培训。教育部制订了《中小学公共安全教育指导纲要》，对交通安全教育提出了明确要求。每年3月组织开展“全国中小学生安全教育日”。与公安部、交通运输部等部门共同实施交通安全宣传教育工程、联合国全球道路交通安全周、文明交通行动计划等活动。深入开展交通安全知识和政策法规宣传教育，切实提高广大师生的交通安全意识，努力培养中小学生良好的交通安全行为习惯。面向基层、面向农村、面向一线和管理薄弱学校，通过“送培下乡”、远程培训等多种形式，积极实施多项培训项目，将道路交通安全管理作为重要内容之一，对中小学校长和教师开展交通安全培训。

六是推广先进经验。2008年9月，教育部会同公安部在山东省威海市联合召开现场会，学习交流威海、辽宁、江苏等地校车安全管理经验，推广威海“政府扶持、社会参与、市场运营”的校车管理模式。教育部在《中国教育报》开辟专栏，介绍各地校车管理的做法。通过印发《教育部简报》、提供新闻线索等形式推广陕西西安、黑龙江鸡西、吉林柳河等地建立校车运行机制的好经验、好做法。

当然在我国全面推行校车制度还有不少困难，受经济社会发展水平制约，在我国全面推广校车制度的条件尚不成熟，提供校车服务在一定程度上也超出了当前义务教育基本公共服务的范畴。据粗略测算，如果让全国现有接送中小学生及幼儿上下学车辆都换上符合国家标准的校车，约需一次性校车购置费用1020亿元，每年还约需运营维护费用240亿元。如果在义务教育阶段和学前教育阶段全面实行校车制度，按照50%的适龄学生和幼儿接受校车服务计算，则需一次性校车购置费用3000亿元，每年还约需运营维护费用1500亿元。此外，由于校车工作涉及到车辆管理、道路交通管理、驾驶人管理、安全监管、财税政策等多个领域和部门，校车发展面临政策制定、专项资金来源、专用校车生产、规范经营模式、运营管理、部门协调等诸多问题，必须在各级政府的统一领导下稳步推进，各地政府可以根据本地区实际，结合自有财力，为具备条件的义务教育阶段学校和幼儿园配备校车。

在下一步工作中，教育部将继续积极协调配合相关部门，在继续做好交通安全教育培训和打击“黑校车”非法营运专项整治等工作的同时，选择东中西部有工作基础的省市启动建立校车制度试验，努力推进校车发展和规范管理，进一步总结推广各地校车管理先进经验和好的做法，抓好现行各项校车国家标准的执行，积极推动专用校车产品国家标准和相关法律法规的制定，积极推动公安机关制定出台“校车优先”等校车通行管理相关规定，探索符合我国国情的校车发展和管理之路。

感谢您对教育工作的关心和支持。

全国政协十一届四次会议提案第2391号

案　　由:关于在中小学开设公民教育课的提案

审查意见:建议国务院交由教育部办理

内　　容:公民意识是指公民个人对自己在国家中地位的自我认识,也就是公民自觉地以宪法和法律规定的基本权利、责任、义务为核心内容,把国家主人的责任感、使命感和权利义务观融为一体的自我认识。胡锦涛总书记在党的十七大报告中明确提出要“加强公民意识教育,树立社会主义民主法治、自由平等、公平正义理念”。这一表述充分体现了中国共产党对公民意识教育的高度重视。

一、中小学加强公民教育的迫切性

鉴于当前我国公民意识状况以及国内外形势,在中小学开设公民意识课,提升公民的国家认同和国家意识,提升公民的文明意识,淡化狭隘的民族意识和宗教意识,具有重要的现实意义。

1.加强公民意识教育,是提升公民文明素质的关键。

当前,我国的公民素质不高是国内外公认的。一是表现在许多人对公民意识还不甚了解,对自己作为公民的权利、责任和义务认识模糊,对公民的道德和规范不太了解;二是公民责任和义务意识不强,有些人只强调个人利益和家庭利益或民族利益,不考虑国家利益;三是公民遵规守法意识不强,许多公民(包括官员)违法乱纪、贪污腐败现象严重;四是不少人忠于国家的信念不强,缺乏对国家的认同感和归属感,缺乏忠于国家的信念,有些人甚至一走出国门就不承认自己是中国人;五是有些人是非不分,善恶不辨,容易轻信谣传,上当受骗。

2.增强公民意识是淡化狭隘民族意识的基础,是强化国家认同和加强中华民族凝聚力的必要条件。

现代国家不是以民族为基础,而是以地域为基础,以具有公民身份的个人为社会联系纽带。从中外历史来看,一个国家一旦建立,便开始强化共同意识和共同价值观,以维护国家的统一和稳定。中国历史上如此,外国也一样。中国历史上之所以能够保持长期统一和稳定,与历代王朝在全国各民族中强化共同意识和共同价值观有密切的关系。因此,共同意识和共同价值观是凝聚一个国家的重要思想武器。在现代,共同意识和共同价值观被称为公民意识。在一个统一、稳定的国家里,公民意识理应超越民族意识和宗教意识。改革开放以来,原有的共同意识和价值观不复存在,新的共同意识和价值观又没有真正树立起来,狭隘的民族意识迅速增强,民族边界分得越来越清楚,严重影响国家统一和民族团结。如果民族意识和宗教意识超越公民意识,国家就不可能长期保持稳定和统一。然而,我国的实际情况是民族意识和宗教意识远远高于公民意识。只有增强公民意识教育,培养全国公民共同意识和共同价值观,才有可能淡化狭隘的民族意识和极端宗教意识,增强国家的凝聚力和向心力。如果不对中小学学生进行公民意识教育,民族意识和宗教意识永远不可能淡化。

3. 国外敌对势力总是打“民族”牌,通过各种方式分化中国。

国际反华势力为了削弱正在崛起的中国,通过各种方式分化中国,积极打“民族”牌,一是大力支持境外民族分裂组织;二是鼓动和支持中国部分民族地区的分裂活动;三是积极在少数民族留学生中培养代理人。淡化狭隘的民族意识,强化国家认同和中华民族意识,是防止西方反华势力渗透的基础。

4. 世界上发达国家十分注重公民意识教育,公民意识和国家意识都很强。

西方国家公民意识的形成起源于18世纪的法国革命。世界上大多数现代国家自建立之日起便十分重视公民教育,把它作为国民教育的基础性内容加以贯彻落实。通过公民教育,强化国家认同和树立国家与公民意识,淡化民族意识和地方意识。1790年前后美国开始在中小学开设“公民课”,并把“公民课”的目标界定为“培养学生的爱国心和对美国政治制度、国家理念的理解”。到19世纪末,随着大批移民来到美国,为了使多民族的公民能够认同美国的民主制度和价值观念,统一国民的思想,加强了公民教育,教育目标就是使移民尽早“美国化”,使他们认同美国、忠于美国。其他西方发达国家也一样,公民教育课是中小学的必修课。

5. 我国在20世纪上半叶的公民教育取得良好的效果。

我国于1913年翻译出版的《美国公民学》(上海群益书社),是最早引进的公民读本。1923年商务印书馆出版的熊子容主编的《公民教育》,成为中国自己编写的最早的公民课教材。此后,商务印书馆在不同时期曾出版了多种公民教科书。“五四”运动之后,无论私立还是公立学校,大多数学校都开设公民教育课,直至40年代末。据有关研究,当时的公民教育取得了较好的效果,大多数上过公民课的学生,国家意识和社会责任感都较强。根据档案资料,前总理朱镕基1943年就读于湖南私立广益中学初中部时,公民课成绩为98.80分;1944年就读于湖南私立楚怡中学高中部时,公民课成绩为80分;1946年就读于湖南省立第一中学高中部时,公民课成绩为96分。

二、中小学开设公民课的几点意见

中小学生是健康人格和良好道德品质形成的重要时期,也是培养国家认同和良好的公民意识及其责任、权利、义务及较高文明素质的重要阶段。为此建议如下:

1. 中小学的思想品德课更名为“公民思想品德”课。

公民意识教育是通过家庭、学校、社会等渠道进行的,其中学校是实施公民意识教育的主渠道。据一些中小学教师说,目前新增公民教育课难度很大。最好是与思想品德课合二为一,增加公民意识的内容,课程名称可改为“公民思想品德”,使中小学生从小树立公民意识,强化公民的权利、责任和义务。

2. 重新编写“公民思想品德”课教材内容。

为了使多民族的公民能够认同国家的社会主义民主政治制度和核心价值体系,统一全国各族公民的思想意识,公民教育的目标就是使各民族公民尽快“国家化”,使全国中小学生认同中国、认同中华民族、认同社会主义制度，使他们成为具有公民责任、遵纪守法、公平正义、忠于祖国、忠于人民的公民。

公民意识教育与思想品德教育合二为一，需要重新编写教材内容。据一些中小学教师反映，目前使用的《思想品德》或《思想政治》教材，内容过于理论化和理想化，离学生的思想太远，使一些学生产生逆反心理，教学未能达到教学目标。

公民思想教育应把中华文化传统核心价值纳入社会主义核心价值体系。传统的核心价值是建设社会主义核心价值的基础，也是两岸统一的基础。台湾从小学开始进行“礼义廉耻”核心价值的教育，所有中小学一进校门当头四个大字就是“礼义廉耻”，教室墙壁上也是“礼义廉耻”，台湾一些知识分子认为，“礼义廉耻”是维系台湾人中国梦的基础。今后编写公民教育教材，既要谈传统的“四维”（礼义廉耻）、“五常”（仁义礼智信）等核心价值和伦理道德，也要谈现代的“民主、平等、公正、仁爱、和谐”等价值。传统和现代核心价值都是中华民族的核心价值。有些公民可能认同传统的核心价值，有些人可能认同现代的。两种核心价值并提，可以得到全国大多数公民的认同，最大限度地凝聚海内外华人。如果只有一种选择，价值认同和凝聚的功能就会削弱

编写和开设公民教育课，不能照搬西方的课本，但有价值的方法可以借鉴。例如，西方发达国家的公民教育一般都是在小学阶段，内容较为简单，主要是培养学生对国家标志物如国旗、国歌的认识，熏陶学生的爱国主义情感。在初中阶段，重点放在陈述历史事件、人物等方面，在高中阶段，主要是国家的政治制度、政治过程、经济制度、国际地位等的教育。教学方法主要有正面讲授法、反思探究法、讨论法、角色扮演法和价值澄清法。西方国家的公民意识教育具有很强的政治性、生活性、参与性和判断性。

3. 把我国民族和宗教的基本常识编入《公民思想品德》教材。

我国是统一的多民族、多宗教的国家，为使广大中小学生了解基本的民族和宗教知识，了解中华民族的起源、形成和发展，树立中华民族文化和宗教多样性、相对性意识，树立各民族平等、互助、和谐的意

识，教育学生从小养成相互尊重各民族文化和宗教的习俗，应在公民教育课里增加民族团结和宗教的内容。

主题词： 学校　教育

提案人： 何星亮　刘庆柱　海　霞　蒋明麟

中华人民共和国教育部2011年10月18日以教提案〔2011〕第235号文函复：

何星亮等委员：

你们提出的《关于在中小学开设公民教育课的提案》收悉。现答复如下：

你们从提升公民文明素质、强化国家认同与中华民族凝聚力、防止西方反华势力渗透以及国际比较等方面分析加强中小学生公民意识教育的迫切性是很有见地的。改革开放30多年来，随着我国社会主义民主法治的稳步发展，广大人民群众的公民意识也不断增强。但是我国公民意识的整体水平与社会主义市场经济快速发展的新形势还不适应，与建设富强、民主、文明、和谐的社会主义现代化强国还有较大差距。因此，党的十七大报告要求“加强公民意识教育，树立社会主义民主法治、自由平等、公平正义理念”。去年，党中央、国务院印发的《国家中长期教育改革和发展规划纲要（2010—2020年）》再次强调“加强公民意识教育”，“培养社会主义合格公民”。

基础教育是面向全体学生的国民素质教育，其根本宗旨是为提高全民族素质打下坚实的基础，为学生的持续、全面而有个性的发展奠定良好的基础，为培养社会主义合格公民奠定基础。2001年在国务院的直接领导下，教育部启动了新世纪基础教育课程改革，按照“三个面向”的精神，以前瞻性眼光积极应对未来的挑战，从基础教育的基本性质、任务出发设置课程，并与时俱进不断更新课程内容。《教育规划纲要》颁布之后，教育部再次组织对义务教育各学科课程标准的全面修订，及时反映新时期我国经济社会发展的新形势、新思想。基础教育新课程十分注重精选对学生终身发展有重要价值的内容，为培养社会主义合格公民打基础，着力培养你们所说的"国家认同和国家意识"、中华优秀传统文化的认同、"公民文明意识"、"公民责任"、"遵纪守法"、"各民族平等、互助、和谐的意识"等。其中德育课程根据学生的年龄特点和认知规律，对公民意识教育的内容、要求做了系统设计，特别强调对祖国的认同，即爱国主义情感；自觉遵守宪法和法律，并以之保护自己和他人权益的意识；民主法治、自由平等、公平正义等公民共同的基本价值理念；民族团结教育等，并且组织编写了有关德育教材。

具体地讲，小学1—2年级开设《品德与生活》，要求学生学会"负责任、有爱心地生活"，"尊敬国旗、国徽，学唱国歌"，"为自己是中国人感到自豪"；"懂礼貌，守秩序，体会规则的意义"；"学习维护自己的权利和尊重他人"。小学3—4年级开设《品德与社会》，让学生"知道我国是有几千年历史的文明古国，并掌握应有的历史常识，了解中华民族对世界的贡献，珍爱我国的文化遗产"；"知道自己是中华人民共和国的公民，初步了解自己拥有的基本权利和义务"；"知道我国颁布的与少年儿童有关的法律、法规，学习运用法律保护自己，形成初步的民主与法治意识"；"通过学校和班级等集体生活，体会民主、平等在学校生活中的现实意义"，"分析班级民主参与和管理的现状，提出积极建议"，"了解不同民族的生活习惯和风土人情，理解和尊重不同民族的文化"等。初中开设《思想品德》，要求学生"感受个人成长与民族文化和国家命运之间的联系，提高文化认同感、民族自豪感，以及建设社会主义和谐社会的责任意识"，"懂得维护国家统一，维护各民族的团结，维护国家安全、荣誉和利益是每个公民的义务"；"知道中华人民共和国宪法是我国的根本大法，是一切国家机关、组织和全体公民的最高行为准则，树立宪法意识"；"知道我国环境的基本法律，增强环境保护意识，自觉履行保护环境的义务"；"增强公民意识，学会行使自己享用的知情权、参与权、表达权、监督权”，“学习运用法律维护自己、他人、国家和社会的合法权益”；“知道每个人在人格和法律地位上都是平等的，做到平等待人，不凌弱欺生，不以家境、身体、智能、性别等方面的差异而自傲或自卑，不歧视他人，富有正义感”；“了解文化的多样性和丰富性，尊重不同的文化和习俗，以平等的态度与其他民族和国家的人民友好”等。普通高中开设《思想政治》，将“政治生活”作为必修模块，让学生“了解中国特色社会主义政治制度，懂得建设社会主义政治文明，最根本的是把党的领导、人民当家作主和依法治国有机统一起来；了解公民在政治生活中依法行使权利，履行义务，参与民主选举、民主决策、民主管理、民主监督的意义、途径和方式；理解国际竞争和合作对于我国发展的影响，进一步增强公民意识和国家观念，坚定正确的政治方向”。同时将“生活中的法律常识”作为选修模块，具体安排了“民事权利与义务”“信守合同与违约”“就业与创业”“婚姻与家庭”“法律救助”等学习内容。

你们在提案中还提及这样几个具体问题：一是思想品德课程的名称问题。目前小学1—2年级开设的《品德与生活》课、小学3—6年级开设的《品德与社会》、初中开设的《思想品德》课、高中开设的《思想政治》课等，都是综合性课程，有机整合了道德、心理健康、法律和国情等等多方面的学习内容，并非“公民思想品德”所能概括的。名称的变化反映出随儿童生活经验的不断拓展而逐步提高学习的要求。二是关于“中华文化传统核心价值”融入课程的问题。现有的德育课程标准已经充分吸收了有关中华民族传统美德教育的内容。如小学1—2年级《品德与生活》要求学生“懂礼貌，守秩序”；小学3—6年级《品德与社会》要求学生“懂得做人要自尊、自爱，有荣誉感和知耻心”；“做有诚信的人”等；初中《思想品德》要求学生“养成孝敬父母、尊重他人、诚实守信、乐于助人、有责任心、追求公正的品质”等。目前教育部正在组织进行“整体规划大中小学德育课程”工作，将进一步加强这方面的研究。三是关于民族和宗教的基本常识编入课程的问题。《中华人民共和国教育法》第八条规定：“国家实行教育与宗教相分离。任何组织和个人不得利用宗教妨碍国家教育制度的活动。”

依据这一规定，基础教育在关于“宗教的基本常识”上，仅限于让学生“了解伊斯兰教的传播”等历史事实(《义务教育历史课程标准》)，“概述科学与宗教在人类起源问题上产生分歧的根源”(《普通高中历史课程标准》)，“说出世界三大宗教及其主要分布地区”(《义务教育地理课程标准》)，“了解我国的基本宗教政策”，指导学生“正确理解和把握宪法规定公民有宗教信仰的自由”(《普通高中思想政治课程标准》)等。针对我国多民族的基本国情，按照建构社会主义和谐社会的总体要求，基础教育课程突出了中华民族“多元一体”和各民族“交往、交流、交融”的重要性，增强学生对国家和民族的认同感。如《义务教育历史课程标准》要求学生“认识在漫长的历史进程中，我国各民族人民密切交往、相互依存、休戚与共，形成了中华民族多元一体的格局，共同推动了国家发展和社会进步，增强民族自信心和自豪感”；通过北魏孝文帝改革“初步理解交往、交流、交融对中华民族发展的意义”；“以文成公主入藏的史实为例，说明唐代民族和睦”；“知道册封达赖和班禅”，“认识各民族共同团结奋斗、共同繁荣发展的重要意义”。

感谢你们对教育事业的关心和支持！

全国政协十一届四次会议提案第2420号

案　　由:关于要大力促进义务教育均衡发展的提案

审查意见:建议国务院交由教育部办理

内　　容:温家宝总理在去年的政府工作报告中明确指出,要实现教育公平,促进义务教育均衡发展。我国当前仍处于社会转型期,各种深层次矛盾不断凸显,影响着社会的稳定。广大人民群众对社会公平的要求,比以往任何时候都显得更加迫切。而教育公平又是体现社会公平的一个基本方面。教育公平的综合含义就是人人享有平等的受教育的权利和义务,要给对象提供相对平等的受教育的机会和条件。特别是在义务教育阶段,要求基本公共教育服务均等化。

就我国目前义务教育的现状来说,不同地区、不同学校的中小学办学条件差距非常大,发展很不平衡。一是经济发达地区与不发达地区学校差距大;二是同一地区重点学校与一般学校差距大;三是城市学校与农村学校差距大;四是同一学校中重点班与普通班差距大。这不仅是对受教育者不公平,而且带来一系列问题;如学生择校择班现象严重,城市学校超级大班现象严重,农村学校师资流失严重,教学质量下降严重等等。因此大力促进义务教育均衡发展,仍是我国今后较长时期的重要任务。

为此建议:

一、建立"雪中送炭"的投入机制。国家的投入绝不能是一刀切的平均主义,而是要通过对经济欠发达地区的倾斜投入来有效缩小差距。

二、建立艰苦岗位的补助机制。地处边远的农村学校,教学和生活条件都很差,人们都不愿去。要设立教师在艰苦岗位的补贴,使他们收入高于在城市学校工作的教师,激励人们到基层去。

三、建立城乡互动的轮换机制。以县为单位,实行城乡教师的交换交流,建立长效机制,以提高农村学校的教学质量。

四、建立中小学办学基本条件评价机制。制定办学条件评价体系,实行评估,进一步明确资源配置标准,以便有针对性地加强、改善和提高薄弱学校的办学条件。

主题词: **教育 发展**
提案人: 曹 毅

中华人民共和国教育部2011年10月18日以教提案〔2011〕第181号文函复:

曹毅委员:

您提出的《关于要大力促进义务教育均衡发展的提案》收悉。现答复如下:

一、关于建立"雪中送炭"投入机制的问题

为合理配置教育资源,统筹城乡、区域之间义务教育协调发展,国家不断加大对义务教育的投入力度,并重点向农村地区、边远贫困地区和民族地区倾斜。通过深化农村义务教育经费保障机制改革,目前国家已经建立了按照"明确各级责任、中央地方共担、加大财政投入、提高保障水平、分步组织实施"的基本原则,逐步将农村义务教育全面纳入公共财政保障范围,根据各地实际情况建立中央和地方分项目、按比例分担的农村义务教育经费保障机制,对经济欠发达的地区给予倾斜。一是全部免除农村义务教育阶段学生学杂费,资金由中央和地方按比例分担,西部地区为8∶2,地方承担的20%中也主要是由省级财政负担。二是免费提供教科书资金,中西部地区由中央全额承担。三是补助寄宿生生活费,所需资金开始由地方承担。从2007年秋季学期起,中央财政对中西部地区落实基本标准所需资金按照50%的比例给予奖励性补助。中西部地区地方财政应承担的50%部分,由省级财政统筹落实。四是农村义务教育阶段中小学公用经费所需资金由中央和地方按照免学杂费资金的分担比例即8:2共同承担。在此基础上,中央制定了全国农村义务教育阶段中小学公用经费基准定额,并提前至2009年实现了小学生均公用经费300元、初中生均公用经费500元的定额标准,目前已经提高到小学400元,初中600元,所需资金依然由中央和地方按上述比例共同承担。五是中央根据农村义务教育阶段中小学在校生人数和校舍生均面积、使用年限、单位造价等因素,对中西部地区,分省(区、市)测定每年校舍维修改造所需资金,由中央和地方按照5:5比例共同承担。从2007年起中央又提高了中西部地区农村义务教育阶段中小学校舍维修改造的测算单价标准,中部地区每平方米由300元提高到400元,西部地区每平方米由400元提高到500元,新增资金依然由中央与中西部地区按5:5比例共同承担。六是中央对中西部及东部部分地区农村中小学教师工资经费给予支持,同时要求省级人民政府要加大对本行政区域内财力薄弱地区的转移支付力度,确保农村中小学教师工资按照国家标准按时足额发放。

由上可见,中央财政对经济欠发达地区义务教育的发展已经承担了主要的经费投入责任。随着我国综合国力的不断提升,中央财政还将进一步加大对农村地区、贫困地区、民族地区义务教育的经费投入力度,不断促进义务教育均衡发展。

二、关于建立艰苦岗位补助机制的问题

国家高度重视改善农村中小学教师待遇问题,在法律法规中有明确规定。《教师法》规定,地方各级人民政府对教师以及具有中专以上学历的毕业生到少数民族地区和边远贫困地区从事教育教学工作的,应当予以补贴;2006年人事部、财政部、教育部下发《高等学校、中小学、中等职业学校贯彻〈事业单位工作人员收入分配制度改革方案〉的三个实施意见》(国人部发〔2006〕113号),规定了一系列面向农村中小学教师的工资倾斜政策,主要包括:到乡(含乡)以下农村中小学工作的大中专毕业生,可直接转正定级,转正定级时薪级工资高定1至2级;农村中小学教师工资由财政予以全额保障,并按照编制标准、工资标准拨付;艰苦边远地区中小学教师还可以享受国家规定的艰苦边远地区津贴,所需经费由中央财政负担。2008年《国务院办公厅转发〈人力资源社会保障部财政部教育部关于义务教育学校实施绩效工资指导意见〉的通知》(国办发〔2008〕133号)规定,在人事、财政部门核定的绩效工资总量内,学校主管部门具体核定学校绩效工资总量时,要对农村学校特别是条件艰苦的学校要给予适当倾斜。义务教育学校实施绩效工资后,各省(区、市)都明确了向农村学校特别是条件艰苦学校倾斜的具体办法,例如在绩效工资中设立专门的农村学校补贴,或者划出绩效工资总量的一定比例用于农村教师等。农村教师补贴考虑农村学校边远程度,以及自然环境、工作条件等艰苦程度,设立不同的标准,向条件最为艰苦的农村学校倾斜。实施绩效工资后,农村中小学教师工资待遇普遍提高,稳定了农村教师队伍。

设立农村艰苦学校教师岗位补贴,对稳定农村教师队伍、吸引优秀人才长期从教具有重要意义,是加强教师队伍建设的重大举措。但是在全国范围内设立农村艰苦学校教师岗位补贴,须由国务院或国务院授权人力资源社会保障部、财政部决定。教育部将根据《国家中长期教育改革和发展规划纲要》(2010—2020年)提出的"对长期在农村基层和艰苦边远地区工作的教师,在工资、职务(职称)等方面实行倾斜政策,完善津贴补贴标准"的精神,积极配合有关部门研究进一步提高农村教师待遇问题。

三、关于建立城乡互动轮换机制的问题

近年来在教育部门指导和推动下,各地通过完善教师交流制度、城镇教师到乡村任教服务期制度,规定评聘高级教师职务时需要有农村学校任教经历,核编定岗时预留编制和岗位,提供一定的津贴补贴等人事激励政策,积极推动城镇教师支援农村教育工作、优质学校扶持薄弱学校。据不完全统计,近年来部分省份通过结对帮扶、对口支援、城乡合作办学、定点挂钩、“捆绑式”支教、全职和兼职支教、教师走教、送课下乡等多种形式,组织省域内城镇教师到农村支教超过一万人次,在一定程度上缓解了农村地区及薄弱学校教师不足和教师素质偏低的矛盾,为促进教师资源合理配置、推动城乡教育均衡发展发挥了积极作用。下一步我们将按照《国家中长期教育改革和发展规划纲要》(2010—2020 年)提出的“实行县(区)域内教师、校长交流制度”的要求,加强调查研究,制定相关政策,指导各地做好城乡教师交流的工作。

四、关于建立中小学办学基本条件评价机制的问题

为了督促各地均衡配置教育资源,推进义务教育均衡发展,国家教育督导团每年都开展专项督导工作,并发布督导报告,根据现行的办学标准对地方中小学的办学水平作出评价,对未达标的地区提出整改意见。教育督导报告在各地考核教育工作中有重要参考作用,因此报告的发布有效调动了各地改造薄弱学校、均衡配置教育资源的积极性和主动性。目前国家正在研究制定义务教育均衡发展指标体系,将进一步明确资源配置标准,为科学评估各地义务教育均衡发展提供依据。

感谢您对基础教育工作的关心和支持。

全国政协十一届四次会议提案第2745号

案　　由:关于建立大学生暑期实践机制、提高大学生就业率的提案

审查意见:建议国务院交由教育部办理

内　　容:应届大学毕业生就业问题近几年来已成为引起各方关注的社会问题。包括教育部在内的社会各界认识到在校期间提高大学生能力和素质培养,特别是提高对社会问题的基本认知和应对能力,是提升企业招收应届大学毕业生意愿,促进大学生就业的一个重要教育改革方向。

很多国家如美日德等都已建立了大学生暑期实践机制,激励学生及早接触社会,积累经验,提升就业能力。在美国大学生暑期实践找暑期工的程序与找正式工作很相似,也要投简历,有的企业还要面试。这样学生从一进大学就开始了找工作的训练。美国规定的大学生暑假长达3个月,就是给学生足够的时间让他们出去实习,接触真实社会,了解现实世界。

假如中国的大学生的几个暑期能很好地加以利用,每个暑假到不同的领域去接触一下,知道不同的部门的工作情况。这样不但可以提高自己的待人处世的能力,也对了解整个社会有了更深的了解。大学生们有了这些经历后,一是能更清楚了解自己的地位,不再盲目好高骛远。二是对社会有所了解,知道各行各业在干什么,能清楚自己喜欢什么,等到毕业找工作时,他的心理期望值就没有那么高。三是促进了社会和企业对大学生更多的了解。

因此,大规模地开展大学生暑期实践活动将对促进大学生成功就业具有重要意义。为此提出如下建议:

一、大学生的暑期实践应该成为大学教育的一部分，作为大学生的一门自选课程给予一定的学分。

二、延长大学生的暑期时间，从2个月延长到3个月。

三、政府机关要带头接受暑期实践大学生。政府号召企业接受大学生就业，国有企业要带头。

四、政府承担一点保险的成本。在实习过程可能出现的事故，政府给所有参加社会实践的学生买一个保险，万一出了问题由保险公司承担。

五、政府要引导舆论关注大学生的暑期实践。同时研究出台相关政策，鼓励企业在暑期尽可能多地招收大学生来实习。

主题词： **学生 就业**

提案人： 杨元庆

中华人民共和国教育部2011年11月9日以教提案〔2011〕第402号文函复：

杨元庆委员：

您提出的《关于建立大学生暑期实践机制、提高大学生就业率的提案》收悉。现就相关问题答复如下：

一、关于大学生暑期实践应作为一门课程给予学分以及延长大学生暑期时间的建议

目前国内一些高校在这方面借鉴美国、德国等国家高校的经验，已经做出了很多有益的尝试和探索，比如清华大学、北京大学、南京大学、山东大学和同济大学等部分高校都开办了开放式的暑期学校，试行三学期制，利用暑期集中安排学生的实践教学环节，开设实践类课程，开设的课程给予相应的学分。关于延长大学生暑期时间的问题，

因地域和各校实情不同,高校需要根据情况确定本校学期和暑假时间长短。目前已有部分高校已在试行延长暑期时间,引导大学生开展暑期实践。

二、关于政府机关、国有企业带头接收大学生暑期实践的建议

我们非常赞成政府机关、国有企业带头接收大学生暑期实践。人才培养不仅是学校和教育部门的事情,还需要政府各有关部门、企事业单位以及社会各界共同参与,共同支持。目前教育部正在与国资委、人力资源和社会保障部、财政部、国家税务总局、国家安全生产监督管理总局等有关部门协商,建议各部门共同研究制定引导鼓励企业接受大学生实习的相关政策措施。

三、关于政府为社会实践的学生承担保险费用的问题

2011 年 5 月下发的《国务院关于进一步做好普通高等学校毕业生就业工作的通知》(国发〔2011〕16 号)要求各地结合当地产业发展需要和高校毕业生情况,鼓励和扶持一批规模较大并有一定社会影响力的企事业单位作为大学生就业见习单位。要求见习单位加强见习场所的安全管理,并为参加见习的高校毕业生购买人身意外伤害保险。

四、实施“高等学校本科教学质量与教学改革工程”,加强大学生实践创新能力培养

为全面落实胡锦涛总书记清华百年校庆讲话精神和教育规划纲要,教育部近期联合财政部启动实施了“高等学校本科教学质量与教学改革工程”。加强大学生实践创新能力培养,将作为其中的重要建设内容。根据规划,“十二五”期间将整合各类实验实践教学资源,遴选建设一批成效显著、受益面大、影响面宽的实验教学示范中心,重在加强内涵建设、成果共享与示范引领。同时支持高等学校与科研院所、行业、企业、社会有关部门合作共建,形成一批高等学校共享共用的国家大学生校外实践教育基地。此外,继续资助大学生开展创新创业训练,着力提高大学生创新精神和创业能力。其中 2011 年已下达首批建设经费 2.5 亿元,用于支持 44 所高校开展工程实践教育中心、临床技能综合培训中心、法学教育实践基地等 125 个校外实践教育基

地建设项目。

今后我部将进一步贯彻落实教育规划纲要,加强高校实践育人工作,建立长效机制,积极推动大学生就业。

感谢您对高等教育事业的关心和支持。

全国政协十一届四次会议提案第2780号

案　　由:关于强化职业教育服务产业转移的提案

审查意见:建议国务院交由主办单位教育部会同人力资源和社会保障部办理

内　　容:“十二五”即将开局,承接产业转移机遇前所未有。但是,随着产业转移的蓬勃发展,技能型人才短缺问题日益严重,甚至已经成为制约产业转型与发展的重要障碍。中央对此高度重视,在“十二五”规划纲要中,已明确提出“以高层次人才和高技能人才为重点,推进各类人才队伍建设”的战略举措。为配合国家探求解决技能型人才短缺的有效办法,从技能型人才供求矛盾的源头入手,组织调研。

一、技能型人才现状

1. 等级结构不科学。目前我国技能人才等级结构是初级工占48.5%,中级工占46%,高级工不足6%。而发达国家技能人才等级结构是初级工占15%,中级工占50%,高级工占35%。

2. 年龄分布不合理。75%的企业反映21—30岁技能型人才供给不足或严重不足,年轻的高技能型人才十分匮乏。缺乏有效培训。85.1%的技工首次上岗未参加过技能培训;66.7%的技工期望政府在就业、培训问题上给予更多支持;91.4%技工希望通过培训提升职业技能。

3. 流动性过大。被调查企业的技能型人才流失率普遍在30%—50%之间。其中,工龄3年以下的技工占56.7%,7—10年的仅占7.6。流动离职的三大主要原因分别为待遇低(占比为85.7%),劳动强度大(占比为57.1%),晋升机会少(占比为42%)。

4.与需求脱节。从来源渠道上看,通过校企合作引进的仅占25%,有50%来自于公开招聘和劳动力市场。60%的技能人才反映,目前在岗位上遇到的突出问题是所学专业与实际工作脱节,主要表现在知识面窄、提升困难、实践能力差。

5.政策不配套。50%的被调查企业认为,技能型人才在子女教育、落户、住房、技术交流、再培训等方面无法得到政策支持与帮扶,在工作与生活方面存在诸多困难。

二、技能型人才短缺的原因

从社会文化的大背景来看:一方面由于社会舆论给予技术工人的社会地位不高,在独生子女成为主体的现行高考教育体制下,家长的望子成龙和高校的大规模扩招,使得上大学依然是当今青年求学的首选,这必然导致职业教育生源不足;另一方面由于我国制造业整体处于低端发展阶段,发展需要时间,技能型人才培养也需要时间,当一大批具有实力的企业开始走向国际大产业链中端和高端之时,必然导致对技能型人才的强烈需求。

从学校、企业、政府方面来看:首先学校培养方向与市场需求脱节。一是现在职业教育经费不足,实训薄弱、师资力量有限,培训方面多采取学历教育路径,忽视了技能教育;二是不能密切关注产业转移最新动态和产业政策走向,专业设置方向与市场需求不对路。三是企业因为成本高、生产周期长,一般不愿承担培训费用,甚至担心职工取得资格证书后"跳槽"。由于企业追逐利润,短期培训又很难见效,只得相互挖人才,这必然导致人才流失和短缺。加之企业缺乏有效的激励和保障机制,待遇低也是造成人才短缺的重要原因。其次,政府没有持续有效的措施和专门的组织来促进产学研结合。学校、企业、个人都是从各自的角度考虑问题,政府和相关部门未能统筹整合有限的教学资源,也是导致技能型人才短缺的原因之一。

三、培养技能型人才的建议

重视舆论引导。党委和政府应通过新闻媒体引导全社会更加重视技能型人才的职业选择,赋予技能型人才应有的社会地位和政策保障,形成全社会"以能为重,以技为荣"的良好氛围。

1.制定发展规划。政府应尽快组织相关部门根据“十二五”产业发展的方向,联合企业实地调研,制定相应的职业教育人才培养规划。教育和人力资源部门应根据市场需求,积极协助各院校调整专业方向,增加有产业实践经验的师资力量,有的放矢地缓解供需矛盾。力促校企合作。企业作为产学研结合平台,是撬动技能型人才培养的杠杆。学校可按需为企业订制人才培养计划,并创造条件在企业建立学生实训基地;企业应建立激励机制,加大对上岗职工的再培训;政府应制定相关政策大力支持和推动校企合作。

2.设立专项基金。政府应考虑设立技能型人才培训的专项基金。可比照“卓越工程师计划”,设立卓越技师培养计划专项基金,委托企业开展实训。

3.加大政府统筹。建立和完善政府统筹、产业引导、行业推进,企业、职业院校、民间力量广泛参与的多元化技能型人才培养模式,在职业院校、企业、学生与政府之间形成合理的成本分摊和利益分享机制。整合教学资源,着力加强品牌职业院校和特色专业建设,集中力量发展承接产业转移和当今市场急需的专业,在全国打造出空间布局合理、市场前景看好、具有鲜明特色的技能型人才培养体系,为我国在新一轮发展中抢得先机,提供充足的人力保障和智力支持。

主题词: **职教　人才**
提案人: 穆可发

中华人民共和国教育部2011年8月5日以教提案〔2011〕第58号文函复:

穆可发委员:

您提出的《关于强化职业教育服务产业转移的提案》收悉。现答复如下：

您在提案中认真分析了当前技能型人才的现状与问题，指出了技能型人才短缺的原因，提出了培养技能型人才的建议，这体现了您对职业教育的高度重视、深入研究和强化技能型人才培养的良好愿望。您的建议对于我们研究和推进职业教育科学发展具有重要的参考价值，在贯彻落实《国家中长期教育改革和发展规划纲要（2010—2020年）》的过程中，我们将会同有关部门认真研究您的有关建议。

一、关于制定发展规划

《教育规划纲要》明确提出，要“把职业教育纳入经济社会发展和产业发展规划，促使职业教育规模、专业设置与经济社会发展需求相适应”。我们正在组织制订教育事业“十二五”规划和职业教育专题规划，同时正在起草《高等职业教育改革创新行动计划（2011—2015年）》和《关于推进高等职业教育改革创新引领职业教育科学发展的若干意见》，印发了《中等职业教育改革创新行动计划（2010—2012年）》，您在提案中提到的将职业教育发展与经济社会发展进行统筹规划，紧紧围绕国家“十二五”规划来谋划职业教育的改革和发展，是我们制订上述多个专题规划的重要思路。在制订过程中我们将认真听取来自行业企业专家的意见，坚持以服务为宗旨、以就业为导向、以提高质量为重点，主动适应国家经济发展方式转变和产业结构调整要求。同时我们将会同有关部门，根据《国家中长期人才发展规划纲要（2010—2020年）》的部署，组织实施好《高技能人才队伍建设中长期发展规划（2010—2020年）》和《国家高技能人才振兴计划》，通过政府、行业、企业和学校的共同努力，为经济社会发展提供有力的人才支撑。

二、关于设立专项基金

设立技能型人才专项基金对于加强技能型人才培养，增强职业教育吸引力，具有积极作用。经了解，2010年财政部印发了《政府性基金管理办法》，明确了政府性基金的申请条件和管理办法等内容。今后我们将积极与财政部等部门沟通，探讨建立专项基金的可能性。

三、关于加大政府统筹

《教育规划纲要》明确提出，要“建立健全政府主导、行业指导、企业参与的办学机制，推进校企合作制度化”。这是未来一段时间里技能型人才培养的方向，也是推动职业教育科学发展的重要途径。近两年以来我们已经按照《教育规划纲要》全新的思路来部署和实施职业教育有关工作。为切实推动教产结合、校企合作，我们成立了“职业教育教学改革创新指导委员会”和43个行业职业教育教学指导委员会，吸纳了多位来自行业企业的专家，指导职业教育的教学改革和其他工作。其次，我们联合有关部委和多家行业协会、学会，以国家产业振兴规划布局的有关行业为重点，连续举办了职业教育与多个行业的发展对接对话活动，初步形成了良好的沟通协作机制。我们还积极研究制定加快推进职业教育集团化办学的有关政策和方案，鼓励组建不同特色、内容丰富的职教集团，向更深层次和更宽领域拓展教产结合、校企合作。

今后我们将进一步推进办学机制改革，加快形成行业企业举办和参与职业教育的全新机制。一是重点围绕国家“十二五”产业发展规划的实施，建立健全职业教育与行业合作、学校与企业一体共同推进职业教育改革创新的机制。促进职业学校紧跟产业发展步伐，促进教育与产业、学校与企业深度合作。二是加快制订职业教育校企合作的法规。明确政府、行业、企业和学校等主体的权利和义务，建立行业企业参与职业教育的制度保障。三是完善质量评价制度。吸收行业企业、社会成员等参加职业教育质量评估，建立适应技能型人才培养要求的考核和评价模式。四是落实职业教育国家综合改革试点工作，推动地方政府因地制宜，先行先试，努力在政府主导、行业指导、企业参与的办学机制建设方面取得突破。

同时我们也要加强职业培训工作，注重学校教育与培训并举，全日制与非全日制并重，职前与职后教育相互衔接，职业教育与普通教育互联互通，学历与非学历教育共同发展，形成较为完善的技能型人才培养体系。

十分感谢您长期以来对职业教育事业和我们工作的关心和支持，希望您能继续关注职业教育的改革与发展。

全国政协十一届四次会议提案第2783号

案　　由:关于加强青少年中国传统哲学思想教育和培养的提案

审查意见:建议国务院交由主办单位教育部会同共青团中央办理

内　　容:中华民族存在的终极意义是民族文化的复兴,而民族文化的精髓是其独特的思维方式和哲学思想。数千年来中华民族在独自形成和不断融合外来文化中形成了自我的文化体系,创造了辉煌的历史文化和古代文明。二十世纪初开始,随着近现代西方文化的"入侵",中国传统文化受到前所未有的冲击。百年来我们的自然科学得到的前所未有的发展和提高,而属于社会科学的传统文化严重不足,在青少年中甚至有"断层"的危险。随着新时期社会主义文化大发展大繁荣的良好态势的推动,加强和重视传统文化的教育,特别是在广大青少年中开展诵读古代诗文、恢复书法学习,以及在传统的节日举行相关礼仪活动的普及等措施,对了解和传承中国传统文化具有很好的作用,也起到了一定的效果。

然而,我们应该深刻地认识到中国传统文化,特别是以"儒释道"为核心的传统哲学思想体系,是支撑中华文化的精髓,也是创造了几千年辉煌中华文化的重要基础,绝不是靠诵读几首诗词、几篇古文、举行一些活动所能掌握的,而必须对这一思想体系进行系统的学习和了解。今天,大量的"西方文化"进入并逐步占领了多层面的社会领域,如果我们不采取有效的措施,我们的青少年将失去曾经灿烂辉煌了几千年的优秀文化,尤其是中华文化中独特的哲学思想体系。百年来的实践证明,"现代文明"隐藏着巨大的无法克服的潜在危机,而中华文化的诸多哲学思想如整体至上、向内追求、无为、和谐、创变等智慧,不仅是华夏民族的思想优势，也是全人类的共同精神财富。我们只有融合现代文化、继承优秀的传统文化并将其作为民族文化独立的思想支撑，才能实现中华文化的真正复兴。因此在淡化了传统文化背景的当下，必须对这些优秀的哲学思想和理念在青少年中普及、传承，只有如此才能保持我们的文化优势，为民族和人类做出独特的贡献。

鉴此，建议如下：

一、在国家的层面上，通过多种媒体、多种形式大力宣传以“儒释道”思想为核心的中国传统哲学，对中华文化的形成、辉煌文明成就的取得所起到的主导作用，尤其是对新时期核心价值形成的现实意义。让全社会特别是青少年充分认识到，中国几千年所形成的文化思想体系，不仅是中国文化宝库中的奇葩，也是世界文化的重要遗产，对解决当下出现的诸多问题和矛盾将起到积极的作用。

二、由国家教委组织专家编写统一的适合不同年级层次的青少年普及教材，并将其纳入到现在的教育之中，对中国传统哲学思想进行系统的、高度概括的介绍。

三、培养不同层次、不同年龄结构、能够胜任为青少年教授中国传统哲学思想的教师，只有师资力量有了保证，才能将这一计划落到实处。

主题词： **教育　青少年**
提案人： 言恭达

中华人民共和国教育部2011年11月3日以教提案〔2011〕第340号文函复：

言恭达委员：

您提出的《关于加强青少年中国传统哲学思想教育和培养的提

案》收悉。现答复如下：

我们对您关于加强青少年中国传统哲学思想教育和培养的提案进行了认真研究。在提案中，您对弘扬中国传统文化、加强青少年学生中华民族优秀文化传统教育等提出了很有价值的意见和建议。

教育部历来重视加强对青少年学生的爱国主义和中华民族优秀传统文化教育，始终把继承、弘扬中华民族优秀传统文化和培育民族精神作为文化建设极为重要的任务纳入国民教育的全过程。去年颁布实施的《国家中长期教育改革和发展规划纲要（2010—2020年）》，也对在青少年学生中加强中华民族优秀文化传统教育提出了明确的要求。

基础教育课程教材在对学生进行爱国主义和中华民族优秀文化传统教育等方面发挥着十分重要的作用。在现行德育、历史、语文等基础教育国家课程教材中，有关中华民族优秀传统文化教育的内容得到了较充分的体现。

如义务教育《品德与社会》课程标准明确要求"珍视祖国的历史与文化，具有中华民族的归属感和自豪感"，"知道在历史发展过程中形成的中华民族精神和优良传统"。

在义务教育《历史》课程标准中，规定"认同中华民族的优秀文化传统，尊重和热爱祖国的历史和文化"，"知道老子和孔子，初步理解'百家争鸣'对后世的深远影响"，"知道佛教的传入和道教的产生"。在普通高中《历史》课程标准中，必修课程部分对中国传统哲学思想的介绍作了更为明确的规定。在"中国传统文化主流思想的演变"专题下，要求：一、知道诸子百家，认识春秋战国时期百家争鸣局面形成的重要意义；了解孔子、孟子和荀子等思想家以及儒家思想的形成。二、知道汉代儒学成为正统思想的史实。三、列举宋明理学的代表人物，说明宋明时期儒学的发展。四、列举李贽、黄宗羲、顾炎武、王夫之等思想家，了解明清时期儒学思想的发展。

在义务教育和普通高中《语文》课程标准中，也分别对反映中国传统文化思想内容的课文选篇提出了相关要求。

依据上述国家课程标准编写审定的中小学德育、历史、语文等学科课程标准实验教材中，根据相关教学要求，对中国传统文化思想知识内容均有概要或系统的介绍，还有一批反映上述知识内容的经典选篇以课文的形式得以呈现。

目前我国师范院校都开设了《中国哲学史》和《哲学原著导读》等课程。通过这些课程的学习，培养师范生具有和掌握中国哲学思想与传统文化知识，使其在教书育人过程中，帮助青少年塑造高尚人格和树立远大理想。

为落实全国教育工作会议精神和《国家中长期教育改革和发展规划纲要（2010—2020年）》，深化教师教育改革，教育部正在研制《中小学教师专业标准》和《教师教育课程标准》，将把中国哲学思想和传统文化作为重要内容纳入到标准体系中，有针对性地加强师资培养，提高教师队伍整体素质。

我们将继续关注和重视您关于对青少年学生加强中华民族优秀文化传统教育的有关意见和建议，不断研究和继续做好中小学课程教材的有关工作。

感谢您对中小学课程教材建设工作的支持和指导，希望继续关心和支持我部的基础教育工作。

全国政协十一届四次会议提案第2830号

案　　由:关于改善农村寄宿学校管理、提高农村学龄儿童营养健康的提案

审查意见:建议国务院交由教育部办理

内　　容:近年来随着全国农村中小学布局调整和国家实施的“农村寄宿制学校建设工程”,农村显现更多集中的寄宿制学校。寄宿制学校促进了西部农村地区基础教育的发展和效率的提升,但也存在许多问题急需解决。一是寄宿学校食宿问题严峻。农村寄宿学校中42%的没有餐厅。生均宿舍面积仅为2.3平方米,人均床位数为0.7,相当多的寄宿学校的宿舍缺乏保暖、降温、洗浴、晾晒、安全等基本生活设施。二是寄宿学校公共安全问题。只有59%的学校给学生配有取暖设备,且大部分取暖设备均为煤炉;而学校只有27%的学校配有灭火器,6%的学校配有消防栓,没有一所学校配有一氧化碳报警器或其他烟雾监测器。三是学生营养健康发育迟缓。有近50%的寄宿学生一天只吃两顿饭,农村寄宿学生比世界卫生组织提供的平均身高矮了9厘米,23%的寄宿学生身高小于世界卫生组织平均身高标准减去两个标准差。

为此建议:一、国家和地方应继续加大对农村寄宿制学校建设的资金投入,完善各项配套设施,按比例配齐专职管理人员,在农村寄宿制学校普遍建设食堂,全面推广学生营养餐,让孩子们都能吃上有营养的热饭菜。二、应尽快建立健全宿舍安全、食堂卫生等管理制度,确保学生人身安全;三、明确当地医院负责寄宿制学校卫生防疫工作,条件具备时应在学校设立卫生室或校医;四、在师范类大学、大专、中专

学校设立寄宿制学校管理专业，培养一批专门从事寄宿制学校管理的高、中、初级人才队伍。

主题词： 儿童 教育

提案人： 任 勇 吴 鸿 王西林

中华人民共和国教育部2011年10月18日以教提案〔2011〕115号文函复：

任勇等委员：

你们提出的《关于改善农村寄宿学校管理、提高农村学龄儿童营养健康的提案》收悉。现答复如下：

一、关于农村寄宿制学校建设

国家高度重视农村寄宿制学校建设。进入新世纪以来，先后实施了西部地区农村寄宿制学校建设工程、中西部农村初中校舍改造工程、新农村卫生新校园建设工程、中西部特殊教育学校建设项目、全国中小学校舍安全工程等一系列重大工程（项目），并在2006年开始实施农村义务教育经费保障机制改革，建立了校舍维修改造长效机制，这些工程（机制）均将农村寄宿制学校（包括学生食堂建设）作为重点建设内容。《国家中长期教育改革和发展规划纲要（2010—2020年）》提出"加快农村寄宿制学校建设，优先满足留守儿童住宿需求"，今后我们将继续实施"薄弱学校改造计划"、"初中工程"等义务教育专项工程，努力改善农村寄宿制学校办学条件。

2010—2015年教育部、财政部将组织实施"农村义务教育薄弱学校改造计划"，项目内容主要为两个方面，一是用于支持县镇学校扩容改造，逐步解决"大班额"问题；支持农村寄宿制学校建设，逐步解决"留守儿童"学习生活问题；二是用于农村学校仪器设备、图书、多媒体(信息技术)远程教学设备配备。

2011年教育部、国家发展改革委启动实施了“初中工程”二期,继续改善农村(含县镇)初中特别是寄宿制初中的学生校内食宿条件,建设内容以学生宿舍、食堂(伙房)和厕所等学生生活设施为主,兼顾建设必要的体育场地,取暖、供水设施,床具、炊具等设备购置。加快消除“大通铺”、校外租房、学校供餐能力不足等现象,满足路途较远学生和农村“留守儿童”寄宿需求,有效改善学校供餐条件。

二、关于推广学生营养餐

青少年的健康水平关系个人健康成长和幸福生活,关系国家人才培养的质量,关系整个民族健康素质。党中央、国务院高度关心和重视青少年的健康成长,中央领导同志多次就农村学生营养改善工作做出重要指示,要求加强农村中小学生营养改善工作。

自2006年实施农村义务教育经费保障机制改革以来,国家不断调整和完善“一补”政策,增加对家庭经济困难寄宿生补助标准,2010年补助标准提高到小学每生每天3元,全年750元、初中每生每天4元,全年1000元(学生每年在校天数按250天计算)。2010年中西部有1228万家庭经济困难寄宿生享受“一补”,覆盖率为47%(2010年中西部农村义务教育阶段全部寄宿生为2600万人)。

按照《国家中长期教育改革和发展规划纲要(2010—2020年)》提出的“启动民族地区、贫困地区农村小学生营养改善计划”的要求,我部与财政部就开展农村义务教育阶段学生营养改善工作进行了多次研讨,拟进一步强化政府责任,通过加大投入、完善政策、创新机制,逐步提高对农村学生的膳食补助水平,不断改善学生营养状况,促进学生健康成长。目前两部已就学生营养改善计划达成一致意见,拟报送国务院批准后,于2011年秋季开学启动实施。

三、关于健全学校宿舍、食堂等管理制度

2001年我部与原国家经贸委等有关部门联合制定印发了《关于推广学生营养餐的指导意见》。2002年我部与卫生部联合制定印发了《学校食堂与学生集体用餐卫生管理规定》、《国家学校体育卫生条件试行基本标准》。目前我们正在研究制定《加强中小学生营养工作的指导意见》和《寄宿制学校生活卫生设施建设与管理意见》。

同时参照中央综治委、教育部、公安部《关于进一步加强学校幼儿园安全防范工作建立健全长效工作机制的意见》(公通字〔2010〕38号)中有关校园安保人员配备和工资政策,研究制订出台相关政策,要求地方政府落实专项经费,保障学校聘用合格的食堂工作人员,解决农村学校食堂工作人员配备和工资问题。

四、关于设置寄宿制学校管理专业

关于在师范类大学、大专、中专学校设立寄宿制学校管理专业一事,我们将按照《高等学校本科专业设置规定(1999年颁布)》、《普通高等学校高职高专教育专业设置管理办法(试行)》、《教育部办公厅关于进一步加强和改进高等学校本科专业备案和审批管理工作的通知》等文件规定,根据专业设置条件,在严格进行专业设置可行性分析的基础上,做出相应决定。

非常感谢你们对教育问题的关心和支持!

全国政协十一届四次会议提案第2883号

案　　由:关于中小学生减负、主要是减少课程内容和减轻课程难度的提案

审查意见:建议国务院交由教育部办理

内　　容:2010年2月27日下午,温家宝总理与网民在线交流时谈到了中小学生减负的问题。温总理表示,整个教育改革当中的问题,最重要的一条就是要减轻学生过重的课业负担,启发他们的智力和能力,使他们有坚强的意志和强健的体魄。

减轻中小学生课业负担也专门写进了《国家中长期教育改革和发展规划纲要(2010—2020年)》中。这个《纲要》制定了许多有效措施,其中有一句话很重要:调整教材内容,科学设计课程难度。我认为,现在的中小学生课程内容多、难度大,这是造成中小学生课业负担太重的主要原因。例如,高中数学课程包含了《微积分》等高等数学内容,这些内容属于大学数学课程。高中学生读高等数学难度大了。

为此我建议:在高中数学课程中,删除包括《微积分》在内的所有高等数学内容。这样,初二、初三的有些数学内容就可以移到高中课程,小学五、六年级的有些数学内容可以移到初一和初二。这样一来,中小学生读数学就不会那么吃力了。其他课程的内容也同样减少些,我们的中小学生们就不会那么累了。

1988年5月我在美国衣阿华大学获得数学专业的博士学位。在美国读研究生的几年时间里,我也从事大学数学教学工作。我教过的该校一年级非数学专业的学生中,大约有5%把1/2+1/3答为2/5。这说明美国的中学数学要求不高。为什么我们国家要把高等数学放进高中课程呢?

综上所述,我们这个社会所需要的是有着开放性思维的下一代,他们不能从小就被填鸭式的教育束缚了思想,应该有更多的时间让他们在玩中快乐地学习,在学习中真正无拘无束,天马行空地开拓自己的兴趣领域,也更会事半功倍地看到孩子的成就。

我们的下一代应该是心态健康,身体强壮,思维开阔的一代新人。

从现在开始,把压在他们身上的重担卸下来吧。这样,他们才能轻装上阵,走得更远。

主题词: **学生 负担**
提案人: 薛卫民

中华人民共和国教育部2011年10月18日以教提案〔2011〕第211号文函复:

薛卫民委员:

您提出的《关于中小学生减负、主要是减少课程内容和减轻课程难度的提案》收悉。现答复如下:

中小学生课业负担问题由来已久,成为制约教育改革与发展的“顽症”。负担过重的原因十分复杂,有教育系统自身的原因,也有多年以来传统文化的影响,社会就业竞争压力日趋激烈的原因,与统一考试的人才选拔机制有直接关系,是多重矛盾在学校教育中的综合反映。《国家中长期教育改革与发展规划纲要(2010—2020年)》明确指出:“减轻学生课业负担是全社会的共同责任,政府、学校、家庭、社会必须共同努力,标本兼治,综合治理。”

从教育系统内部看,学生课业负担与课程容量、难度有直接关联。教育部对此予以高度重视,自去年下半年至今年初,按照《规划纲要》

有关任务要求,组织开展了义务教育课程标准的修订与审议工作,积极回应社会各界对负担问题的关切,继续从标准层面科学安排课程容量和难度,为控制学生课业负担奠定基础。

修订后的义教课标一些学科精选了内容,减少了容量。如语文删减了17个内容条目,小学1—2年级的识字量由"1600—1800"调整为"1600左右",写字量由"800—1000"调整为"800左右";3—4年级写字量从"2000个左右"降为"1600个左右"。英语把小学阶段原来要求掌握的600—700个词汇调整为只掌握423个核心词汇,其余的作为扩充词汇,由教师根据教学实际来安排。一些学科降低了难度。如数学删除了对小学而言难度较大的"图形与几何"、"统计与概率"领域的有关内容,删减了对初中而言过难的"统计与概率"领域的有关内容以及欣赏"雪花曲线和莫比乌斯带"等内容。对于难度较大的课程内容,如"知道给定不共线三点的坐标可以确定一个二次函数"、"了解一元二次方程的根与系数的关系"、"了解平行线性质定理的证明"、"探索并证明切线长定理:过圆外一点所画的圆的两条切线长相等"等,以"选学"方式处理,不作考试要求,既增加了课程弹性,为学有余力的学生提供了选择机会,也控制了课程难度。

在对义务教育各学科课程标准进行全面修订的基础上,教育部将启动普通高中课程标准(实验)修订工作。今年下半年将启动修订前的调研。届时我们将提请专家重点关注您所提到的高中数学课程内容偏多、要求偏深的问题。

您在提案中还提到,与我国中学数学课程相比较,"美国的中学数学要求不高",我国"把高等数学放进高中课程"。这是个数学教育专业领域的问题。对此,我们委托有关数学教育专家进行了国际比较研究,发现我国的结果性(即知识技能目标)比美国偏高,而过程性目标则远低于美国相应的要求。美国教科书更注重过程性目标的培养,即重在让学生经历、体会知识发展的过程,通过自己的一步步探索来学习,而对知识本身的记忆、理解则不是很重视。中美基础教育各有所长,我们需要进一步加强彼此间的交流,取长补短。

中小学课程容量与难度不仅与国家层面的课程标准设计有关,还与课程标准的实施、与考试评价有关。据专家研究表明,教学与课程标准、中考高考试题与课程标准的契合度不高,实际教学中有层层加码拔高的倾向,加重了学生的课业负担。对此,我们将加强有关情况的调研,认真解决课程标准实施中的问题,按照《规划纲要》的要求,"把减负落实到中小学教育全过程,促进学生生动活泼学习、健康快乐成长"。

感谢您对教育事业的支持和关心。

全国政协十一届四次会议提案第2911号

案　　由:关于高校科研体制改革的提案

审查意见:建议国务院交由教育部办理

内　　容:中国正在经历着强国富国道路上的关键时期,在完成粗犷式原始资本积累的阶段后,后续发展的动力将来自于持续的科技创新能力。高校在这个过程中将无疑承担着重要角色。一方面要为社会持续培养输送创新型人才,另一方面还承担着开发科研成果的职责。但是在这样一个关键背景下,我国高校的现状和发展模式确实令人担忧。

目前的问题主要表现为:

一是高校年轻学者和教授英年早逝,而且数量呈现明显增加的趋势。据资料统计,仅2000—2005年北京大学和中国科学院系统就有135位教授死亡,平均年龄53岁。近些年来此类信息更是屡见报端,而且年龄更趋年轻化。究其原因,长时间的超负荷工作是罪魁祸首。

二是学术腐败严重。虽然近些年国家加大打击和挖掘力度,但仍然问题严重。对于当事人我们当然不能姑息,但是国家科研项目申报和预期目标的不科学和浮夸等不合理现象,也是其中的一个重要原因。科研是有偶然性的,并且很多时候是要建立在多次失败的基础上的。急功近利的思想是万万要不得的,结果只能是催生更多的学术腐败和学术造假,并使国内的科研环境陷入恶性循环。根据最新数据,中国的论文发表总量已经达到世界前十位,但是其影响因子却在世界百名以外,此外,我国的科研成果的转化率仍然低于10%。这些都无形造成了大量资源浪费。

三是高校“重科研，轻教育”。目前国内多数一流高校纷纷打出“创办国际知名研究性高校”的旗号。试问，如果高校的主要精力都放到了科研上，那么高校“教书育人”的社会职责如何履行，谁又来为我国的未来可持续发展培养输送创新型人才？更糟糕的是，教授纷纷以“科研成果转化”之名“下海”办企业，学生纷纷变相成为导师的廉价劳动力。高校也就不再称之为高校了。

为此建议：

一、研究和设置更加科学的高校教师的评估机制，重视他们的工作环境，让他们能够在更加轻松和愉快的环境下履行他们的教育职责，以及发挥个人的科研创新能力。只有这样才能使“教育”和“科研”真正拥有“人”的基础。

二、对于学术腐败问题，一方面在加大打击力度的同时，从科研的本质特点出发，以更加务实和客观的态度设置和评估科研项目。专家组成员选拔时需要做到更加公平和透明，因此应当考虑一定比例的独立成员，例如聘请相同领域的知名外国专家。还可考虑在学术科研领域试推行学术信用度，并终身陪伴科研工作者。

三、限制高校中“重科研，轻教育”的发展趋势和模式。将高校重新定位到以教育为主，以科研为辅的模式上来。重新研究高校的发展经费来源问题，避免高校不得不通过科研经费来生存的现象。既要解决高校的后顾之忧，同时也要使科研经费能够更有效地使用在科学研究工作中。而对于高校的科研重点，也应以基础研究为主。把应用研究的主要任务放在国家级的科研院所和各个行业的重点企业，以实现更明确的社会分工。

主题词： 教育　改革

提案人： 米烈汉　王二虎　韦　苇

中华人民共和国教育部2011年11月3日以教提案〔2011〕第339号文函复：

米烈汉等委员：

你们提出的《关于高校科研体制改革的提案》收悉。现回复如下：

高校科研体制改革是当前高校科技工作面临的重大问题，其中你们提出的关于学术腐败和科教结合的问题，正是我们目前亟待解决的主要问题。

如你们所言，目前部分高校确实存在“重科研，轻教育”的现象，科研与教学的矛盾日益凸显。如何正确理解二者关系，是解决问题的先决条件。胡锦涛总书记在清华百年校庆上的讲话中强调高等教育是科教第一生产和人才第一资源的重要结合点，并要求“以高水平科学研究支撑高质量高等教育”，进一步明确了二者的关系。科研与教学不能割裂开来，不存在孰轻孰重的问题，没有高水平的科学研究，高质量的高等教育就成了无源之水、无本之木。科研与教学相互激荡、相互促进既是高等教育的突出特点和独特优势，也是保障创新人才培养质量的重要手段。

科教结合不仅是实现创新人才培养的需要，也是构建国家创新体系的新动力，是加强科技创新的源头和基础的重大措施。为加强科技发展与高等教育的有机结合，充分发挥高等学校在国家创新体系建设中的战略作用，科技部、教育部将共同推进科教结合创新行动。通过试点先行、改革创新，深入推进科教结合。以一流的科研能力支撑一流的人才培养，以一流的创新成果支撑教育质量提升，培育一批世界一流学科，建设一批高水平研究型大学、特别是若干世界一流大学，全面推进国家创新体系建设。

我部一直高度重视学风问题，对学术不端行为的态度一直是明确、坚决的，始终要求学校加强教育和管理，健全规章制度，一旦查清问题要严肃处理，决不姑息。

在下一阶段的工作中，我部将进一步加强学风建设，明确学风要求和工作职责，建立科学评价体系，严肃查处学术不端行为，加强学生学风建设，以良好学风支撑人才培养质量和科学研究水平，促进教育质量的全面提高。

特别就您提出的关于设置更加科学的高校教师评估体系的问题，我部正着手拟定方案。改进教育行政部门的科研管理方式。通过政策措施引导和计划项目牵引，引导高校更加关注科研工作的创新和质量。教育行政部门将加强和改进对高校学术指标数据和排名的指导。在各种学术考核评估中，淡化数量指标，提升创新、质量、贡献等指标的权重。引导社会各类高校排行榜更加重视学术研究的创新和质量。

感谢你们对教育事业的关心和支持。欢迎再提宝贵意见。

全国政协十一届四次会议提案第3149号

案　　由:关于加强职业教育与其他教育相互融通的提案

审查意见:建议国务院交由教育部办理

内　　容:近年来国家高度重视发展职业教育。2002年国务院召开全国职业教育工作会议,出台了《国务院关于大力推进职业教育改革与发展的决定》,决定要求"十五"期末中等职业学校面向农村的年招生规模达到350万人,面向西部地区的年招生规模达到120万人,为农村和西部地区培养留得住、用得上的实用人才。2005年国务院再次召开全国职业教育工作会议,并下发了《关于大力发展职业教育的决定》,决定明确职业教育的发展目标是:到2010年中等职业教育招生规模达到800万人,与普通高中招生规模大体相当。"十一五"期间为社会输送2500多万名中等职业学校毕业生,1100多万名高等职业院校毕业生。国家提出的这一职业教育发展目标在2009年得到了全面实现,2009年中职招生数达到860万人,中职在校生数达到2100万人,中职规模与普通高中规模实现大体相当并略高于普通高中。

但是近年来频繁爆发的"用工荒"现象表明,我国适应经济社会发展与产业结构调整需要的技能型人才仍然严重不足。这里面既有总量性不足的因素,也有结构性不足的因素,其中就业能力与岗位需求不相匹配引发的结构性不足的问题更为严峻。

导致结构性不足的原因有以下几点:一是我国基础教育采取升学教育模式,大多服务于中考,在现有的教育教学内容中,与中考相关的科目是主科,而与中考无关的科目则往往被忽视,在9年的时间里,学生基本没有生活教育、技能教育的教育经历。二是我国在高中阶段采取普通教育和中职教育“分流”，导致职业教育被认为是低人一等的教育。三是由于教师和学生对职业教育的认同度低，加上监管缺位，一些地区的职业教育也存在“空心化”的问题，即学生规模上去了，但专业技能仍然匮乏。这些问题综合起来的结果是：没有考上大学的普通高中学生毫无专业技能，进入职业教育的学生也有相当一部分人对职业生涯存在困惑。

《国家中长期教育改革和发展规划纲要(2010—2020年)》强调，坚持以人为本、全面素质教育是教育改革发展的战略主题。这要求我们对传统的发展职业教育的模式进行反思，在保证职业教育的合理比例的同时，更要注重将职业教育的内容融入到其他类型的教育中，与其他类型的教育并行。即不是单纯地扩大职业教育规模，而是应该在基础教育中将职业启蒙教育作为学生必修的内容，在高等教育中开设职业教育与普通教育学分互认的课程。尤其是在基础教育阶段，需要打破当下的升学教育模式，重视学生技能培养。

在这方面国外已有先进的经验。美国于1989年发布了《国家职业发展指导方针》，规定所有的六周岁适龄儿童，自上小学时起就要开始接受与就业相关的12种能力，近70项指标的训练，让学生对自己的兴趣、专长、特点、能力等进行“自我认识”。英国在1986年建立了国家职业资格制度，职业资格证书和普通教育的文凭、证书相对应，可与普通教育高级证书一样，成为进入大学的资格证书。这种国家职业资格制度的实施，在很大程度上促进了英国职业教育的发展。由于职业资格证书与普通教育证书的相通性，持职业资格证书可以进入高等院校深造，从而大大提高了职业教育对青年人的吸引力。

加强职业教育与其他教育融通已经成为我国全面实施素质教育。推进我国从教育大国走向教育强国的重要历史任务，为此建议：

一、加快基础教育阶段的课程改革，将劳动技能课、职业生涯规划课等职业启蒙教育的课程纳入其中，并建立课程实施情况考评机制，切实推进课程改革的落实。

二、尽快建立普通教育与职业教育之间的学分认证制度，搭建普职融通的“立交桥”，促进学生在两类教育中自由流动。

三、加快发展本科层次乃至专业硕士层次的上升渠道,形成中职→专科→职业技术本科→职业技术硕士的贯通的完整的职业教育体系。

主题词： **职教 发展**
提案人： 王 欣

中华人民共和国教育部2011年9月19日以教提案〔2011〕第44号文函复：

王欣委员：

您提出的《关于加强职业教育与其他教育相互融通的提案》收悉。现答复如下：

一、坚持以人为本、全面实施素质教育是教育改革发展的战略主题,是贯彻党的教育方针的时代要求。《教育规划纲要》明确提出,“鼓励有条件的普通高中根据需要适当增加职业教育的教学内容。探索综合高中发展模式。采取多种方式,为在校生和未升学毕业生提供职业教育”。目前我部正在研究推进中等和高等职业教育协调发展的指导意见,将对职业教育渗透到基础教育、丰富学生的发展途径加以研究。我们将鼓励有条件的普通高中适当增加职业教育课程,采取多种方式为在校生提供职业教育。

二、关于建立“普通教育与职业教育之间的学分认证制度,搭建普职融通的‘立交桥’,促进学生在两类教育中自由流动”的建议,我们认为,一是学分互认是学校与学校之间的相互认证行为,属于学校办学自主权范畴,有关学校可以进行有关的研究与探索;二是职业教育与普通本科教育的人才培养目标定位不同,人才培养模式和课程体系有差别,不是简单的对应关系;三是在某种程度上职业教育是就业教育，必须坚持以就业为导向，我们鼓励职业学校毕业生先就业，在岗位上通过继续教育的渠道继续深造；四是我国成人教育不断发展，目前职业教育毕业生通过成人教育接受本科教育和研究生教育的渠道是畅通的。今后我们将按照《教育规划纲要》的要求，进一步研究完善职业学校毕业生直接升学的制度，拓宽毕业生继续学习的渠道。

三、随着我国经济社会的发展，社会分工专业化程度日益提高，对应用型人才的需求呈现多层次、多规格的特点。我们正在加快完善硕士、博士层次专业学位教育体系，以满足经济社会发展对高层次、应用型专门人才的迫切需求。从国内外高等教育发展情况来看，职业教育与专业学位教育都属于应用型人才培养体系，但职业教育注重技能应用，专业学位注重专业与知识应用。他们是我国应用型专门人才培养体系不同层级的教育体系，我们将对其间的衔接沟通开展研究。

感谢您对职业教育工作的关心和支持。

全国政协十一届四次会议提案第3482号

案　　由:关于教育兴国须严惩学术腐败的提案

审查意见:建议国务院交由教育部办理

内　　容:十年树木,百年树人。学术腐败对社会有深远的消极影响,毒害下一代青年学生的良知,摧毁社会对教育界的期望、民族的价值观,甚至会动摇国家的根本。学术腐败和学术不端行为的泛滥,成为近年内地学术界的热门话题,对此国内外媒体曾发表过大量报道,揭露时见的从院士到大学校长、教授剽窃、抄袭造假的现象,可见向来被视为象牙塔的学术界也不再是一块净土,学术风气极待整肃。

实际上学术腐败所造成的危害,比其他领域的腐败后果更为严重,它破坏公平竞争规则,败坏社会风气,严重伤害我们的民族诚信、道德精神和科学精神,扼杀学术公信力、创新力,最终使社会对科学研究丧失信任,直接损害国家、民族的根本利益。究其原因,有如下几方面:

一是个人的道德品质问题。学术界人士本应独立自律地潜心做学术研究,但是现在有些学术界人士不再置身于象牙塔,更多的是受到社会的诱惑和浸染,利益的驱使,让他们走下学术的圣坛,广泛地参与到市场经济里。当一个人只把获得利益的多少作为自身的价值标准,把所有东西都纳入商品的轨道时,学术腐败就成了不可避免的事情了。

二是现行的监管力度不够。在我国现行的体制下,想评职称、涨工资、申请科研基金,都必须要有一定数目的论文发表在一定级别的期刊上。部分学者无法在规定的时间内发表规定数量的文章,但为了达到名利双收的目的,他们不惜以身犯险,抄袭、盗窃他人成果、权钱交易找人代写、伪造实验数据等。同时由于国家的监督制度不完善，起到的约束作用有限，甚至出现学校包庇老师抄袭造假等现象，这样做虽然有风险，但是一旦成功就会名利双收，收益相当可观，以致学术腐败的现象愈演愈烈。

三是受社会各种不良思想的影响。改革开放以来，市场经济迅速发展，社会正处于转型和过渡的时期，容易导致人们价值观的偏离。在追求物质的同时，如果没有足够的自我约束力，纯粹的物质追求会使人不择手段地进行各种活动和交易，这也是社会上出现各种腐败行为的原因。学术界也是社会的一部分，学术界的人也是社会人，社会上的不良思想必然会影响到他们。随着社会上各种不良思想和腐败现象的产生，学术界也难以置身事外。

为此建议：

一、加强学术道德和学术规范教育，建立有效的奖惩制度

在当今信息化和数码技术时代，知识生产的速度日益加快。如没有严格的发表制度把关和评估机构的监管，学术成果产出程序中的种种弊端就难以避免。为避免这一可怕的结果，迫切需要加强学术道德和学术规范教育，同时建立切实有效的奖惩制度。

二、减少学术运作中的政府行为，保证学术的自主发展

在观念上要淡化学术运作中的官本位意识，使政学分开，逐步实现学术自治和学术运作的独立。在学术领域，政府应在大方向上把握学术的发展，用社会发展的需要和国家的方针、政策引导学术界，用学术道德督责学术界，用法律手段约束学术界，而不需要用行政手段来管理学术，学术的事应该交给学术界和学者自己去管。让大学和学术机构逐步走向法人化，校长和各级机构主管由民主选举产生，主要负责行政事务，而学术问题由专家组成的学术委员会负责，行政和学术分道而治，互相监督，这样就可以大大减少行政权力转化为资源和利益的腐败行为。

三、加强法律约束和舆论监督，开展有效的学术评审，形成严肃的学术风气

学术作为社会文化生产活动的一部分，应该像其他经济行为一样

受到法律的约束。学术资源的配置、使用和效益也应该具有透明度，处于社会舆论的监督之下。而在学术界内部，则需要开展有效的学术评审。正常的、认真严肃的学术评审是保证学术良性发展的重要机制。学术界应逐步形成一个宽容、开放而又严肃、认真和习惯于正常的商榷、争论和反驳的评审环境，使真正有价值的成果受到关注，假大空的学术泡沫受到遣责、得到遏制。什么时候这样的学术环境形成了，学术腐败和学术不端行为即使不能根除，也自然会大大减少。

主题词： 教育　管理

提案人： 王敏贤　戴希立　王　鸣　邓兆棠　卢文端　冯华健　吕明华　庄启程　刘汉铨　刘诗昆　汤伟奇　苏泽光　李文俊　杨海成　汪明荃　张信刚　张家敏　陈玉书　陈永棋　陈振东　林淑仪　罗祥国　罗康瑞　郑维健　胡经昌　钟瑞明　施祥鹏　郭炳湘　黄守正　黄英豪　梁钦荣　蔡冠深　廖长城　包陪庆　王国强

中华人民共和国教育部2011年9月19日以教提案〔2011〕第47号文函复：

王敏贤等委员：

你们提出的《关于教育兴国须严惩学术腐败的提案》收悉。现答复如下：

贯彻落实《国家中长期教育改革和发展规划纲要（2010—2020年）》，实施科教兴国和人才强国战略，建设高等教育强国和人力资源强国，要求我们必须把工作重点放在全面提高人才培养质量上，以高水平的科学研究支撑高质量的高等教育。科学研究是以诚实守信为基础的事业，加强科研诚信建设、严惩学术不端行为，既是推动科学事业健康发展的必然要求，也是全面提高高等教育质量的根本保证。

我部历来高度重视高校科研诚信和学风建设，旗帜鲜明地反对任何形式的学术不端行为，积极采取有效措施，促进优良学风的形成。在组织建设方面，成立了教育部学风建设协调小组，负责宏观指导和协调推进高校加强学术道德和学风建设；成立了教育部学风建设委员会，充分发挥专家在高校学风建设中的重要作用。在制度建设方面，出台了《高等学校哲学社会科学研究学术规范》、《关于树立社会主义荣辱观进一步加强学术道德建设的意见》、《关于在学位授予工作中加强学术道德和学术规范建设的意见》等文件，为高校推进科研诚信建设工作提供了依据。特别是2009年印发的《关于严肃处理高等学校学术不端行为的通知》，明确规定高校对本校学术不端行为的查处负有直接责任，要求各地各高校建立健全处理学术不端行为的工作机制。通过采取坚决有力的措施，优化了学术环境，促进了优良学风的形成，为学术创新与发展提供了根本保证。

客观地说，高校的学术风气总体上是好的，广大教师爱岗敬业、教书育人，潜心研究、献身科学，为科教兴国和创新型国家建设做出了重大贡献。但是在社会深刻转型过程中，高校理论脱离实际、粗制滥造的浮躁之风有所抬头，抄袭剽窃、伪造数据、篡改事实的学术不端行为时有发生，严重败坏了学术风气，损害了高校和学者的声誉，造成了恶劣的社会影响，引起社会舆论和学界的广泛关注，必须坚决予以制止。

加强科研诚信建设、惩治和预防学术不端行为，是一项艰巨、复杂而又紧迫的任务。今后我部将按照标本兼治、综合治理的原则，着力构建教育、制度、监督、查处相结合的学风建设工作体系。重点做好以下工作：一是建立科研诚信全员教育制度。将科学伦理、学术规范纳入大学生、研究生课程教材体系，纳入教学科研人员职业培训体系，不断提升广大师生的科学道德素质和诚信意识。二是加强制度建设。制定印发关于进一步加强和改进教育系统学风建设、改进科研评价的文件，引导高校更加关注科研工作的创新和质量。三是建立健全监督约束机制。建立独立客观的学术监督机制，健全同行评议和同行监督机制;建立科研项目、学术奖励、职称评聘的信息公开、结果公示制度,增加公开性和透明度,自觉接受群众监督。四是坚持“出重拳、零容忍”,严肃查处学术不端行为。五是深化高校科研管理体制改革。充分发挥学术委员会在学科建设、学术评价和学术发展中的重要作用。探索教授治学的有效途径,充分发挥教授在教学、学术研究和学校管理中的作用。

衷心感谢你们对我部工作的大力支持。

全国政协十一届四次会议提案第4071号

案　　由:关于加快发展职业教育、缓解“民工荒”问题的提案

审查意见:建议国务院交由主办单位教育部会同人力资源和社会保障部办理

内　　容:随着产业结构的调整,技能型人才的需求愈加强烈,我国就业市场内部结构性失衡也会更加明显。从年初以来,由南至北的“民工荒”愈演愈烈,给企业生产经营带来了巨大影响。与此同时,大学生就业难的问题也丝毫不见缓解,亦呈愈演愈烈之势。

目前在外出打工的1.5亿农民工中,出生于20世纪80年代以后的“新生代农民工”占到60%。尽管他们受教育年限比他们的父兄普遍要长,但从接受教育的内容来看,绝大多数人仍停留在义务教育和普通高中教育阶段,而接受过专业技术教育培训的比重尚不足四成,大多数只能从事低端岗位的初级劳动。缺乏专业技能成为他们顺利就业的一大障碍。因此对部分“新生代农民工”而言,加强自身技术培训、增加就业竞争能力和社会适应能力是当务之急。

2010年应届毕业生规模是本世纪初的6倍,2011年高校毕业生人数为660万人,“十二五”时期应届毕业生年平均规模将达到近700万人。他们分布于相对中高端的设计、销售、服务等环节,从事专业技术工作的则相对较少。

因此大力发展职业教育培训也许正是缓解“用工荒”与“就业难”的好办法,这需要学校、企业与政府三方合力。由于技能型人才培养与市场需求的最终匹配需要较长时间,可以预见,“用工荒”与“就业难”的现象短期内都无法解决,还将长期存在,而这也给职业培训的发展提供了难得的机遇,提出了更高的要求。

目前职业教育人才培养定位过低。很多中职学校往往将毕业生“一送了之”,而这些毕业生也只能从事技能要求低、劳动强度高、机械单调的流水线低层次劳动,事实上成为与农民工抢“饭碗”的尴尬一族。因为不担心学生的就业问题,很多学校也就顾不上重视质量。而没有过硬的质量和技能,学生的就业层次也就无法提高。

为此建议:

一、国家应进一步加大对职业教育的扶持力度。当前企业正面临转型升级的时刻,大量的农民工和企业低端岗位的工人亟需接受培训以提升技能。新一轮的产业结构调整箭在弦上,中国劳动力的整体结构将由以往上小下大、低技能低学历劳动力居多的“金字塔形”,向中央大两头小、蓝领灰领人才需求量大增的“橄榄形”转变。届时企业将不再需要大批综合素质要求不高的工人从事简单、机械、程序化的操作性工作,这就要求职业学校必须将办学目标定位在“蓝领”人才的培养上,调整课程、设备与师资,以适应产业结构调整对技能型人才的需求。

二、政府应参与职业培训体系质量保障和开发、课程设置、考试规则制订和核心教材认证、推动创新等,应针对不同的工种,制定统一的验收标准和财政补贴标准,引导职业培训以“质量”为主导。随着劳动力市场由买方市场向卖方市场的转变,培训应充分尊重农民工的自主权,以经济发展需要和农民工的需要为导向,提高培训的针对性。

三、密切校企合作,大力推进校企合作、工学结合的培养模式。让企业参与决定学校的教学和考试内容,让企业资深人力资源总监、职业规划师等参与学生的职业咨询、就业指导、面试技巧等方面的培训。职业教育可实行弹性学习制度,鼓励实行学分制和选修制,健全半工半读制度,推行订单培养和创业培训,把招生与就业紧密结合起来。同时企业应为学生提供更多的实习机会,培养更多的技能型人才。

四、将职业教育与移民扶贫相结合。对偏远山区年龄在18—50岁间的人口,为其提供一定的职业技能培训,通过政府组织、中介搭台、能人带动和自主赴外就业谋生,参与城市化建设,并定居集镇

(乡),促进城镇化发展。这样,在农民增收致富的同时加快了城镇化建设,也充分利用了集镇原有的公共基础设施,在一定范围内基本实现公共服务均等化,有力地促进均衡发展。

主题词: **职教 发展**

提案人: 刘金虎

中华人民共和国教育部2011年9月19日以教提案〔2011〕第30号文函复:

刘金虎委员:

您提出的《关于加快发展职业教育、缓解“民工荒”问题的提案》收悉。现答复如下:

近年我国大力发展职业教育,各地各部门按照党中央、国务院的要求,坚持“以服务为宗旨、以就业为导向”的办学方针,不断深化改革创新,质量和效益明显提高,服务社会经济发展的能力显著增强。

一、扩大技能型人才培养规模

2010年中等职业教育完成招生约868万人,中等职业教育招生规模超过普通高中教育。高等职业院校年招生规模超过300万人,在校生达到900多万人,高等职业院校招生规模占到了普通高等院校招生规模的一半,推进了技能型人才的培养。2009年教育系统共开展农村劳动力转移培训4249.31万人次,其中引导性培训1885.61万人次,占培训总人数的44.37%;技能性培训1564.46万人次,占培训总人数的36.82%,转移后(进城农民工)培训791.62万人次,占培训总人数的18.81%。

二、推进职业教育扶贫

2010年中等职业教育免学费政策覆盖范围进一步扩大。2009年秋季，中等职业教育免学费政策惠及农村家庭经济困难学生和涉农专业学生，2010年秋季学期起，国家将中等职业学校城市家庭经济困难学生也纳入免学费政策范围，吸引更多学生和社会青年接受职业教育，受助学生人数由2009年的426万人增加至440万人，约占中等职业学校全日制在校生总数的22%，免学费金额约88亿元，其中中央财政投入43.2亿元。资助政策体系的不断完善，有力地促进了教育公平和社会公平，为普及和巩固九年义务教育、大力发展职业教育、推动人力资源强国建设发挥了重要作用。

开展贫困地区劳动力职业技能培训。2010年全国教育系统共开展农村劳动力转移和农民工等技能培训约1500万人次、农村实用技术培训约3800万人次，其中包括了一大批来自贫困地区的富余劳动力和在乡农民。为提高贫困地区农村富余劳动力转产转业能力、增强在乡农民脱贫致富能力改善贫困地区民生作出了贡献。

三、改革创新，提升职业教育服务能力

改革招生教学模式。教育部指导各地通过合作办学、送教下乡、送教下矿等形式，充分开发利用东部地区和城市职业院校的优质教育资源，提升职业教育整体培养能力。力求通过3—5年的学历教育，提高西部地区、农村地区人口的生产技术水平、经营管理能力和思想道德水平，为转方式、调结构、城镇化建设以及社会主义新农村建设培养有文化、懂技术、会管理的合格公民和现代技术工人。2010年河北省“送教下乡”，中职招生招收农民近10万人，占中职生的比例近25%，有力地支持了当地新农村建设。

强化实习环节。2010年3月教育部出台《教育部办公厅关于应对企业技工荒进一步做好中等职业学校学生实习工作的通知》，加强并规范中等职业学校学生顶岗实习管理工作，切实提高中等职业教育人才培养质量，积极应对当前我国部分地区出现的技术工人短缺问题。

实施职业教育改革创新项目计划。2010年11月教育部出台《中等职业教育改革创新行动计划（2010—2012年）》，针对职业教育发展中的问题作出整体规划，坚持育人为本，以教产合作、校企一体和工学结合为改革方向，推动职业教育改革创新，提升服务国家发展和改善民生的各项能力。2010年教育部、人力资源和社会保障部和财政部为提高技能型人才培养质量，启动实施《国家中等职业教育改革发展示范学校建设项目计划》，计划实施以来深化了职业教育模式改革，推进了职业教育机制创新，促进了职业教育教学与生产实践相结合，提高了职业教育服务社会经济发展、产业建设的能力。

今后我们将进一步健全县域职业教育培训网络，加快发展面向农村的职业教育，完善新生代农民工的教育与培养，加强农村劳动力转移培养培训和农村实用技术培训，积极推进城市与农村、东部与西部多种形式的合作办学，推进校企合作和职业教育集团化办学，努力推动职业教育迈上新台阶，为有效解决“民工荒”问题，建设人力资源强国作出更大贡献。

感谢您对教育工作的关心和支持，欢迎再提宝贵意见。

全国政协十一届四次会议提案第0037号

案　　由:关于促进专利产业化的提案

审查意见:建议国务院交由主办单位国家知识产权局会同科技部办理

内　　容:经过多年不懈的努力,我国知识产权法律法规体系已经基本建成并与世界接轨,专利申请量和授权量增长速度迅猛,我国已经成为世界知识产权大国。但专利产业化率却较低,仅约5%左右,而发达国家则为80%左右。

一、制约我国专利产业化的问题

1. 企业尚未成为技术创新与专利产业化的主体。企业本身的R&D经费(全国科学研究与试验发展经费)投入严重不足,在发达国家,经费的绝大部分来源于企业(70%)。在我国,企业虽已经成为R&D经费的最主要的来源(42.6%),但优势并不明显。我国的企业还没有成为科技创新的主体,企业的自主创新能力薄弱。在市场经济比较成熟的国家,企业的科技活动投入一般占全国的70%—80%,我国与之相差甚远。

2. R&D投入不足与结构失调。一是研发经费与国内生产总值之比(R&D/GDP)过低。知识产权研究与开发经费的总量数据和结构数据是分析与评价一国技术创新规模、运行状况与发展趋势的主要指标。但是我国R&D经费占GDP的比重长期维持在0.65%—0.83%的低水平。二是R&D经费执行结构不合理。在经济发达国家,企业都是最主要的R&D经费执行部门,表明企业在这些国家中是知识产权研究与开发活动的主要执行者,也是技术创新活动的主体。而从我国的情况看,基本上是一种企业与研究机构并重的格局,这两大部门经费占了我国知识产权研究与开发总经费的绝大部分。从R&D经费在各个研究类型的分布看,在我国的基础研究、应用研究、实验开发经费占全部R&D经费的比重分别为5.2%、22.6%和72.1%。这一数据与发达国家相比,可以发现我国在基础研究方面的投入比重较低,发达国家在这方面的投入一般达到15%—25%左右,而且我国在应用研究方面的投入也不足。主要原因是实验开发方面所占的比重过大,达到70%以上,从而导致这方面投入所产生的技术成果停留于实验室阶段,未能及时进行产业化。

3. 我国专利质量不高,限制了专利的实施。我国的专利质量不高主要体现在:发明专利数量较少,原创性发明专利数量更少;专利技术的严谨性和成熟度较低。这些都影响和限制专利的实施和产业化。

4. 专利产业化缺乏足够的利益驱动。作为政府R&D经费的投入者,其利益所在是完成规划和职责;作为研究机构,其利益是通过立项向政府部门申请资金同时设立专门部门进行项目的研究与开发工作,最后以成果的鉴定与评奖为目标;作为高校,其利益是通过自行申报或与其他机构合作进行研究与开发工作,从而获取研究经费。显然这三者都不存在使他们进行专利产业化的利益驱动。

5. 专利实施渠道不畅,技术市场不健全。专利信息平台还未大规模建立起来,缺少较完善的中介服务机构和体制。专利权人自己寻找生产厂家往往有一定的困难,而社会上的一些中介机构的不规范经营,阻碍了专利技术的市场化。

二、促进我国专利产业化的建议与对策

如何合理地解决专利产业化成为当务之急,这直接决定着我国专利产业化水平能否达到一个更高的层次。针对这些问题提出以下建议和对策:

1. 建立专利产业化基地。专利产业化基地是政府部门为促进专利成果规模转化利用,通过政策扶持、法律规范,并经命名认定而建立的专利技术成果商品化、市场化、产业化的基地。

2. 面对专利实施渠道不畅、技术市场不健全的问题,国家已经采取了一些措施来促进专利交易的进行,如建立知识产权贸易网、建立

知识产权交易中心等。除此之外,以下措施也是必要的:

(1)建立和完善知识产权评估体系。成立知识产权评估机构,建立评估制度和标准,建设知识产权评估专家库,培养成熟知识产权评估执业主体。

(2)健全专利转化中介服务机构。一是以专利代理机构为依托,成立专利实施与产业化服务部门,切实做好专利代理、专利诉讼、专利转化等一条龙服务体系。二是建立专利转化中介服务资质认证。

(3)建立专利技术经纪人职业。培养专利技术交易和产业化的专业经纪人,通过专业执业人员的中介服务,健全和推动专利技术转化交易市场的建立。

3. 积极推进产学研联盟的建立,同时加强和完善知识产权立法,明确科技成果的产权归属。政府应促进建立以企业为主体、高等学校和科研机构参与的产学研联合体,形成优势互补、利益共享和风险共担的运行机制。对企业、行业协会和高等学校共同建设、培育并达到较高水平的产学研基地,给予财政资金支持和奖励。以达到鼓励政府、企业、高校及科研单位实施专利的积极性。

主题词: 专利 产业

提案人: 杜黎明

国家知识产权局2011年6月29日以国知发办函字〔2011〕142号文函复:

杜黎明委员:

您提出的《关于促进专利产业化的提案》收悉。促进专利产业化十分重要,为此我局和科技部均对提案进行了认真研究,现综合科技部意见答复如下:

一、我国专利产业化环境现状

1. R&D 经费投入与结构

近年来国家财政科技拨款持续快速增长，2010 年达到 3800 亿元，是 2005 年的近 3 倍，其中中央财政超过 1800 亿元，中央与地方的占比基本持平。全国科学研究与试验发展（R&D）经费保持年均 20%以上的增长速度，2010 年接近 7000 亿元，R&D 经费与 GDP 的比值从 2005 年的 1.32% 提高接近 1.8%。其中企业 R&D 经费支出和 R&D 人员占全社会的比重保持在 70% 左右。同时不断优化财政科技投入结构，对基础研究、前沿技术研究、社会公益研究、重大共性关键技术研发的支持力度逐年加大，2010 年国家重点基础研究计划和国家自然科学基金预算大幅提高，分别达到 30 亿元和 82 亿元，国家重点实验室和部门属公益性科研机构稳定支持力度持续增强。

2. 已逐步建立以企业为主体、产学研相结合的技术创新体系

2007 年修订的《科学技术进步法》明确规定了将财政性科技计划项目产生的知识产权授予项目承担者，鼓励其依法取得和有效运用，从而进一步激励了项目承担者的发明创造精神和知识产权保护的积极性。同时把建立以企业为主体、市场为导向、产学研相结合的技术创新体系作为国家创新体系建设的突破口，强化了对企业技术创新的扶持。一是企业开发新技术、新产品、新工艺发生的研究开发费用，可以按照国家有关规定税前列支并加计扣除；二是建立科技型中小企业创新基金，扶持中小企业科技创新；二是通过设立创业投资引导基金、支持符合条件的高新技术企业上市等多种渠道，为企业技术创新提供投融资保障；四是将创新投入、创新能力建设、创新成效等情况纳入国有企业负责人业绩考核范围，激发国有企业的创新动力。

在下一步的工作中，科技部将根据《科技进步法》规定的基本原则和基础性制度，对照科技事业发展的制度需要和科技工作的规范化要求，有计划、有重点地开展配套制度的研究和制定，从法律、法规、规章和政策等多层次细化和落实相关配套制度体系。同时进一步整合资源，积极搭建面向中小企业的技术服务平台，对企业创新能力建设分类指导和支持，加快技术创新体系建设。

二、关于促进我国专利产业化

1. 建立专利产业化基地

为促进我国自主知识产权的商品化、市场化、产业化，提高企业创新能力，知识产权局自2003年开始实施国家专利产业化推进工程。目前已批准建立21个国家专利产业化试点基地，同时引导和支持各省市知识产权局组织建立了一批本地的专利产业化基地。为了进一步加强国家专利产业化基地建设及其规范化管理，今年知识产权局将出台《国家专利产业化基地管理办法》，根据该办法，知识产权局将扶持建立一批重点支持国家战略性新兴产业的国家专利产业化基地，逐步形成产业化基地品牌，整体提升我国行业综合竞争实力，充分发挥专利技术在产业结构优化升级中的带动促进作用。

2. 建立和完善知识产权评估体系

加强知识产权资产评估体系建设是完善知识产权融资配套机制的重要方面。自2006年起知识产权局实施了知识产权资产评估促进工程，从知识产权资产评估应用课题研究、人才队伍建设、评估准则建设及数据信息系统建设、国外评估研究成果引进、政策宣讲、项目需求调查等多方面大力推进知识产权价值评估体系建设。2008年知识产权局会同财政部指导中国资产评估协会出台了《资产评估准则——无形资产》和《专利资产评估指导意见》，对规范注册资产评估师开展无形资产评估业务、维护社会公共利益和各方当事人合法权益起到了积极的推动作用。2010年知识产权局委托北京等17个省（区、市）、广州等8个中心城市参与实施地方知识产权资产评估推进工程，开展知识产权资产评估业务培训，举办大型项目推介和服务对接会，积极发挥知识产权资产评估工作对促进专利转移转化的重要作用。

下一步知识产权局将会同有关部门加强对知识产权评估行业的管理，规范评估制度，优化评估标准，充分发挥评估对知识产权的价值发现及量化作用，加强知识产权投融资服务机制建设，积极推动资产评估、融资推介等促进专利转移转化的专业化服务、分析研究和市场交易平台建设，向全国推广各试点地区和园区的创新融资模式，进一步推动科技成果的转移转化。

3. 健全专利转化中介服务枳构

为配合《国家知识产权战略纲要》制定实施，推动全国专利技术市场的健康快速有序发展，知识产权局于2006年2月开始实施全国专利技术展示交易平台计划，有效服务于专利技术转移、转化与实施，加速专利技术的商品化和产业化，促进我国自主知识产权产品、产业和企业的形成与发展，并确定了41家“国家专利技术展示交易中心”。按照全国专利技术展示交易平台计划的总体目标，已在全国部分具备条件的城市建立起区域性专利技术展示交易中心，形成了一个高诚信和低成本的全国专利技术展示交易服务体系。

2007年12月，为促进知识产权交易市场规范发展，构建多层次的知识产权交易市场体系，发展改革委、财政部、科技部、工商总局、版权局、知识产权局在对部分省市产权交易市场调研的基础上，按照国务院要求联合制定了《建立和完善知识产权交易市场的指导意见》，逐步构建以重点区域知识产权交易市场为主导，各类分支交易市场为基础，专业知识产权市场为补充，各类专业中介组织广泛参与，与国际惯例接轨，布局合理，功能齐备，充满活力的多层次知识产权交易市场体系。

4. 建立专利技术经纪人职业

按照《建立和完善知识产权交易市场的指导意见》，首先根据业务特点选择服务好、信誉高、能力强的交易中介为指定服务机构，进场从事交易服务。而后整合各类中介服务资源，积极发展技术中介、咨询、经纪、信息、专利技术评估、风险（创业）投资、产权交易等中介服务机构，为专利技术顺畅交易提供支撑，逐步形成以专利技术交易机构为主，产权代理机构、会计师事务所、律师事务所、风险（创业）投资公司、资产评估机构等相配套的服务体系和协调机制。此外就是加强市场中介服务机构规范管理，提高执业水平和服务能力。通过政策法规、执业能力培训及多种形式的业务交流，提高市场从业人员的专业素养和操作能力，培养一支多专业、懂法律、善经营的专利经纪人队伍，建立相应的考评制度。

5. 积极指导企业建立专利联盟

2009年科技部与财政部、教育部、国资委、全国总工会、国家开发银行联合实施了国家技术创新工程,围绕振兴重点产业和培育战略性新兴产业,在相关科技领域全面部署,推动构建了汽车轻量化、数控机床高速精密化、抗生素、半导体照明、长风开放软件、杂交水稻、大豆深加工等一批产业技术创新战略联盟。通过组织联盟承担国家科技重大专项和国家科技计划重大任务,引导联盟成员根据产业技术创新链分工合作开展研究开发,探索开展合作研究的知识产权管理模式。鼓励企业与科研机构、高等院校开展以知识产权为目标的产学研合作,加速知识产权的创造和应用,进一步探索有利于产业技术开发和应用的研发组织模式。一批联盟获得支撑计划、863 计划经费的支持,突破了一批产业发展的重要关键技术,目前已认定联盟试点 56 个。

今年知识产权局将组织引导行业优势企业建立专利联盟,形成引导支持行业协会、产业基地形成专利联盟的相关政策。为了促进战略性新兴产业的健康发展,知识产权局将出台支持战略性新兴产业专利联盟的相关政策文件,并支持智能卡、云计算、太阳能发电等具有代表性的专利联盟企业开展共同信息利用、行业纠纷处理、专利经营等,将联盟建设成为推动行业转型升级的主要力量。

感谢您对知识产权工作的关心,希望您继续关注我国知识产权事业的发展,提出宝贵的意见建议。

全国政协十一届四次会议提案第1708号

案　　由:关于加速提升我国清洁能源核心技术创新及应用能力的提案

审查意见:建议国务院交由主办单位国家能源局会同科技部办理

内　　容:在国家有关政策的大力扶植下,我国清洁能源取得了举世瞩目的发展。2010年核电装机容量达到1,080万千瓦,同比增长18.9%,在建容量3,087万千瓦,在建规模世界第一;风电并网装机容量达到3,107万千瓦,连续5年实现翻番,仅次于美国,居全球第二;生物质发电装机约550万千瓦;太阳能发电装机容量达到70万千瓦。同时参与清洁能源发展的投资主体呈现多元化,境内外资本市场也表现出了极大的关注和热情。2010年我国风电总投资额高达近3000亿元人民币。

但是在蓬勃发展的胜景之下,我国的清洁能源仍然存在着一些制约其可持续发展的问题,特别表现在缺乏核心技术,应用效率较低等方面。主要有:

一、我国清洁能源的发展过度依赖国外,产业安全程度亟待提高。一方面,我国清洁能源的核心技术和主要销售,目前非常依赖国外市场。一些关键零部件、材料依靠进口,核心的关键技术尚处在引进消化、联合设计的阶段,缺少自主的知识产权。而且由于国内在清洁能源应用运营方面过度追求低成本,甚至出现一些不计成本的恶性竞争,这就导致了清洁能源产业仍然在走“来料加工组装”的劳动密集型低价竞争的老路子,产品销路更多倾向于优先供应国外市场。

另一方面,清洁能源在大规模发展的同时,安全体系建设、专业人才储备以及与传统能源系统之间的协调优化等相关的配套却严重落后,给清洁能源整个产业安全造成了更大的潜在风险。特别是由于核电国家规划目标的提高,多个内陆省区纷纷提出了本地的核电大幅规划,一个省甚至出现十几个核电项目的规划。一旦在核安全方面出现问题,将会造成不可预估的灾害。

二、我国清洁新型能源的应用效率偏低,未创造出相应的产业价值。以技术和应用相对成熟的风电为例,截止到2010年年底,我国风电的吊装容量为4182.7万千瓦,而并网容量仅为3107万千瓦,未并网容量比例为25.72%,远落后于国际先进水平的10%以下。同时风电的发电量为450亿千瓦时,平均利用小时数为1448小时,低于2009年风电平均利用小时数1668小时,更远低于规划中的年平均等效满负荷利用小时数2200小时,等效利用系数仅为65.82%。

这种应用效率的偏低,一方面是由于清洁能源发电机组的单机功率偏低,转换效率偏低,而且整机系统质量稳定性差,相关技术检测、售后检修等非常不完善,清洁能源发电运行的可靠性受到很大影响。另一方面是由于发电配套设施的规划建设落后,无法接入当地电网系统、参与远程供电,而且也缺乏相应的储能系统,无法“就地消化”,“发得出电”,但“送不出电”,也“用不了电”。

三、我国清洁能源的“污染问题”应受到重视,生态环保成本与代价需要慎重计算。由于技术水平的局限,清洁能源生产与应用也存在着“不清洁”的问题。一是清洁能源的设备制造方面,很多都属于高耗能、高污染的行业,例如生产多晶硅的同时就会产生有毒气体,污染严重。二是清洁能源的应用运营方面,国土资源的过度占用、噪音、辐射的污染等问题,都会造成清洁能源的“清洁度”大打折扣。

我认为我国清洁能源产业的可持续发展,需要根据国情和资源条件,加大产业管理协调和资金人才等投入力度,在核心技术及应用上加速推进。为此建议:

一、首先要尽快制定国家层面的清洁能源技术创新规划,提高我国在一些核心关键技术的创新力度,包括设立清洁能源的国家公共研发中心、测试中心及产业科技园,实现产学研有效衔接,保证我国在清洁能源竞争领域的战略制高点。其次,要使用多种优惠措施,鼓励企业积极加大技术创新,包括以技术为重点的财政补贴、优惠贷款、税收减免等。另外,严格实施清洁能源领域的环保和技术准入标准,并扩大完善清洁能源生产、应用的环保生态监测系统。

二、在制定清洁能源项目规划的同时,要出台具体应用的有关指导意见。加大对提高清洁能源应用效率的有关研究,在大规模建设清洁能源的同时,从并网配套建设、储能应用、调峰分布式电源建设等多个方面,最大化清洁能源的利用效率。

三、构建我国清洁能源的产业集群,培育清洁能源可持续发展所必需的多个行业相互融合、众多类型机构相互联结的共生体,涵盖竞争企业、供应商、中介机构、用户等,鼓励更多的企业参与到清洁能源的发展中。

主题词:　　能源　创新

提案人:　　李小琳

国家能源局2011年8月19日以国能提案〔2011〕28号文函复:

李小琳委员:

您提出的《关于加速提升我国清洁能源核心技术创新及应用能力的提案》收悉。经商科技部,现答复如下:

积极发展新能源是人类应对气候变化、缓解能源危机的有效手段。目前大力发展低碳经济、节约能源资源、加快发展新能源、减少温室气体排放已成为世界新的经济增长点,也是我国大力发展战略性新兴产业的重要组成内容。近年来在《可再生能源法》及一系列相关政策措施支持下,我国清洁能源和新能源快速发展,已成为能源建设的重要组成部分。

您提出要制定国家层面的清洁能源技术创新规划、实现产学研有效衔接的建议，我们十分赞同。国家十分重视新能源技术创新和提高的研发能力。在《国家中长期科学技术发展规划纲要（2006—2020年）》提出发展“可再生能源”、“先进核能”、“智能电网”等清洁能源技术，科技部通过863计划、国家科技支撑计划，重点支持风力发电技术、太阳能光伏发电技术、先进核燃料技术、智能电网等基础性和关键技术研究。此外还在制定《国家战略性新兴产业发展“十二五”规划》，其中新能源部分描述了各类技术发展路线图，明确了技术研发、产业培育和市场应用等方面的发展重点。国家通过安排专项资金，依托各龙头企业和国内相关科研机构，建立起了6个风电、核电领域的国家级能源研发（实验）机构，形成了国家、企业、科研机构之间资源共享、资金共担的科技投入机制，积极开展清洁能源关键技术创新等基础性研究工作。另外国家还将新能源纳入了高等教育、职业教育和技术培训体系，在华北电力大学、华中理工大学、河海大学等高校设立了相关专业，并依托企业的相关技术培训机构，培养多层次的新能源专业人才，以满足技术创新和产业发展的需要。

关于实行多种优惠措施、鼓励企业积极加大技术创新。为支持新能源产业发展，目前国家通过征收每千瓦时4厘钱的可再生能源电价附加，建立起了可再生能源开发成本的社会分摊机制，并出台了分区域的风电上网电价，对生物质能发电制定了全国统一电价每千瓦时0.75元。除电价政策外，国家实行了多项支持新能源产业发展的财政政策，如促进光伏发电市场应用的“金太阳工程”，对农林废弃物等生物质的能源化高效利用给予财政补助等。在税收方面，国家对风电、太阳能发电及生物质能发电开发企业给予所得税“三免三减”的优惠，对生物质能发电实现增值税即征即退、对风电实行增值税减半征收。国家将新能源和清洁能源技术列入国家重点支持的高新技术领域，对这些领域研发企业的所得税减按15%征收，国家还通过调整重大技术装备进口目录，对企业进口关键零部件、原材料给予免征关税和进口环节增值税的优惠。

关于严格实施清洁能源领域的环保和技术准入标准的建议，我们十分赞同。近几年国家不断加强可再生能源标准化工作，出台了一系列的标准和规范，指导新能源装备的生产。针对当前新能源领域生产环节出现的环境影响问题，国家公布了《关于抑制部分行业产能过剩和重复建设引导产业健康发展若干意见的通知》，强化了多晶硅、风力发电装备等生产环节的环保要求及市场准入技术条件，国家还公布了一系列的风电产业技术标准，建立了风电设备并网检测中心和太阳能光伏产品检测认证中心，加大对可再生能源产品的检测认证力度，以尽快建立适应我国可再生能源发展需要的、完善的标准和检测认证体系。

您提出在制定清洁能源项目规划的同时，出台具体应用的有关指导意见的建议非常重要。目前我局正在起草《可再生能源产业发展指导意见》，针对当前可再生能源产业发展所面临的主要挑战，对各类产业的发展目标、发展方向、重点领域以及有关保障措施，提出了产业发展思路，现在征求有关方面意见。针对当前风电产业所面临的并网运行困难、建设管理不够规范的问题，我们正在研究制定《促进风电产业健康发展的指导意见》，对风电开发模式、配套电网建设、电源结构优化和电力调度运行提出明确的要求，进一步指导风电产业健康发展。

您提出构建我国清洁能源产业集群及培育多个行业相互融合、众多类型机构相互联结共生体的建议，非常具有战略性。新能源和可再生能源一般产业链长，跨领域广，参与部门多，作为新兴的行业，需要在行业发展的开始阶段，就组织起具有行业内具有竞争力和创新能力的机构参与，国家在有关规划和产业指导意见中，也都强调了构建新能源产业集群、从而建立具有竞争力的产业体系的发展思路。

我们将认真研究您的建议，继续完善培育国内清洁能源发展的政策措施，不断推动我国清洁能源技术创新能力的提高，推动我国清洁能源产业有序健康发展。

感谢您对国家能源工作的关心和支持。

全国政协十一届四次会议提案第4057号

案　　由:关于提升知识产权公共服务水平、推动中小企业创新发展的提案

审查意见:建议国务院交由主办单位工业信息部会同国家知识产权局、中国银监会、财政部办理

内　　容:近年来随着创新型国家建设和知识产权战略实施的深入推进,我国中小企业的创新能力和知识产权运用能力有了显著增强。但中小企业在运用知识产权参与市场竞争方面还面临着不少困难与问题,其创新能力和知识产权运用能力仍不能适应我国加快转变经济发展方式的需要。一是企业运用知识产权的意识和能力仍然不足。2009年全国规模以上企业中提出专利申请的仅有5.9%。二是专业人才的规模、水平和结构滞后于发展需要。大多数企业反映知识产权人才非常缺乏,遇到海外诉讼只能请海外律师团队。三是公共管理和服务能力仍然薄弱。知识产权管理机构职能分散、人员短缺,影响了管理和服务的效能,制约了综合、高效的公共服务平台的建设。四是知识产权保护环境尚待优化。知识产权保护力度仍然不够,效率不高。企业往往"赢了官司输了钱",甚至"输了市场",挫伤了企业创新和维权积极性。

总体上看我国中小企业知识产权工作正处在由政府引导、企业被动接受向企业主动、积极探索运用知识产权制度实现创新发展的转变阶段。一些走在前面的企业,有效运用知识产权促进了企业发展,企业对知识产权重要作用认识越来越深刻。企业发展需要政府强有力的指导和引导,需要政府继续加强知识产权基础性工作。随着创新型企业的不断涌现,企业对国际竞争的参与度不断提高,部分知识产权优势企业对高水平知识产权公共管理和服务提出了日益强烈的要求。这就需要我们从提升知识产权公共管理和服务的水平入手,不断拓展管理和服务领域,营造有利于企业创新发展的环境。一方面满足企业日益迫切的普遍性需要,引导更多企业向创新发展的方向上升级转型;另一方面又要切实改善企业运用知识产权制度所需要的高端人才、深加工信息等重要基础性条件;还要有针对性地加强对企业的指导和支持,促进创新型企业的快速发展。

为进一步推动中小企业的创新发展,提出如下建议:

一、加快建立中小企业信息化公共服务平台。政府相关部门应加大投入力度,拓展服务领域,引导企业、科研院所等主体参与基本公共服务平台建设,开发特色服务平台。鼓励社会资本参与平台建设,鼓励中介服务机构为中小企业创新提供服务。鼓励中小企业运用现代信息技术提升管理水平,增强创新能力。加强知识产权公共服务平台建设。

二、切实提升企业知识产权服务水平。请政府相关部门出台税收优惠、风险补偿和奖励等政策,引导各类担保机构积极为中小企业创新、知识产权产业化提供服务。大力推进实施企业知识产权战略,加强和改善知识产权质押融资、投融资服务。探索建立集知识产权行政管理、中介服务、仲裁调解为一体的综合性基层知识产权组织,建立知识产权巡回审判法庭,面向中小企业提供"一站式"服务。培育知识产权中介服务机构,提升服务能力和水平。引导和帮助企业建立行业自律组织和知识产权同盟。设立海外知识产权维权援助基金。

三、进一步加强知识产权人才培养。政府相关部门应着力建立一批重点知识产权学科点。推动建立一批人才培养基地,以培养更多适合企业发展需求的知识产权管理人员。探索建立知识产权专业技术职称制度。建立面向企业的人才培养机制和创新人才激励机制,鼓励中小企业加大知识产权人才培养。

主题词： **知识产权　企业**

提案人： 李玉光

中华人民共和国工业和信息化部2011年8月29日以工信提案〔2011〕72号文函复：

李玉光委员：

您提出的《关于提升知识产权公共服务水平、推动中小企业创新发展的提案》收悉。经商知识产权局、银监会、财政部，现答复如下：

非常赞同您对我国中小企业知识产权工作由政府引导、企业被动接受到企业主动、积极探索运用转变的判断。您的建议抓住了当前影响我国中小企业知识产权水平提升的关键。我国工业法人企业中，小、微型企业占90%以上，它们既是企业中的主体，也是创新的主体。但这些企业受规模影响，在获取信息、技术、资金、人才等创新资源方面处于市场弱势地位。因此加强和改善公共服务，对于提高其技术创新能力和知识产权水平具有至关重要的意义。近年来在加强和改善对中小企业的服务方面，我们与有关部门相互配合，共同推动开展了一些工作。

一、关于加快建立中小企业信息化公共服务平台

1. 加强政策引导。为营造环境、促进中小企业提高信息技术运用水平，2008年我们会同有关部门印发了《关于强化服务促进中小企业信息化的意见》（发改企业〔2008〕647号），明确提出了“支持行业信息化服务平台建设”、“扶持基础性信息资源平台建设，推进中小企业信息服务网络建设，形成宽领域、多层次、多元化的信息服务体系”、“鼓励公共技术平台利用信息技术，为中小企业开展‘专、精、特、新’产品的研发和创新提供服务”等要求。

2. 加大资金扶持。中央财政将中小企业公共服务平台建设作为

支持重点。一是在科技型中小企业技术创新资金中增设公共技术服务业务补助资金,鼓励服务机构为中小企业提供创新资源共享、技术转移等服务。二是采取投资补助方式,支持在中小企业集聚的区域和行业建设公共服务平台,2007—2010 年安排资金 5 亿元,带动社会投资建设了 238 家公共服务平台。20 余个省级财政通过资金支持,推动建立了 1481 个公共服务平台。这批平台在提供研发设计、检验检测、技术推广、产学研合作、技术人才培养以及国内外行业技术和市场信息服务等方面发挥了积极作用。三是为解决中小企业集聚区公共服务平台能力与资源不足问题,2011 年中央财政安排 5 亿元,支持 10 个省、市用三年时间,统筹规划建设省服务平台与所辖主要城市和重点产业集群服务平台互联互通、资源共享的中小企业公共服务平台网络,促进服务资源的优化配置,提升各公共服务平台间的协同服务水平和整体服务能力。

3. 加强工作推动。2005 年以来我们组织实施了中小企业信息化推进工程。一是通过加强服务,提升中小企业信息化水平。金融危机以来,针对中小企业发展面临的突出问题,我们推动实施了以提升管理水平为重点的中小企业健康成长计划和育林计划,以提升市场开拓能力为重点的电子商务服务商支持中小企业发展特别行动计划,以探索解决微型企业融资问题为重点的电子商务信用之星计划等,取得了积极的成效。二是推动建立信息化服务平台。提供行业内信息资源的互通共享服务,集成软件开发商、设备供应商和电信运营商的信息化产品和服务,加大推广宣传,并为中小企业信息化提供系统解决方案,开展“一揽子”服务。三是树立试点示范。组织开展中小企业信息化典型案例解读与专家点评,为中小企业信息化提供参考。引导地方树立信息化示范企业、信息化服务示范单位等,以点带面,推动工作开展。

4. 加强信息服务。一是加大中小企业信息服务系统建设。到目前为止,该系统已经由一个国家总站迅速扩展到全国 47 个省市分站、949 个二级分站。服务功能由政务信息扩大到创业辅导、大学生网上招聘、银河培训、中小企业国际博览会、专精特新产品介绍、管理咨询等各个方面。二是推动建立了中小企业信息化服务体系，建立了覆盖全国的300家信息化辅导站，为中小企业提供信息化咨询诊断、建设方案设计、免费软件试用、人员培训、信息化实施等“一揽子”、“交钥匙”式服务。三是加强知识产权信息服务。工业和信息化部连续12年举办重点技术领域专利态势分析与发布活动，指导企业合理运用专利资源，做好专利分析与预警。知识产权局已完成“国家知识产权基础信息资源和服务系统”和“国家重点发展产业专利信息及技术运用转化平台”重大信息化工程项目规划。2009年发布了《全国专利信息公共服务体系建设规划》，确立了建设1个国家专利数据中心、5个区域和47个地方专利信息服务中心的三级专利信息服务体系框架。2010年已确定了5个区域专利信息服务中心，为47个地方专利信息服务中心配备了世界主要国家专利数据库、专利信息检索分析工具以及硬件设备。

二、关于切实提升企业知识产权服务水平

1.关于出台政策，引导担保机构为中小企业创新和知识产权产业化服务。中央财政自2006年起已实施相应的鼓励政策，采取业务补助、保费补助及资本金投入等方式，支持信用担保机构和再担保机构增强业务能力，扩大中小企业担保业务，降低收费标准。《国务院关于进一步促进中小企业发展的若干意见》（国发〔2009〕36号）进一步强调“落实好对符合条件的中小企业信用担保机构免征营业税、准备金提取和贷偿损失税前扣除的政策”。2010年财政部、工业和信息化部印发了《中小企业信用担保资金管理暂行办法》（财企〔2010〕72号），明确了中小企业信用担保资金的支持重点、支持方式等内容。银监会构建了融资性担保机构的行业规范制度。

2.关于加强和改善知识产权质押融资服务。近年来国家有关部门加大了推动知识产权质押融资的工作力度。一是试点推动。2008年年底知识产权局先后分三批在北京等12个省的16个地区开展了知识产权质押融资试点工作，充分发挥地方政府部门、金融机构、行业协会及中介机构作用，引导和支持中小企业采取知识产权质押、出资入股等方式拓展融资渠道。二是政策引导。2009年银监会、科技部联合印发了《关于进一步加大对科技型中小企业信贷支持的指导意见》,鼓励各银行采用知识产权质押贷款等多种方式,加大对科技型中小企业的信贷支持。2010 年财政部等 6 部门联合印发《关于加强知识产权质押融资与评估管理支持中小企业发展的通知》(财企〔2010〕199 号),要求各有关部门指导和支持商业银行等金融机构开展多种模式的知识产权质押融资业务,扩大中小企业知识产权质押融资规模。鼓励商业银行对中小企业以自主知识产权质押的贷款项目予以优先支持。同时明确要"充分利用国家财政现有中小企业信用担保资金政策,对担保机构开展的中小企业知识产权质押融资担保业务给予支持"。三是完善配套措施。2008 年知识产权局会同财政部指导中国资产评估协会出台了《资产评估准则——无形资产》和《专利资产评估指导意见》,对规范注册资产评估师开展无形资产评估业务,维护社会公共利益和各方当事人合法权益,推动知识产权质押融资起到了积极作用。四是开展专题调研。为加大政策推进力度,2010 年银监会与知识产权局等有关部门联合开展了知识产权质押贷款的专题调研,根据我国现阶段知识产权质押融资情况和存在的主要问题,已初步形成了促进银行业金融机构知识产权质押融资的指导意见初稿。

3. 关于建立综合性基层知识产权组织,培育知识产权中介服务机构,为中小企业提供"一站式"服务。近年来在这方面主要开展了以下工作:一是组织开展知识产权托管服务。针对绝大多数中小企业无条件设知识产权工作机构、配备专门知识产权工作人员的情况,国家知识产权局、工业和信息化部联合印发《中小企业集聚区知识产权托管工作指南》(国知发管字〔2011〕63 号),在中小企业知识产权战略推进工程的首批 32 个实施单位选择推荐知识产权服务机构,通过专业化的服务,满足中小企业知识产权方面的服务需求。在此基础上逐步推进基层知识产权综合服务组织的发展;二是完善知识产权服务体系,开展相关服务。知识产权局加强了国家专利展示交易中心能力建设,为中小企业提供专利展示交易服务,促进企业专利技术与投资方对接;在中小企业集聚区建立健全专利交流站,促进企业专利技术的转化运用，为企业培养知识产权人才；组织专利审查部门在专利申请、专利检索、专利信息运用、行业知识产权报告等方面为重点产业集聚区中小企业服务。三是加强知识产权维权援助服务。2007 年知识产权局在全国启动知识产权维权援助工作，开通了维权援助与举报投诉公益热线 12330，批复成立了 71 家知识产权维权援助中心，各中心积极为知识产权权利人和有关各方提供援助服务，取得了良好的成效。同时知识产权局不断加强对地方局执法工作的政策引导、立法保障等，组织开展执法专项行动，强化执法能力，维护了权利人、有关各方与广大消费者的合法权益。下一步还将针对近年来我国企业海外知识产权纠纷频发的情况，进一步发挥知识产权维权援助与举报投诉平台作用，为企业海外维权提供法律服务和智力支持。在推动知识产权服务机构发展和服务中小企业方面虽然开展了一些工作，但从调查情况看，这方面与中小企业的实际需求还有较大差距。我们将会同有关部门加强政策引导和工作推动力度，努力改进这方面的工作。

4. 关于引导和帮助企业建立知识产权同盟。知识产权局今年将通过对某些地区专利联盟的总结，形成支持行业协会、省市、产业基地建立专利联盟的相关政策，引导和支持行业优势企业组建专利联盟，共同开展信息利用、行业纠纷处理、专利经营等。

5. 关于设立海外知识产权维权援助基金。近年来中央财政为鼓励中小企业参与国际市场竞争，设立了中小企业国际市场开拓资金，支持中小企业到境外参展、开展企业质量管理体系和产品认证、境外专利申请、国际市场宣传推介、境外广告和商标注册、国际市场考察、境外投(议)标、境外收购技术和品牌等。为贯彻党中央、国务院关于“走出去”发展战略，创新对外投资和合作方式，2006 年中央财政又设立了对外经济技术合作专项资金，支持我国企业从事境外投资，境外农、林、渔、矿业合作，对外承包工程，对外劳务合作等业务。关于设立海外知识产权维权援助基金将进一步研究。

三、关于进一步加强知识产权人才培养

1. 关于着力打造重点知识产权学科点。目前我国已初步建立了知识产权本科专业、第二学士学位、硕博士学位点等数种学历教育体系。“十二五”期间将继续加大与教育部、科技部等相关部委的沟通协调，扩大重点知识产权学科点的建设，不断探索设计知识产权学科体系，建立有效的组织实施制度。对重点知识产权学科点所在院校加大高素质知识产权教育培训师资人才队伍的培养力度，加强对知识产权领域的骨干教师和学术带头人的支持力度，对知识产权教材的编制、知识产权学科建设加大资助力度。

2. 关于建立知识产权人才培养基地。2009 年知识产权局在湖南建立了首家“国家知识产权培训（湖南）基地”，2010 年年初又印发了《国家知识产权培训基地管理办法（试行）》，至今已批复成立了安徽、山东、湖北、上海、广东、江苏、重庆、陕西、新疆、黑龙江、福建 11 个国家知识产权培训基地。“十二五”期间将按照统筹规划、合理布局、分类指导、突出特色原则，以高等学校、地方优势培训资源为依托，有重点地分批、分期建立一批国家知识产权人才培训基地，发展有特色、重实效的知识产权人才在职教育培训，为知识产权人才培养创造和提供有力的条件保障。

3. 关于建立面向企业的人才培养和创新人才激励机制。一是加强企业知识产权人才培养。工业和信息化部将开展知识产权培训作为推动国家知识产权战略实施的一项重点任务，连续三年举办知识产权实务培训近 20 次，内容涉及专利申请、专利信息检索与运用、专利布局策略、创新思路等，参训企业逾 2000 家。知识产权等已列入国家中小企业培训大纲，“十一五”期间国家中小企业银河培训工程共完成 30 多万人次的免费集中培训、50 万人次的远程网络培训和 110 万人次的信息化培训。二是加大对中小企业人才培养的政策扶持。2003 年以来通过购买服务、服务补助或奖励等方式，鼓励优质服务机构为中小企业提供重点培训服务，中央财政累计投入逾 2 亿元。“十二五”期间工业和信息化部将进一步扩大培训规模，扩大服务覆盖面。知识产权局准备将委托地方开展培训的经费重点用于企业，特别是中小企业的知识产权人才培训。三是探索建立知识产权专业技术职称制度。为进一步落实《国家知识产权战略纲要》提出的“按照国家职称制度改革的总体要求，建立和完善知识产权人才的专业技术评价体系”要求，2011年知识产权局开展了《企业专利管理人才评价体系研究》课题。“十二五”期间将会同有关部门探索建立知识产权专业技术职称制度，进一步激发知识产权人才的工作热情，提高其管理企业知识产权的能力和素质。四是鼓励中小企业加大知识产权人才的培养。推动地方与高等院校建立长期稳定的人才交流机制，设立人才培养与实习基地，为中小企业人才培养搭建平台。帮助中小企业建立人力资源管理和激励制度，提高吸引、管理、培养人才的能力。

上述工作很多还处于起步阶段，有待深入推进。根据您的建议，我们将针对小、微企业创新发展的实际需求，加强与科技、知识产权等有关部门的合作，集聚各方面的优势，采取有效措施，务实做好相关工作。也希望继续得到您的关心和指正。

全国政协十一届四次会议提案第4806号

案　　由:关于科研经费分配体制改革和创新问题的提案

审查意见:建议国务院交由科技部办理

内　　容:毋庸置疑,现在是新中国成立以来科研环境最好的时期,建国60多年来,中国科技创新和科技进步对国家经济社会发展产生了巨大的影响,取得了举世瞩目的辉煌成就。

随着国家综合实力的提升,国家对各类科研经费的投入呈直线上升的趋势。例如,国家自然科学基金的资助经费2009年度为70亿元,2010年度为96亿元,2011年将达到120亿元。还有国家社会科学研究基金、教育科学研究经费等,各类科研经费的投入是一个大数字(当然与发达国家相比,仍然是投入太少)。

但是实事求是地分析,国家的巨额科研经费投入效果却不尽如人意。多年来许多有识之士一再批评我国各级科研管理机构的弊端,从科研课题立项、科研经费分配、科研项目管理、科研成果评审等一系列环节上存在的种种问题。这些阻碍科学发展的弊端,如果不能够尽快解决,必将影响和损害科技创新和发展,特别是在最近的5—10年处于21世纪国际力量重组变幻的关键历史时期,解决科研发展问题乃关系国家未来的重中之重。

长期以来我国科研经费的分配的主要问题是:"科技管理行政化,科技活动利益化",课题立项中存在较严重的权力寻租和利益交易现象,科研管理机构的各级行政管理人员权力过大,他们对科技立项有实质性决定权。根据《中国科技体制与政策》项目咨询组对中科院院士、科研单位的负责人和普通科研人员的调查显示,我们的科研管理体制缺乏真正的学术评价,专家评审机制流于形式,从而培育出一系列的伪科学怪现象:托人情、跑关系、变相送礼,许多科研人员主要精力用来搞公关,反而没有足够时间搞研究。流行的做法是,学术会议成为变相公关活动,提前做好评审专家的工作,或者事后向评审专家延期汇报。有人评论说,更多的是基于关系,而非学术优劣来评审经费申请者。很多人因为太忙,根本没有时间静下来深入做课题研究。这种自上而下的"行政化"、"利益化"、"关系化"的科研基金分配方式,个别管理人员和少数强势科学家主导了课题申请指南的制定和科研经费的评审全过程,严重扭曲了科技界学术界的道德规范,误导科研人员,压抑创新。国人心中都明白:要想获得重大项目,与其努力做出好的研究,还不如与科研管理机构官员及其赏识的专家搞关系。

积重难返,我国科技管理体制问题已经成为影响中国科技发展的最大问题。要根治我国科研管理体制的痼疾,必须从改革科研管理和经费分配体制的源头入手。为此建议:

一、国务院应委托中国科学院、社科院等成立专门小组,实事求是地全面调研我国科研体制,特别是科研经费分配机制的现状和问题,研究世界各国管理科研的先进经验和管理体系,经过自下而上和自上而下地广泛征求意见,出台针对我国科研管理体制弊端的改革方案,建立科学的科研管理体制。

二、加大科研经费管理体制改革的力度。根据科研项目的不同类型,实行多元化管理体制,建立科研经费的"评审"、"资金管理"、"结果监管"分离制约的三角体制。对一般高等院校和科研机构的科研管理和科研经费分配监管,逐步做到"去行政化"、建立科学客观的"同行评审"制度。对一般企事业单位和社会的科研管理,改"评审制"为"成果奖励制",根据成果申请奖金。

三、建设公平透明的国家科研管理的信息化平台,同密级的科研项目同行能够相互了解,获得国家支助的科研项目的情况,发挥群众监督的民主管理作用,杜绝暗箱操作、权力寻租等科研腐败现象滋生。

四、加强科技人员思想学术道德教育,加强学术和科研的制度化管理，研究和起草有关科研管理的相关法律文件，逐步建立健全我国科研管理的法制体系。

主题词： **科研 经费 管理**

提案人： 葛均波

科学技术部2011年9月28日以国科提案政〔2011〕86号文函复：

葛均波委员：

您提出的《关于科研经费分配体制改革和创新问题的提案》收悉。经研究，现答复如下：

一、关于深化科研经费管理改革问题

“十一五”期间国家科技经费管理改革不断深化，科技经费管理使用规范性、有效性持续提高。一是改革和完善科技经费管理制度。国务院办公厅转发了《关于改进和加强中央财政科技经费管理的若干意见》，财政部、科技部全面规范科技经费的管理和使用，对国家高技术研究发展计划（863计划）、国家重点基础研究发展计划（973计划）、科技支撑计划等主要科技计划专项经费管理办法进行了全面修订，形成了较为完整的国家科技计划（专项）经费管理制度体系。二是建立科技计划项目预算评审评估机制。科技部归口管理的各类科技计划项目全面开展概预算编制和评审评估工作，强化了科研人员、课题承担单位遵守财经纪律、加强科研经费管理的意识。三是强化科技经费监管服务。科技部针对科研经费申请和使用中反映的共性问题，组织编写了《国家科技计划项目（课题）预算管理问答》，对有关政策进行了全面细致的解读。为规范完善国家科技计划经费全过程的管理，会同地方科技部门在全国范围内遴选出一百多家会计师事务所,协助做好科技计划课题财务验收审计工作。四是创新科技计划预算管理机制。科技部深入推动科技计划预算管理机制改革,全面调整优化科技计划项目立项、预算程序和工作进度安排,对科技计划实施提前一个年度细化编制预算,储备项目,建立项目库,将预算落实到具体的课题和承担单位。

针对“十一五”科技界反映突出、急需解决的问题,我们会同财政部积极推进“十二五”科技经费管理改革工作,经过广泛调研和深入研究,形成了《关于调整国家科技计划和公益性行业科研专项经费管理办法若干规定的通知》,从继续优化经费支出结构、建立科研课题间接成本补偿机制、简化预算调整程序等方面构建符合科研活动特点的经费管理办法,目前草案已完成公开征求意见,拟于近期发布。

二、关于建设公平透明的国家科研管理信息化平台问题

2010 年科技部明确提出将完善国家科技计划管理信息系统的服务功能,全面实施国家科技计划项目申报、立项、执行、验收等关键环节点全过程网络化管理,实现计划管理系统与经费管理系统的协调统一。一是构建了国家科技计划项目“一站式”统一申报中心,逐步推动从 863 计划、973 计划等国家主要科技计划到所有科技计划项目均实现网络申报受理,解决过去各类科技计划多头申报、信息难以共享等问题。二是建立了统一规范的科技计划备选项目库,公开征集项目需求和建议,全年受理,定期归集,为跨领域凝练国家科技计划项目、跨计划综合查重查新及督查评估工作提供切实有效的数据和技术支撑。三是建设科技计划管理信息平台。实施国家科技计划项目评审立项环节网络音视频答辩、评审和全程录音录像,以提高项目管理过程的公开、公正和透明。

“十二五”期间科技部将进一步深化科技计划管理改革,全面实施国家科技计划项目申报、立项、执行、验收等关键环节点全过程网络化管理,建设国家科技计划资源开放共享系统及科技成果转化与产业化服务系统,并逐步实现国家、行业、地方科技计划管理平台的对接。

三、关于加强科技人员学术道德教育及法律体系建设问题

近年来我国政府高度重视科研诚信的制度建设和宣传教育,相关

管理部门、科研机构和科技社团积极采取措施，加强学术和科研活动的管理。科技部于2007年制定发布了《国家科技计划实施中科研不端行为处理办法(试行)》，教育部于2009年发布了《关于严肃处理高等学校科研不端行为的通知》。2009年由科技部、教育部、财政部、人力资源和社会保障部、卫生部、解放军总装备部、中国科学院、中国工程院、自然科学基金委员会、中国科学技术协会10个部门和单位组成的科研诚信建设联席会议联合发布了《关于加强我国科研诚信建设的意见》。2010年3月30日，刘延东国务委员主持召开国务院科研诚信与学风建设座谈会，并在讲话中提出要加强教育引导，促进学术自律；深化体制改革，构建科研诚信和学术道德建设的长效机制；强化监督管理，加大惩治学术不端行为的力度。会后各有关部门和单位积极开展工作，推动科研诚信建设。

感谢您对科研管理、科研诚信建设工作提出的意见和建议，希望今后继续得到您的关心和支持。

全国政协十一届四次会议提案第0039号

案　　由:关于进一步加大新农村文化建设力度的提案

审查意见:建议国务院交由文化部办理

内　　容:文化是一个民族的根、一个国家的魂,是武力不能战胜的力量。在某种意义上说,国家和地区之间的竞争,就是文化的竞争。没有深厚的文化底蕴,没有先进文化的引领,没有文化创新的持久推动,在竞争中就要落后,就会被淘汰。文化是新农村建设的软动力,具有其他社会要素无法取代的作用。在新农村文化建设中,要以中国农村独特的乡土文化为内核,在与现代的都市文化和世界文化的碰撞中,建立现代农民所需要的新乡村文化。

一、新农村文化建设存在的问题

1. 农村文化建设的现状令人堪忧。由于文化公共产品提供不足,农村文化生活贫乏、孤单和枯燥,给农村消极文化现象的产生、发展留下了极多的时间和极大的空间。各种低俗和消极文化也乘虚而入,侵蚀农村优秀的传统文化,使大量民歌无法得到传承,传统节目也在渐渐消亡,农村文化处于边缘化的境地。各种邪教快速传播,在不少地方"黄、赌、毒"卷土重来,封建迷信活动日趋猖獗。更重要的是扭曲了农民的价值观念。

2. 农村可持续发展缺乏文化动力。农民增收乏力,农村发展缓慢,农业弱势地位难以得到解决,农村经济的可持续发展后劲不足,其中的关键问题之一就是农村文化发展与经济社会发展已经越来越不相适应。更重要的是,当前的市场经济及现代价值的侵入,使农民传统的生存价值边缘化,农民作为自己生活的主体地位,被一种强有力的外来力量所压抑和排斥，而不能成为自己生活的主人。

3. 国际文化竞争日渐激烈呼唤新农村文化建设提速。尽管中华民族具有五千多年的文明史，积累了丰厚的文化底蕴。但随着全球化步伐的加快，国际文化竞争日趋激烈，我们的文化资源优势还没有转化为文化竞争优势。我们民族文化的根在农村，农村不仅要抵抗国际竞争的强势冲击，更为重要的是要建设具有我们民族时代特色的农村文化，增强中国独具特色的农村文化实力，抵御国外强势的文化侵蚀。

4. 新农村文化建设的制度存在瓶颈。一是养人的农村文化运行体制造成大多数农村基层文化部门的工作人员不懂农村文化，业务素质滞后；文化管理部门不仅不办事，甚至把国家投入的文化设施租借出去作为洗脚、按摩、桑拿等场所来维持所谓的职工生存。二是短缺而低效的文化投入机制。一方面，农村文化建设投入严重不足，文化基础设施十分落后，公共文化机构难以运转，文化产品、文化服务供给非常短缺，另一方面，国家的文化投入在文化管理部门内层层剥夺，越到基层，状况越差，财政投入在一级一级优先保障之后，到乡镇文化站时已所剩无几。三是缺乏内在动力的农村文化建设。当前的新农村建设，基层政府考虑的还是公路交通、房屋建设、招商等内容，如何活跃农民的精神文化生活则很少被顾及。农村文化中介组织缺乏生存发展的良好环境，难以发挥配置文化资源、促进文化交流、促进文化均衡发展的作用，也缺乏参与农村文化的积极性。

二、对今后工作的意见建议

1. 转换文化建设的运行机制。一要充分发挥农民、政府、文化工作部门和文化中介组织四个主体的联动作用。从农民的需要出发，从当地的基础和条件出发，将政府力量作用于社会力量，将时代资源嫁接于传统资源，充分发挥政府力量的作用，唤醒农民的参与热情，调动沉睡于乡野的文化资源，形成生生不息的文化创造力，有力地推动农村文化建设的发展。二要充分发挥市场机制作用。要大力发展面向农村的文化事业和文化产业，推动社会各方面力量的积极参与，为农村提供更多更好的文化产品和服务。三要全面构建公共文化服务体系。农村公共文化服务要保证基本的投入，完善基本的设施，建立基本的队伍,开展基本的活动。要从完善县级文化馆和图书馆、乡镇文化站、行政村文化活动室入手,逐步完善农村公共文化服务体系的建设。要尽快建立农村公共文化投入的效益评估机制,防止地方政府在城市里大搞文化形象工程。四要把农村公共文化服务体系重心下移,充分发挥乡镇文化中心对村落文化建设的导向、辐射、推动作用。要采取有效措施,把乡镇建设成为农村文化发展的中心,国家对乡镇标志性的文化遗产要增加投入,加大保护和开发力度。

2. 发挥农民的主体创造作用。当前文化产品的提供者、制造者、传播者把眼光主要放在反映都市生活上,却不熟悉农村、不了解农民,以为想当然的情况就是农村的情况,以为自己的喜好就是农民的喜好。农民需要文化,但文化更需要农民。农村的传统文化、乡村文化、通俗文化是原生的文化,是民族文化的根,是现代文化的魂。只有农村才具有我们民族独特的文化资源,才具有内容极为丰富的民间原生态文化,有的民族文化就“活”在广大农民的日常生活中。

3. 建立城市文化反哺农村的机制。城市的文化基础雄厚,文化设施先进、文化现代化气氛浓厚,城市文化反哺农村可以实现城市与农村的双赢。一要文化公共产品向农村倾斜。二要加快实现城乡文化一体化进程。要把城市与农村作为一个有机整体统筹兼顾,协调发展,在促进城市文化发展的同时加快农村文化建设的步伐,将城市文化资源逐步引向乡村,形成以城带乡、城乡文化资源一体化的文化事业协调发展的格局。三要建立对农村的文化援助机制。要动员社会各界力量支持农村文化建设,积极引导对农村文化事业的捐助。社会力量通过依法成立的非营利公益性组织或国家机关向农村文化事业的捐赠,纳入公益性捐赠范围,按税法的有关规定税前扣除。

4. 改革现行管理体制。一要让农民成为农村文化市场中独立人格,自主参与文化交换的市场主体。二要让政府在农村文化市场建设中扮演好投资者、监督者和参与者的多重角色。三要让文化管理组织在文化市场中代表政府进行文化服务,进行具体的文化市场管理,要以非赢利的身份参与市场。四要让文化中介组织一方面为文化交流提供信息,降低文化交流的交易成本;一方面要为文化交流提供场所,降低文化流动的成本，降低文化消费的价格，推进文化事业的发展。五要改革文化市场的管理部门。文化管理部门必须与从事文化的企事业单位分离而保持行政独立，防止行政与市场嫁接导致市场秩序失范，使企业成为行政的影子，行政管理部门变成利益垄断部门，从而阻遏文化产业进入农村的发展之路。

5. 建立相应的扶持激励机制。要制定优惠政策，鼓励民间资金投入农村文化建设。要把国家投入拉动与民间集资建设有机结合起来，建立一套国家支持体系，引导文化专业户组建非公有制文化企业，鼓励各种形式的农民自办文化，不断发展壮大“土生土长”的农村内生型文化。

6. 加大文化市场要素的培育。要充分发挥市场的基础配置作用，使文化资本按市场的要求运行。要加快农村乡土特色文化人才的保护和培育，增强农村对城市文化的吸引力和竞争力。大力保护和挖掘农村文化遗产，促进文化遗产的开发与充分利用。要大力保护和充分利用非物质文化遗产，挖掘其文化价值，打造文化品牌，让农民发家致富。

7. 完善农村文化市场的法律与规章。政府和文化等有关职能部门要以净化农村文化市场为抓手，及时采取有力措施，规范农村文化市场，在制度和政策上支持新农村文化市场建设。要在政策和法律上为健康向上的文化产品和文化活动提供宽松的发展环境，吸引各方面的社会力量热心农村文化建设，遏制农村不良文化现象的蔓延。要研究和建立资助私营文化团体发展的法律制度体系，对有突出贡献和富涵文化意义的私营文化团体进行必要的经济援助。

主题词： **农村　文化　建设**

提案人： 马志伟

文化部办公厅2011年6月30日以办社文函〔2011〕309号文函复：

马志伟委员：

您提出的《关于进一步加大新农村文化建设力度的提案》收悉。现答复如下：

一、农村文化建设基本情况

文化建设是社会主义新农村建设的重要内容，同时肩负着为社会主义新农村建设提供思想保证、精神动力和文化支持的重要责任和使命。加强农村文化建设是维护农民群众基本文化权益，满足农民群众文化需求的主要途径，对全面贯彻落实科学发展观、促进经济社会协调发展和社会主义和谐社会建设具有重要意义。党中央、国务院一直十分重视农村精神文明建设，近年来国家先后制定了《关于进一步加强农村文化建设的意见》等一系列文件，对农村文化建设提出了明确的要求，为促进农村文化建设提供了政策依据。为提高农民素质和文明程度，近年来文化部坚持公共文化服务“重心下移、资源下移、服务下移”，加强农村文化工作，取得了一定成效。主要体现在：“十一五”以来，在党中央、国务院的高度重视下，在各级党委、政府的支持下，公共文化服务体系建设呈现出蓬勃发展、整体推进、重点突破的良好势头，进入了快速、稳定的重要发展期。农村文化事业投入大幅增长。2009年农村文化投入达到86.03亿元，比上年增加29.2%。“十一五”以来，国家对农村地区文化建设的投入5年间增幅达到140.98%，实现“翻一番”。农村公共文化设施网络发展迅速。乡镇综合文化站建设项目等一系列面向基层、面向农村的重大文化设施建设项目顺利实施，显著改善了基层文化设施的整体面貌。2009年全国共有县级公共图书馆2491个，覆盖率达到87.16%。县级文化馆2862个，覆盖率达到100%。乡镇(街道)文化站38736个,覆盖率达到94.8%,基本实现了"乡乡有综合文化站"的建设目标。覆盖城乡的公共文化服务网络正在形成。重大工程取得丰硕成果。截止到2009年年底,全国文化信息资源共享工程已建成县级支中心2814个,覆盖率达到96%;乡镇基层服务点达到15221个,覆盖率达到44%;与全国农村党员干部现代远程教育合作共建村级基层服务点达到75万个,其中配备文化共享工程专用设备约47.5万个,覆盖率达75%。今年年底即可实现"村村通"。实施了县级数字图书馆推广计划,使县级图书馆读者都可享用到国家数字图书馆的资源。送书下乡工程和流动舞台车工程的实施,使基层文化资源更加丰富。农村公共文化服务创新亮点纷呈。浙江嘉兴等地探索多种形式的公共图书馆总分馆制,实行借书还书"一卡通",优化城乡文化资源配置,加大对农村图书室、文化室的指导,提高服务效益。广东等地普遍开展流动文化服务,与阵地服务相配合,使图书馆服务惠及更多的农村基层群众。

二、文化部下一步关于加强农村文化建设的工作安排

由于各方面的原因,农村文化建设至今仍是当前公共文化服务体系建设中比较薄弱的环节,还存在许多亟待改善的问题。当前和今后一段时期里,我们将深入贯彻落实科学发展观,按照体现公益性、基本性、均等性、便利性的要求,以保障农民群众基本文化权益为宗旨,以提高农民素质、促进农村和谐、维护农村稳定为目标,加大政府对农村公共文化资源的供给,加强文化阵地建设、基层队伍建设、机制体制建设,提高服务能力,逐步形成"政府主导、群众主体、社会参与"的农村文化建设格局,夯实农村基层文化建设的基础,为社会主义新农村建设提供坚强的文化保障。"十二五"时期,将抓好以下九项工作:

1. 转换运行机制,加强农村基础文化设施建设

"十二五"期间将继续以农村和基层为重点,在进一步加强乡镇综合文化站的基础上,加大公共财政的投入力度,大力开展村文化活动室的建设,2011年文化部印发了《关于加强村级文化建设的指导意见》(文社文发〔2011〕11号),提出到2015年全国基本实现"村村有文化设施"。将村文化活动室建设纳入县乡经济社会公共文化设施,

是加强公共文化服务体系建设的载体。已经建有村文化活动室的,要加强设备配备,有条件的地区要每年安排专项资金用于村综合文化室设备更新和维护。尚未建设村文化活动室的,通过对村公共设施的整合,或是多方筹资新建,尽快建成村文化活动室。村文化活动室的建设,可以按照财政投入和村民共建相结合的方式,设立村文化设施建设专项资金,动员社会参与,共同投资建设。

2. 推动公共文化资源配置向村倾斜。一要加强县乡公共文化机构对村文化建设的指导和服务。县乡公共文化机构要在村文化活动室建设一批基层服务点或示范点,组织流动图书车、文艺小分队,开展形式多样的送书下乡、送戏下乡等活动,积极面向村民开展流动文化服务。乡镇综合文化站要发挥面向村基层的优势,不断挖掘民族民间文化,培育乡土文化人才。二要结合当前农村文化建设的新特点、新趋势,面向乡村大力推进数字文化信息服务。与全国农村党员现代远程教育工程、农村中小学远程教育工程、广播电视“村村通”工程建设相结合,加大全国文化信息资源共享工程村级服务点建设力度,推进文化信息资源和服务的“进村入户”。要加强村级公共电子阅览室建设,争取到2015年基本实现50%的村建有公共电子阅览室,努力形成资源丰富、技术先进、服务便捷、覆盖农村的数字化信息服务体系,确保农民群众享受到优质、便捷的数字文化服务。三要组织优秀文艺资源进乡村。整合县、乡演出资源,通过组织村文艺调演、会演、巡演,举办农民文化节、基层文艺团队汇演等形式,积极培育群众文化活动品牌,提升农村文化活动水平。要建立文化惠民剧目库,汇聚一批具有地方特色的优秀剧目。按照健康有益、便捷长效的原则,建立村级群众文化活动长效机制,实现村级文化活动和服务“天天有”的目标。

3. 加大经费支持。经费匮乏是影响农村文化建设可持续发展的关键问题。要推动省、市、县三级政府建立农村文化专项资金,并确保一定比例专门用于村级文化设备购置、活动开展和人员培训。通过补贴、奖励、项目拨款等方式,加强对农村文化建设的经费支持。加强资金管理,提高财政资金的使用效益。另外要引导社会资金以多种方式投入文化建设,鼓励企业和个人捐赠兴办农村公益性文化事业,促进农村文化经费多元化、社会化。

4. 突出农民群众在农村文化建设中的主体地位

农村文化建设要让广大群众成为受益者和参与者。要按照需求牵引的原则，为广大农村群众提供需要的公共文化产品和服务。积极发展农民自办文化，农民自办文化的健康发展，是加强农村文化建设的一条重要途径。另外，要扶持一批“文化示范户”，使其成为健康文化的引领者和文化致富的带头人。

5. 建立城市对农村的援助机制

采取“城乡共建、对口帮扶”的办法，推动、组织县级有关部门与村“结对子”，开展“一帮一”活动，协调有关单位和企业、个人，给予各种捐赠和支持，把分散的文化经费和资源引入到农村文化建设。采取社会捐建的办法，发动城市居民、农村在外工作的知名人士、企业家或社会团体，支持农村文化建设。充分尊重农民群众的文化需求和文化选择，建立群众文化需求的反馈机制，有针对性地为农民群众提供文化产品和服务。把政府主导与市场运作有机地结合起来，鼓励企业、社会组织参加基本公共文化产品的研发、生产和供给，逐步建立公共文化服务的市场化运行机制。推广政府购买、服务外包、集中配送、联网服务等新做法，把健康向上的文化产品和服务及时有效地送到农村基层。

6. 建设一支素质较高的村级文化队伍。一要不断壮大农村文化队伍。落实 2010 年中宣部等六部委印发的《关于加强城乡基层宣传文化队伍建设的意见》精神，每个乡镇文化站编制不少于 2 人。结合村级文化建设的特点和实际需求，推出和选聘一批村的文化能人、文化干事、文化顾问、文化志愿者，逐步培育和建立起扎根基层、贴近群众，热心文化的农村文化服务队伍。二要扶持乡村民间文化队伍。把乡村民间文化人才开发纳入人才发展规划，在人才政策和人才服务方面一视同仁、同等对待。鼓励和引导农民群众“自创自办、自编自演、自娱自乐”，扶持一批优秀的乡土文化人才和特色乡土群众文化团体。要积极扶持乡村民间文化队伍创建品牌、增加收益、扩大影响、不断壮大，在村级文化建设中更好地发挥辅助作用。三要加强农村文化队伍培训。县级文化馆、图书馆和乡镇综合文化站要采取“请进来、走出去”的方式，加强对农村文化骨干的辅导和培训。要依托全国文化信息资源共享工程服务网络，提供“不离村、不脱岗”的在线学习、在线考试等服务，鼓励自主学习、自我提高。

7. 建立农村文化建设扶持激励机制

通过制定税收、用地、用电等优惠政策，鼓励乡镇企业和农民投资建设农村文化设施；鼓励农民群众自筹资金、自己组织、自负盈亏、自我管理，兴办农民书社、放映队、演出团体等。引导文化专业户相互联合，进行市场化运作，逐步向多种所有制文化企业发展。

8. 加大对农村文化市场的培育力度

加大对农村优秀民间文化资源的发掘、保护和开发，变资源优势为产业优势。继续开展“中国民间文化艺术之乡”命名活动。积极培育具有地方特色的文化品牌，有条件的地方要努力形成“一村一品”，并使“一村一品”活动上规模、出效益。把新农村文化建设和保护文化遗产、美化人居环境相结合，实现文化建设与经济社会发展的良性互动。

9. 完善农村文化市场的法律与规章

今后文化部门将贯彻落实中央关于农村文化建设的文件精神，加强理论研究和调研，制定配套措施，完善政策法规，为健康向上的文化产品和文化活动提供宽松的发展环境，吸引各方面社会力量支持农村文化建设。

提案中所提出的建议对于建立健全农村公共文化服务体系具有积极作用。在今后工作中文化部将争取有关部门更大的支持，进一步加快农村公共文化建设，使广大基层群众基本文化权益得到更好的保障，享受更多优质的公共文化服务。

感谢您对文化工作的关心与支持。

全国政协十一届四次会议提案第0133号

案　　由:关于加强西部民族地区公共文化服务体系建设的提案

审查意见:建议国务院交由文化部办理

内　　容:一、案由

少数民族地区公共文化服务体系建设是我国公共文化服务体系建设的重要组成部分。我国少数民族大多分布在祖国的西部边陲,55个少数民族中约有30多个居住在边境线上,相当部分地区属于山区,地广人稀,人口居住分散,经济发展相对落后。在长期的发展过程中,各个少数民族创造了既相一致又有差异的文化,各少数民族的文化对其民族及民众的政治信仰乃至行为举止都具有极大的影响。由于少数民族地区的社会经济文化政治发展与东南沿海地区存在着一定的差距,少数民族地区文化不发达,各少数民族在宗教信仰上存在着很大的差异,极容易因民族意识不同而产生各种矛盾和冲突。国际上的敌对势力一直把我国的少数民族和民族地区作为突破口,利用各种手段进行思想文化渗透,对我国文化安全和边疆稳定构成严重的威胁。因此做好少数民族文化工作是丰富中华文化内涵的必然要求,是保证边疆稳定、民族团结的有效途径,是使少数民族地区共享改革成果的具体举措。通过加强少数民族地区公共文化服务体系建设,利用文化手段寓教于乐,以文化来化解各种深层次的矛盾和冲突。

党和国家历来高度重视和关心少数民族文化事业。新中国成立以来特别是改革开放以来,中央作出了一系列重要决策和部署,使少数民族文化事业取得了历史性的重大成就。国务院出台了《关于进一步繁荣发展少数民族文化事业的若干意见》,召开了全国少数民族文化工作会议。少数民族文化事业工作体系不断完善，少数民族语言文字得到保护和发展，少数民族优秀传统文化得到传承和弘扬，少数民族文学艺术日益繁荣，少数民族和民族地区文化产业初具规模，文化体制改革不断深化，对外文化交流不断加强。为贯彻落实中央关于繁荣和发展少数民族文化的精神，文化部采取了一系列切实有效的政策措施，加强少数民族地区公共文化服务体系建设，继续实施重大文化工程促进少数民族文化发展建设，实施“春雨工程”扶持少数民族地区文化建设，加快推进少数民族物质和非物质文化遗产保护、传承和弘扬等。但由于西部民族地区地域广阔，经济欠发达，用于文化投入的标准偏低，且难以保证到位。因投入不足，地方难以配套，西部地区文化场馆建设滞后，设施老化，已有的文化设施大多数面积狭小，设施破旧简陋，缺少必需的经费和设备，不能坚持开展正常的文化活动，甚至被安监部门列为危房或消防隐患点。而且编制紧缺，现有编制指标还是上个世纪80年代核定的，与现在的文化发展需求差距很大，许多文化馆站都受到人才培养和留住人才双重矛盾的困扰。

二、建议

新一轮西部大开发已经启动，为此建议国家帮助西部民族地区做好以下工作。

1. 制定国家西部文化发展规划。新一轮西部大开发战略是一项长期、艰巨的任务，加快西部地区文化事业建设必须统筹规划，有重点、有步骤、分阶段扎扎实实地推进。目前国家正在研究制定“十二五”文化发展规划，要争取把西部文化发展列入国家的总体规划，尤其要抓住这个有利时机，把西部文化事业发展和实施西部大开发战略思路、对策和措施对接，制定文化发展规划，并列入“十二五”的总体规划，明确“十二五”期间国家支持西部文化发展的目标、任务、政策和措施。

2. 中央和地方政府加大支持少数民族公共文化服务体系建设投入力度。经费不足严重影响少数民族地区公共文化产品的供给，是制约少数民族地区公共文化服务体系建设的突出问题，必须依靠国家在民族地区实行财政优惠政策，形成相对稳定的公共文化服务体系建设投入保障机制，保证中央和省级财政每年对文化建设的投入增幅不低于同级财政经常性收入的增幅，切实保障实施重大公共文化工程、购买重要公共文化产品、开展重要公共文化活动所必需的资金，加大对公益性文化事业的扶持力度，支持少数民族公益性文化事业的发展。同时进一步完善支持公共文化服务的相关经济政策，吸引和鼓励社会力量投资兴办公共文化实体，建设公共文化设施、提供公共文化服务，形成以政府投入为主、社会力量积极参与的稳定的公共文化服务投入机制。

3. 推进西部地区公共图书馆网络体系和数字图书馆建设，实现文献信息资源共建共享。国家应整合西部各地的文化资源，要根据经济建设和社会发展的实际需要，做好文献信息资源共建共享和网络化建设的全面规划，采取措施，合理开发文献信息资源，并加以有效利用，推进图书馆现代化建设。要依托图书馆的人才优势和技术优势，有针对性地建设一批特色数据库，更好地服务于西部大开发。各级公共图书馆要进一步加强自动化建设，逐步开展以网络为基础的文献信息服务，努力在西部大开发中创造更大价值。国家有关部门要从培训网络技术人才、合作开发资源和建设数据库、服务器托管等方面，对西部地区数字图书馆工程建设给予支持。

4. 加大少数民族地区公共文化服务队伍建设。由于语言文字和思维方式不同等客观原因，少数民族地区公共文化服务队伍个体差异较大，服务理念、服务能力和服务水平参差不齐，尤其是服务对象的多民族化而增加服务任务，文化的多元性而使服务内容更加复杂，而从事公共文化服务的专业人员参加学习培训机会较少，尤其是广大的基层文化工作者“充电”、“加油”的机会更少，他们的思想观念和专业能力已不适应时代的发展，跟不上公共文化服务体系建设的需求，因此建立健全少数民族地区公共文化服务专兼职骨干人员业务培训和继续教育制度，运用多种方式加大培训、轮训力度，有计划地选送一批有能力、有特长、热心公共文化服务工作的基层专兼职骨干人员进行学习培训，全面提高少数民族地区公共文化服务队伍的思想政治素质和新形势下做好公共文化服务工作的能力，提高服务质量，增强服务效益。

5. 加快民族民间传统文化保护立法，支持民族地区公益性文化事业，积极发展民族文化产业。加大对民族地区文物保护的投入，加强少数民族文化遗产的保护、抢救、发掘、整理和展示宣传。上级人民政府支持对少数民族非物质文化遗产和名胜古迹、文物等物质文化遗产的保护和抢救，支持对少数民族古籍的搜集、整理、出版。

6. 加强民族文化对外宣传、交流和合作。加强西部地区对外文化交流工作，让世界了解中国西部，让西部地区走向世界，是实施西部大开发战略和西部地区扩大开放的需要。西部地区各级文化部门要重视对外文化宣传和交流工作，认真组织好在西部地区举办的艺术节、文化艺术展览、会议等大型的国际文化交流活动；要按照对外文化交流计划，精心组织好一批文艺精品节目，选派好素质好、水平高的艺术团参加国际文化交流活动；要组织力量拍摄、制作一些反映我国西部地区经济建设和文化建设成就的外宣专题影视片和西部城市风光、风貌系列短片，提供给我国驻外使(领)馆开展对外文化宣传工作。国家文化部在安排对外文化交流项目和经费时，将充分利用官方和民间两个渠道，积极为西部地区优秀文化艺术团体和艺术家参加国际文化艺术活动创造条件，不断扩大西部地区对外文化交流规模，并要选派西部地区文化部门和单位中政治强、业务精、作风正的优秀人员到驻外使(领)馆文化处(组)工作。

主题词： **民族　地区　文化　建设**

提案人： 姚爱兴

文化部办公厅2011年6月14日以办财务函〔2011〕239号文函复：

姚爱兴委员：

您提出的《关于加强西部民族地区公共文化服务体系建设的提案》收悉。现答复如下：

文化建设是少数民族地区经济社会发展和现代化建设的重要组成部分，是实现少数民族地区跨越式发展和长治久安的重要保障。加强西部民族地区文化建设，对于维护社会稳定、改善民生、加强民族团结、促进经济社会发展具有十分重要的作用和意义。

党中央、国务院一直高度重视西部民族地区的文化建设。近年来在有关部门的支持下，文化部大力加强民族地区的文化设施建设，公共文化服务体系不断完善，服务能力有所提升。"十一五"期间，文化部和国家发展改革委组织实施了《全国"十一五"乡镇综合文化站建设规划》，投入中央预算内资金39.48亿元补助全国2.67万个乡镇综合文化站建设项目，在全国范围内实现"乡乡有文化站"的建设目标。其中安排包括内蒙古、广西、贵州、云南、西藏、青海、宁夏和新疆在内的8个民族省份中央预算内资金91427万元，补助4670个乡镇综合文化站建设项目。在实施规划时，考虑到西部民族地区环境条件艰苦，交通不便，经济欠发达，我们适当提高了中央补助比例，中央补助每个国家级贫困县乡镇综合文化站建设项目20万元，约占单个项目总投资的83%；补助每个西部非国家级贫困县乡镇综合文化站建设项目16万元，约占单个项目总投资的67%。截至2011年3月31日，西部民族地区4670个乡镇综合文化站建设项目竣工2930个，竣工项目占项目总数的62.7%；在建1173个，占项目总数的25.1%；设计567个，占项目总数的12.1%。目前竣工并投入使用的乡镇综合文化站，为群众开展了丰富多彩的文化活动，对于满足广大农民群众精神文化需求、保障基层群众文化权益起到了重要的作用；设计和在建项目进展顺利，预计2011年年底将全部竣工。

为配合乡镇综合文化站规划的实施，解决文化站设施“空壳”问题，文化部、财政部2008年以来连续三年实施了乡镇综合文化站设备购置补助。其中为西部少数民族地区安排乡镇文化站设备购置专项资金37048万元，对已建成且达标的4670个乡镇综合文化站配备文化信息资源共享工程设备和开展文化活动所必需的设备器材，从硬件上保障了西部少数民族地区乡镇文化站活动的正常开展。

为切实解决县级图书馆、文化馆设施设备落后不具备基本服务条件等问题，中央财政从2009年开始对全国面积不达标的县级“两馆”进行修缮，使其具备开展公共文化服务的基本条件，更好地为基层群众提供有效的文化服务。截至2010年年底，中央财政安排专项资金17584万元，对西部少数民族地区114个县级图书馆、286个县级文化馆进行了修缮补助。

今年年初财政部与文化部联合印发了《关于全国美术馆、公共图书馆、文化馆（站）免费开放的工作意见》，根据该文件，中央财政按照每个县级公共图书馆和文化馆每年20万元、乡镇综合文化站每年5万元，西部地区负担80%的比例对其正常运行活动经费予以补助。这是继博物馆、纪念馆免费开放后的又一项保障广大人民群众基本文化权益的重要举措，是推进公共文化服务体系建设迈出的重要步伐，极大地提升了西部地区基层文化设施的服务能力。

对于您提出的制定国家西部文化发展规划、加大支持西部少数民族文化建设投入力度的建议，一方面文化部将在制定实施“十二五”文化发展规划时，从政策实施、资金安排等多方面加大对西部少数民族地区的倾斜力度，计划以新疆为试点，在西部少数民族地区逐步推行实施文化建设“春雨工程”，从基础设施建设、经费保障机制建立、文化活动开展、人才队伍培养四个方面推动西部少数民族地区文化建设全面发展。另一方面文化部将配合国家民委积极开展“兴边富民行动‘十二五’规划”的编制与实施工作，将西部少数民族地区文化建设工作在“兴边富民行动‘十二五’规划”中予以重点考虑。

目前文化部正在积极实施全国文化信息资源共享工程，这与您提出的“推进西部地区公共图书馆网络体系和数字图书馆建设，实现文献信息资源共建共享”的建议是一致的。截至2010年年底，中央财政累计安排资金27.44亿元，建成了以数字资源建设为核心，多种传播方式为手段，资源丰富、覆盖城乡的数字文化服务体系，其中中西部地区全部县级支中心和村基层点已经基本建成。下一步，文化部将抓紧完成乡镇基层服务点建设任务，在西部地区城市街道和社区建立基层服务点，真正实现全覆盖。并对乡镇、村现有设备设施进行分期、分批扩容，使其具备公共电子阅览室服务能力。重点整合译制藏语、维吾尔语、哈萨克语、蒙古语、朝鲜语资源，在新疆、西藏、内蒙古等地区建成机构健全、功能完善、译制能力强的少数民族语言资源译制中心，进一步加大藏语、蒙古语、朝鲜语等少数民族语言资源译制力度。

关于您提出的建议加大少数民族地区公共文化服务队伍建设的问题，近些年来文化部一直大力开展对西部少数民族地区文化人才的培训工作。2010年我们还专门组织了全国少数民族文化管理干部培训班，并分别为西藏、新疆举办了文化管理干部培训班，有效地提高了少数民族地区文化人才队伍的思想政治素质和业务能力。下一步文化部将继续加大对西部少数民族地区文化人才的培训力度，并在《全国文化系统人才发展规划(2010—2020年)》中制定“西部地区文化人才支持计划”，加快西部地区文化人才资源开发，鼓励优秀文化人才向西部流动，全面提升西部少数民族地区文化人才的综合素质。

对于您提出的加快民族民间传统文化保护立法、加强少数民族文化遗产保护的建议，由文化部起草的《中华人民共和国非物质文化遗产法》已于今年2月25日经全国人大常委会第19次会议审议通过，6月1日起正式实施。其中第六条第二款明确指出：“国家扶持民族地区、边缘地区、贫困地区的非物质文化遗产保护、保存工作”。今后文化部将按照《中华人民共和国非物质文化遗产法》的有关要求，加大资金投入力度，加强业务培训指导，积极促进西部民族地区非物质文化遗产得到科学保护和有序传承。

关于您提出的建议加强民族文化对外宣传、交流和合作的问题。文化部一直高度重视优秀少数民族文化的对外宣传交流工作，近年来通过在少数民族地区举办大型文化交流活动、积极推动少数民族文化“走出去”、利用驻外使馆举办展览、讲座、影视放映、研讨会等多种形式，充分展示了我国少数民族地区文化事业繁荣发展的良好形象，有效地促进了少数民族地区社会文化事业的全面发展。今后文化部将在对外文化交流工作中开展灵活多样的对外宣传活动方式，鼓励和支持少数民族地区参与国家对外文化交流、中华文化“走出去”等活动，积极推动我国丰富多彩的民族文化走向世界。

文化部将继续积极推动地方政府加大投入力度，协调配合国家发展改革委、财政部等有关部门，通过编制专项建设规划、实施重大文化工程等方式，从基础设施建设、经费保障机制建立、文化活动开展、人才队伍培养等多角度入手，切实加强西部少数民族地区文化建设，全面促进西部少数民族地区文化事业的快速发展。

感谢您对文化事业的关心与支持。

全国政协十一届四次会议提案第0326号

案　　由:关于大力发展文化产业、推动文化产业成为国民经济支柱型产业的提案

审查意见:建议国务院交由文化部办理

内　　容:进入新世纪以来,文化产业在全球范围内迅猛发展,日益成为世界各国竞相发展的新兴战略性产业。当前我国正处于经济社会重要转型时期,加快转变经济发展方式已成为"十二五"时期经济社会发展的主线,大力发展文化产业显得尤为紧迫和重要。去年年底召开的中共中央经济工作会议明确提出,要"推动文化产业成为国民经济支柱型产业"。

关于文化产业的定义多种多样。联合国教科文组织将文化产业定义为:通过开发利用文化内容和知识产权,生产有形或无形的艺术产品和创意产品(或服务)的新兴产业。当前发展我国文化产业的重要战略性意义主要有:

一是可以有效传承我国悠久的历史文化,并在传承中不断创新和发展。文化产业通过应用现代科技成果创新其内容、表现形式和传播手段,不仅可以将历史文化中的精华较好地传承下来,而且还能够使之得到发展和发扬。

二是可以丰富人民群众的精神生活,并有助于扩大内需。随着生活水平的提高,广大人民群众对精神生活的需要也越来越高,对文化消费的多样化需求也就越来越大,发展文化产业可以充分满足人民群众日益增长的文化消费需求。

三是可以带动相关产业的发展,并形成区域经济的新增长点。因为文化具有高融合、高渗透的特点,文化产业不仅可以直接产生经济效益,还可以通过应用技术的嫁接、设计策划和品牌授权等手段,为其他产业提供各种各样的附加值,推动其他产业的创新发展。

四是文化产业符合绿色发展的要求。由于文化产业是一种主要利用人类主体资源的产业,即通过人的创意和服务,以产业化的组织形态,不断开发文化资源,大量提供文化产品和文化服务,因此也是一种消耗自然资源较少、低污染排放的绿色产业。

由此可见,文化产业具有附加值高、技术含量高、耗能低、污染低等优势和特点。大力推动我国文化产业的发展,不仅是深入贯彻落实科学发展观的迫切需要,也是当前形势下调整产业结构、转变经济发展方式的必然选择,关系到我国的长远建设和科学发展。发展文化产业,我国既有丰富的资源,也有广阔的空间,必须以世界的和战略的眼光来对待,牢牢把握发展的主动权,采取切实有效的政策和措施,实现我国由文化大国向文化强国的历史性跨越,不断提升我国的文化软实力和国际竞争力。

从当前的情况来看,虽然在一些大城市文化产业增加值占国内生产总值的比重已经超过了5%甚至更高,但从总体上看,我国文化产业增加值占国内生产总值的比重还不足3%。我国文化产业的发展也面临着很多问题和矛盾。例如总量规模小,文化产品和服务的供需矛盾突出;条块分割严重,产业集中度不高;经营管理水平不高,市场竞争力弱;政策法规体系不健全,投入不足和人才短缺现象比较严重,等等。由此可见,文化产业要成为我国的支柱型产业,仍然任重而道远。

为此我们建议:

一、转变观念,拓宽文化产业的发展思路与空间。关注文化产业与其他产业的融合发展,把文化创意、技术、市场,与产品或服务有机地结合起来,使各行业的产品和服务都成为一定文化的载体。

二、学习国际先进的成功经验。发达国家在文化产业政策法规、公共服务平台、投融资体系、推动文化产品出口、人才培育方面都有值得我们学习和借鉴的地方,如品牌授权这一国际流行的商业经营方式。

三、增强我国文化产业的原创力。原创力是文化产业最宝贵的资源,是文化产业的核心竞争力。为此要普及文化知识,提高国民素质,注重学校教育中的创造力培养;还要开发利用好我国丰富的文化资源,创新内容和表现形式,用全球的视野努力开发文化创意产品的后期市场。

四、协调我国文化产业发展的区域不平衡。由于我国幅员辽阔,文化产业发展的区域不平衡现象比较明显。东部沿海地区文化市场较发达,历史文化资源相对较少;而中西部地区有着丰富的文化资源,市场却不够发达。协调这种不平衡现象要因地制宜,发挥地区优势,并加强区域间的合作,积极开发利用中西部地区丰富的文化资源,促进中西部地区经济社会的发展。

五、努力构建文化产业的人才优势。实施人才兴业战略,着力培养文化产业人才,尤其要加强领军人物和各类专门人才的培养。建立健全文化人才培养体系,各省应组建文化人才培训基地,并制定和完善有关文化产业人才队伍建设的政策措施,吸引财经、金融、科技等领域的优秀人才进入文化产业领域。

六、健全完善发展文化产业的保障机制。切实转变政府职能,加强协调指导,大胆改革创新,积极稳妥地推进文化体制改革,清除影响制约文化产业发展的体制机制性障碍,提高服务保障的质量效率。抓紧制定和完善科学合理的文化产业政策体系,尤其要在加大资金扶持、加快招商引资、扶持中小文化企业、推进文化体制改革和加强人才建设等方面,健全完善一系列配套倾斜政策。

主题词: **发展 文化 产业**

提案人: 民革中央

文化部办公厅2011年6月28日以办产函〔2011〕288号文函复：

民革中央：

贵党提出的《关于大力发展文化产业、推动文化产业成为国民经济支柱型产业的提案》收悉。现答复如下：

贵党在提案中提出的6点建议十分中肯，值得我们认真研究并吸取借鉴。现将文化部在这6个方面所做的工作和下一阶段的思路作一简单介绍。

一、关于转变观念、拓宽文化产业的发展思路和空间

文化部鼓励文化产业与其他产业的结合发展，在内容和形式上实现突破和变革，打破文化产业门类的边界，延伸文化产业链。近年来通过促进文化产业与信息产业的紧密结合，推动了我国动漫游戏产业的发展。2009年文化部与国家旅游局共同印发了《关于促进文化与旅游结合发展的指导意见》，制定了一系列政策措施促进文化与旅游深度结合发展。2009年文化部发布的《关于加快文化产业发展的指导意见》，提出了文化产业的发展方向和发展重点，包括演艺业、动漫业、文化娱乐业、游戏业、文化会展业、文化旅游业、艺术品和工艺美术业、艺术创意和设计、网络文化、文化产品数字制作与相关服务，进一步拓宽了我部发展文化产业的领域和空间。

今后文化部将进一步促进文化与旅游、商贸、通信、会展、教育培训、健身休闲等行业融合，提高相关行业的文化附加值。支持各类企业加大创意设计投入，在纺织、轻工、包装、服装等行业中融入文化元素，推动创意设计向家具、家电、家纺、家饰生产设计延伸。推动文化与科技结合，通过应用高新科技开发更多的高艺术内涵、高科技含量的新型文化产品和服务。

二、关于学习国际先进的成功经验

我国文化产业与发达国家相比，仍然在资金实力、科技水平、市场运作能力、创新能力和市场竞争能力等方面存在着比较大的差距。国外发达国家的文化产业经过多年的探索和发展，已经形成了一套成熟的运作模式，这无疑对发展我国文化产业有着积极的借鉴意义。

今后文化部将结合国情和实际，进一步研究、学习、借鉴文化产业发达国家的成功经验，加强与它们的交流合作。积极鼓励文化企业开展海外高端文化产业经营管理人才的引进。加强与国外学术、研究机构的合作，建立交流合作机制，培养文化产业人才。充分发挥中国—东盟文化产业合作论坛、中日韩文化产业论坛和上合组织文化部长会晤机制的作用，积极推动区域性、双边和多边文化产业合作。

三、关于增强我国文化产业的原创力

文化产业所生产的主要是精神产品，它的源头是创意，核心是内容。近年来随着我国文化产业的蓬勃发展，涌现出《印象·刘三姐》、《喜羊羊与灰太狼》等一大批优秀原创作品。但总体看来，我国文化产业原创能力依然偏弱，知名文化品牌依然偏少，原创不足、品牌缺失已成为制约我国文化产业进一步发展的重要问题。

"十二五"期间，文化部将把鼓励创意、创造、创新作为加快文化产业发展的重要抓手，进一步激发人们的创作热情，生产出一批既叫好又叫座的优秀精神文化产品。实施国家文化创新工程，全面推动文化内容形式创新、文化科技创新、文化业态创新。研究设立国家艺术基金，繁荣艺术创作，打造和推广原创精品力作。制定一系列政策措施，支持演出节目原创，加大对原创动漫游戏产品的扶持力度。

四、关于协调我国文化产业发展的区域不平衡

近年来全国各地发展文化产业的热情高涨，东中西部地区都依托各自文化资源发展优势文化产业，文化产业日益成为区域经济新的增长点。但与此同时，文化产业发展也存在着较大的区域不平衡发展态势。文化部通过培育西部地区文化产业骨干企业和园区、举办西部文化产业经营管理人才培训班、实施原创动漫边疆推广计划等手段，不断加大对中西部地区文化产业发展的扶持力度，有效地推动了中西部

地区文化产业的发展。

今后文化部将进一步优化我国文化产业布局，统筹区域发展，引导中西部及限制开发的主体功能区，依托文化资源优势，重点发展民族演艺、文化旅游、艺术品、工艺美术、节庆会展等产业，促进特色化、差异化、集聚化发展。鼓励各地在产业发展中加强区域间合作，形成东中西优势互补、良性互动的发展格局，推动我国文化产业全面协调发展。

五、关于努力构建文化产业的人才优势

文化部牢固树立人才资源是第一资源的观念，采取多种措施，着力培养懂经营、懂策划、会管理的高端管理人才和懂操作、重实用的普及型人才。为培养国际化、专业化人才，2005 年和 2006 年连续两年组织国内演艺界高层管理人员到美国肯尼迪艺术中心进行专业培训。2007 年联合中国社会科学院研究生院开办了文化产业管理方向的 MPA 班。2008 年以来通过开设培训班、研修班、与教育部联合进行教材建设，广泛开展动漫人才培养工作。2010 年启动文化产业投融资培训工作，接受培训人员近 600 人。同时文化部命名的 10 个国家文化产业创新与发展研究基地和研究中心也主动组织了文化产业人才培训工作。据不完全统计，已先后举办了 150 期左右的文化产业培训班，累计培训学员近万名。

今后文化部将进一步加强文化产业人才工作，注重领军人物和各类专门人才的培养。计划在“十二五”期间，在全国范围内建立 5—10 家左右的国家文化产业人才培养基地，培养既懂理论又具有实际操作能力的综合性人才。制定相关的政策措施，吸引各领域的优秀人才进入文化产业。同时支持和鼓励社会资本进入文化产业人才培训领域，扩大培训规模，提高培训质量。

六、关于健全完善发展文化产业的保障机制

党的十六大以来，文化体制改革不断深化，为文化产业的繁荣发展提供了体制机制保障。文化市场主体数量逐步增多、实力大大加强。政府职能发生了显著的转变，建立服务型政府的理念深入人心，文化部门主要承担提供公共产品、公共服务和弥补市场缺陷的角色，改变了以往在市场方面介入过多的"越位"和在提供公共产品方面明显"缺位"的现象,服务于文化产业发展的能力明显提升。文化市场综合执法改革加速推进,为文化产业的发展提供了良好的市场环境。

下一步文化部将按照"加大力度、加快推进、巩固提高、重点突破、全面推进"的总要求,积极推动文化体制改革不断深入。同时将进一步完善文化产业政策体系,打造政策支撑、公共服务、投融资、贸易合作、人才培养五大平台,加大扶持中小文化企业发展力度,对具有较强原创能力、知名品牌形象、成功盈利模式、成长性好的企业予以重点扶持,支持其做大做强,着力打造一批有实力、有竞争力、有影响力的文化企业和企业集团。

贵党一向重视和支持我国文化产业发展工作,热心为我国文化产业发展出谋划策,通过实际行动有力地支持了文化产业工作。希望贵党今后继续关心和支持文化产业工作,对文化部工作多提宝贵意见和建议。

全国政协十一届四次会议提案第0700号

案　　由:关于推进“文化走出去”战略的提案

审查意见:建议国务院交由文化部办理

内　　容:《中共中央关于制定国民经济和社会发展第十二个五年规划的建议》提出要“创新文化走出去模式,增强中华文化国际竞争力和影响力”。推动中华文化更好地走向世界,是实现国家利益的现实要求,是维护我国“文化安全”的重要内容和保障措施。

自实施国家的“文化走出去”战略以来,在中央的政策支持和地方政府的大力推动下,我国文化产品和服务“走出去”的步伐不断加快,呈现出品牌化、精品化、规模化发展,社会各界共同推动文化“走出去”,文化交流与贸易并重、社会效益与经济效益兼收的大好局面。但在实践中还存在着一些机制体制方面的问题:

一、需要加强国家层面的统一部署。目前在国家层面对推进“文化走出去”战略还没有相应的战略规划,没有明确的中长期发展目标、政策支持体系、重点任务和工程,以及实施线路图。此外中央和地方在“文化走出去”战略实施中的责任和目标也有待明晰。

二、需要加强政府部门间的协调配合。国家层面有多个部委负责“文化走出去”工作,由于统筹、协调和指导力度不够,致使信息未能充分共享,一些行业和文化单位各自为政,在“走出去”过程中未能形成整体合力。如在国外华人较多的地方,春节演出的撞车现象时有发生;一些演出团体为争得演出合同,不惜竞相压低演出价格。

三、需要进一步完善支持“文化走出去”的具体政策措施。近年来国家陆续出台了一些鼓励文化产品出口的政策措施,但还未建立起相对完善的对外文化贸易的政策扶持体制，还需要在资金支持、税收减免等方面加大支持力度。此外还需要加强部门规章与相关政策的衔接配套，制订和完善地方性的扶持政策，制订和完善有关文化产业监管的分类标准和文化资产评估办法。

四、需要进一步整合、拓展“文化走出去”的平台和渠道。文化“走出去”运行机制的市场化程度偏低，平台和渠道狭小，缺乏真正意义上的以专营中国艺术为主的国际展演经纪机构和经纪人。文化交流项目多为政府主导的非营利性项目，“送出去的多，卖出去的少”。2009 年境外商业演出 16373 场，演出收益只有 7685 万元，平均每场不到 5000 元（不含食宿和旅费）。在文化出口的指导方面，由于对文化出口贸易方面的研究不够，文化贸易进出口的数据信息统计方面有所欠缺，使有关方面不能为文化企业及时提供全方位的、有效的信息服务。

我们认为，“文化走出去”战略既是一个文化战略，更是一个政治战略，是中国参与全球化时代话语权争夺的重要举措，是在“非传统安全”成为国家主要安全威胁的背景下，维护中国“文化安全”和“意识形态安全”的重要举措。

为了更好地推进“文化走出去”战略，提出如下建议：

一、制订“文化走出去”战略规划，明确“文化走出去”的战略目标和战略重点。要结合“十二五”规划的制定，科学编制“文化走出去”的战略发展规划，并作为“十二五”期间文化建设的重要战略任务来部署。规划中要明确“文化走出去”的中长期战略目标，明确政策导向和重点工程、重点任务，列出线路图和时间表；明确国家与地方、东部沿海与中西部地区，以及边疆省份的分工和任务，做到各有侧重。

二、理顺文化管理体制机制，加强对文化事业和文化产业的组织领导。加强对外文化贸易的体制和机制建设，发挥政府强有力的调控和推动作用至为重要。为加强对“文化走出去”工作的领导，国务院建立了以文化部为牵头单位的“对外文化工作部际联席会议”，但其对部门工作的整合力度还有待加强。建议该部际联席会议由国务院分管领导牵头，以加强协调整合力度。在省市层面，应建立由分管领导牵头、相关部门参与的“文化走出去”协调机构,领导和管理全省“文化走出去”的工作。

三、加快海外中国文化中心的建设,建立对外文化宣传阵地。我国已在非洲、欧洲和亚洲的9个国家建立了中国文化中心(南北美洲和大洋洲尚无中国文化中心)。目前已经在建、商建和提出希望建设中国文化中心的还有将近40个国家。海外中国文化中心要根据我国外交的总体需要,加强与驻在国文化机构的合作,面向国外主流社会,以展示我国悠久的文明和当代经济、文化建设的成就为主要任务。在建设布局上要以欧美和周边国家为重点,辐射广大亚非拉国家,以形成海外中国文化中心网络。

四、完善文化产品出口的配套政策,进一步加大扶持政策的实施力度。国家有关部门已经制定出台了一些有利于文化企业“走出去”的经济政策,但还需要将相关配套政策落实到实处。近期应着重加强以下几项工作:一是完善相关法律法规体系,为推进“文化走出去”提供法制保障;二是研究制订文化产品、文化资产评估办法,尽快建立文化企业无形资产评估体系;三是建立文化产业分类标准、数据统计体系,以及对外文化贸易数据库,为政府制定政策和企业决策提供服务。

五、整合、拓宽渠道,建立国际市场的营销网络和走出去服务平台。要从国家和省市层面为推广我国的文化产品做好宣传、服务工作。一是要加大政府牵头、文化企业参加的各种国际和国内展会的组织力度,以提高中国文化产业在世界范围内的知名度;二是有关部门要定期出台“企业投资海外文化产业指导目录”,为文化企业投资海外提供导向和指南;三是建立健全行业协会,组织国内文化产业机构与海外中介机构的合作;四是以国家财政支持的方式成立文化产品编译工作室,为文化产品提供高水平、高性价比的编译服务。

主题词: **文化 对外宣传**

提案人: 民进中央

文化部办公厅2011年6月13日以办外函〔2011〕233号文函复：

民进中央：

贵党提出的《关于推进“文化走出去”战略的提案》收悉。现答复如下：

大力发展文化产业是实施文化“走出去”战略的重要保障。为此，文化部从政策规划、信息服务、平台搭建、渠道疏通和文化企业的国内培育、出口环节支持、出口事后奖励等方面开展工作，着力为我国文化产业的发展和中国文化产品和服务“走出去”创造良好的政策环境，给予相应的补贴或奖励以及提供组织保障。文化部主要做了以下几个方面的工作：

一、结合国家“十二五”规划，制定文化产品和服务“走出去”总体规划

推动中国文化产品和服务通过商业渠道“走出去”，是促进中华文化“走出去”、提升国家软实力和扩大国际影响力的重要途径。2010年12月29日，文化部制定印发了《文化部关于促进中国文化产品和服务“走出去”总体规划》（以下简称总体规划），明确了促进中国文化产品和服务“走出去”的指导思想、基本原则、规划目标，确定了十项重点任务和保障措施，将表演艺术、艺术品与工艺美术、动漫、游戏等列为重点扶持领域。今年文化部将在总体规划框架内，按照“政府为引导、企业为主体、市场化运作为主要方式”和“社会效益与经济效益、文化交流与文化贸易并重”的原则，细化实施细则，使规划、政策、措施形成有机联动，努力创新和拓宽“走出去”的形式和渠道。

二、为文化产品和服务“走出去”提供信息服务、搭建平台

文化部积极发挥驻外使（领）馆文化处（组）和驻外中国文化中心

的作用，组织其对文化产业较为发达的国家在文化政策、产业发展、重点领域基础信息以及中国文化产品和服务在海外市场的基本现状进行专题调研。从2010年3月至今，陆续完成了《中国文化产品与服务在海外市场现状》、《韩国文化产业政策法规》、《欧盟各国文化产业概况》、《国外文化产业观察与启示》、《海外演艺市场基础信息》等资料汇编工作；启动了“中国文化产品和服务‘走出去’重点案例汇编”工作；着手收集、整理中国文化企业和产品资料信息，据此建立中国文化产品“走出去”资源库，将通过印刷媒介和网络媒介发布，并逐步丰富、定期更新。根据《总体规划》的要求，今年5月文化部组织了“中国文化产品国际营销年会——中国演艺产品走向国际市场研讨会”活动，邀请国际知名演艺机构的专家来华讲座，对国内演艺企业和院团进行了专题培训。今后文化部将根据国内文化产业“走出去”的实际需要，每年确定不同培训主题，逐步将年会活动打造为“走出去”的重要平台。通过上述一系列工作，为我国文化企业了解国际市场规则、参与国际市场竞争提供信息服务，为中外文化企业合作和“走出去”建立渠道。

关于加强我海外文化阵地建设事宜，在文化部对外文化工作“十二五”发展规划实施纲要中，文化部提出要积极推进海外文化阵地建设，加快驻外中国文化中心建设，加强与其他相关机构的合作，科学合理布局，为持续扩大中华文化影响力和文化走出去提供窗口和平台。

在宣传内容上，通过开展各类文化活动、信息服务和教学培训工作，面向当地主流社会宣传介绍当代中国，传播推广中华文化价值理念，全方位展示传统中国与当代中国的魅力。

在工作渠道上，通过宣传与推广国内企业、跨国中资企业在驻在国的形象与品牌，为外向型文化产业走向海外市场搭建平台。

在合作方式上，尝试与各地方建立对口合作关系，为提升地方“文化走出去”的综合能力，培育项目、创立品牌，建立长期海外交流阵地。2011年文化部推动驻外中国文化中心与部分地方省（区、市）试点进行年度合作，已确定的天津等8个省（区、市）与相应驻外中国文化中心的年度合作计划已陆续展开。

根据目前正在制定的驻外文化中心建设规划，截止到2020年，计划再建成40个以上驻外文化中心，初步形成覆盖全球的中国文化中心主干系统，为我文化产品和服务“走出去”搭建更广泛和有效的信息服务和推介平台

三、培育文化企业，促进产业发展，为文化产品和服务“走出去”提供金融服务和财政支持

围绕落实《文化产业振兴规划》，2009年9月文化部发布了《文化产业投资指导目录》，鼓励投资具有良好社会和经济效益、关联带动作用突出、技术含量和附加值高、有利于产业结构优化升级、能够有效扩大内需、增加就业、扩大文化产品出口的产业门类；同时印发了《文化部关于加快文化产业发展的指导意见》，明确对演艺业、动漫业、文化娱乐业、游戏业、文化会展业、文化旅游业、艺术品和工艺美术、艺术创意和设计、网络文化、文化产品数字制作与相关服务十大门类给予重点出口扶持。

此外文化部还通过建立健全文化产业投融资服务体系、加强文化产业基地园区建设、推动动漫产业发展等具体措施，做好政府公共服务，促进文化产业发展，为推动文化产品和服务出口打好基础。

“十二五”期间，文化部将实施“文化产业倍增计划”，力争实现文化系统文化产业增加值翻一番的目标，推动文化产业成为国民经济支柱性产业，加大对重点文化企业、产品和服务项目的扶持和指导，为文化产品和服务出口培育更多优秀的文化市场主体和龙头企业。

2009年4月商务部、文化部、广电总局、新闻出版总署、中国进出口银行共同制订了《金融支持文化出口的指导意见》。2009年3月以来，文化部先后与中国进出口银行、国家开发银行、中国银行、中国工商银行、中国农业银行、北京银行等金融机构开展部行合作，为文化产品和服务出口提供便利的金融服务。俏佳人传媒并购美国ICN电视网和天创演艺在美国购买剧场的信贷融资项目，都是部行合作的成果。2010年3月中宣部、中国人民银行、财政部、文化部、广电总局、新闻出版总署等九部门共同出台了《关于金融支持文化产业振兴和发展繁荣的指导意见》，这是建国以来第一个文化产业和金融业对接

的宏观政策文件，旨在解决困扰文化企业的融资难问题，建立健全多层次、多渠道的文化产业投融资体系。

2010年12月29日文化部联合保监会共同印发了《关于保险业支持文化产业发展有关工作的通知》，这是九部委文件的首个配套文件。今年1月10日保险支持文化产业试点工作启动，包括中国出口信用保险公司在内的第一批3家试点保险公司和11个针对文化产业的试点保险品种将为文化企业和产品、服务“走出去”保驾护航。

四、积极发挥政府协调职能，整合文化资源，形成中华文化“走出去”的合力

1.2009年12月为理顺对外文化工作管理体制，由文化部牵头，相关部门联合建立了对外文化工作部际联席会议机制。该机制以“加强对全国对外文化工作的组织指导，增进各部门间的沟通、协调与配合，整合资源、优势互补，形成中华文化走出去‘全国一盘棋’的工作局面，提升国家文化软实力，服务国家总体外交大局”为工作宗旨。两年来，作为牵头单位，文化部在加强部门间信息沟通、理清各部门相应权责、整合资源、形成合力等方面进行了积极探索，并以“欢乐春节”等海外文化活动为当前工作的主要抓手，加大了对春节期间“文化走出去”项目的统筹协调力度，取得了一定成效，在很大程度上规避了春节演出海外“撞车”现象。2010和2011年海外“欢乐春节”活动得到了中央和国务院10余个部门、全国20多个省区市的积极参与，分别在全球60个国家和地区成功展开，得到了中央领导同志的充分肯定。文化部将认真总结经验，加强统筹协调，继续做好牵头单位的相关组织安排工作，与各成员单位加强信息交流与沟通，不断完善机制功能，提高机制运行效率，共同完成好“十二五”时期全国对外文化工作的各项任务。关于“该部际联席会议由国务院分管领导牵头”的建议，我部认为，随着“走出去”步伐的加快和中华文化国际影响力的增强，文化部将适时向有关领导部门提出建议。

关于中央与地方、东部地区与中西部地区、以及边疆省份的分工和任务，文化部将加强对地方的指导，通过完善中央与地方合作机制，配合国家重点区域发展规划，为推动地方文化“走出去”铺路搭桥。

我们支持和鼓励在省市层面建立由分管领导牵头、相关部门参与的“文化走出去”协调机制。目前由江浙沪三地合作的“长三角对外文化交流工作联席会议”经过几年探索，积累了一定的成功经验，值得借鉴。在央地合作等不同场合的会议上，文化部多次表示支持和鼓励具备条件的省市进行尝试。“十二五”期间，促进文化大发展、大繁荣将成为地方发展的新领域，许多地方提出了建设文化强省的战略目标。北京、江苏、浙江、四川、广东等省市的规划，不仅有大的工作项目，还有地方城市在对外文化交流中的定位和目标，反映了对对外文化工作本质的理解，体现了本省市文化发展的大格局和大思路。有的省份已开始借鉴中央对外文化工作部际联席会议制度，尝试在地方建立类似的协调机制，加大协调配合、资源整合的力度。

文化部在“十二五”规划中也提出了地方在国家文化发展大格局中所应确立的战略定位，并在项目上作了相应的统筹安排。

2. 文化部自 2006 年起参与《文化产品和服务出口指导目录》的制订，并与商务部、广电总局和新闻出版总署联合评定双年度的《国家文化出口重点企业目录》和《国家文化出口重点项目目录》，该工作已形成成熟机制。从 2007 年开始，凡纳入两个重点目录的企业和项目，每年都可以申报中央财政文化产业发展专项资金出口绩效奖励。2010 年起列入目录的文化出口重点企业还可申请文化产业发展专项资金的境外投资补助。此外，专项资金还提供重点项目的贷款贴息和保费补贴，体现了中央层面扶持文化产业发展的政策导向，有助于带动地方资金和社会资本投资文化产业，鼓励文化产品和服务出口。

2010 年 2 月为进一步鼓励和促进文化企业和产品“走出去”，加大中华文化“走出去”的支持力度，文化部等十部委共同发布了《关于进一步推进国家文化出口重点企业和重点项目相关工作的指导意见》，明确了《文化产品和服务出口指导目录》以及《国家文化出口重点企业和重点项目目录》的制定和调整程序，并在资金支持、税收优惠、金融支持、出口便利化、国际营销网络建设、中介组织建立和境外投资等方面提出了保障措施。

自 2010 年 10 月起，根据近年来文化产业发展的实际情况，对照

《文化产业振兴规划》对重点行业的认定和分类，文化部会同商务、广电和新闻出版等部门正在对07年版《文化产品和服务出口指导目录》重新调整修订，有针对性地扩充了指导目录的内容，将更多的行业门类纳入指导目录范围。

"十二五"时期是我国经济社会发展的重要转型期。在党中央、国务院的正确领导下，在"十二五"开局之年，我们将抓住文化加速发展的新形势和新机遇，为在新时期推动中华文化"走出去"而努力工作。

感谢你们对文化工作的关心和支持。

全国政协十一届四次会议提案第1420号

案　　由:关于加强对电视购物节目的清理和整治力度的提案

审查意见:建议国务院交由主办单位国家广电总局会同国家工商总局办理

内　　容:电视购物作为一种新颖的营销模式,近年来受到我国消费者的追捧,获得了迅猛发展。但由于种种原因,电视购物节目中随之出现了对产品把关不严、广告用词夸张、售后服务承诺不兑现,甚至假冒伪劣、弄虚作假等现象,造成了目前我国电视购物行业的异常混乱的现象。虽然相关主管部门不断出台整治电视购物的各项措施,但电视购物的"顽疾"仍然存在。

我国电视购物目前存在六大问题:一是部分电视购物企业违规销售商品。二是部分电视购物企业所售商品虚构功效、夸大宣传。三是部分企业虚构企业名称、地址等相关信息。四是部分电视购物公司的销售人员对所售产品性能、种类不熟悉,介绍不客观、不真实。五是部分企业拒绝或逃避质量担保责任,部分企业销售热线只负责销售商品,不向消费者提供售后服务电话。六是部分企业剥夺消费者的验货权,通过快递企业拒绝消费者当场验货,减轻自身的法律责任。

造成我国电视购物行业长期混乱的原因有以下几点:一是对于电视购物的性质界定不清。目前相关主管部门并没有明确的条文界定电视购物类节目是属于一般的广告还是具有直销等性质的特殊节目。二是电视购物节目中涉及到的主持人、消费者甚至代言名人等的身份有待确认,这些获得利益的相关个人或团体对其对产品或服务所提供的信息所负责任需要明确。与此相关的问题都没有在我国的广告法中找到明确的规定。三是监管部门对电视购物类节目的监管不力。由于我国相关法律对电视购物类节目界定不甚清楚,相关监管部门也就有了推脱责任,甚至徇私舞弊的理由和借口。四是很多电视台是把电视购物当成垃圾时段的广告来处理的,因此在节目播出质量上没有严格审查。

目前我国电视购物的管理存在两个关键问题:多头监管和缺乏完整的法律法规。要想从根本上解决上述问题,必须要完善法律法规,明确监管部门及其职责,加强行业自律。具体说来有以下几点建议:

一、政府要建立、健全电视购物节目监管机制。主管部门对电视购物节目的监管责无旁贷,播出机构必须对电视购物节目内容的真实性和连带责任负责,对消费者负责。在相关部门之间建立监管信息反馈处理机制和监测机制,加强媒体单位广告发布审查环节的监督和行政处罚与刑事处罚间的衔接,进一步增强联合监管的合力与实效,遏制虚假广告的泛滥,还百姓一个健康、有序的电视购物广告市场。

需要强调的是,必须加强电视购物广告虚假宣传、消费投诉集中的商品质量监管。依法组织查处并认真落实不合格商品质量信息公示制度和退市制度。同时通过检查指导督促和帮助电视购物经营主体建立和落实商品质量进货检查验收、索证索票、购销台账等制度,完善电视购物商品的准入制度。

二、制定电视购物的行业规范,出台一部指导和规范电视购物发展的行业法规,对电视购物节目制作手段、商品入库质检规程、消费者验货付款方式、商品售后服务条款,以及电视购物企业的准入标准、监管职责、法律责任等等进行规范,让经营者和消费者都有法可依,使那些不具备资质的电视购物企业真正被挡在行业的大门之外,并使电视购物过程中出现的违法犯罪行为得到应有的惩罚。

三、充分发挥广告监测的作用,重点加强对电视购物广告的日常监测。对存在的突出问题及时发布广告监测通告,披露监测中发现的虚假违法行为。对屡次制作发布虚假电视购物违法广告以及未经整改继续发布违法广告的电视媒体,特别是发布广告造成严重不良社会影响的,要依法停止或取消其广告经营、发布资格,切实规范和净化电视购物广告市场。

四、积极引导电视购物经营主体建立“无障碍退货制度”，引导建立“售后保障基金”，强化消费者权益保障。

主题词： **电视　整顿**

提案人： 缪寿良

国家广播电影电视总局2011年6月函复：

缪寿良委员：

您提出的《关于加强对电视购物节目清理和整治力度的提案》收悉。现答复如下：

一、关于政府要建立健全电视购物节目监管机制的建议。

作为广播电视行业主管部门，广电总局对电视购物节目播出的导向、时间、形式等内容进行行业管理，并分别建立了日常监看、核查问题、受理投诉和公开曝光等较为全面的监管机制，对遏制虚假违规电视购物节目起到了明显的作用。

您提出要对虚假宣传、消费者投诉集中的电视购物商品质量进行监管，建立对不合格商品质量信息公示和退市制度，以及建立商品质量进货检查验收、索证索票等制度的建议，根据职能分工，我局已将您的建议转告国家工商总局。

二、关于出台一部指导电视购物发展的行业法规，规范电视购物节目制作、商品入库质检规程、消费者验货付款、售后服务等建议。

2009年我局专门制定下发了《广电总局关于加强电视购物短片广告和居家购物节目管理的通知》（广发〔2009〕71号），其主要内容：一是首次明确把电视购物节目分为电视购物短片广告和居家购物节目进行分类管理，将电视购物短片广告纳入商业广告管理，居家购物节目则作为电视节目管理。二是对电视购物节目内容提出要求，明确禁播7类含有违法违规内容的和7类违法违规的电视购物节目，特别是那些观众意见极大的叫卖式的夸张宣传，以公众人物和专家名义作证明的，以及虚构断货、抢货、甩货等情形来误导消费者的购物节目也在禁播之列。三是对在播出机构投放电视购物短片广告的购物企业设立准入门槛，提出了注册资本金不少于1000万元人民币、具有固定经营场所等五条准入条件，明确要求对不达标的企业一律不得接受其投放的购物短片广告。四是为充分保障消费者权益，树立社会对电视购物的信任，明确要求购物广告和节目必须标明商品的销售企业名称，公布在一定期限内可“无条件退货”和“验货付款”的承诺，对有投资风险的或者可能产生副作用的商品也要明确提示。

通过落实71号文件，有效地遏制了一些不具备资质的企业的不良行为，对规范电视购物市场发挥了积极的作用。下一步我局在继续做好电视购物节目播出管理的同时，将积极与国家工商总局等相关部门进行沟通，认真研究您提出的规范商品入库质检规程、商品售后服务等建议，指导建立一套完善的电视购物行业管理规范。

三、关于加强对电视购物广告日常监测，从严查处违规电视媒体的建议。

我局一直十分重视对电视购物短片广告的日常监管。2009年下发的71号文件中，明确将电视购物短片广告纳入广播电视广告管理。工商总局与中宣部、公安部等11个部门联合印发的《2010年虚假违法广告专项整治工作实施意见》明确提出“严格监管电视购物广告”，继续强化广告发布前审查把关、广告发布中动态监管、广告发布后依法查处等项措施。2010年工商总局对31个省、自治区、直辖市电视台卫视频道在6月20日—6月30日期间发布的电视购物短片广告进行了集中监测，共监测电视购物短片广告3122条次，涉及53个电视购物短片产品，曝光并部署地方工商部门查处8条严重违法电视购物短片广告。

今年1月份我局又下发了《广电总局关于开展打击电视购物领域侵犯知识产权和制售假冒伪劣商品专项行动的通知》（广发〔2011〕3

号),部署全国广电系统于2011年1月至3月集中开展电视购物专项清理行动。自2009年以来,我局对1000余套(次)频道播出电视购物短片广告情况进行了监看,取缔了两套非法的购物频道,撤销了两个违规播出购物短片广告的有线数字付费频道;分别下发停播通知,将存在导向问题的"年轻钛观音佛手链"、内容低俗的"美国威酷"、虚假宣传的"小雷达手机"等79条违规电视购物短片广告清除出电视荧屏,并通过新闻媒体向社会公开曝光。全国各级广电管理部门共清理违规电视购物短片广告百余条,核查群众投诉近千件,并通过新闻媒体播发治理工作信息200余条,广电系统从严查处违规电视购物短片广告的工作成效,得到了社会各界的认可和肯定。

下一步我局将继续加大对电视购物短片广告的日常监管和治理力度,将会同工商总局进一步完善电视购物短片广告的法律制度和监管制度,建立完善电视购物短片广告的长效监管机制,依法规范电视购物短片广告。一是加大日常监管执法力度。工商部门将围绕电视购物短片广告发布的主要环节,加强日常监管,进一步强化对重点地区、重点媒体、重点产品电视购物短片广告的监测检查,加大违法广告的公告力度,加强案件的查处和督办,严厉查处违法电视购物短片广告,切实维护消费者的合法权益。二是会同有关部门和行业协会,研究借鉴国外电视直销行业的监管经验,进一步规范电视购物短片广告,促进电视购物行业的健康发展。对虚假夸张宣传、误导消费的购物短片广告,一经发现立即予以停播,并建立"黑名单"制度,对在广播电视媒体投放虚假违法电视购物短片广告的企业,通报全系统禁止接受其投放的任何广告;对屡次发布违规电视购物短片广告的广播电视媒体,将给予通报批评、暂停商业广告播出等严肃处理。

四、关于引导电视购物经营主体建立"无障碍退货"、"售后保障基金"等制度的建议。

为充分保障消费者合法权益,树立社会对电视购物行业的消费信心,维护广播电视公信力,我局在71号文件中要求各级电视台在播出电视购物短片广告时,必须公布在一定期限内可"无条件退货"和"验货付款"的承诺。从实际执行情况来看,各台在播出电视购物短片广告时基本上都按照总局的要求公布了一定期限内“无条件退货”等承诺,但电视购物经销企业存在执行不到位的问题。我局将加强与国家工商总局等部门的沟通,研究行之有效的“无障碍退货”和“售后保障基金”等制度,采取有效措施督促电视购物经销企业真正做好售后服务工作,维护广大消费者的权益。

感谢您对广播电视工作的关心和支持。

全国政协十一届四次会议提案第1448号

案　　由:关于进一步提升"农家书屋工程"的提案

审查意见:建议国务院交由主办单位国家新闻出版总署(国家版权局)会同财政部办理

内　　容:2007年国家开始实施"农家书屋工程"。农家书屋被誉为"农民的致富课堂,农村的文化殿堂,学生的第二课堂",为解决农民"买书难、借书难、看书难"的问题发挥了重要作用。

农家书屋建好是基础,管好是关键,用好是目的。目前我国农家书屋的建设和管理还不能满足农民群众的文化需求。主要体现在:一是基层政府重视不够。部分乡镇重经济轻文化,对抓好基层文化工作的重要性缺乏足够认识,造成一些农家书屋有名无实;二是投入不足。根据国家对每个农家书屋配套资金的要求,基层政府未全部落实到位,造成一些农家书屋基础设施不全,无法发挥应有的作用;三是缺乏管理人员。特别是缺乏与农家书屋使命相适应的管理人员;四是管理不顺。农家书屋的作用未能充分发挥,存在重建轻管的现象。

农家书屋建设是惠及农民群众、推动新农村文化建设的基础性工程,要贯彻落实好国家关于农家书屋建设和提高改善农村公共文化能力和条件的有关政策,把农家书屋建设工作做好、做实。为此建议:

一、提高认识,加大投入力度。各级政府特别是市、县、乡要提高抓好基层文化建设重要性的认识,加大对文化事业的资金投入。要加紧农家书屋建设,按照国家规划力争按时保质保量地完成村村有农家书屋的目标任务。要将文化活动经费纳入财政预算,除了中央和省加大资金扶持力度外,还要通过社会集资、个人捐款等办法鼓励和支持社会力量多渠道参与农村文化建设。

二、多措并举，加强队伍建设。要定期组织农家书屋管理员进行学习培训，提高综合素质，努力适应新形势下的农村宣传文化工作。在用好残疾人担任农家书屋管理员的同时，乡镇可根据各地实际，聘请当地的文艺骨干和民间艺人做管理员，特别是要发挥大学生村官在推动农村文化发展中的作用，通过各种途径和方式，积极培养和发现乡土文艺人才，逐步建立起一支业务水平高、梯次结构合理的稳定的基层文化专兼职干部队伍，不断丰富农村文化。

三、加强管理，建设长效机制。各级政府要将农家书屋管理列入党委、政府的任期目标和考核内容。积极探索农家书屋后续管理和保障机制，管好、用好农家书屋资源，实现市、县两级图书馆信息资源共享，使农民群众有书读、读好书，丰富农村文化生活。要把农家书屋作为繁荣农村文化的平台，让农家书屋读书活动与新农村建设相结合、与文明行为养成相结合、与科技培训相结合、与法律普及相结合、与婚育新风相结合、与和谐邻里关系相结合。不断提升农家书屋建设标准，建立集体文化活动室、图书室及文化活动广场于一体的农家书屋，组织开展专家讲座、科技培训、普法宣传、民间文化等活动，丰富村民生活，培育更多有文化、懂技术、会经营的新型农民。

主题词： 农村 文化 设施 投入

提案人： 陈清华

中华人民共和国新闻出版总署2011年7月26日以〔2011〕新出提案第30号文函复：

陈清华委员：

您提出的《关于进一步提升“农家书屋工程”的提案》收悉。现答复如下：

农家书屋工程是党中央、国务院确定实施的一项重点公共文化服务工程，2005 年开始试点建设，2007 年全面实施，此后连续几年写入中央一号文件和总理的政府工作报告。截至目前，全国已累计投入资金 70 多亿元，其中中央财政拨付资金近 47 亿元，建成农家书屋 30 多万家。农家书屋在保障农民文化权益、丰富农民文化生活、转变农民思想观念、提高农民综合素质方面发挥了实实在在的作用，被中央领导同志和广大农民群众称为“德政工程”、“民心工程”。按照中央领导关于“加大力度、加快进度”的指示精神，农家书屋工程在今年掀起了新的建设高潮，到 2012 年将基本覆盖全国所有行政村，提前 3 年全面竣工。新闻出版总署和各地各有关部门切实贯彻落实中央的部署和要求，扎扎实实推动农家书屋建、管、用各方面取得了实效。

一、各级党委、政府高度重视，工作落实有力。

随着农家书屋工程建设的加快推进和作用的明显发挥，各级党委、政府对这项文化惠民工程的认识逐步深入，重视程度越来越高。全国有 27 个省（区、市）将农家书屋列入为民办实事的重点民生工程项目，省委、省政府领导亲自抓，加大资金投入，完善工作机制，统筹部署，同步考核。河北、河南、四川、西藏等省区与各市签订了目标责任书，确保农家书屋工程加快实施。不少县（市、区）将农家书屋建设列入对乡镇党委政府的目标考核体系，使农家书屋工程建设落到了实处。

在农家书屋资金投入上，按照每个书屋 2 万元的配置标准，中央财政对中部地区补助 50%，对西部地区补助 80%，对东部地区给予一定的奖励资金。西部地区尽管经济相对落后，但农家书屋配套资金基本由省级财政全额解决，减轻了基层压力。中部地区行政村多，省级财政拿大头，市级财政配套一部分，县里拿一点，有不少市县还额外投入了资金，用于购置硬件设施。江苏、辽宁、北京等省市在实现农家书屋全覆盖的基础上，财政每年又拿出数千万元，用于农家书屋出版物的更新。各级财政加大投入，为加快实施农家书屋工程提供了必要的保障。

与此同时全社会给农家书屋工程建设以大力支持。河北省省委书记、省长亲自带头,全省机关、企事业单位和个人已建立农家书屋帮扶联系点6000多个。山东省截至2010年年底社会捐赠已达8000多万元。今年4月山东省农家书屋建设领导协调小组16个成员单位共同开展了捐建农家书屋活动,启动仪式当天就收到社会各界捐赠款物达512万元。

二、加强管理员队伍建设,规范书屋日常管理。

管理事关农家书屋工程建设的成败。为此我署明确要求每个农家书屋必须配备一名管理员,并进行相关的业务和管理培训,这是农家书屋能否通过验收的硬指标。各地根据要求,从实际出发,均选配了具有一定能力、热心公益文化事业的大学生村官、退休老同志、文化专管员、村干部等担任管理员。2010年我署组织了对全国31个省(区、市)的458家农家书屋的抽查验收,其中由大学生村官担任管理员的书屋平均得分最高。

在管理员队伍建设上,各地探索出很多好的经验。江西省把农家书屋工程与残疾人就业工程两项民生工程相结合,既解决了农家书屋管理员的报酬和长期服务的问题,也开辟了残疾人就业的新渠道,实现了合作双赢。对各地管理书屋的经验和好做法,我署都通过文件、简报以及媒体等加以宣传推广。

为提高书屋管理员的管理和服务水平,我署组织编写了《农家书屋管理员手册》,现已修编三次,免费发放到全国已建成的40多万家农家书屋。各地农家书屋建设管理部门也通过各种形式,定期组织当地图书馆和新华书店,对书屋管理员进行图书接收、登记、分类、编目、上架、借阅管理等基础知识的培训。从我署检查验收的情况来看,农家书屋做到了管理规范有序。

三、探索建立长效机制,推动农家书屋可持续发展。

各地在农家书屋建设中注重整合资源,以农家书屋为平台,将农村党员干部现代远程教育、文化信息资源共享工程、农村发行网点、村邮站、万村千乡市场工程等资源整合在一起,形成综合性的村级公共服务场所,发挥综合效益。不少地方建立了市、县图书馆与农家书屋的图书流转机制。浙江、江苏等地的绝大多数农家书屋实现了与县级图书馆电脑联网、通借通还。贵州、湖北、陕西等省已经开始试点建立数字农家书屋。

“小书屋，大平台。”我署在2008年就与农业部联合发文，推动农家书屋与新型农民科技培训项目相结合。各地依托农家书屋开展了政策宣讲、文化讲座、技能培训、普法宣传等形式多样、内容丰富的文化活动。日前在甘肃省委宣传部、省委政法委、省司法厅共同举办的甘肃省“十大法治事件”评选中，农家书屋以其在农村普法宣传教育方面发挥的显著作用而顺利入选。江苏省今年在全省开展了农家书屋法治文化建设示范区评审活动，使法治文化建设在农村有了实实在在的抓手。辽宁省依托农家书屋开展共青团工作，将农村青年创业致富带头人培养、农村青年劳动力转移就业、农村青年文化活动等共青团品牌工作项目与引导农民读书结合起来，不仅使农村团组织有了新的活动载体和工作阵地，也更好地发挥了农家书屋的作用。黑龙江鸡西市、湖南攸县将农家书屋与文体活动场所结合起来，给农民提供了可以学习、娱乐的多功能服务平台，农民在这里既能读书看报，也能唱歌跳舞，打牌下棋，充分享受到了读书、娱乐、健身的乐趣。

2010年我署组织开展了以“我的书屋，我的家”为主题的全国农家书屋阅读讲演活动，在广大农村地区引起了很大反响，调动了农民群众读书用书的热情，吸引了全国数万名农民群众参加。农家书屋已在培养一大批有思想、有文化的新型农民，在通过书屋获取知识、改变命运和带领乡亲致富、服务家乡建设等方面发挥了积极作用。

农家书屋的价值和意义得到了充分显现，已经有越来越多的人开始关注农家书屋，思考农家书屋的发展，并给我们提出了宝贵的意见和建议。正如您提到的，一些地方农家书屋建设还存在重视不够、投入不足、管理不顺等问题，要把农家书屋做好做实，就要提高基层党委、政府对抓好文化建设重要性的认识，加大资金投入，并将农家书屋管理纳入党委政府的任期目标考核内容；要加强对书屋管理员的培训，建立一支稳定的具有较高水平的书屋管理员队伍；要把农家书屋作为繁荣农村文化的平台，与各项惠农措施相结合，开展丰富多彩的文化活动。这些都是各级农家书屋建设部门要推动解决的关键问题，解决好这些问题，农家书屋就能牢牢扎根农村，长期发挥作用。

目前各地已经建立了农家书屋建、管、用的一整套机制，保证了农家书屋工程又好又快实施。对好的经验和做法，我署及时总结宣传推广，推动各地抓好工作。2010 年我署重点抓了行政村 2 万个以上的省，今年我们把重点放在行政村 4 万个以上的省，督促地方党委、政府和职能部门加大力度，落实好资金，采取一切必要措施推动书屋建设。同时我们将继续加大监督检查力度，发现问题立即纠正，以确保将农家书屋建设好、管理好、使用好。

建设好农家书屋需要全社会的关心和支持，感谢您对这项文化惠民工程的关注，并给我们提出了宝贵的意见和建议。希望您继续对我们的工作予以支持！

全国政协十一届四次会议提案第1954号

案　　由:关于推进两岸文化创意产业交流与合作的提案

审查意见:建议国务院交由文化部办理

内　　容:文化创意产业是21世纪全球经济一体化时代的"朝阳产业"和"黄金产业"。近年来海峡两岸政府、产业、学界都将文化创意产业作为发展重点。伴随着两岸经贸合作的日益深化,两岸文化创意产业合作程度正不断提高;与此同时,上海世博会又为两岸文化创意产业的交流合作创造了良好的平台和契机,实现了两岸文化创意产业的深入合作。"十二五"期间大陆将把文化创意产业培育成为新的支柱产业,抓住世博机遇,进一步推进两岸文化创意产业交流与合作,不仅有利于推进大陆经济转型发展,也有利于增进两岸同胞彼此的认同。

一、台湾文化创意产业的优势

台湾文化创意产业起步较早,目前已形成了比较完善的政策、体制、理念以及产业模式,相较于大陆在许多领域取得了领先地位。台湾文化创意产业的发展优势主要体现在:

1.建立了加强文化创意产业发展的推动机制。台湾2010年年初通过了《文化创意产业发展法》,明确文创产业发展方向与实施细则,由"行政院文建会"主导推动建立台湾文创品牌形象。

2.创意能量强,创意种子蓬勃。在流行音乐、工业设计、时尚设计等领域,台湾在华人世界处于领先的位置。

3.提供了充分的创意空间,科技创意发明屡获国际大奖。2003年以来,台湾在iF产品设计奖、日本GoodDesign大赏、德国Reddot和美国的IDEA设计奖等方面共得到800多个奖项。

虽然台湾文化创意产业的整体企业数、产值等都有所增长，但这些文化创意产业的组织规模与资本结构都趋向零细，多数是独资或合伙的小型企业。这些企业虽有灵活的创意，但受限于规模，往往在短期内就遇到发展瓶颈，欠缺进一步投资与创新、开发的能力，无法发挥“规模经济”的效用。

二、大陆文化创意产业发展面临的问题

近年来大陆文化创意产业园集聚效应和产业规模不断增大，为创意产业注入了新生命和丰富的创造力。但是与台湾相比，大陆文化创意产业的发展差距还比较明显，不仅表现在一些具体的指标上，如创意产业占GDP的比重、创意产业就业人数及比例、创意产业产品的出口等方面；同时，在发展创意产业的观念、体制、机制、政策、人才等多方面，也面临着一些问题。这些问题主要表现在：

1. 产业模式不完整。文化创意产业发展尚未形成集群性、发散性的有序产业链。

2. 创意阶层未形成。目前不仅在创意产业人才的总体数量上相对偏少，而且在层次和结构上存在较大的差距。

3. 创意环境不够浓。适宜创意产业发展的人文环境和投资环境尚未形成，创业人群和闲置资本没有很好地通过政策引导投入其中。

4. 平台建设不到位。尚未形成有效的资源共享和信息交流平台。

5. 文化与创意联系不紧密。传统文化、民俗产品开发空间有限，许多产品设计、工艺还比较落后，缺乏创意。

6. 知识产权保护不到位。创意产业知识产权的保护、创意产业市场的规范化方面，缺少法规制度和良好的法律环境保障。

三、世博促进了两岸文化创意产业的交流与合作

2010年上海世博会为两岸文化创意产业提供了宏大的交流平台，不仅是创意成果的展示大会，也是产业发展的新契机。一是展现了台湾创意，给台湾的文创产业带来了前所未有的机遇。台湾馆和台北馆以科技演绎文化，充分呈现了台湾的科技文化创意。世博“海宝”也凝结着沪台两地形象设计家的创意，体现了两岸文化产业的智

慧。二是催生了为两岸都能接受的世博文化,对两岸文化创意产业的交流与合作将产生持续的影响。世博期间,举办了主题为“让创意说出理想”的2010上海台北双城文化创意产业博览会,这也是台北文化创意产业首次大规模到上海展示。此次博览会共有116家台湾厂商参加,创下了新纪录。

四、加强两岸文化创意产业交流与合作的建议

随着2010年两岸经济合作框架协议(ECFA)的签订与实施,以及上海世博会的成功举办,大陆与台湾服务贸易的开放程度大大加深,也为加快两岸文化创意产业合作进程提供了现实可能。文化创意产业是两岸近年来成长快速的产业,大部分台湾企业都有进驻大陆、分享大陆经济发展成果的强烈意愿,同时一部分兼具两岸资源优势的企业也看准了两岸经济合作的机会,先行一步,积极为连通台湾优秀文化创意企业与大陆市场搭建桥梁。台湾创意、研发、营销、品牌经营、资本运作等方面的优势,加上大陆国际化程度不断提高的巨大市场,两地优势互补,将为两岸开展文化创意产业交流与合作提供更好的条件。为此建议:

1. 两岸共同成立“文化创意产业研究院”

在产业发展之初,如果两岸官方给予辅导与支持,将更有利于整个产业的成长。建议两岸共同成立“中华文化创意产业研究院”,集合两岸创意人才共同研发,辅导厂商建立产业链,促进两岸的文化创意经济共同发展。这样不仅能将两地的相关产业联系在一起,同时更可以让中华文化的创造力成为增进两岸认同的关键力量。

2. 建立两岸文化创意产业共同开发园区

以两岸为整体,根据两岸文化创意产业整体发展规划,结合全球和周边创意经济发展趋势,在统筹两岸创意资源共同发展的基础上,成立具有两岸特色的文化创意产业共同开发园区。通过培育两岸文化创意产业合作共同载体,实现共同对外招商引资,完善创意产业链和优化资源配置,制定配套的园区政策,由两岸文化创意产业发展基金和园区所在地地方政府共同投资。共同开发建设的文化创意产业园区可根据两岸文化创意产业规划,因地制宜,采取创意商业街、创意

风情街、创意商务区、国际性文化创意产业园区等多种类型。

3. 成立两岸文化创意产业合作共同发展基金

区域政策效能的发挥，在很大程度上需要靠共同基金的支撑。因此两岸文化创意产业合作与发展，有必要探索建立文化创意产业共同发展基金，利用基金的“杠杆作用”，促进两岸文化创意产业的协调发展。通过设立两岸文化创意产业合作财政基金，有利于形成文化创意产业发展的利益协调机制，促进两岸文化创意产业合作的深化。两岸文化创意产业共同发展基金的建立，可采取股份制的办法，两岸根据地区生产总值，按照一定标准从财政收入中提取文化创意产业合作基金。还可积极吸纳民间资本进入，扩大基金的规模。基金的运作，要严格按照国际经济惯例操作。在基金的使用和投放上，要充分体现双方的文化创意产业政策意图，根据两岸的生产要素贡献度、市场贡献度等，在两岸经济和社会发展规划框架内，依据文化创意产业发展需要，在统筹的基础上进行专项投资。

主题词： 文化 产业 合作

提案人： 杨 健

文化部办公厅 2011 年 6 月 30 日以办港澳台函〔2011〕302 号文函复：

杨健委员：

您提出的《关于推进两岸文化创意产业交流与合作的提案》收悉。现答复如下：

近年来随着我国文化产业领域对非公有资本和境外资本的准入程度越来越高，文化产业也正日益成为台商在大陆发展的新的选择，两岸文化产业领域的交流与合作也得到了文化部等有关部门的高度重视。海峡两岸(厦门)文化产业博览交易会、福州海峡版权(创意)产业精品博览交易会等一系列活动相继举办,有力地促进了两岸文化产业领域的交流与合作向纵深发展。2010 年 11 月文化部以中华文化联谊会名义与台湾“商业总会”合作,在台北世贸中心南港展览馆成功举办了首届“海峡两岸文化创意产业展”。文化部还将于今年 9 月再次组派大陆文化创意产业代表性企业赴台举办第二届“海峡两岸文化创意产业展”交流活动,并举办两岸文化创意产业交流论坛。

两岸文化产业基于共同的中华文化母体基础之上,其合作潜力巨大,前景非常广阔。祖国大陆拥有深厚丰富的文化资源、功底扎实的艺术专业人才、广阔的市场、充沛的资金及政府支持,台湾的文化产业起步较早,在创意、研发、营销及品牌经营方面具备相当的优势和基础。两岸可谓各有所长,理当优势互补,互惠双赢。加强两岸文化产业合作,打造两岸文化产业链,不仅符合两岸文化产业发展的需要,也符合两岸同胞的共同利益,有利于两岸人民的福祉。因此文化部同意您所提出的关于推进两岸文化创意产业交流与合作的几项建议,并将做好以下工作:

一、支持成立“两岸文化创意产业研究联盟”

在文化部的支持下,由中国传媒大学、台湾师范大学等两岸 50 多所高校的文化创意产业研究顶尖学者共同发起的“两岸文化创意产业研究联盟”,已经于 2011 年召开了第三次会议。两岸二地的文化产业专业教育者、文创企业通过该联盟共同探讨文创产业发展、教育创新和人才培育领域的合作。今后文化部将从文化职能部门的角度,继续支持“两岸文化创意产业研究联盟”的交流事务。

二、推动建立“两岸文化创意产业园区”

2009 年《国务院关于支持福建省加快建设海峡西岸经济区的若干意见》(国发〔2009〕24 号)明确提出,要“推动文化与经济融合,大力发展文化创意产业,建立海峡两岸文化产业合作中心,着力培育专、精、特、新文化企业,努力使海峡西岸经济区成为全国重要的文化产业基地”。在今年刚刚公布的《海峡西岸经济区发展规划》中又提出,要“对接台湾文化创意产业,建设两岸文化产业园”,“支持设立两岸文化教育合作专项基金,扶持海峡西岸经济区与台湾地区的文化交流和文化产业发展”。今后文化部将根据上述文件精神,积极支持建设“海峡两岸文化产业合作中心”,在深入调查研究,科学组织专家论证的前提下,支持条件适宜的省市选择文化企业集聚已形成一定规模的区位,设置成立“台湾文化创意产业集聚区”,提升两岸文化产业合作的经济、社会、文化效益。

感谢您对对台文化工作的关心和支持,并请继续提出宝贵意见和建议。

全国政协十一届四次会议提案第2436号

案　　由:关于当代我国社会诚信方面存在的问题及建议的提案

审查意见:建议国务院交由中国人民银行、中央文明办、监察部办理

内　　容:诚信是中华民族的传统美德。古人云:"人而无信,不知其可也。"然而,随着社会经济发展的加快,拜金主义、实用主义、功利主义等不良思想也不断冲击着社会各个阶层,对物欲的追求而弄虚作假、欺诈舞弊等现象在社会上蔓延滋长,当代社会诚信的缺失已经到了相当严重的地步。

一、存在的主要问题

一是在社会生产领域:一方面是这些年虚假的广告宣传铺天盖地,让人眼花缭乱。另一方面"毒大米"、地沟油、"黑心月饼"、瘦肉精、三聚氰胺奶粉、假烟假酒……各种假冒伪劣产品充斥市场,各种制假售假手法花样百出。

二是在商业金融领域:坑蒙拐骗行为成了一些人发财致富的"法宝",假发票在社会上盛行,银行套现、三角债、偷税漏税、走私骗汇等手段花样翻新,屡见不鲜。2009年度国家审计署抽查56个中央部门已报销的29363张可疑发票中,有5170张为虚假发票,列支金额为1.42亿元;2010年广州市立案查处假冒、虚开发票案件376宗12519份,挽回经济损失18519万元。

三是在政治生活领域:一些政府部门和领导在工作中耍花架子、搞形式主义、浮夸虚报搞欺骗和弄虚作假,诸如"政绩工程"、"升迁工程"和类似"数字出官"和"官出数字"屡见不鲜。还有2004年阜阳特大劣质奶粉事件、2007年陕西周正龙虎照事件、2008年三鹿奶粉事

件……政府的诚信力正在不断遭受人民群众的质疑。

四是在个人生活领域:许多人在市场经济的大潮中迷失了自己,急功近利,言而无信,各种形形色色的假机构、假警察、假工商等假公务人员,假新闻、假婚姻、假文凭、假考、假招聘、假唱等等,这些不诚信社会现象的空前泛滥,使得社会信用正面临严峻的危机考验。

二、存在问题的主要特点

当前社会各个领域存在的信用缺失现象已经严重干扰了正常的政治、经济、社会生活秩序,影响了人与人之间的正常关系。其主要特点:

一是范围广。偷工减料、掺杂使假、缺斤短两、以次充好、高抬物价……已经成为我国企业界的普遍行为;骗人广告、假药劣医、变相集资、非法收费、行贿受贿……比比皆是。可以说,弄虚作假、假冒伪劣在人们的衣食住行、商业、文化娱乐等各个方面无处不在,层出不穷,让人防不胜防。

二是层次深。政府部门不诚信、专家教授不诚信、媒体不诚信;从普通民众到专家学者、从私营企业到国有大型企业甚至跨国企业、从互联网到主流媒体、从一般政府官员到高级领导干部,这种不诚信现象大量存在。这些问题正在不断渗透并进入到社会主流,甚至成为一些行业和单位的默认规则。

三是损失重。据有关数据统计,中国每年由于企业诚信缺失造成的经济损失高达5855亿元,其中每年因为逃避债务造成的直接损失1800亿元,由于合同欺诈造成的直接损失约55亿元,产品质量低劣和制假售假造成的各种损失至少有2000亿元,由于"三角债"和现款交易增加的财务费用约有2000亿元。

四是影响大。三鹿奶粉事件、周正龙虎照事件、足球界黑哨赌球事件……这些无不折射出个别企业、政府部门和公民存在诚信问题,在一次次"假""毒"波的冲击下,老百姓不只是视听疲劳,不安全感上升,而且加剧了社会阶层的分裂、价值取向的混乱。这种随处可见的不诚信现象危害极大、影响极深,不仅影响国民信心、社会和谐稳定,损害国家形象,甚至在一定程度上动摇我们党的执政地位。

三、几点建议

诚信是一个社会和民族赖以生存与发展的基础。贯彻落实科学发展观,构建和谐社会,必须把诚信体系建设放在重要战略高度予以重视,应着力抓好以下几方面的工作:

一是加强诚信教育引导。深入持久地开展社会主义荣辱观和公民道德建设系列宣传活动,按照“八荣八耻”的要求,制定公民诚实守信行为守则。充分运用电视、网络、报纸等新闻媒介,弘扬社会主义新风正气和传统美德,使信用成为公民社会经济活动中的“通行证”。

二是发挥政府示范激励职能。政府既是市场和社会规则的制定者,又是市场和社会规则的执行者,政府的所作所为,会对社会信用产生重大的影响和导向作用。建立政府信息公开制度和诚信缺失责任追究机制,增加政府透明度;追究失信者的法律责任,避免和防止政府违反诚信原则的行为发生。

三是加强公共信用信息系统建设。加大社会信用的监管力度,加快个人、企业甚至是政府机构等信息登记系统的建设与完善;建立公共信用信息共享机制,规范公共信用信息的登记、传播和使用,增加信用信息的透明度和利用率。

四是加快信用管理的立法工作。加快信用立法步伐,建立完善信用法制体系,建议制定《中华人民共和国信用法》,提升诚信的法律地位,明确信用机构、诚信管理体制模式和失信惩戒法律机制。

主题词: **精神文明　法制　监察**

提案人: 朱永清

中央精神文明建设指导委员会办公室2011年10月19日以文明办函〔2011〕56号文函复：

朱永清委员：

您提出的《关于当代我国社会诚信方面存在的问题及建议的提案》收悉。现答复如下。

诚信既是中华民族的传统美德，也是现代社会公民基本的道德规范。大力开展诚信教育，对于提高公民道德素质、构建和谐社会具有重要意义。

中央文明办历来高度重视诚信建设。2007年和2009年，中央宣传部、中央文明办等部门评选表彰了两届全国道德模范。其中专门设立了全国“诚实守信”模范这一类别，隆重表彰了22名“全国诚实守信模范”和上百名“诚实守信模范”提名奖获得者。同时在各地广泛举办全国道德模范与身边好人现场交流、道德模范故事基层巡演等活动，大力宣传道德模范的先进事迹，运用榜样的力量弘扬诚实守信的良好风尚，引导人们在经济活动和社会生活中，坚持诚信为本、操守为重。今年我们进行第三届道德模范评选表彰活动，其中表彰了10名“全国诚实守信模范”。2008年以来中央宣传部、中央文明办等七部委组织开展了“百家食品企业践行道德承诺”、“负责任做产品”等活动，推动企业界树立“以诚实守信为荣、以见利忘义为耻”的价值观，引导企业增强社会责任感，履行社会责任，生产销售让消费者放心的产品，维护广大人民群众的切身利益。中央文明办还把信用体系建设纳入《全国文明城市测评体系》，把经常开展集中性的诚信主题教育和实践活动，建立企业信用供求机制，建立企业和重点人群的信用信息公开和共享机制等内容作为具体测评标准，引导各地在创建文明城市活动中切实抓好诚信建设。

加强诚信建设是一项长期任务，需要全社会共同努力。今后中央文明办将继续大力推进诚信建设，在全社会营造讲诚信、做好人的良好氛围。

对于您在提案中提出的其他相关建议，我们将认真研究，在工作中加以借鉴。

衷心感谢您对精神文明建设工作的关心和支持。

全国政协十一届四次会议提案第2744号

案　　由:关于促进我国艺术品市场健康、持续、科学发展的提案

审查意见:建议国务院交由主办单位文化部会同海关总署办理

内　　容:“盛世收藏”。国家强盛、经济增长是艺术品收藏市场繁荣发展的根本和重要原因。

2008年的全球金融危机成为中国艺术品市场争霸世界的转折点。大陆艺术品市场逆势上扬,在世界艺术品交易中扩大了占有率,2009年度成交额达到212.5亿人民币,超过法国排在美、英之后,成为世界第三大艺术品交易市场。2010年北京保利和中国嘉德仅秋拍成交额就分别达到惊人的52.8亿人民币和41.33亿人民币,超越了中国香港地区的老牌国际拍卖公司苏富比和佳士得。北京的艺术品交易市场2010年已超过200亿人民币,而且单件超亿元的艺术品都在北京、上海等地。通过数据观察,北京已经取代香港、纽约、伦敦、巴黎等城市,成为当之无愧的世界艺术品交易中心。

亿元价格出现在北京、上海等地,并且是由国人创造,这种价值显现的波及力、冲击力是巨大的,可以想象,它对海外艺术品的吸引力将是非常强大的。

中国是一个历史悠久的文化大国,从古至今几经战乱,流失在国外的艺术品诸如古瓷器、出土文物、古代和近代书画……等等,仅从欧美艺术品市场上统计就达167万件,其实这个数字远不止此。

艺术品交易市场的繁荣兴旺是我国建设中国特色世界城市的需要,北京、上海等大城市拥有繁荣有序、健康发展的世界级艺术品收藏交易市场,无疑将提升我国的国际地位。

艺术品交易市场开拓投资新领域、堵塞走私渠道，艺术品交易价格的提升会大大促进流失海外的文物及艺术品的回流。

我国的艺术品交易市场刚刚兴起只不过十几年的时间。自1996年出台《中华人民共和国拍卖法》以来，从拍卖规模、成交率、运作的法制化、规范化等方面看，艺术品交易市场已开始走向成熟，进入了有序发展的时期。

但是业内人士指出，在艺术品交易市场一片火爆的背后还存在不少问题，比如赝品泛滥、知假拍假、法律法规滞后、受害者难以维权、非理性投资造成市场泡沫，等等。

为了使我国的艺术品市场健康、持续、科学地发展，特建议如下：

一、建立健全艺术品交易机制

向国外学习先进的经营管理方法，规范运作方式，建立诚信市场，给收藏者营造一个公平良好的参与平台。

二、完善相关法律法规

根据我国艺术品拍卖的相关法律法规，建立适合目前我国艺术品交易市场的相关条例，对市场加以规范，划出红线，为艺术品交易市场营造一个良性的发展氛围。

三、为大量流失海外的文物艺术品回流创造有利条件

经海关认定回流的文物及艺术品确属于我国流失的、有较高历史和文化艺术价值的真品，应予以免减税放行，以利流失海外的文物及艺术品顺利“回家”。

主题词： **艺术　商品　市场　发展**

提案人： 李晓林

文化部办公厅2011年6月28日以办市函〔2011〕286号文函复：

李晓林委员：

您提出的《关于促进我国艺术品市场健康、持续、科学发展的提案》由文化部会同海关总署办理。现答复如下：

正如您提案中指出的，我国艺术品交易市场虽然起步晚，但发展迅猛。2010年我国艺术品市场交易总额达到1694亿元，艺术品市场已成为文化领域中具有广泛影响力的规模性行业。但是我国艺术品市场在发展的同时，也存在赝品泛滥、知假拍假、非理性投资造成市场泡沫等问题，这些问题扰乱了艺术品市场的秩序，严重影响了消费者的投资信心。因此您提到的健全艺术品交易机制、完善艺术品市场法律法规的建议十分重要。近年来文化部高度重视艺术品市场在精神文明建设和经济发展中的重要作用，在规范和繁荣艺术市场方面做了以下工作：

一、加强市场信用体系建设，健全艺术品交易机制

目前艺术品市场仅有《美术品经营管理办法》一部部门规章，在立法层次较低，管理薄弱的现状下，文化部门加强市场管理的主要手段是推动建立艺术品市场信用体系，积极扶持行业示范单位，倡导诚信经营的行业风气。2004年以来我部开展了中国诚信画廊评选活动，截至目前已经有60家画廊获得此项荣誉称号。获得诚信画廊称号的企业联合成立了中国画廊诚信联盟，并向公众发布《中国画廊诚信宣言》，承诺不销售、经纪、展览假冒他人名义的艺术品，联合抵制行业中不正当竞争行为，协力打击制假贩假行为。诚信联盟的成立对于促进行业自律、加强行业合作、提升行业形象有着重要的意义。

二、推动艺术品市场立法工作

2008 年以来，在深入调研和论证的基础上，文化部起草了《艺术品市场管理条例》（草案），其中拟对艺术品评估、鉴定从业人员实行资格认定制度，同时细化从业人员职业规范和评估鉴定行业规范，明确评估、鉴定人员应当承担的责任和义务。评估鉴定从业人员或评估鉴定机构的虚假鉴定、恶意串通等违规行为，给委托人造成损害的，委托人有权向评估鉴定单位要求赔偿，文化行政部门对其违规行为依法给予行政处罚。同时拟设立艺术品交易活动明示担保制度，明确艺术品经营企业应当履行明示担保义务，承担公平交易责任，规范企业经营，最大限度地控制假画流通。条例拟设定的这两项制度，对于保障消费者权益、规范市场秩序有积极作用。目前文化部正在对条例草案进一步修改完善，争取尽快上报国务院审议。

三、为海外文物艺术品回流营造良好政策环境

2009 年文化部与财政部、海关总署、税务总局联合发布了《国有公益性收藏单位进口藏品免税暂行规定》。其中明确规定，对省级以上国有公益性图书馆、博物馆、纪念馆及美术馆等收藏单位以从事永久收藏、展示和研究等公益性活动为目的，以接受境外捐赠、归还、追索和购买等方式进口具有收藏价值的各种艺术品、工艺美术品、文献、文物、古生物化石标本等藏品，免征进口关税、进口环节增值税和消费税。该规定的实施，在确保回流藏品享受进口税收优惠的同时，也做到了各部门可以对进口藏品进行有效的管理。

虽然政府部门在立法和市场建设方面做了一些工作，但艺术品市场的管理基础薄弱，政府部门引导和规范艺术品市场还任重道远。在今后的工作中，文化部将重点推动艺术品市场的立法工作，并继续与海关、财税等部门协调，不断完善促进艺术品市场发展的各项优惠政策制度，营造公平有序的交易平台，推动中国艺术品市场的繁荣和发展。

文化部将及时向您通报艺术品市场管理工作的进展，感谢您对文化工作的关心和支持。

全国政协十一届四次会议提案第3953号

案　　由:关于美育兴国——为"十二五"规划建言的提案

审查意见:建议国务院交由主办单位中央文明办会同教育部办理

内　　容:美育即审美教育,又称情感教育。它是借助于艺术美、自然美和社会美的手段,以培育人的正确审美观和高尚的道德情操,提高人的审美能力,使国民素质得到全面发展。这是当前学习科学发展观不可忽视的一面。

我国目前在学校教育中存在着的问题,主要是重德育、智育、体育而轻美育,如"三好学生"的标准就是"德"、"智"、"体"而不包括"美"。不重视甚至忽视美育已经成为影响国家实施素质教育、提高全民素质的严重障碍。

党和国家已经认识到美育问题的重要性。2010年发布的《国家中长期教育改革和发展规划纲要(2010—2020年)》指出:"加强美育,培养学生良好的审美情趣和人文素养。""促进德育、智育、体育、美育有机融合,提高学生综合素质,使学生成为德智体美全面发展的社会主义建设者和接班人。"

党的十七届五中全会通过的中央关于"十二五"规划的建议提出:"坚持德育为先、能力为重,促进学生德智体美全面发展。"欧洲在十六世纪文艺复兴时以美术开始,促进了全社会的发展。

早在新文化运动时期,北大校长蔡元培就创造性地提出了"世界观及美育"教育,主张"以美育代宗教",呼吁各级学校、各种社会活动都要进行美育。著名美学家朱光潜先生也强调美育的重要价值。原中央音乐学院院长赵沨也曾撰文提出"美育是树人之本"。著名画家吴冠中先生更尖锐地指出:“现在的中国,美盲比文盲还要多。”由此可见美育问题之重要及我国目前美育中存在问题之严重。

因此建议从以下几个方面进一步加强对美育的认识:

一、全党全民都要认识到美育兴国的重要性,各级领导都要提高认识美、鉴赏美、创造美的能力,即有学者称之为“艺术公赏力”、“艺术慧眼”。各级党校、行政学院及其他党政培训机构应增设美育相应课程。我国目前的许多城市建设都是一个模式,这就对城市规划决策者的审美能力提出了更高的要求。

二、国民艺术素养关乎国家软实力,应将美育列入国家文化战略的重要内容。这些年国家采取了一系列加强美育的措施,如渐次免费开放博物馆、美术馆,注重保护非物质文化遗产,大力推进文化领域改革等。实践证明,这些举措都是十分必要和有效的。美能够深入到社会生活的各个方面,大则关涉到国家形象,小则影响个人气质。有文章说,服饰是中华文明的形象标志。“中国有礼仪之大,故称夏;有服章之美,为之华。”(《左传》)所以礼仪和服饰是中华文化的两大要素。2009 年我们曾与同仁递交了“建议设计中华服为国服”的提案。中华美食是我们的骄傲。我国设计的高铁达到世界领先水平,其样式新颖,流淌着现代气息。因此,对美育应从小抓起,从小事抓起,逐步在全社会形成重视美育的良好风气。

三、针对不同的地区和不同的对象,实行不同的美育教育政策和方针。

1. 加强城市居民美育教育

城市居民的美育素养直接体现一个城市的道德风貌和品位,反映城市的整体形象和发展水平。在城市居民的美育教育中,有两类特殊的人员尤其需要予以关注:

一是城市服务业人员。城市服务业人员是城市的窗口和镜子,直接影响着城市的整体形象。应当定期对他们进行美育教育,提高综合素质。

二是进城务工人员和城乡结合部人员。通过设立免费美育培训学校和定期举办美育讲座等形式,提高这类人员的审美能力。

2. 加强大中小学校学生美育教育

学校是实施美育教育的最主要基地。学校美育对于学生尤其是青少年的审美理想和审美能力的形成和发展至关重要。要注重美育,培养"德智体美"四育并重的人才。

3. 加强农民美育教育

我国拥有10亿农民,目前各地正在贯彻中央关于建设新农村的要求,美育教育可作为新农村精神文明建设的一个重要内容来施行。要组织专家学者编写适合农民教育水平的美育培训教材,逐步提高农民的美育素质。

我们相信,通过采取以上这些举措,通过全社会大力提倡和宣传美育,全民的素质一定会得到很大的提高,"十二五"规划也能取得更大成果,我们的社会也会变得更加和谐!

主题词: **教育**

提案人: 李延声　潘公凯　王兴东　尹　力　叶少兰　申万胜　朱乐耕　刘维维　许钦松　吴玉霞　吴雁泽　余　辉　陈建功　郁钧剑　胡　珍　施大畏　倪　萍　于　海　王习三

中央精神文明建设指导委员会办公室2011年10月19日以文明办函〔2011〕58号文函复:

李延声等委员:

你们提出的《关于美育兴国——为"十二五"规划建言的提案》收悉。现答复如下:

近年来中央文明办从承担的组织开展群众性精神文明创建活动、协调推进未成年人思想道德建设的工作职责出发,认真落实中央关于精神文明建设的部署,着力推进精神文明创建、公民道德建设和未成年人思想道德建设工作,促进公民文明素质和社会文明程度的不断提升。

一、加强城市文明建设。以创建文明城市、文明社区、文明家庭等活动为载体,制订颁发《全国文明城市测评体系》,引导各地在抓改善环境、绿化美化等硬件建设的同时,把提高人的文明素质、城乡文明程度和居民生活质量等软件建设作为创建的重点。一是编写《市民文明手册》、《市民文明公约》、《市民文明规范》等,对城市居民的文明素质提出明确要求,引导居民做到心灵美、行为美、语言美。二是开设市民文明学校,对市民遵守社会公德、职业道德、家庭美德以及养成个人品德等进行培训,提高市民文明素养。三是开展科教、文体、法律、卫生"四进社区"活动,丰富社区居民生活,提高居民生活质量。四是要求各地发挥文化馆、美术馆、图书馆等公益性文化设施的功能优势,坚持免费开放,为广大群众开展艺术鉴赏、举办读书论坛、组织书画比赛等提供方便,满足不同城市居民的精神文化生活需要。这几年我们持续组织了迎奥运迎世博迎亚运"讲文明树新风"、文明短信传递、"做文明有礼的中国人"等系列活动,着力倡导文明言行、改善城乡环境、公共秩序和社会服务。

二、加强文明村镇建设。近年来中央文明办按照中央关于建设社会主义新农村的总体要求,以促进乡风文明、村容整洁为着力点,深化文明村镇创建活动。先后总结推广贵州"四在农家"、辽宁"道德信贷工程"和海南"创建文明生态村"的经验。广泛开展以城带乡、城乡共建活动,倡导城市支持农村精神文明建设。启动了"创绿色家园、建富裕新村"行动。深入推进"电视进万家工程"、"西部开发助学工程"、"绿色电脑进西部工程"。推进广播电视"西新工程"和"村村通工程"、农村电影放映工程、农村基层文化建设工程、农村文化建设志愿服务行动。持续开展了文化科技卫生"三下乡"、"心连心"、"关爱女孩"、"母亲水窖"等活动。开展了"信息扶贫"、助教助学、"送温暖、献爱心"、红十字博爱送万家活动,加大了扶贫济困工作力度。今年中办、国办下发了《关于进一步加强新形势下农村精神文明建设工作的意见》，中央文明委召开了专门会议作出部署，进一步推进农村加强社会主义核心价值体系宣传教育，推进文明户、文明村镇、文明集市创建，推进农村文化繁荣发展，推动社会主义新农村建设。

三、加强文明单位建设。中央文明办在开展创建文明行业、文明单位活动时，把窗口单位作为文明创建的重点，大力开展优质服务、文明服务。去年中央文明办联合国资委等有关部门组织中央企业和窗口行业开展文明服务竞赛，着力改善服务质量。开展“以诚实守信为荣、以见利忘义为耻”主题教育，完善公示制、承诺制、首问负责制等工作制度，培育以诚信为核心的企业文化。开展践行道德承诺活动，倡导食品、药品企业切实承担社会责任，倡导诚信理念，打击欺诈行为。针对国内外旅游不断升温的新形势，实施“提升中国公民旅游文明素质行动计划”，颁布中国公民《出境旅游文明行为指南》和《国内旅游文明行为公约》，引导游客革除陋习、文明旅游。今年中央文明办确定在窗口行业开展“诚实守信、优质服务”活动，引导人们信守职业道德，提升服务水平；在各类企业开展“负责任地做产品”活动，培育企业职工爱岗敬业精神。同时倡导加强师德医德、网络道德建设。

四、加强未成年人思想道德建设。针对社会反映强烈的问题，着眼未成年人健康成长，我们会同有关部门持续开展净化社会文化环境工作，组织引导未成年人广泛参与“做一个有道德的人”主题活动，开展“中华是我家”优秀童谣评选传唱活动，推进未成年人心理健康教育辅导和“乡村学校少年宫”建设。这些工作一方面推动了中小学校作为未成年人思想道德建设主阵地作用的发挥，另一方面推动了家庭、学校、社会三方面相互支持、相互配合，共同关心未成年人健康成长。同时也进一步改善了未成年人的成长环境，丰富了未成年人的精神文化生活。

衷心感谢你们对精神文明建设工作的关心和支持。

全国政协十一届四次会议提案第3955号

案　　由:关于关注青少年文化产品的开发的提案

审查意见:建议国务院交由主办单位文化部会同财政部办理

内　　容:青少年思想意识领域是一个有待开发和占领的文化阵地,主流的、正面的、健康的思想不去占领,他流的、负面的、病态的思想意识就会充斥。改革开放以来,我国在经济建设方面取得了举世瞩目的成就,综合国力大幅提高,在"硬实力"的磨砺上突飞猛进。但是由于多年来对文化建设方面的关注不够、投入不多,我国在文化"软实力"的培育上还有巨大的成长空间,尤其是在青少年文化产品的开发上与西方发达国家仍然有着相当大的差距,以至于大量的在校学生对于欧美文化的了解远多于对中国传统文化的熟悉;对日韩文化产品的追逐远大于对中国文化产品的兴趣。比如有的青少年崇尚美国好莱坞大片中的生活方式,对NBA篮球明星崇拜得"五体投地",狂热地追逐欧洲流行音乐明星,言必称"美国怎么样、欧洲如何好";有的热衷于看日本漫画、卡通片,沉浸于韩剧的曲折情节之中,言谈中尽是对日韩文化的向往,对日韩影视明星的生日、血型、家庭、性格爱好的研究远多于对中国历史上民族英雄的了解。青少年是国家和民族的未来,如果在这个关键的成长阶段过多地、没有节制地、没有选择地受到外来文化的冲击和影响,那么他们的理想信念就容易发生偏移,世界观、人生观、价值观就容易出现扭曲,对社会主义制度和共产主义远大理想的认同就容易出现动摇。

当前我国的文化产业迅猛发展,文化产品不断丰富,但针对青少年群体研发制作的、具有中华民族文化特色的优秀文化产品却乏善可陈。造成这种情况的原因主要有以下几点：

一、政府对青少年的文化需求关注不够、投入较少，依托文化产业推动青少年文化建设的意识不强，利用校园以外的社会文化资源对青少年进行思想引导的意图不够明确。

二、青少年不是主流的消费群体，投资回报率不如针对成年人的文化产品高，因此受到的关注比较少。

三、缺少高端的青少年文化产品创意设计人才，缺乏高素质的青少年文化产品生产团队，因此作品表达力不够、形式呆板、内容生硬、时代性不强、不对青少年胃口、与青少年的文化需求不相适应。

为此建议：

一、政府将大力发展健康、积极、向上的青少年文化产品纳入国家“十二五”规划的整体文化发展战略，把繁荣青少年文化作为“大教育战略”的一个重要组成部分，方向上给予引导、政策上给予倾斜、资金上给予帮助。

二、建立鼓励青少年文化产业发展的激励机制。由政府有关部门主导，在每年学生暑假期间开展年度“优秀青少年文化产品”评选活动，设立年度“青少年最喜欢的图书”、“青少年最喜爱的漫画”、“青少年最喜欢的动画片”、“青少年最喜欢的电影”、“青少年最喜欢的电视剧”等奖项，对获奖单位、个人及作品进行大力宣传，并以教育部门或文化管理部门的名义向学生及其家长推荐。

三、设立支持青少年文化产品发展的专项奖励基金（可命名为“青少年文化产品发展基金会”），对成绩优异、成果丰硕、受到社会广泛认可的青少年文化产品生产单位和个人颁发特别荣誉奖状、奖章，并给予经济上的奖励。

四、对于有自主知识产权、自主创新能力强的青少年文化产品企业和公司，政府应给予政策上的支持，在税收上给予减免，鼓励其形成规模经营，打造有竞争力的知名“品牌”，推出有影响力的青少年文化系列产品。

五、依托教育部门，培养一大批熟悉青少年教育规律、把握青少年思想脉搏、清楚青少年文化需求、具备文化产品生产专业知识和技能的高素质的青少年文化产品创意、策划、设计、制作、引资、发行、推广、营销人才队伍。

主题词： **文化　产业**

提案人： 于　海　王刁三　王次炤　王兴东　王安忆　叶少兰　吕章申　刘兰芳　刘维维　关　峡　许钦松　李维康　吴　欢　吴玉霞　吴雁泽　余　辉　张国勇　张建国　陈建功　陈晓光　邰丽华　周和平　施大畏　徐沛东　马博敏

文化部办公厅 2011 年 6 月 24 日以办产函〔2011〕264 号文函复：

于海等委员：

你们提出的《关于关注青少年文化产品的开发的提案》由文化部会同财政部办理。现答复如下：

首先感谢你们对文化工作特别是对青少年文化工作的重视。文化是一个民族凝聚力和创造力的重要源泉，是影响国家综合竞争力的重要因素。繁荣和发展文化产业，关注青少年的文化需求，对提高我国的文化软实力、加强对青少年思想意识领域的引导、促进经济社会全面发展具有重要的战略作用。近年来我国在文化产业发展过程中非常重视针对青少年需求文化产品的开发，出台了一系列政策，鼓励动漫等原创文化产品的开发与推广。中央财政于 2008 年设立了文化产业发展专项资金，支持对象包括生产青少年文化产品的文化企业。该专项资金采用贷款贴息、项目补助、补充国家资本金、绩效奖励、保费补助等多种形式，重点支持骨干文化企业培育、国家级文化产业园区和文化产业示范基地建设、重点文化体制改革转制企业发展、大宗文化产品和服务出口等。截至2010年，中央财政共计安排经费40亿元。在中央财政的支持下，文化部在2008年、2009年实施了“原创动漫扶持计划”，扶持一批动漫企业、动漫制作团队和原创作品；和财政部一起出台了《动漫企业认定办法》，对于认定的动漫企业给予税收优惠政策。在多项政策的扶持下，国内先后出现了一批极受青少年喜欢的文化产品，如《喜羊羊与灰太狼》、《武林外传》等，在取得良好经济效益的同时也取得了很好的社会效益。

但正如你们所说，相比经济建设等其他领域，我国的文化软实力还有待提高。关于提案中所涉及的几个问题，一是设立青少年文化产品发展专项奖励基金的问题，在已设立文化产业专项资金的情况下，不宜再单独设立青少年文化产品发展专项奖励基金，今后中央财政将继续加大专项资金的投入力度，对包括青少年文化产品生产企业在内的文化企业统筹考虑；二是对具有自主知识产权、自主创新能力强的青少年文化产品生产企业实行税收优惠政策的问题。2009年财政部等部门印发了《关于支持文化企业发展若干税收政策问题的通知》（财税〔2009〕31号）、《关于扶持动漫产业发展有关税收政策问题的通知》（财税〔2009〕65号），明确了一系列优惠政策，生产青少年文化产品的文化企业可按规定申请享受上述优惠政策。

下一步我们将继续做好以下工作：一是科学制定文化事业和文化产业“十二五”规划，确实体现规划的完整性、超前性和科学性，加强对青少年文化的研究。二是继续扶持原创动漫等青少年喜闻乐见的文化产业发展，鼓励动漫企业、创作团队或个人立足国情，创作出具有中国特色，适合青少年思想意识特点的文化产品。三是积极实施动漫推广计划，包括海外推广、边疆推广、校园推广等，把校园推广作为动漫推广计划中的重要组成部分，通过举办动漫节、动漫博览会等，主动向我国青少年介绍国产优秀文化产品。四是设立国家动漫奖，推进国家动漫精品工程建设，定期评选一批国产优秀动漫，建立激励机制，引导我国动漫产品的健康发展。五是加强动漫人才培育工作。每年定期举办动漫人才高级研修班，聘请专家学者为企业一线创作人员、设计人员或者营销人员培训，扩大培训面，提升培训的质量。

提升青少年文化产品质量，推动青少年文化事业发展，影响青少年思想意识将是一个长期的过程，文化部、财政部将积极配合有关部门，进一步加大对青少年文化事业的研究和支持，努力培育出具有既符合我国青少年思想意识特点、又具有国际影响力的青少年文化产品。

再次感谢你们对文化工作的支持和关心。

全国政协十一届四次会议提案第3981号

案　　由:关于再次呼吁加大对“中国民族音乐发展和扶持工程”资金计划投入的提案

审查意见:建议国务院交由主办单位文化部会同财政部办理

内　　容:关于进一步提升文化软实力,落实中央提出的文化大发展大繁荣精神,文化部相继向中央及政府有关部门上报了一系列文化发展举措与办法,特别是针对我国民族音乐这一特殊艺术形式及全国从事表演创作的团体做了相应的实施规划,即“中国民族音乐发展和扶持工程”计划,可以说这是从实际出发,考虑到我国民族音乐的现状,针对中央有关领导同志的批示精神,如何从人才培养、继承传统、挖掘优秀音乐遗产、创作优秀新作品入手而制定的一系列应对措施。为此财政部已将此计划纳入到政府项目中去执行,并在2010年拨付财政资金600万元以作为“中国民族音乐发展和扶持工程”资金,这是在党和政府的关怀下,针对民族音乐第一次确立的专项资金,全国从事民族音乐的艺术家们听到这个消息十分激动,都认为民族音乐现在赶上了好时候,民族音乐的未来有希望了。根据近一年来这个工程计划的资金实施情况来看,文化部艺术司在广泛调动民族音乐社会资源、在充分论证实施计划的基础上,这笔资金在民族音乐信息库建设、古谱整理研究(工尺谱),古诗词、古琴进大学表演,民族音乐百场巡回演出,民族音乐人才培训,新作品创作,文化走出去等项目的实施中,为当代民族音乐的发展真正起到了帮扶作用,而且已产生了非常好的社会影响。鉴于这么好的文化政策与措施,文化部在具体实施过程中做了大量工作,然而就目前的计划实施来看,很多基层民族音乐扶持计划还是受资金限制而无法推广和实施，如全国各省、市地区的民族音乐表演团体，在人才培养、音乐创作、古乐保护、乐器研究等方面需要广泛的人力、物力和财力去扶持，而目前政府立项的600万元工程资金远远保证不了更多的民族音乐发展计划，为此我们希望国家财政部本着民族文化长远发展的利益，加大对“中国民族音乐发展和扶持工程”的资金投入，并建议每年拨付5000万元专项资金，以保证这项利国利民的工程顺利进行，使我国的文化发展战略在未来的社会发展中产生更大的文化效应，使民族音乐在中华文化这个发展大计中显示出强大的生命力。

主题词： **文化　项目　资金**

提案人： 席　强

文化部办公厅2011年6月26日以办艺函〔2011〕278号文函复：

席强委员：

您提出的《关于再次呼吁加大对“中国民族音乐发展和扶持工程”资金计划投入的提案》由文化部会同财政部办理。现答复如下。

民族音乐艺术博大精深，源远流长，历史悠久，距今已有7000余年的历史，是中华民族传统艺术中的瑰宝，在中国文明史上占有重要的地位，并产生过深远的影响。中国民族音乐的艺术成就和它独特的文化价值已经超越了民族和国界，为世界所认知和赞赏，成为人类共同的精神文明财富。

对于民族优秀传统文化的保护工作，党和政府一贯予以高度重视。中华人民共和国成立以后，特别是改革开放以来，在抢救和继承民族音乐、培养艺术人才、乐团建设等方面都取得了令人可喜的成果。

近年来党中央和国务院的领导同志为此曾作出过重要批示，对加强民族音乐的发展和扶持给予了重视与指导。

根据中央领导同志的指示精神，文化部会同财政部在调查研究的基础上，针对中国民族音乐的发展状况，从资金方面不断给予扶持。2010年“中国民族音乐发展与扶持工程”经财政部审批立项，已按计划实施。此外为力求全面扶持、灵活补充，文化部会同财政部不断研究和完善相关政策与措施，以推进中国民族音乐的全面发展。

一、“中国民族音乐发展与扶持工程”的项目概况

1. 基本原则与项目规划

“中国民族音乐发展与扶持工程”以党中央和国务院领导同志的批示精神为指导，以现有的民族乐团为基础，以目前仍活跃在舞台上的民乐艺术家为骨干，以切实可行的政策为保障，以一定的经费投入为支持，调动一切积极因素，创造有利条件，全面推动民族音乐的艺术生产以及乐团建设。民族音乐抢救、保护第一个五年计划的目标是：从2010年到2014年，以首都北京的中央民族乐团为龙头，使其成为民乐曲目的创作中心，民族音乐艺术传承保护中心，民族音乐艺术交流普及中心，民族音乐艺术资料收集整理与研究中心；挖掘、整理15场濒危的传统经典曲目的音乐会；新创10场思想精深、艺术精湛的优秀曲目音乐会；培养一批潜心民乐艺术、德艺双馨的专门人才；培育一批热爱民乐艺术的忠实观众；使民乐艺术的生存状态与其在世界文化中的地位相匹配，使民族音乐艺术焕发生机，蓬勃发展。

项目规划主要包括：民乐优秀传统曲目的挖掘与整理、民乐新音乐会曲目的创作、民族音乐的普及性、公益性演出、民族音乐的资料保存与展览、民乐人才的培训及奖励、国际间艺术的交流及考察、举办有社会影响的民乐演出活动、民族音乐的宣传、落实民族音乐《实施方案》办公经费等。

2. 项目实施情况

经财政部审批立项，“中国民族音乐扶持与发展工程”2010年度资金已全部到位，共计600万元。文化部汇集中央民族乐团、中国艺术研究院等单位共同研究，并征求民乐创作、管理、技术服务等相关专

家意见，根据民乐整体项目规划的宗旨与目标，拟定了“中国民族音乐扶持与发展工程”2010年度部分项目计划(一)，其中包括《工尺谱集成》的整理出版、扶持中央民族乐团“民族音乐星期音乐会”、继续推行“和鸣——古琴艺术进大学”、出版音像制品等项目。本着成熟项目先行启动的原则，在严格遵循财务预算执行制度的基础上，对考虑和论证较为成熟的项目予以启动，分阶段实施。

2010年“中国民族音乐发展与扶持工程”分四个阶段执行，按照“中国民族音乐扶持与发展工程”2010年度部分项目计划(一)，分别对第十五届全国音乐作品(民乐)比赛、艺术资源信息库设备购置、内蒙古包头市漫瀚艺术剧院民族管弦乐团在“民族音乐百场巡礼演出”中的音乐会创排、音像录制、出版工作；以及新创、改编和抢救濒危传统经典作品等项目，拨付资金。

目前2011年项目资金600万元已拨付到位。2011年项目资金安排将严格按照计划执行、在2010年的基础上进一步科学化，并与其他政策相结合，安排落实。

二、中国民族音乐发展与扶持的其他政策措施

1. 设立“国家繁荣文艺创作专项资金”

为推动我国文艺创作繁荣和发展，2010年中央财政通过彩票公益金安排1亿元设立“国家繁荣文艺创作专项资金”，引入基金制管理模式，建立文艺创作资助的新机制，主要用于支持包括民族音乐在内的艺术作品创作、艺术人才奖励与扶持以及艺术作品宣传推广等。

2. 研究设立“国家文化发展基金”和“国家艺术基金”

“十二五”时期我们将研究设立“国家文化发展基金”和“国家艺术基金”，进一步增加对包括民族音乐在内的艺术创作投入。

您的意见从实际出发，对中国民族音乐发展的困难具有针对性，为我们深入探索中国民族音乐发展与扶持的合理方法与策略，提供了有益的借鉴，并对进一步完善“中国民族音乐发展与扶持工程”方案提出了建设性的意见。

感谢您对中国民族音乐发展的责任感，希望您继续关注中国民族音乐发展与扶持工作，对中国民族音乐的发展给予支持。

全国政协十一届四次会议提案第 4323 号

案　　由: 关于实施出版创新工程、加强对创新性文化产品创作生产引导的提案

审查意见: 建议国务院交由国家新闻出版总署(国家版权局)办理

内　　容: 胡锦涛总书记在去年 7 月 23 日中共中央政治局第二十二次集体学习时的重要讲话中,特别强调深化文化体制改革必须"三加快一加强",即加快文化体制机制改革创新、加快构建公共文化服务体系、加快发展文化产业、加强对文化产品创作生产的引导。我们对讲话进行了认真学习,感到讲话非常及时、非常重要。

从我国文化产品创作生产的现状来看,文化体制改革确实有力地推动了文化产品的创作生产,文化产品越来越丰富,文化市场也越来越繁荣。但与此同时也存在着积累性的文化产品居多,而具有较高创新价值的产品不够多的问题;存在着"走出去"的文化产品越来越多,而反映我国当代社会发展进步的产品不够多,特别是有国际影响力的产品还比较少的问题。政府部门支持文化积累性出版大型工程的力度很大,办法也很到位,可是支持文化创新性出版项目的办法却不多,力度也不够。内容创新项目往往体量不大,但做好了意义很大,影响长远。而且创作生产创新性文化产品既是服务于当代,也是惠及后世,倘若过分热衷于积累前人的传承,缺乏应有的创新,那么我们这个时代能够留下多少精华让后世子孙去做积累呢?

文化建设历来有两大任务,一是积累,二是创新。创新能力是一个社会、一个时代文化发展繁荣的主要标志。现在需要大力加强创新性的文化产品的创作生产,特别是要加强对体现民族精神和时代精

神、反映人民意愿、具有较强国际影响力的创新性文化产品的创作生产的引导。

文化产品的创作生产需要遵循自身发展的规律，需要加以科学引导。我们建议，建立并实施出版创新工程，加强对创新性文化产品生产的引导。主要意见是：

一、建立健全有利于创新性出版物生产的管理体制机制。政府主管部门要进一步创新有利于创新性出版物生产的体制机制，从出版资源配置、出版基金支持、出版物评奖、出版机构评价等方面给予创新性出版物更多支持。建议国家出版基金对创新性出版物项目做出专门安排，中国图书对外推广计划对反映我国当代社会发展进步的创新性图书版权输出时加大补贴力度，出版机构综合实力和竞争力评价要体现文化贡献力特别是创新能力状况。

二、建立健全有利于创新性出版物生产的生产经营机制。作为市场主体的出版企业，要以强烈的使命感、责任感努力实现社会效益和经济效益的有机统一，加强内部经营机制创新，要强化对创新性出版物生产的激励机制，对各级企业经营者建立有利于加强创新性出版物生产经营的“双效”业绩考核办法。

三、建立健全有利于优秀创新人才脱颖而出的体制机制。建议在国家即将实施文化名家工程、中宣部的“四个一批人才”培养工程和新闻出版总署的中国出版政府奖优秀出版人物和优秀编辑的评奖中，加大对优秀创新人才的奖励力度。各种学术科研基金、文学艺术创作基金要进一步加强对创新性项目的支持力度。

四、建立健全出版物社会批评机制。推动和引导创新性出版物生产，比较好的办法就是推动出版界和社会各界开展好出版物评论。现在的书评有的一味评功摆好，有的完全是商品宣传，甚至被金钱和利益“绑架”，这种现象很不正常，非常有害。希望各类报刊和专业网站更多地开展实事求是、积极有益的出版物评论，发挥书评对创新性出版物生产的积极引导作用。

总之，希望在“十二五”期间，通过政府部门的主导、出版企业的运作、优秀人才的创新、健康书评的参与，形成对文化产品创作生产科学引导的出版创新工程,加强对文化产品创作生产的引导,为推动我国社会主义文化大发展大繁荣做出更大贡献!

主题词: **出版**

提案人: 聂震宁 翟惠生 王军伟 韦建桦 毛福民 卞晋平 石 峰 石汉基 卢世琛 刘振英 李小棠 李景瑞 李瑞英 杨 波 张胜友 陈 洪 林光如 黄 庆 黄书元 詹国枢 于永湛 万 捷

中华人民共和国新闻出版总署2011年7月27日以〔2011〕新出提案第35号文函复:

聂震宁等委员:

你们提出的《关于实施出版创新工程、加强对创新性文化产品创作生产引导的提案》收悉。现答复如下:

正如你们在提案中所讲,文化体制改革有力地推动了文化产品的创作生产,文化产品越来越丰富,文化市场越来越繁荣。建立并实施出版创新工程,加强对创新性文化产品生产的引导,服务当代、惠及后世,对推动社会主义文化大发展大繁荣具有重要意义。

新闻出版总署一贯重视出版创新方面的工作。2006年总署开展了首届"三个一百"原创图书出版工程评选活动,评选出人文社科类、科学技术类、文艺少儿类共254种原创图书。2008年总署开展了第二届"三个一百"原创图书出版工程评选活动,评选出三类原创图书共293种。"三个一百"原创图书出版工程评选活动对推进文化创新,培育我国原创出版能力,建立健全原创出版的长效激励及评价机制,促进我国在人文社科、科学技术和文艺创作等领域的出版创新起到了有力的促进作用,得到了社会各界的一致认可。今年8月总署将继续开展第三届“三个一百”原创图书出版工程推荐活动，进一步推动出版创新工作。

关于提案中提出的通过政府部门的主导、出版企业的运作、优秀人才的创新、健康书评的参与，形成对文化产品创作生产科学引导的出版创新工程，加强对文化产品创作生产进行引导的建议，我署将在出版资源配置、出版基金支持、出版物评奖、出版机构评价、创新人才奖励等方面积极落实这些建议，加大创新性图书版权输出时的补贴力度，加强对创新性出版物生产的考核，加大对优秀创新人才的奖励力度，引导实事求是、积极有益的出版物评论，为推动我国社会主义文化大发展大繁荣作出更大贡献。

感谢你们对出版事业的关注和支持。

全国政协十一届四次会议提案第0031号

案　　由:关于培养农村卫生人才、确保新农村建设的提案

审查意见:建议国务院交由卫生部办理

内　　容:建国60年来我国医药卫生事业取得了巨大成就,覆盖城乡的医药卫生体系基本形成,疾病防治能力不断增强,医疗保障覆盖人口逐步扩大,人民群众健康明显改善。但是我国医药卫生体制改革仍面临很多问题,一是基本医疗保障体系尚不完善,二是卫生事业发展的财政支持尚需加强,三是医疗卫生服务能力亟待提高,农村卫生人才匮乏亟待改善。

截至2009年年底,全国有县级医院6111所,乡镇卫生院3.85万所,村卫生室63.28万个。有县级卫生技术人员172.96万人,其中执业(助理)医师77.18万人。有乡镇卫生院人员113.11万人,其中卫生技术人员95万人,卫生技术人员执业(助理)医师41.89万人,占卫生技术人员44.09%。

卫生事业发展滞后于经济发展,特别是城乡卫生资源分配不合理,农村每千人口乡村医生1.18人。农村卫生人才匮乏、业务水平低、专业结构不合理,尤其缺乏高素质专业人才。目前乡镇卫生院卫生技术人才中高级职称只占0.8%,本科及以上学历占2.2%,大学专科学历占20.3%,中专学历占58.7%。乡村医生104.23万人,执业(助理)医师仅有15.92万人,大专以上学历占3.99%,中专学历和中专水平占68.95%。

农村卫生技术队伍不断弱化,队伍结构失衡,专业知识落后,助理及初级职称多,中高级职称极少,专科及医技人才紧缺。一百多万的乡村医生亦农亦医，其中一部分是过去的“赤脚医生”和“老春苗”。他们大部分年过半百、体弱多病，没有任何社会保障，一部分是子承父业的传统中医，还有部分是家住农村的、最近几年毕业于中等医学专科学校的医生。

乡村医生从事的工作岗位是全科医学专业，担负着基础医疗、健康教育、疾病预防、康复指导、妇幼保健、爱国卫生、公共卫生突发事件的报告和处理、新型农村合作医疗及计划生育指导。目前还没有针对乡村医师的职称考核评定标准，各省自定的考核标准仅限于本省使用。乡村医生工作量大、生活条件艰苦，缺少培训学习的机会，专业水平难以提高。

建议制定基层乡村医生培训计划，规范考核评定标准，从体制层面制定优惠政策，提高乡村医生专业素质水平，提高他们对患病群众的救治能力。人才兴医，人才强医，多层次、多渠道培养适宜的卫生人才，建立一支下得去、用得上、留得住的卫生人才队伍。

主题词： **农村　卫生　人才**

提案人： 迟宝荣

中华人民共和国卫生部2011年8月8日以卫提函〔2011〕430号文函复：

迟宝荣委员：

您提出的《关于培养农村卫生人才、确保新农村建设的提案》收悉。现答复如下：

一、关于提高乡村医生专业素质水平的问题

村卫生室是我国农村卫生服务网络的网底，承担着为农民群众提供基本医疗和基本公共卫生服务的工作。为提高乡村医生的专业素质,国家采取了一系列措施:一是面向乡村医生开展岗位培训。2004—2010年中央财政累计投入4.89亿元,在中西部22个省(区、市)和新疆生产建设兵团面向乡村医生免费开展了传染病、急诊急救、合理用药、中医中药、内儿科、公共卫生、妇产科基本知识技能等培训,累计培训人次达302.18万。通过培训,提高了乡村医生开展常见病、多发病诊治的能力,规范了开展基本公共卫生服务的行为。“十二五”期间,中央财政将继续投入资金,面向乡村医生开展实用岗位技能培训。2011年7月国务院办公厅印发了《关于进一步加强乡村医生队伍建设的指导意见》(国办发〔2011〕31号,以下简称《指导意见》)明确指出,要加强乡村医生的培训,各省级卫生行政部门要合理制定乡村医生培养培训规划,采取临床进修、集中培训、城乡对口支援等多种方式,选派乡村医生到县级医疗卫生机构或医学院校接受培训。县级卫生行政部门对在村卫生室执业的乡村医生每年免费培训不少于两次,累计培训时间不少于两周。通过培训学习,乡村医生的服务水平得到提高。二是支持乡村医生中医中专学历教育。2004—2009年,中央财政安排2.4亿元实施了乡村医生中医中专学历教育规划,提高了乡村医生的学历层次。三是规范培训工作。为规范乡村医生培训工作,2009年卫生部印发了《中央补助地方公共卫生专项资金农村卫生人员培训项目管理办法》(卫办农卫发〔2009〕116号),对培训的组织实施和管理、经费管理、监督考核等作了明确规定。四是加强乡村医生队伍建设。2003年8月国务院颁布了《乡村医生从业管理条例》,把乡村医生队伍建设纳入了规范化、法制化建设的轨道。《指导意见》明确要求,健全对乡村医生的多渠道补偿政策。对乡村医生承担的基本公共卫生服务,主要通过政府购买服务的方式进行合理补助。对乡村医生提供的基本医疗服务,主要由个人和新农合基金进行支付。将村卫生室纳入基本药物制度实施范围,药品实行零差率销售。政府对实行基本药物制度的村卫生室,综合考虑基本医疗和公共卫生服务补偿情况,采取专项补助的方式对在村卫生室执业的乡村医生给予定额补偿。补助水平与对当地村干部的补助水平相衔接。此外各地在推进新农保时,要积极引导符合条件的乡村医生参加新农保，对符合新农保待遇领取条件的乡村医生发放养老金。各地政府可以采取补助等多种形式，妥善解决好老年乡村医生的保障和生活困难问题。目前北京、上海、江苏、福建、陕西等省（市）已经结合本地实际，出台了乡村医生养老政策，解决了乡村医生的后顾之忧。此外，为表彰乡村医生爱岗敬业的精神，我部连续6年组织开展了全国优秀乡村医生评选表彰活动，共有1199名优秀乡村医生受到表彰，每人给予5000元人民币奖励。

二、关于建立一支留得住的卫生人才队伍的问题

加强农村卫生人员队伍建设，为农村培养大批“下得去、用得上、留得住”的实用型医务人才，是提高农村卫生人员业务水平和服务能力的重要举措。《指导意见》指出应加强乡村医生后备力量建设，建立乡村医生后备人才库，从本地选派人员进行定向培养，及时补充至村卫生室。有条件的地方要制定优惠政策，吸引城市退休医生、执业（助理）医师和医学院校毕业生到村卫生室工作。各地要结合探索建立全科医生团队和推进签约服务模式，积极做好乡村医生队伍建设和全科医生队伍建设的衔接。

近年来我部与相关部门还采取了以下措施：一是招聘执业医师到乡镇卫生院工作。2007—2010年，为中西部贫困地区没有执业医师的乡镇卫生院招聘执业医师，中央财政累计投入1.7亿元，计划用五年时间实现每个乡镇卫生院至少有 名执业医师。二是开展定向培养试点。2004年起在西部地区试办初中起点5年制大专医学教育，为农村定向培养人才。三是引导高校毕业生到基层医疗卫生机构工作。从2009年起对中央部门所属全日制普通高等学校应届毕业生自愿到中西部地区和艰苦偏远地区县以下基层单位工作、服务三年及以上者，实施相应的学费和助学贷款代偿。四是开展二级以上医疗卫生机构对口支援乡镇卫生院项目，培养当地人才。从2005年起卫生部、财政部、国家中医药管理局联合开展了“万名医师支援农村卫生工程”，其中包括二级以上医疗卫生机构对口支援乡镇卫生院项目。支援队员通过临床带教、业务培训、加强内部管理等方式培养了一批受援卫生院技术人员和管理人员，乡镇卫生院服务能力和管理水平得到

有效提高,方便了农民群众就医,并降低了其就医成本。五是为农村地区免费培养医学生。2010年起中央财政安排专项支持中西部地区实施“农村订单定向免费培养医学生计划”。2010年按每人每年6000元的补助标准安排3000万元,支持招收5000名医学生。

人才是制约农村卫生发展的关键所在。我部将以2010—2020年医药卫生人才发展规划和深化医药卫生体制改革为契机,加大农村卫生人才的培养和建设力度,不断提高人员素质和服务水平,促进实现人人享有基本医疗卫生服务的目标。

感谢您对卫生工作的关心和支持。

全国政协十一届四次会议提案第0040号

案　　由:关于重视康复医疗体系建设、提高国民健康水平的提案

审查意见:建议国务院交由主办单位卫生部会同人力资源和社会保障部办理

内　　容:"康复医疗"旨在减轻或消除病伤所致功能障碍及其他不良影响,最大限度地恢复患者心理、生理、职业、社会、生活功能,包括急性期康复、恢复早期康复和恢复中后期及后遗症期康复。随着经济、社会和科技的进步,医学挽救病人生命的能力不断增强,人类的寿命不断延长,康复对象数量大和需求难以满足已成为当代中国的社会问题,更是医改的重要问题。

以脑卒中为例,我国年新发病人约200万,并以较快的速度增长,而且"年轻化"趋势明显。我国70%—80%的脑卒中患者不同程度地丧失了生活自理和劳动能力,40%遗留有重度功能障碍。但如果早期介入康复医疗,应该60%以上能够生活自理,80%以上能够行走,50%以上手的功能得以恢复。脑卒中患者是我国第一位的康复对象,精神疾患、神经系统和骨关节系统病伤也是目前最普遍的康复对象,其次是心血管、呼吸系统疾病和其他慢性病伤。

医疗机构救活病人并不是最终目的,而是应该通过康复医疗使病人能够最大程度地恢复应有的功能(如个体的活动能力和社会的参与能力)。卫生部于1996年颁布了《综合医院康复医学科管理规范》(卫医发〔1996〕13号),又于2010年进行了修订,要求各级医疗机构承担相应的康复医疗职能,但五年来成效并不明显。

面对日益增加的康复对象失去自理、工作、生活能力以及人民群

众日益增长的健康需求,必须增强康复意识,树立救治、康复并重的卫生观,以完善救治—康复—保健三级网络为重点,健全双向转诊机制,加快构建预防救治康复一体化诊疗模式,提高为人民群众健康服务的能力。为此建议:

一、普及康复医学知识

对医护人员和居民大力普及康复医学知识,以减少致残率,提高康复对象生活质量,减轻家庭、社会负担。在医学院校教学中将“康复医学”由“选修课”改为“必修课”。

二、制定约束性规章制度

把综合性医院康复医学科和康复医院或康复中心、护理院的标准化设置作为管理指标,合理规定各级康复机构的康复医疗职责,合理设置床位数量,提高早期康复诊疗率、适时康复诊疗率和康复诊疗有效率。完善康复目标责任考核制,健全对医院的激励与约束办法,推广先进的康复技术与产品。

三、出台相关医保政策

人力资源与社会保障部门与卫生部门合作研究康复医疗和康复对象医保政策,使得康复医疗的患者能够按照不同的康复期正确“分流”。卫生行政部门可制定“康复导医指南”来指导患者正确选择分流方向。

四、一、二级医院适当向康复医院转型和转制

对那些定位不准、效益不好、周围三级医院资源较好的一、二级综合医院,可将其转型为康复专科医院或康复中心、护理院等,并根据“鼓励社会资本参与公立医院改制”的精神,积极引导社会力量办康复医院。探索一、二级医院转型转制办法。这样既有利于解决康复专科医院严重不足的问题,又有利于缓解三级医院床位周转不及的问题,更有利于预防—保健—治疗—康复的“四位一体”医学模式的建立。

五、加强康复专门机构建设

康复专门机构是康复对象恢复期医疗与康复的机构,是恢复早期病人延续治疗效果、缩短住院期、延长生命期、恢复功能、返回家庭和

社区的重要一环。我国无论是康复医院、护理院还是康复中心，目前在数量上和质量上都与实际需要相差甚远。应整合或制定康复专门机构规划建设管理办法，强化康复专门机构的医学康复、教育康复、职业康复、社会康复职能和考核指标。

六、加强家庭/社区康复干预管理

家庭/社区康复干预是由社区卫生服务中心（站）派遣医护人员到家中或社区康复中心指导康复对象继续进行的康复训练，干预成本低（每名康复对象年平均所需费用为1452元，仅占医院医疗费用的0.9%）、设备投资小、覆盖面广、方便易行，适用于恢复中、后期及后遗症期的康复对象。应加强社区卫生中心（站）的康复管理，加强康复对象档案管理，完善绩效考核机制。

七、加快三级康复医疗网络间双向转诊机制的建立

康复对象的双向转诊是双向转诊机制中最重要和最常见的部分。建立全国较严重致残病伤的医疗和康复流程及相应制度，使三级医院早期治疗与早期康复并重，统筹考虑早期治疗与早期康复相结合的方案；使三级医院、康复专门机构、家庭/社区康复有机衔接；使康复对象的早期治疗与早期康复、恢复早期康复、恢复中后期及后遗症康复干预管理有机衔接。卫生行政部门和社保部门应当联合考虑如何确保转诊机制的顺利运行。

八、加快康复医护队伍能力的建设

建立准入、资格认证和注册管理制度，建立学历教育和继续教育体系，建立行业自律管理组织，规范康复医学队伍职业路径；改变康复医学专业队伍鱼龙混杂状态，加快提高专业水平和专业能力。

主题词： **医疗　卫生**

提案人： 李　蓉

中华人民共和国卫生部2011年6月27日以卫提函〔2011〕209号文函复：

李蓉委员：

您提出的《关于重视康复医疗体系建设、提高国民健康水平的提案》收悉。经商人力资源和社会保障部，现答复如下：

一、已经开展的工作

1. 推动综合医院康复医学科的规范化发展。为规范综合医院康复医学科设置，加强康复医学诊疗服务，进一步加强康复医学科能力建设，我部于2006年发布了《综合医院康复医学科管理规范》（以下简称《规范》），对各级医院康复医学科科室设置与诊疗水平提出了明确的要求，对综合医院康复医学科规范发展起到了积极的作用。随着近年来康复医学的快速发展，《规范》中部分内容已经不完全适用于目前的工作，2011年我部对《规范》作了修订，制定印发了《综合医院康复医学科建设与管理指南》和《综合医院康复医学科基本标准》。

2. 完善社区卫生服务机构的康复服务功能。2009年国家开始实施基本公共卫生服务项目，社区卫生服务机构作为城市地区基本公共卫生服务项目的主要提供者，免费为居民提供建立健康档案和健康教育等9大类基本公共卫生服务。各地在工作开展的过程中，以残疾人和康复对象等为重点，大力开展健康教育，宣传有关康复知识。为康复对象建立健康档案，加强管理，提供康复指导。目前全国许多地区在探索社区卫生服务机构和大医院之间双向转诊服务，建立分工协作机制，促进“小病在社区，大病在医院、康复回社区”的医疗格局中取得了一定效果。

3. 支持建立分级医疗和转诊转院制度。人力资源和社会保障部在医疗保险制度建设推进过程中，按照“保基本、强基层、建机制”的要求，注重加强与卫生等部门的密切配合，支持分级医疗、转诊转院制度的建立，并加强对参保人员的引导就医。一是注重依托社区和基层医疗机构，开展了门诊统筹，将保障重点由住院大病向门诊小病延伸。二是适应覆盖扩大和门诊统筹开展，依据《关于促进医疗保险参保人员充分利用社区卫生服务的指导意见》（劳社部发〔2006〕23 号）的要求，积极扩大社区卫生服务机构定点范围。三是拉开医院与基层医疗卫生机构支付比例档次，引导参保人员“小病到社区，大病到医院”。

4. 规范康复医疗服务。为使康复医学诊疗行为有章可循、有据可依，我部于 2004 年委托中华医学会、中华物理医学与康复学分会组织有关专家编写了《临床诊疗指南物理医学与康复分册》，为临床康复医务人员和其他专业临床医生更加规范地进行康复诊断和治疗起到了积极的作用。我部在制定临床路径的工作中，将康复治疗纳入部分病种临床路径管理，为康复在临床的早期介入及与其他学科的融合搭建平台，推动康复治疗的早期介入，提高治疗效果。为进一步规范康复治疗师的执业行为，我部已启动《运动康复治疗技术操作规范》、《物理因子康复治疗技术操作规范》和《语言康复治疗技术操作规范》的制定工作。

5. 开展康复专业技术人员培训工作。我部一直重视康复专业技术人员的培训工作。一是开展专科医师培训试点，培养康复专科人才。2003 年以来我部组织开展了专科医师（住院医师）培养和准入制度课题研究，并组织开展专科医师培训试点工作。在专科医师培训试点过程中，积极推进康复医学人才培养工作，将康复医学作为 18 个普通专科之一，组织评定了 24 个康复医师培训基地。二是加强在职人员培训，推动康复继续教育工作，特别是对基层卫生人员的全科知识培训。为按照康复、医疗、预防、保健、健康教育和计划生育技术指导“六位一体”的要求对社区卫生人员进行培训，2009 年我部印发了《关于印发康复等七个专业社区卫生人员岗位培训大纲的通知》（卫办科教发〔2009〕105 号），指导对社区卫生服务机构康复岗位人员的培训工作。

6. 对康复专业技术人员技术资格进行评审。卫生技术系列的初级、中级资格自2001年起实行以考代评的考试制度。在全国统一考试中开设了“康复医学”和“康复医学治疗技术”专业。卫生技术系列高级资格的评价采用评审方式。在1999年原人事部、卫生部联合印发的《临床医学专业中、高级专业技术资格评审条件(试行)》(人发〔1999〕92号)中,设置了“康复医学”高级专业岗位的标准条件。多年来康复专业技术人员职称评审工作的开展,在促进康复人员队伍建设方面发挥了积极作用。

二、下一步工作计划

1. 以《医疗机构基本标准(试行)》为基础,制定《康复医院基本标准》,进一步推动康复医院的规范化发展。

2. 将康复医学发展纳入“十二五”卫生事业发展规划和医药卫生体制改革整体工作中统筹考虑,制订《康复医学事业“十二五”发展规划》,以医药卫生体制改革为契机,适时开展康复医疗服务体系调整试点工作,加强康复医疗服务体系建设,规范康复医学服务行为,探索建立康复专业技术人员的规范化管理制度。

3. 进一步完善医保相关政策措施,充分利用基层医疗卫生服务机构,促进分工合理的分级医疗体系的形成。

4. 积极研究完善康复专业技术人员评价标准,不断完善康复专业技术人员职称评价体系,提高对康复专业技术人员评价的科学性和有效性,为康复人才培养提供可靠依据,不断促进康复人才队伍的建设和发展。

5. 不断完善社区卫生服务机构功能,转变服务模式,提高社区卫生服务机构提供康复服务的能力。

6. 结合继续医学教育制度,持续加强基层卫生人员的岗位培训工作。

感谢您对卫生工作的关心和支持。

全国政协十一届四次会议提案第0174号

案　　由:关于推进我国社区卫生服务发展的提案

审查意见:建议国务院交由主办单位卫生部会同财政部办理

内　　容:社区卫生服务机构是公共卫生和基本医疗服务的双重网底,是城市实行国家基本药物制度的重要载体。然而当前我国社区卫生服务存在着一系列现实问题,主要是:

一、社会力量举办的社区卫生服务机构在我国居主体地位,由于前期投入及服务运行经费(包括房租、水电费、人工工资等)均由举办单位承担,且公共卫生服务项目不能收费或收费低,经济负担较重,导致重医轻防,以营利求生存,社区卫生服务功能和公益性得不到保障。

二、投入不足导致基础设施薄弱,以药养医和以医补防现象普遍存在。虽然国家补偿的基本公共卫生服务经费基本落实,但仍有部分省份配套经费尚未到位,市(州、地)、县一级更是少有社区卫生专项经费投入;很多社区卫生服务机构为了生存采用以药养医、以医补防的运行模式,不能真正有效发挥公共卫生服务体系的网底作用。

三、目前我国许多省、市社区卫生服务机构中规范培养的全科医生、护士、公共卫生执业医师严重匮乏,人才结构与社区卫生服务职能要求不符合,现有医防人员总体素质和服务水平普遍不高,难以保证履行社区卫生服务的职能。

四、运行机制建设缓慢,社区卫生服务发展受限。首先,社区卫生服务首诊和双向转诊的运行机制不健全,没有和三级医院之间形成大病转送的绿色通道,群众对首诊和双向转诊认可度偏低。其次,目前大多数社区医院都不在医保行列,导致享有医保的病人不能在社区医院看病。再次,我国社区卫生服务目前尚无运行管理规范,在居民的健康服务与咨询方面工作不到位,缺乏绩效考核评估机制和有效的群众参与机制。

为推进我国社区卫生服务的健康发展,我们建议:

一、以政府为主体,多形式加强社区卫生服务体系建设。按照国家规范化建设要求(每个街道或每3万—10万居民设1所社区卫生服务中心),采取转制、新建和联办等形式加强网络体系建设。一是将目前发展欠佳的地方医院转制为社区卫生服务中心,并下设站,实行一体化管理;二是在现无社区卫生服务中心的地区采用新建的形式,按卫生部《城市社区卫生服务中心(站)基本标准》规范化建设,政府在用地、区位划定等方面给予优惠政策;三是鼓励社会力量举办社区卫生服务机构,给予与政府所办机构同等的优惠政策,同时提供业务指导及实施监督管理。

二、保障经费投入,促进社区医院完善功能。国家相关部门应督促各省、市落实基本公共卫生服务地方配套资金,该经费应纳入省、市(州、地)、县(市、区)三级财政预算;我国各省、市应参考国家对社区卫生服务机构规范化建设要求,结合各地实际制定社区卫生服务机构规范化建设计划并分期落实建设经费;增加社区卫生服务机构基本设施建设经费、日常工作运转经费及人员工资等投入,为完善功能提供基础保障。

三、有针对性地调整人才培养模式,促进功能完善。加快发展全科医学,在高等医学教育中培养正规化的、合格的全科医师骨干队伍;加强对各类社区卫生服务人员的在职岗位培训;制定相应的优惠政策,鼓励医学院校的优秀大学毕业生到社区卫生服务机构工作;引导大中型医疗机构退休的中高级医务人员到社区卫生服务机构服务;公立医院选派医疗专家定期到受援社区卫生服务中心坐诊、巡诊,对疑难疾病进行会诊。

同时建议大幅提高社区医务工作者待遇。国外社区医生相当于专科医院主治医生或副高级职称医生水平,国内社区医生待遇远远低于此水准,甚至不及当地平均工资。新的社区医疗机制实施后,收入甚至进一步减少，造成人员流失，这种状况如不改善，将难以从根本上改变社区医疗落后的状态。

四、加强运行机制建设，促进社区卫生服务发展。一是探索建立社区首诊和双向转诊的配套政策，建立公立医院和社区医院长期定点协作关系，大型公立医院可以在医务人员和医疗设备等方面给予有协作关系的社区医院支持，逐步提高居民对社区卫生服务机构的认可度。二是尝试实行“政府主管”、“院办院管”和“专业监管”相结合的“三管齐下”的管理模式，规范社区卫生服务管理。即卫生行政部门负责社区卫生服务机构的规划、战略决策和执法监管（政府主管），医院作为法人机构举办社区卫生服务机构，实施一体化管理（院办院管），各地三级疾病预防控制中心、妇幼保健院、慢性病防治院等预防保健机构负责公共卫生服务的专业指导和监管。三是建立监管体系。建立“承诺—披露—分析—发布—奖惩”五位一体的综合监管体系，社区卫生服务机构制定“优质服务承诺”，每年年底对所做承诺进行自评，结果在社区进行披露，各地各级卫生行政部门对各社区卫生服务机构实行“投入—产出”绩效考核评估，将分析结果对外发布并接受公众民主监督，根据绩效实施奖惩。

对其他医疗机构包括公立医院或非营利民营医院举办社区医疗的，政府应把相应的社区医疗建设与运营费用划拨给承担机构，并予以考核。

五、加强社区保健服务功能。社区医院可以在节假日和晚上时间开展各类培训班和讲座，在饮食指导、健康咨询、常见病预防等方面对居民进行专门性指导。针对不同人群进行专门性指导，可以性别、年龄、是否患某种常见病（如胃病，高血压等）等作为划分标准。

六、加大社区卫生服务工作的宣传力度，提高社区群众的思想认识。居民对于“新医改”政策的了解程度是社区医疗服务体系完善过程的一个重要影响因素，而居民获取政策相关知识的渠道有限，政策出台后要加强宣传，拓宽宣传渠道。同时可以考虑利用高校资源，动员学生进入社区开展宣传活动。

主题词：　　**卫生　社区服务**

提案人：　　致公党中央

中华人民共和国卫生部2011年9月19日以卫提函〔2011〕628号文函复：

致公党中央：

贵党提出的《关于推进我国社区卫生服务发展的提案》收悉。经商财政部，现答复如下：

一、关于坚持政府主导、多种形式健全社区卫生服务体系的问题

2006年《国务院关于发展城市社区卫生服务的指导意见》（国发〔2006〕10号）明确提出，社区卫生服务机构主要通过调整现有卫生资源，对政府举办的一级、部分二级医院和国有企事业单位所属医疗机构等基层医疗机构进行转型或改造改制设立。现有卫生资源不足的，按照平等、竞争、择优的原则鼓励社会力量积极参与社区卫生体系建设，逐步健全社区卫生服务体系。2009—2010年中央财政投入41亿元，支持2382个社区卫生服务中心建设。截至2010年全国设置社区卫生服务中心6903个，社区卫生服务站2.58万个，其中政府及其所属事业单位举办社区卫生服务中心约占85.5%，政府办社区卫生服务站约占48.3%。下一步将进一步强化政府责任，通过新建、改建等多种形式，力争使每个街道至少有一所政府举办的社区卫生服务中心，同时发挥好社区卫生服务站对中心的补充作用。

二、关于社区卫生经费保障的问题

2010年国务院办公厅印发《关于建立健全基层医疗卫生机构补偿机制的意见》（国办发〔2010〕62号），对建立健全基层医疗卫生机构稳定的多渠道补偿机制提出了明确的要求：一是落实政府对基层医疗卫生机构的专项补助，按规定落实基本建设、设备购置、人员培训和

离退休人员经费。二是调整合并设立一般诊疗费并纳入医保支付范围。将基层医疗卫生机构现有的挂号费、诊查费、注射费以及药事服务成本合并为一般诊疗费(一般为10元左右),在不增加群众现有负担的前提下,合理确定医保支付比例。三是逐步提高基本公共卫生服务人均经费标准,使基层医疗卫生机构通过提供基本公共卫生服务获得补偿。四是对通过落实政府专项补助和调整收费项目后,基层医疗卫生机构经常性收入仍然不足以弥补经常性支出的差额部分,由同级政府在预算中足额安排,以保障社区卫生服务机构正常运转,促进社区卫生服务功能不断完善。

三、关于调整人才培养模式的问题

为加快全科医师培养,2010年发展改革委、卫生部等6部门联合印发了《以全科医生为重点的基层医疗卫生队伍建设规划》(以下简称《规划》),要求在3年内培养6万名全科医生,基本实现城市每万名居民有1—2名全科医生,每个乡镇卫生院有1名全科医生。要求各地开展多种途径培训,包括规范化培训、转岗培训、岗位培训等。2010年起中央财政安排专项支持中西部地区基层医疗卫生机构开展全科医生转岗培训,2010年按人均8000元安排8720万元支持1万人转岗培训,2011年补助标准提高到人均1万元。2011年7月国务院印发《关于建立全科医生制度的指导意见》(国发〔2011〕23号),对全科医生的培养、培训、执业、激励等方面提出了要求,将进一步推动我国全科医生培养制度建设,逐步建立起具有中国特色的全科医生制度。

为吸引优秀人才到社区卫生服务机构工作,提高社区卫生服务质量,《规划》提出,对志愿到中西部地区和艰苦边远地区县以下的农村基层医疗卫生机构工作并连续服务三年以上的,根据高校隶属关系实施相应的学费和助学贷款代偿,给予解决县(市)城镇户口,并帮助解决配偶就业和子女就学问题;对到艰苦边远地区、国家扶贫开发工作重点县以及乡(含乡)以下的,实行工资倾斜政策;对经过规范化培训合格的,到城市社区卫生服务机构工作可优先解决城市户口;对优秀的专业技术人才到基层卫生机构工作,可以按照有关规定申请设置特设岗位。

为提高社区卫生人员待遇,2009年人力资源和社会保障部、财政部、卫生部联合印发了《关于公共卫生与基层医疗卫生事业单位实施绩效工资的指导意见》(人社部发〔2009〕182号),决定从2009年10月1日起率先在公共卫生和基层医疗卫生事业单位实施绩效工资,绩效工资水平按照与当地事业单位工作人员平均工资水平相衔接的原则核定。各地区普遍加大了对社区卫生服务机构的财政投入力度,同时深化人事分配制度改革,强化绩效考核,鼓励多劳多得,优劳优酬,调动医务人员积极性。下一步我部将会同有关部门认真总结各地经验,逐步提高社区医务人员待遇。

四、关于加强社区卫生服务机构管理的问题

为推进社区首诊,促进双向转诊,加强社区卫生服务与医院之间的分工协作,我部在深化医药卫生体制改革和推进公立医院改革中,积极探索社区卫生服务机构与公立医院合作的长效机制。目前正在研究制订《关于建立公立医院与城乡基层医疗卫生机构分工协作机制的指导意见》,要求在坚持各自功能定位的基础上,按照层级支援、就近安排的原则,鼓励社区卫生服务机构和公立医院开展多种形式的合作,充分发挥公立医院在人才、技术、设备、管理等方面的优势,加强公立医院对社区卫生服务机构的支持和指导,探索完善促进分工协作的长效机制和保障政策。各地普遍开展了公立医院与社区卫生服务的分工协作试点。社区卫生服务机构与医院合作形式可以根据各地不同情况采取多种方式。贵党提出的"政府主管"、"院办院管"、"专业监督"的"三管齐下"管理模式,我们在今后的工作中将予以研究。2011年我部印发了《社区卫生服务机构绩效考核办法(试行)》,对社区卫生服务机构管理、业务等方面进行定期考核,考核结果与机构补偿、人事聘用、个人奖惩等制度相挂钩,以促进社区卫生服务机构的规范管理。为加强对社区卫生服务机构的监督,我部要求社区卫生服务机构主动公开相关信息,接受群众和社会监督,并将机构信息公开、医务人员医德医风建设列入社区卫生服务机构绩效考核指标体系。贵党提出的"承诺—披露—分析—发布—奖惩"五位一体的综合监管体系值得借鉴，我们将在下一步推进社区卫生服务机构绩效考核工作中予以考虑。

五、关于加强社区卫生健康管理的问题

2006年国务院印发《关于城市社区卫生服务发展的指导意见》（国发〔2006〕10号），对社区卫生服务功能作了明确规定：社区卫生服务机构提供公共卫生服务和基本医疗服务，开展健康教育、预防、保健、康复、计划生育技术服务和一般常见病、多发病的诊疗服务。2009年深化医药卫生体制改革提出促进基本公共卫生服务逐步均等化，确定了9类国家基本公共卫生服务项目。包括为居民建立健康档案，开展健康教育、预防接种、儿童保健、孕产妇保健、老年人保健，针对高血压、糖尿病的高危因素进行早期预防、早期发现、早期干预，对确诊的病人进行定期随访管理等。2011年国家将基本公共服务补助标准从人均15元提高到25元，服务项目增加到10类41项，将进一步强化社区公共卫生服务职能，逐步增强社区健康管理服务能力，提高人群健康水平。

六、关于加强社区卫生服务宣传的问题

2011年我部启动创建示范社区卫生服务中心活动和“我身边的社区卫生服务”主题宣传活动，包括演讲比赛、征文比赛、摄影比赛。通过开展丰富多彩的活动，动员社区医护人员、社区居民及其他社区力量共同参与社区卫生服务的宣传，传播社区卫生服务理念，展现社区卫生工作者的精神风貌，提高居民对社区医务人员的信任度，引导居民逐步转变就医理念，提高健康管理意识，优先利用社区卫生服务。在今后的宣传工作中我们将积极利用高校学生、义工等社会资源参与社区卫生宣传。

感谢贵党对卫生工作的关心和支持。

全国政协十一届四次会议提案第0219号

案　　由:关于进一步加强我国职业病防治工作的提案

审查意见:建议国务院交由主办单位卫生部会同国家安全生产监管总局、人力资源和社会保障部办理

内　　容:一、我国职业病防治工作的现状与问题

在党中央和国务院的正确领导下,全国各有关部门认真贯彻落实《中华人民共和国职业病防治法》等法律法规,严格职业卫生监督执法,开展重点职业病危害专项整治和基本职业卫生服务试点工作,有效地遏制了严重的职业病危害发展势头,保护了广大劳动者的身体健康,促进了社会经济持续发展,维护了社会和谐稳定。

随着我国工业经济的快速发展,伴随着各种职业病危害,各类急、慢性职业病发病居高不下,严重威胁着劳动者的健康。据统计,深圳市2000年至2009年12月,全市共报告职业病事件491宗,确诊各类职业病830例,其中急性374例,慢性456例,死亡21人,现有职业病人数仅是冰山一角。深圳市每年尘肺病在10例左右,而香港每年则是80—100例。

据卫生部2010年4月28日发布的2009年职业病防治工作和2010年重点工作情况通报显示,2009年新发各类职业病18128例,其中尘肺病新增14495例,死亡748例。目前尘肺病仍是我国最严重的职业病。尘肺病发病工龄缩短,群发性尘肺病时有发生;中、小型企业尘肺病发病形势严峻,超过半数的尘肺病分布在中、小型企业。在职业中毒方面,2009年共报告各类急性职业中毒272起,中毒552例,死亡21例,病死率为3.8%。引起急性职业中毒的化学物质近50种,引

起中毒例数最多的物质为一氧化碳,主要分布在冶金、煤炭、建设和建材行业。66.7%的急性职业中毒病例发生在小型企业;2009年共报告慢性职业中毒1912例。引起慢性职业中毒的化学物质排在前3位的分别是铅及其化合物,苯、砷及其化合物,分别为1082例、占56.6%,208例、占10.9%,165例、占8.6%。主要分布在冶金、有色金属和机械行业。2009年共报告职业性肿瘤63例。其中苯所致白血病22例,焦炉工人肺癌19例,石棉所致肺癌、间皮瘤11例,联苯胺所致膀胱癌11例。2009年共报告职业性耳鼻喉口腔疾病等职业病1106例。其中职业性耳鼻喉口腔疾病424例(噪声聋居多,达348例),生物因素所致职业病192例(布氏杆菌病190例,森林脑炎2例),职业性皮肤病176例,职业性眼病161例,物理因素所致职业病111例,其他职业病42例。同时职业病具有迟发性和隐匿性,加上我国劳动人口流动性比较大等特点,实际发生的职业病人数远远大于报告数。据网络直报统计,近年来我国职业病发病数呈逐年增多的趋势。

从我国工业企业基本情况及职业病发病情况来看,目前职业病防治工作主要存在以下几个问题:

1. 企业防治职业病法制意识淡薄

我国企业众多,规模不一,性质多样,以中小企业为主,用人单位管理水平及管理人员素质差异较大,职业病防治法规宣传及对用人单位负责人培训不到位,企业职业病防治主体意识低,守法意识淡薄。

目前大部分企业没有依法进行建设项目职业病危害评价和卫生审查便投入生产,留下了职业病危害的隐患;一些企业忽视职业病危害问题,没有按国家的规定对作业场所进行定期检测,致使不少劳动者长期处在毒害超过国家卫生标准的作业场所,增加了发生职业病的机会;由于企业没有及时组织劳动者进行就业前的健康检查和就业后定期的职业健康检查,不能及时发现职业禁忌症及职业病患者;由于劳动者缺少个人卫生防护用品,也得不到及时的职业病防治知识的培训和教育,缺乏自我保护能力,容易遭受职业病的侵害。

2. 职业病危害繁多,涉及行业面广

全国工业以电子、机械五金、塑料制品、工艺品、印刷、纺织、服装、皮革、毛皮、制鞋、建材、化工、煤矿等行业为主。存在职业病危害因素:一是粉尘,包括矽尘、金属尘、煤尘、水泥尘和木尘等;二是化学毒物,多见于一氧化碳、三氯乙烯、正已烷、苯及苯系物、二氯乙烷、氰化物、铅和镉等;三是物理因素,主要有噪声、高频和微波等。

3. 职业病防治管理部门职责不清,监督管理体制不顺

职业病防治工作涉及卫生、安监、人力资源和劳动社会保障、建设、环保、发改、贸工、市场监管和工会等政府多个部门或组织,需要统一规划、组织、协调。由于法律规定与国家有关规定不一致,政府机构体制改革等原因,在较长的时间内,存在相关部门职能不明确,职责不清,互相推诿的现象,加上缺乏有效的沟通和协调机制,有些行业或企业出现职业病防治工作无人监管状态,职业病防治措施难以落实。

4. 职业病防治机构数量及能力不能满足社会需求

通过近几年的建设和发展,目前我国已经形成各级职业病防治网络,职业卫生监督覆盖率逐年提高,职业病防治技术服务全面开展。国家有关规定:职业病防治工作人员依每万名产业工人配5名工作人员计算,目前我国职业卫生监督及专业技术人员严重不足,职业病技术服务机构的数量及服务能力与职业病防治工作的实际需求有很大差距,远不能满足广大企业和劳动者对职业卫生和职业健康服务的需要。

5. 劳动者的职业病防治知识短缺,防范意识差

农村劳动力转移、产业快速发展对劳动力的需求,使得我国的劳动者大部分是农民工,这部分人群人口基数大、流动性大、法制意识薄弱、职业病防治知识贫乏、员工自我保护能力差,是职业病的高发人群。而用人单位未履行对劳动者培训和职业病危害的告知义务,政府及相关机构对职业病防治宣传教育普及范围较小,效果不太理想。

6. 职业病救治、保障体系不完善

职业病属工伤,有工作就有工伤,有工作就可能有职业病。由于工伤参保率低,许多劳动者患职业病得不到救治和相应的保障。

二、进一步加强职业病防治工作的建议

1. 进一步认真贯彻落实《职业病防治法》和《国家职业病防治规

划(2009—2015年)》。各级政府制定本区域职业病防治规划并组织实施,将职业病防治工作列入政府考核指标。

2. 建立职业病防治工作联席会议制度,加强职业病防治相关部门的沟通合作。政府应加强领导,统筹协调发改、经贸、建设、劳动保障、市场监管、安监、卫生等部门,成立我国职业病防治工作领导小组,定期召开联席会议,明确部门职责,各部门要建立工作机制,通力合作,落实责任制。

3. 落实保障措施,加强职业病防治体系、能力和队伍建设,完善职业病防治监管和技术服务机构建设。一是要逐步完善各级监督体系,根据实际工作需要,调整充实职业卫生监督工作人员。二是要加强职业病防治机构建设,加大对职业病防治机构人员和经费的投入,充实技术力量,配备必要的检测设备,确保职业卫生评价与监测工作的顺利开展。三是要采取集中培训与现场带教相结合的方式,大力开展对职业卫生监督员、职业卫生评价人员的培训,使其具备开展职业卫生评价、日常监督检查、"三同时"审查与验收等业务工作的能力。

4. 加强职业健康教育和健康促进工作。从工伤保险、财政拨款、社会捐助等多方筹集职业健康教育资金,形成职业病防治机构为骨干,企业为主体,全社会参与的职业健康教育网络,同时存在职业危害因素的用人单位在新员工入职培训中应加入相关职业病防治知识。

5. 切实落实用人单位各项职业病防治主体责任,建立举报奖励制度。用人单位是职业病防治的第一责任人,企业有责任有义务明示职业病危害因素的存在,为职工提供岗位安全教育,并做好安全隐患防护工作,主动保护职工的切身利益。要建立对违反《职业病防治法》行为的举报奖励制度,充分发挥社会监督和媒体舆论监督作用,打击违法行为,保护劳动者健康权益。

6. 建立职业病的医疗保障制度,把有职业病危害的企业纳入工伤保险范围之内。劳动者经省或市职业病诊断机构确诊,劳动保障部门确认,无论是否达到残疾等级,均列入社会工伤保险范围。

主题词： **疾病　医疗**
提案人： 农工党中央

中华人民共和国卫生部2011年7月27日以卫提函〔2011〕355号文函复：

农工党中央：

贵党提出的《关于进一步加强我国职业病防治工作的提案》收悉。经商人力资源和社会保障部、安全监管总局，现答复如下：

一、关于制定职业病防治规划并组织实施的问题

国务院办公厅2009年印发了《国家职业病防治规划(2009—2015年)》，进一步明确了2009—2015年期间职业病防治工作的指导思想、基本原则、阶段性工作目标具体工作指标、主要任务以及相应的保障措施，对建立健全职业病防治工作体制、落实职业病防治责任、加强职业病防治能力建设、切实加大职业病防治监管力度等提出了明确具体的要求。河北、山西、内蒙、上海、江苏等20多个省(区、市)已陆续制定了当地职业病防治规划，为《职业病防治法》的贯彻实施提供了有力的政策和技术保障。

安全监管总局在研究起草的《安全生产"十二五"规划》中，对《国家职业病防治规划(2009—2015年)》中的目标、任务进行了细化，并结合安全生产监管监察的实际制定具体落实措施，同时要求各地安全监管部门要结合本地区实际情况，认真做好"十二五"目标任务的分解落实工作，制定实施方案和工作计划，将各项目标任务分解落实到岗位、落实到人。我部在组织制定《卫生事业"十二五"规划》时，结合职责分工，明确要求各地加强职业病防治能力建设，力争到2015年建立覆盖省、市、县三级职业病防治体系及职业健康监护信息管理网络平台，31个省(区、市)和设区市至少有一所设置功能完善的职业病防

治机构，职业病诊断机构覆盖到每个地（市），职业健康检查机构覆盖到每个县（区）。

二、关于建立职业病防治工作联席会议制度的问题

2010年2月经国务院同意，国家层面建立了由我部和安全监管总局牵头，中央宣传部、发展改革委、工业和信息化部、财政部、人力资源和社会保障部、国资委、全国总工会参加的职业病防治工作部际联席会议制度，以加强对职业病防治工作的组织领导，强化部门间的协调配合。九部门已于2010年4月、2011年6月先后召开了两次全体会议，制定了联席会议工作制度，年度工作计划和责任分工，研究职业病防治治本措施和对策，并及时向国务院报告。

联席会议成立以来，有关部门结合职责分工，不断推进职业病防治工作的开展。联席会议办公室先后召开了9次办公室会议和联络员会议，加强沟通，密切配合，研究落实领导同志的批示精神，共同分析职业病防治工作中的重大问题，协商做好职业健康状况调查等工作，进一步强化了部门间的协调与配合。

三、关于职业病防治能力建设的问题

近年来国家加大了公共卫生事业投入力度。中央安排专项资金4.82亿元，支持全国47个化学中毒和核辐射医疗救治基地项目建设，目前已投入使用。在深化医药卫生体制改革中，国家在中央预算的县医院建设项目中专门配备了400毫安以上的X线机，用于对从事粉尘作业的劳动者的职业健康检查，以提高全国县级医疗机构的职业病防治能力。2009年以来我部争取中央财政转移支付资金4亿多元，用于加强中西部地区及新疆生产建设兵团职业病诊断、职业健康检查能力建设，开展重点职业病哨点监测和职业健康状况调查，加大职业病防治宣传教育力度，开展国家职业病临床重点专科建设，不断提高职业病防治能力和水平。

关于加强职业健康监管队伍和技术服务机构建设。近年来安全监管总局采取一系列措施，在各级党委、政府的高度重视和编办等部门的大力支持下，职业健康机构队伍建设进展迅速，省、市、县三级监管机构不断健全，监管网络初步形成。据统计，全国已有29个省级安

全监管部门、275个市级安全监管部门、1627个县级安全监管部门成立了职业健康监管机构，分别占总数的91%、66%和47%；监管人员已达3300多人。与此同时，各省级安全监管部门依托国家安全生产技术支撑体系的建设，建立起了一批职业危害检测实验室，为进一步做好职业卫生监管工作提供了有力的技术支持。下一步将根据职业健康监管工作的需要，进一步加强省、市、县三级职业健康监管机构建设。同时加强职业健康监管业务培训，增强监管执法人员依法履职的能力。在职业健康技术支撑体系和服务机构建设方面，安全监管总局将充分发挥相关协会、科研院所和现有卫生部门职业卫生技术服务机构的作用，逐步建立国家、省、市、县四级较为完善的职业健康技术服务与支撑体系，以适应职业危害防治工作的需要。

四、关于加强职业健康教育和健康促进工作的问题

自2002年以来，我部与人力资源和社会保障部、安全监管总局、全国总工会充分利用《职业病防治法》宣传周，对有关宣传教育工作进行部署，每年确定一个宣传主题，统一制作宣传材料。通过举办高层论坛和现场会、开展国家职业卫生示范企业评选和授牌、职业健康工作图片展、“安全生产万里行”、“安康杯”竞赛等一系列宣教活动，并聘请倪萍同志为“全国职业病防治义务宣传员”，不断扩大宣传效果。各地积极探索通过将职业病防治法律法规和防治知识纳入劳务输出岗前培训、引入中学课堂、纳入普法教育，开展咨询、免费体检、媒体宣传、法律援助等形式多样、有特色的活动。

关于从工伤保险基金等拨款建立职业健康教育资金问题。新修订的《工伤保险条例》规定，工伤保险基金可以用于工伤预防的宣传、培训等方面。这一规定以法规形式确定了工伤预防工作在工伤保险中的地位。目前人力资源和社会保障部按照《工伤保险条例》的规定，正在会同国务院财政、卫生、安全监管等部门研究制订工伤预防费的使用管理办法。随着工伤预防工作的开展和完善，包括促进职业健康教育在内的各项工伤预防措施也将逐步得以落实。

五、关于切实落实用人单位职业病防治主体责任的问题

为督促企业落实职业危害防治主体责任，安全监管总局高度重视

并不断加强监督执法工作，联合卫生、人力资源和社会保障、工会等部门在全国组织开展了粉尘与高毒物品危害治理专项行动，在矿山开采、石英砂加工、家具制造、电子制造等生产企业开展职业危害治理，各地安全监管部门对152013家企业进行了检查复查，发现问题和隐患442339项，责令当场改正313002项、限期改正106857项，行政罚款2995.015万元，责令停产整顿2714家，提请关闭341家，通过整治促进了企业职业病危害的防治工作。为调动广大社会公众参与职业健康工作的积极性，很多地区相继建立了职业健康违法违规行为举报制度，对于举报行为经过核实后给予一定的奖励。安全监管总局今后将进一步强化监督执法，督促企业落实法律法规规定的各项责任和义务，同时鼓励各地进一步建立健全举报奖励制度，充分发挥社会监督和媒体舆论监督作用，切实维护劳动者的健康权益。

六、关于把有职业病危害的企业纳入工伤保险范围的问题

按照《社会保险法》和《工伤保险条例》的规定，包括有职业病危害的各类企业都应依法参加工伤保险。近年来，人力资源和社会保障部加强扩大工伤保险覆盖面工作，到2010年年底工伤保险参保人数已超过1.6亿，其中农民工超过6000万。另外，于2011年7月1日实施的《社会保险法》规定，未依法缴纳工伤保险费的用人单位发生工伤事故的，工伤保险待遇由用人单位支付；用人单位不支付的，从工伤保险基金先行支付。这一规定将有力保障未参保单位工伤职工的权益。在有职业病危害的企业工作的职工，只要依法诊断为职业病的，无论是否达到伤残等级，都应认定为工伤并享受相应的工伤保险待遇。

感谢贵党对卫生工作的关心和支持。

全国政协十一届四次会议提案第0438号

案　　由:关于关注精神卫生事业发展、提高全民心理健康水平的提案

审查意见:建议国务院交由主办单位卫生部会同民政部办理

内　　容:近年来精神病人引发的恶性案件时有发生。据调查了解,精神病患者的肇事率为10%,精神病人暴力事件每年造成的严重肇事案件超过万起。精神疾病所导致的一系列社会问题,严重影响社会的和谐稳定。因此关注精神卫生事业发展,对于维护社会安定团结、提高全民心理健康水平具有重要意义。

近年来我国精神卫生事业有了很大的发展,精神卫生工作体系初步形成,服务规模和内容也逐步扩大与完善。但是我国精神卫生工作中还存在预防和识别处理精神疾病与心理行为问题的力度不够、总体服务资源不足且管理分散、防治机构和人员队伍缺乏等问题。造成我国精神卫生事业发展水平仍相对落后、精神疾病患者缺乏治疗情况严重的原因主要有:一是宣传力度不够,严重影响了精神疾病的控制。由于精神卫生知识普及率低,不能早期发现和早期治疗精神疾病患者,增加了防治的难度,导致残疾率升高。同时由于人们对精神疾病的了解程度低,导致社会普遍存在对精神疾病患者的偏见和歧视,使患者、家属普遍存在病耻感,不愿就医,致使病情延误。二是精神疾病治疗的负担沉重、治愈率低。由于精神疾病患者劳动能力削弱或丧失,导致家庭收入下降,而且病态行为的破坏作用,往往造成家庭财产损失,因病致贫及因病返贫的现象十分普遍。据调查显示,精神疾病已经超过心脑血管病、恶性肿瘤及呼吸系统疾病,在我国疾病总负担

中的排名位居第一。三是精神卫生专科医疗机构基础条件差,专业人才短缺。由于政府对精神卫生事业投入不足,导致一方面医疗机构设备相对落后、病床不足;另一方面精神卫生服务的专业技术人员待遇相对低下、工作条件艰苦、社会地位较低,许多优秀人才不愿进入精神卫生领域,原有的优秀医务人员外流改行的现象也较为严重。四是精神卫生工作缺少法律法规的支撑与保障。我国至今尚未出台一部精神卫生工作的专门法律,精神疾病患者、从事精神疾病治疗的医务人员和受病人侵害的公民的个人安全和合法权益都无法得到法律的保障。

为进一步完善我国精神卫生工作体系,按照“预防为主、防治结合、重点干预、广泛覆盖、依法管理”的原则,切实推动精神卫生事业发展,我们建议:

一、整合资源、合理布局、增加投入,加快精神卫生专业机构基础设施建设。在现有资源分布的基础上,统筹考虑、着力整合各级卫生、民政等部门下属的各类精神卫生资源,实现优化配置,提高运行效率。建议由各级卫生部门牵头负责,依据区域卫生事业发展规划,在充分考虑辖区内人口数量、现有精神卫生资源、经济发展水平、交通等因素的基础上,科学规划、合理设置精神卫生专业机构。

二、进一步突出精神卫生机构的公共服务职能。精神卫生事业发展是重要的民生工程。精神卫生机构诊治的重性精神疾病患者是典型的弱势群体,精神卫生服务的项目具有明显的公益性。因此要进一步明确精神卫生机构的公共卫生服务职能,切实保障相关经费投入,避免精神卫生机构片面追求经济效益,逐步推动精神卫生机构服务内容的拓展,由原来单一的诊治精神疾病转变为集精神疾病和心理行为问题的预防、医疗、康复、健康教育等于一体,并将服务范围延伸到社区,提高精神疾病防控的主动性和实效性。

三、尽快制定出台《精神卫生法》。以法律的形式明确政府在建立和完善精神卫生服务网络,推进精神卫生事业发展方面的责任和义务,切实保障精神病人的治疗、救济、就业和不受歧视等合法权益。同时对精神卫生专业人员和遭受精神疾病侵害的公民的人身安全和合法权益给予应有的保障。

四、加大精神卫生宣传力度，形成长效机制。通过大众化的信息手段，开展多种形式的公益性、群众性精神卫生知识宣传教育，提高精神卫生知识的知晓率，倡导体质健康、心理健全的生活方式，从而消除对精神疾病的偏见和歧视，引导全社会共同关注精神卫生事业发展，营造有利于精神疾病防控的良好社会氛围。

五、加强人才队伍建设，提升服务水平。加强现有精神卫生专业人员的在职培训和继续教育，提高业务技术水平。制定相关激励政策，适度提高精神卫生专业技术人员的待遇和社会地位，留住现有人才，吸引优秀人才进入精神卫生领域，壮大和稳定精神卫生专业队伍，以满足人民群众医病与心理保健的需求。

主题词： **卫生　保健**

提案人： 台盟中央

中华人民共和国卫生部2011年10月14日以卫提函〔2011〕749号文函复：

台盟中央：

贵党提出的《关于关注精神卫生事业发展、提高全民心理健康水平的提案》收悉。经商民政部，现答复如下：

精神卫生工作是卫生工作和社会管理工作的重要组成部分。随着各级政府对精神卫生问题认识的加深，精神卫生工作逐步受到重视，迎来快速发展的机遇期，近年来我部主要开展了以下工作：

一、改善精神卫生医疗机构服务条件

2010年发展改革委会同我部和民政部发布了《精神卫生防治体系建设与发展规划》，明确了精神卫生专业机构（包括精神专科医院、有精神科特长的综合医院)、基层医疗卫生机构、社区精神疾病康复机构、疾病预防控制中心,在精神卫生防治体系中的职责和任务。同时按照区域卫生规划的要求,重点支持省级、地市级精神卫生专业机构的改建和扩建工作。2010—2011年各级政府共投资154亿元,改建、扩建544家卫生、民政部门所属的精神专科医院和综合医院精神科。另外,财政部2010年投资14.9亿元,补助卫生、民政、公安部门所属608所医院购买基本医疗设备。通过建设,初步改变了精神卫生防治资源分布不均、数量不足、质量欠佳的状况。

二、试点开展重性精神疾病患者救治、服务和管理

2004年起我部会同财政部开展了中央补助地方重性精神疾病管理治疗项目,目前已覆盖全国30个省(西藏除外)和新疆生产建设兵团的161个市州680个区县的3.33亿人口。7年来项目累计投入约2.8亿元,共登记管理28万名患者,累计约为10万名有社会危害风险的贫困患者提供免费治疗和管理。通过项目的实施,各地建立了重性精神疾病管理治疗网络和工作制度,形成了各类患者服务机构相互联系、双向转诊、医院和社区服务链接的重性精神病防治机制,较好地履行了"寓控制风险于治疗疾病、寓管理病人于提供服务"的工作理念,患者治疗率和管理率得到大幅度提高,维护了社会安定。

2009年国家医改方案明确将精神卫生纳入公共卫生。同年我部发布了《重性精神疾病管理治疗工作规范》和《基本公共卫生服务规范—重性精神疾病患者管理服务规范》,要求精神卫生医疗机构、社区和农村基层卫生机构,对重性精神疾病患者开展医院社区一体的连续治疗和管理,建立基层部门间协调制度和服务网络,落实患者救治和康复管理责任。其中在家居住的重性精神疾病患者的管理工作,已经于2009年率先纳入基本公共卫生服务,按标准和服务人口数予以经费保障。

三、积极推进精神卫生立法

《精神卫生法(草案)》的制定是国务院2011年立法工作计划中力争年内完成的立法项目。精神卫生立法中涉及对非自愿住院治疗的规范、切实保障病人的合法权益、心理咨询和心理治疗、精神卫生工

作的财政保障等方面,需要重点研究和着力解决。由国务院法制办牵头,多次召开专题会议讨论,集中研究联合国的有关公约及国外的立法例,提出法律草案,并于2011年6月10日公开上网征求意见。下一阶段国务院法制办将根据征求意见的情况,进一步修改、完善草案,争取尽快将法律草案报请审议。

四、开展宣传和健康教育,开展心理危机干预服务

2000年起我部围绕当年工作重点确定年度宣传主题,并印发通知要求各地在每年世界精神卫生日(10月10日)组织开展精神卫生宣传和健康教育活动。2007年我部印发了《精神卫生宣传教育核心信息和知识要点》,与相关群团组织联合编写了针对儿童和青少年、妇女、职业人群和老年人特点的精神健康教育系列读本,供基层工作人员使用。

2008年起我部先后印发了《卫生部办公厅关于做好心理援助热线建设工作的通知》(卫办疾控发〔2008〕149号)、《卫生部办公厅关于进一步规范心理援助热线管理工作的通知》(卫办疾控发〔2010〕21号),在全国26个城市进行试点,依托精神卫生专业机构开设心理援助热线电话。几年来心理援助热线作为一种行之有效且相对方便实用的心理咨询途径,成为这些城市提供心理卫生保健的重要组成部分,在处理心理应激和预防心理疾病方面发挥着积极的作用。

五、规范服务,加强专业人员培训

2002年我部印发了《临床技术操作规范—精神病学分册》和《临床诊疗指南—精神病学分册》,进一步规范精神疾病的诊疗服务。2005年中华医学会批准发行《中国精神障碍防治指南丛书》。目前已经出版了精神分裂症、双相障碍、儿童注意缺陷多动障碍、抑郁障碍、老年期痴呆、焦虑障碍和创伤后应激障碍等7种精神疾病防治指南。

在专业人员培训方面,我部将精神科医师、护士等专业技术人员继续教育纳入医疗卫生专业人员继续教育计划,要求专业人员每年必须完成一定的继续教育学分。2001年至今我部利用中央本级财政资金并协调社会资源,陆续举办面向医学院校精神医学教学人员的"师资班"、面向基层精神科医师的"双基班"、面向精神专科医院管理人

员的“管理班”、面向卫生行政管理人员的“政策班”等，先后培训各类人员万余名，取得了很好的效果，同时还开发了相关培训大纲和教材，组建了师资队伍。另外，2005 年至今我部结合实施“重性精神疾病管理治疗项目”，在项目地区持续进行精神科医师和护士培训，同时开展社区精防医师、民警、居(村)委会干部等人员的培训，不仅提高了精神卫生专业人员的能力，还培养了一支社区精神卫生工作队伍，积累了开展基层精神疾病防治工作的丰富经验。

2011 年我部结合落实《医药卫生中长期人才发展规划(2011—2020 年)》，计划由中央财政按年度支持精神卫生机构人力资源培训。2011 年安排各级人员 15356 人次，以提高精神卫生工作队伍人员的能力。长期以来，民政部门采取委培、自考、函授、进修等多种方式，对现有专业人员进行在职培训，培养了一批精神卫生专业人才，成为所属精神专科机构的工作骨干力量。

尽管近年来我国精神卫生工作取得了很大进步，但是在精神卫生工作的管理制度、网络建设、机构能力、人员素质等方面，尤其在精神疾病患者医疗保障和精神专科医院提供公共卫生服务的财政保障方面，距离建立完善的预测、预警、疏导、救助机制，及时发现和解决群众心理问题、防范并降低社会风险的要求尚有很大差距，仍需要不断努力。

感谢贵党对卫生工作的关心和支持。

全国政协十一届四次会议提案第0994号

案　　由:关于抓准关键环节、推进公立医院改革的提案

审查意见:建议国务院交由主办单位卫生部会同财政部办理

内　　容:公立医院改革是新医改的重点和难点。目前中国所有类型的医院加起来达2万多家,如果用金字塔的方式来排列,三级公立医院为最顶端,其次为县级医院,最末端是一级医疗机构,即乡镇卫生院。据香港艾力比医院管理研究中心在全国县级医院调研中统计,6000多家县级医院服务的覆盖人口共达6亿到7亿人。能否啃下这块"硬骨头",是新医改成败的关键。

自2010年2月公立医院改革试点启动以来,16个国家联系试点城市和31个省级试点城市都陆续"摸着石头过河"。就目前而言,试点改革"走小步、不停步",但与百姓要求还有一定距离。

公立医院的改革涉及社会的方方面面,牵一发而动全身,需要抓准、抓稳关键环节递进推行。经过长期调研,我有如下几点建议:

一、建立公立医院真实的成本鉴别机制

公立医院方案中提出"医疗服务监管职能与医疗机构举办职能分开"的方向是正确的,但是如何实现却并未给出具体的执行路径。政府主管部门不应继续摇摆在各种模式之争中,应该对目前国有资产管理模式给予充分的肯定,建立正常的资本以及人员进出机制,真正实现管办分离、市场化运作。摆在决策者面前的实际困难是,旧有公立医院庞大的转制成本和改革可能引发不稳定。政府应承担起补偿的职责,并下决心推动改革,引入现在的竞争机制,而非在体制不变的前提下,维持现有变相的行政单位体制。

二、公立医院补贴贯彻补需方原则

目前我国有公立医院14086家，其拥有床位273万张、医院卫生人员346万人，如此大的基数，政府得要拿出多少财政资金来补偿，这至今还是个未知数。

财政补偿机制，目前通行的是“项目专项经费”与“人头经费”两种补助方式。但这在医疗服务付费办法不尽合理的情况下，容易刺激医院盲目上项目，最终产生病人到医院不是去“看医生”，而是去“看机器”的奇怪现象；其次，政府根据医疗机构的不同情况及其承担的任务，会对人员经费给予一定比例的补助，于是医院人员越多，获得的补偿就越多，客观上造成医院缺乏减员增效的内在动力。

我建议，除了政府财政直接保障医院的基本医疗条件和医护人员的基本工资外，其余国家保障性医疗资金打入公民个人医疗账户，公民有权选择不同的公立医院就医，公立医院医护人员的绩效奖金靠自己挣，挣多多发，挣少少发，不挣不发。

简单地说，这是引入双重竞争，以非公立营利医院倒逼公立医院降低成本、提高效率；再以补需方病人自由选择就医，倒逼公立医院间接降低成本、提高效率。

三、法人治理结构要符合自身特点

改革公立医院的治理结构，目前很多地方都在努力进行尝试。这些改革的核心是让公立医院完全回归公益属性，但模式与真正意义上的公立医院法人治理仍有距离。

基于此，建立公立医院法人治理结构应注意几个提示：一是公立医院可以是有一定独立性的事业单位法人。二是医院和企业的法人治理形式和原则相同，但目标和内容不同。三是法人治理的原则是使经营者行为体现出资人的利益。四是公立医院法人治理的前提是：出资人地位落实、举办公立医院的目标明确、业绩考核监督的制度健全。五是要充分吸取国内外的教训，避免把“建立公立医院法人治理结构”，简单地变成“法人化”甚至“企业化”。六是推行“管办分开”必须有政治支持和相应的体制环境。

当然公立医院去行政化也不是“一脱了之”。公立医院改革不是所有的医院都和政府撇清关系，搞独立法人、股份制，而应该分类管理，否则小医院、基层卫生机构很快就会垮台，三级医疗网也将成为空口白字。

四、医院院长公开招考

可以探索实行医院院长的公开招考，打破地域、身份和级别的界限。同时保障院长职位的相对稳定，对于公认的优秀院长，可以按照职位和职级逐步脱钩以及逐步取消事业单位行政级别的精神，适当突破领导干部任职年龄限制。创造条件使院长把主要精力放在医院管理上，避免耗费精力来追求升迁和发展个人业务。

五、完善配套的人才培训与分配长效机制

公立医院改革需要配套的人才培训与分配长效机制。目前医疗系统人才分配还存在一些不合理现象，有些医学博士进不了大医院，一些人学非所用，分配不了好医院就转行。这造成医疗机构缺乏好人才，而好人才又得不到合理分配。建议尽早形成合理的分配机制，打破常规，改变以往分配定终生的旧习惯，让人才流动起来，让好医生在不同医院巡回问诊，还要鼓励好医生到医疗资源缺乏的地方办诊所，要形成有进有出、实践—教育—再实践的良性循环机制，不能一出去就回不来。

要改善县级公立医院医生的待遇——县级公立医院是整个公立医疗体系的核心，但是好医生少。可参考教师制度，所有医学毕业生在进入大医院之前，都到基层县医院锻炼两三年。同时建立大医院的医生到县级医院交流的制度。

主题词： 医院 改革

提案人： 董协良

中华人民共和国卫生部2011年8月29日以卫提函〔2011〕548号文函复：

董协良委员：

您提出的《关于抓准关键环节、推进公立医院改革的提案》收悉。经商财政部，现答复如下：

一、公立医院管理体制和治理机制改革的问题

根据国务院的部署，2010年2月我部会同中央编办、发展改革委、财政部、人力资源和社会保障部联合印发了《关于公立医院改革试点的指导意见》（卫医管发〔2010〕20号），其中明确公立医院改革试点的九项任务之一就是管理体制和治理机制改革。2011年2月28日，国务院办公厅印发了《2011年公立医院改革试点工作安排》（国办发〔2011〕10号，以下简称《工作安排》），再次明确要在试点城市推进管办分开、政事分开等重大体制机制改革试点，并就管理体制和治理机制改革提出了较为详细的、有一定指导性的举措。

在推进管办分开、深化公立医院管理体制改革方面，一是加强卫生行政部门的全行业管理职责，所有医疗卫生机构均由卫生行政部门实行统一规划、统一准入、统一监管；二是建立统一、高效、权责一致的公立医院管理体制，采取设立专门管理机构等多种形式，履行政府举办公立医院提供公共卫生服务的职能。目前各公立医院改革国家联系试点城市正在积极推进此项工作，在改革管理体制方面，形成了设立市政府公立医院管理机构、成立卫生行政部门管理的公立医院管理机构、直接委托卫生行政部门履行出资人职责和在卫生行政部门之外成立公立医院管理机构四种具体模式。

在推进政事分开、完善公立医院法人治理机制方面，一是探索建立以理事会等为核心的多种形式的公立医院法人治理结构；二是理顺

公立医院所有者和管理者的责权；三是完善院长选拔任用、激励约束措施；四是研究建立以公益性为核心的公立医院绩效考核体系；五是加强对公立医院履行功能定位和发展建设、投融资行为的监管，强化预算、收支、资产、成本核算与控制等财务管理的监管。各地围绕明确政府办医主体、合理界定所有者与经营者职责、完善公立医院院长选拔任用和激励约束机制等环节进行了大量有建设性的探索。潍坊、深圳市采取签订委托管理合同或综合目标管理责任书的形式；北京、潍坊市构建以公益性为导向的绩效考核体系或院长考评体系；镇江、深圳市建立以理事会为核心的法人治理结构。这些改革将放权、选能与问责更好地结合起来，既增强了公立医院的生机活力，发挥了医院院长的聪明才智，又保障了公立医院切实履行政府赋予的各种公益性功能。

同时根据国务院医改文件的精神，各地也在积极鼓励和引导社会资本举办医疗机构，为民营医疗机构的发展提供公平的机会，也为公立医院创造竞争的环境。

二、关于公立医院补贴贯彻补需方的问题

2009—2011 年，各级财政向医药卫生领域新增 11342.55 亿元投入，比国务院三年既定 8500 亿元的目标增加了 2842.55 亿元，在提高医疗保障水平、健全医疗服务体系等方面发挥了积极作用。其中一半以上的资金投入了保障体系。基本医疗保障制度已基本覆盖近 13 亿城乡居民人口。医保资金的最终流向是医疗机构，这成为了我国公立医院补偿的主渠道，使医院发展获得长期、稳定的经费支持。在我国“供需兼补、以补需方为主”的补偿体系下，公立医院必须通过提供优质的医疗服务，使医务人员获得合理的收入，使医院自身得以健康发展。

三、关于建立法人治理机构的问题

在试点城市中，深圳和镇江探索建立以理事会为核心的法人治理结构。其中深圳市将在市属医院和各区人民医院建立分级决策、多元监管、自主经营的事业单位法人治理结构。一是建立分级决策机制。在政府层面成立公立医院管理委员会，负责履行有关公立医院改革、发展的重大决策职能；在公立医院建立理事会，负责行使医院经营管理决策职能。二是完善多元监管制度。加强卫生行政部门行业管理；完善医院职代会、院务公开制度，发挥职工的内部监督作用；完善医务公开和医院新闻发言人制度，发挥社会和新闻媒体的外部监督作用。三是保障医院自主经营管理。在全市公立医院建立和完善公立医院综合目标管理责任制，界定责任、明确目标、强化考核、落实奖惩，确保医院经营管理目标的实现。镇江市则是建立医疗集团法人治理结构。一是完善医疗集团理事会制度。细化医疗集团理事会、监事会与管理层的权责分工，提高决策、监管与执行的效率与效益。理事会成立相应的专门委员会，以加强对医院运营中的重大问题、重要人事任免、重大项目投资、大额资金使用等决策的可行性评价和检查跟踪，提高理事会的决策与执行能力。明确医疗集团院长、财务总监、药品总监的职责，完善向理事会述职报告制度，加强理事会对集团院长、财务总监和药品总监的业绩考核和管理。二是落实医疗集团独立法人的地位。实行医疗集团实体化运作，完善集团组织架构。加强医疗集团经营层的履职管理。理事会充分授权集团经营层进行人事管理和经营管理，优化集团资源配置，落实集团业务建设发展规划和年度工作计划，加强人力资源管理，统一绩效考核方式，落实社区一体化管理。推进院长职业化、专业化建设，完善院长任职资格、公开选拔任用、职业培训、任期责任审计、年薪制等管理制度。推行院务公开、民主管理，加强审计监督。三是建立完善分级绩效考核体系。建立公立医院绩效评价考核制度。将考核结果与院长任免、年薪和医院财政补助、职工平均收入水平等挂钩。形成理事会—集团—医院—科室—个人逐级绩效考核体系。

我部在指导地方推进公立医院的改革中，要求任何的改革政策都要紧紧围绕医改的精神，维护公立医院的公益性，调动医务人员的积极性，而不是简单地照搬经济领域的改革模式。

四、关于医院院长公开招考

《工作安排》中有关“推进政事分开，完善公立医院法人治理机制”的改革任务中已明确提出，完善公立医院院长任用制度，探索公开招聘院长,在任用或招聘中突出专业化管理能力。加强院长管理能力培训,推进院长职业化、专业化建设。我部将关注试点城市的具体做法,及时加以总结和推广。

五、关于完善医学人才培训和分配的问题

国务院印发的《关于建立全科医生制度的指导意见》(国发〔2011〕23 号),对全科医生的培养、执业方式、激励机制等都提出了指导性的意见。根据医改精神和要求,我部正在研究制订住院医师规范化培训的有关政策,很多地方也在积极探索推进住院医师的规范化培训。关于医学生毕业分配问题,我部将积极与人力资源和社会保障部协商,力争在推进事业单位人事制度的改革中予以考虑。

感谢您对卫生工作的关心和支持。

全国政协十一届四次会议提案第1086号

案　　由:关于筑牢村级卫生服务“网底”的提案

审查意见:建议国务院交由主办单位卫生部会同财政部办理

内　　容:在我国农村三级卫生服务网中,县是龙头,乡是枢纽,村是网底。村卫生室承担着传染病疫情报告、计划生育、妇幼保健、突发公共卫生事件上报、村民的健康卫生教育宣传及常见病、多发病的一般诊治和转诊服务等工作,是在农村最基层为广大人民群众提供基本医疗卫生服务的一支非常重要的力量。然而现实状况堪忧,普遍存在以下几个方面的问题。

一、村卫生室人员整体素质较低。主要表现在三个方面:一是人员数量少。绝大部分村卫生室只有一人,集医、药、护于一身。二是学历低、职称低。大部分村医只有中专及以下学历,极少有大专、本科医学院校毕业生,村医医学知识贫乏,晋升职称困难,普遍只有乡村医生证或助理医师证。三是年龄结构偏大。村医年龄大部分在40—50岁之间,年轻大专院校毕业生都不愿意扎根农村卫生工作。

二、行医不规范。由于村医医疗水平低及片面追求经济效益,在小病诊治上滥用抗生素和激素,常常小病大治,用贵重药,加重农民负担。无菌观念淡薄,消毒隔离措施不到位,村卫生室虽安装了紫外线灯管消毒设备,大部分却形同虚设,村医看病打针极少穿工作服、戴口罩。输液反应发生率高。

三、公共卫生服务职能履行不到位。因公共卫生服务经费补助额度不大,一部分村医不愿承担公共卫生服务职能,即使承担了也是职责不到位,敷衍了事。

四、村卫生室的可持续发展缺乏保障。目前村卫生室靠自收自支，养老保险没有保障，村医人心浮动，后继乏人，常有上访等现象发生，使得农村预防保健网底的构架脆弱不稳，功能弱化。

针对村卫生室普遍存在的问题，特此建议：

一、采取切实可行的措施，有效推进村卫生室医疗卫生队伍的建设。一方面，政府加快制定中高等院校面向农村培养实用型人才、全科医师的步伐。另一方面，加强在职村医的培训，使其重点掌握传染病防治、妇幼保健及健康教育等卫生知识。

二、加强村卫生室管理，规范执业行为。将村卫生室人员、业务、财务、药品统一纳入到当地乡镇卫生院管理，严格规范村医医疗行为，制定严格的工作制度，做到规范诊疗、合理用药、提高服务质量。

三、加大财政补助力度，充分落实村卫生室人员经费，提高村医待遇。在核定编制的前提下，完善村医社会保障制度；对村医实施经费补贴，使村卫生室工作人员有稳定的经济收入；建立村医养老保险制度，解除村医的后顾之忧，激发广大村医安心本职、勤奋工作，从而真正实现"疫情有人报，防病有人管，小病有人治，大病及时转"的目标。

主题词： **农村　卫生**

提案人： 杨维刚

中华人民共和国卫生部2011年8月22日以卫提函〔2011〕478号文函复：

杨维刚委员：

您提出的《关于筑牢村级卫生服务"网底"的提案》收悉。经商财政部，现答复如下：

一、关于推进村卫生室医疗卫生队伍建设的问题

村卫生室是我国农村卫生服务网络的网底，承担着为农民群众提供基本医疗和基本公共卫生服务的工作。为提高乡村医生的专业素质，国家采取了一系列措施：一是面向乡村医生开展岗位培训。2004—2010年中央财政累计投入4.89亿元，在中西部22个省（区、市）和新疆生产建设兵团面向乡村医生免费开展了传染病、急诊急救、合理用药、中医中药、内儿科、公共卫生（包括健康教育、孕产妇保健、儿童保健等）、妇产科基本知识技能等培训，累计培训人次达302.18万。通过培训，提高了乡村医生开展常见病、多发病诊治的能力，规范了开展基本公共卫生服务的行为。“十二五”期间，中央财政将继续投入资金，面向乡村医生开展实用岗位技能培训。二是支持乡村医生中医中专学历教育。2004—2009年中央财政安排2.4亿元实施了乡村医生中医中专学历教育规划，提高了乡村医生的学历层次。三是开展定向培养试点。2004年起在西部地区试办初中起点5年制大专医学教育，为农村定向培养人才。四是加强全科医生队伍建设。2010年3月发展改革委、卫生部、中央编办、教育部、财政部、人力资源和社会保障部联合印发了《关于印发以全科医生为重点的基层医疗卫生队伍建设规划的通知》（发改社会〔2010〕561号），明确提出加强以全科医生为重点，涵盖社区卫生服务机构、乡镇卫生院、村卫生室（含社会办医）的基层医疗卫生队伍建设；计划到2020年通过多种途径为城乡基层医疗卫生机构培养30万名全科医生。2010年起中央财政安排专项资金支持中西部地区基层医疗卫生机构开展全科医生转岗培训，加快培训全科医生。2010年按人均8000元（2011年已提高到人均1万元），安排8720万元支持1万人转岗培训。

二、关于加强村卫生室管理的问题

为加强村卫生室的管理，规范服务行为，2010年4月我部印发了《关于推进乡村卫生服务一体化管理的意见》（卫办农卫发〔2010〕48号），对乡镇卫生院和村卫生室的机构规划设置、人员、业务、药械、财务、绩效考核等做了明确的要求。同时鼓励有条件的地方逐步实行村卫生室由政府或集体举办，乡村医生在暂不改变农民身份的前提下实

行聘用制,并在村卫生室执业,乡村医生的业务收入、社会保障和村卫生室的资产纳入乡镇卫生院统一管理。一些地方在推动乡村卫生服务一体化管理上也做了积极的探索。如浙江根据地方的实际情况,在对村卫生室的行政、业务、药械、财务和绩效考核等予以规范管理的基础上,对由政府举办的村卫生室,其人、财、物等由乡镇卫生院统一管理,从而有效规范了乡村医生的服务行为,保障了乡村医生的合法权益。截至 2011 年 3 月,实行乡村卫生服务一体化的村卫生室占 42.5%。《国务院办公厅关于进一步加强乡村医生队伍建设的指导意见》(国办发〔2011〕31 号,以下简称《指导意见》)要求,加强乡村医生和村卫生室管理。严格乡村医生执业资格;强化县级卫生等部门的管理职责,对其服务行为和药品器械使用等进行监管,加强绩效考核;加强乡镇卫生院对村卫生室的业务指导和管理;提高村卫生室信息化水平,将村卫生室纳入基层医疗卫生机构信息化建设和管理范围,充分利用信息技术对其服务行为、药品器械供应使用加强管理和绩效考核,提高乡村医生及村卫生室的服务能力和管理水平。此外我部正在研究制订《村卫生室管理办法》,将对村卫生室的机构设置、人员、业务等做出进一步的规范和要求。

三、关于提高乡村医生待遇的问题

在提高乡村医生待遇方面,《中共中央国务院关于深化医药卫生体制改革的意见》(中发〔2009〕6 号)规定,对乡村医生承担的公共卫生服务等任务给予合理补助。《国务院办公厅关于建立健全基层医疗卫生机构补偿机制的意见》(国办发〔2010〕62 号,以下简称《补偿意见》)明确要求,多渠道加大对乡村医生的补助力度。一是对乡村医生承担的公共卫生等服务,要在核定村卫生室承担公共卫生服务项目和服务人口数量的能力的基础上,安排一定比例的基本公共卫生服务工作由村卫生室承担,并落实相应的经费。二是随着新农合门诊统筹的逐步推开,乡村医生提供的基本医疗服务,可通过门诊统筹得到相应补偿。三是鼓励各地在房屋建设、设备购置以及人员培训等方面对村卫生室给予一定扶持,并采取多种形式对乡村医生进行补助。《指导意见》要求根据乡村医生提供服务的数量和质量多渠道予以补偿。对乡村医生提供的基本公共卫生服务,主要通过政府购买服务的方式进行合理补助。对乡村医生提供的基本医疗服务,主要由个人和新农合基金来支付。各地要按照《补偿意见》的要求,合理制定村卫生室一般诊疗费标准以及新农合支付标准和办法。在综合考虑新农合基金承受能力和不增加群众个人负担的前提下,充分发挥新农合对乡村医生的补偿作用。此外,村卫生室实施基本药物制度后,为保证在村卫生室执业的乡村医生合理收入不降低,各地要综合考虑基本医疗和公共卫生服务补偿情况,采取专项补助的方式对在村卫生室执业的乡村医生人数制定补助标准,补助水平与对当地村干部的补助水平相衔接。目前全国31个省(区、市)均制定了省级层面的乡村医生公共卫生服务补助政策。

在乡村医生养老保障方面,国务院印发的《关于开展新型农村社会养老保险试点的指导意见》(国发〔2009〕32号)提出,新农保采取个人缴费、集体补助、政府补贴相结合的筹资方式,基础养老金与个人账户相结合的待遇方式。目前乡村医生身份仍属于农民,解决养老问题主要是在新农保的制度框架内完善有关政策措施,符合参加新农保条件的乡村医生,可参加当地的新农保。《指导意见》要求各地要结合新农保的推进,积极引导符合条件的乡村医生参加新农保,对符合新农保待遇领取条件的乡村医生发放养老金。各地政府可以采取补助等多种形式,妥善解决好老年乡村医生的保障和生活困难问题,具体办法由当地政府结合实际制定。此外,为稳定乡村医生队伍,北京、上海、江苏、福建、陕西等省(市)结合实际,出台了乡村医生养老保险制度有关文件。其中陕西省结合新农保开展,明确提出乡村医生养老补助要在新农保的基础上,再给予工龄补助,工龄每满1年每月给予4元,并将所需资金纳入财政预算范畴,减少了乡村医生的后顾之忧。

村卫生室是农村三级卫生服务网络的网底,在整个农村卫生体制中占有重要地位。我部将以深化医药卫生体制改革为契机,推动对村卫生室的规范管理,加强乡村医生队伍的建设,促进实现人人享有基本医疗卫生服务的目标。

感谢您对卫生工作的关心和支持。

全国政协十一届四次会议提案第2039号

案　　由:关于我国新农合立法的提案

审查意见:建议国务院交由卫生部办理

内　　容:从2002年党中央、国务院做出在全国建立新农合制度的决定到2010年,国务院多次下发了关于新农合制度的若干《意见》、《通知》,指导和推进新农合制度的建立与完善。按照党中央、国务院的要求,各级政府积极组织引导农民建立以大病统筹为主的新农合制度,从2003年正式启动试点工作到2010年,我国新农合制度基本实现了全面覆盖,在缓解农民经济负担,减轻因病返贫、致贫中发挥了重要作用,成为农民群众基本医疗保障的一个重要实现形式。但是各级政府在取得成功经验的同时也遇到了不少困难与问题,农民对新农合还是存在一些担心与顾虑,这包括:

一、筹资方式一刀切。2010年国务院关于新农合的筹资标准已提高到中央财政补助60元,区、市、县三级财政补助60元,农民个人缴费30元,2011年还将继续提高。这一筹资标准对于经济发达的地区来说不是难事,有些富裕的地区甚至由县财政全部承担了农民个人缴费部分。但对于落后地区特别是国家贫困县来说,由于县级财政困难使得补助资金拨付不及时。

二、以大病统筹为主要目标,小病补偿由地方根据实际情况而定的新农合制度,对贫困地区的农民来说还是吸引力不足。一旦患了大病,不能报销的40%住院费用对很多农民来说还是个巨额数字,加上相当一部分诊疗项目不被包含在新农合的保障范围之内,实际需负担的费用都会超过40%。而且一些农民认为自己患大病的概率较小,小病又不保(门诊治疗不报销),因此成为影响农民参保积极性的最主要原因。

三、很多地方实施的新农合登记程序、理赔程序、结算程序繁琐,降低了农民的满意度。有些地方要求农民先垫付后看病,然后持有关手续到合作医疗报账中心申报,最后到信用社领补助。一些农民因无钱垫付而看不了病,有的村庄离报账中心和信用社很远,增加了报销成本和麻烦。

四、外出打工的农民因难以享受到新农合的实惠而缺乏参合积极性。据人力资源和社会保障部的有关统计,到2010年年底我国农民工总数为2.4亿人左右,其中参加城镇医疗保险的农民工不到4600万人。还有1.9亿离开家乡、甚至是跨省打工的农民工因各种原因不能被包括在城镇医疗保障体系之内,一旦生病,他们按新农合制度能得到的补偿甚至不够回家看病、报销的路费。目前各省新农合的报销程序与规定各有差异,新农合的跨省结算需要省际合作及国家的政策支持。

五、资金监管缺乏法规指导、处罚罚则不明确。据《新京报》报道,国家审计署于2009年至2010年间对新农合的首次审计发现2700多万基金被挪用。挪用的方式包括挪作养老金、新农合经办机构虚报参合人数套取财政补助资金、地方擅自扩大补偿范围和提高补偿标准、一些农民和定点医院工作人员采取开具虚假病历、假发票、假证明、大处方等方式套骗新农合基金。而由于监管机制不完善、处罚法则不明确,对基金挪用的非法行为打击力不强、效果不明显。

新农合是涉及我国几亿农民的大事情,要发展、完善和有效执行新农合,确实保障农民的基本医疗权益,需要一部阶位高、执行力强的法律,避免各地实施新农合政策执行不到位、地方政策朝令夕改、违规处罚无法可依等现象。因此,我们建议制定一套可行的新农合基本法令,立法的主要内容和技术重点应包含以下方面:

一是要明确新农合执行的主体包括各级政府、基层医院、农民等。

二是要确定新农合资金的筹集原则及方式。新农合医疗经费来源主要由农民自愿缴费及各级政府补助。通过立法来明确个人缴费与政府补助的比例、明确筹资总额随经济、社会发展逐步增加、鼓励有条件的地区扩大地方政府的补助比例、接受捐助等多渠道筹资。应对贫困地区、困难家庭给予倾斜，明确国家对贫困县增加中央财政的补助比例，允许地方政府使用农村大病救助基金代缴特困户、五保户、优抚对象的参合基金等。

三是要明确报销比例，简化报销程序，开展省际合作试点，设立大病医疗救助制度。立法应明确简化报销程序，实行报销程序公开制度，对门诊、大病、慢性病等报销程序作更详尽的规定；明确异地就医、转诊的一般程序与规定，开展省际合作试点，为异地治疗、异地结算提供制度指导与保障；立法上考虑设置大病二次救助制度，明确获救助的对象、条件、比例、程序等规定，为无法负担个人应承担部分费用的特困户、五保户、优抚对象等提供大病二次救助。

四是要明确重点建设基层卫生院、医疗人员的配备和责任、药品及医疗器械的采购及管理，建立建全相配套的医改机制，制订完善相关的配套实施法令及细则，如基本药物制度、医疗资源管理制度、医疗卫生制度、公立医院改革制度、基层医疗服务体系及中医药管理制度等方面的规定。

五是对新农合医疗的管理和监督。监管条例要明确银行、保险、卫生、审计等多部门的监管职责，改变新农合运作单靠卫生部门的局限性；规定由专门工作部门收取个人缴纳的基金，开具省财政厅统一专用票据，各级政府补助统一划拨到新农合医疗基金专户，金融机构设立专户存储、专户管理，定期公布基金的收支、使用情况，接受相关部门和各界人士的监督；在有条件的省、市率先开设新农合网络管理系统，共享新农合信息，为就医、监管提供便利。

六是制定对筹资不力、管理缺位、多报冒领、侵占资金、贪污挪用等不法行为的惩处罚则。新农合资金应专款专用，对于贪污、挪用挤占、不按规定管理和使用资金、骗保、以权谋私等行为，应在立法时明确处罚的罚则，以充分确保农民的医疗权益。

七是建立建全新农合的组织管理机构及职责。明确经办机构编制，并将管理经办人员纳入参照公务员管理事业单位范畴，保障管理经办人员待遇，稳定管理经办人员队伍。对相关管理机构的职责及工作范围做出更详尽、明确的规定。

主题词： **农村 医疗**

提案人： 刘慕仁 黄道伟

中华人民共和国卫生部2011年10月9日以卫提函〔2011〕670号文函复：

刘慕仁等委员：

你们提出的《关于我国新农合立法的提案》收悉。经研究，现答复如下：

一、新农合制度基本情况

新型农村合作医疗（以下简称新农合）制度是由政府组织、引导、支持，农民自愿参加，个人、集体和政府多方筹资，以大病统筹为主、兼顾门诊小病的农民医疗互助共济制度。2002年10月中共中央、国务院作出进一步加强农村卫生工作的决定，提出了建立新农合制度的要求。其目的是减轻农民的就医经济负担，缓解农民的因病致贫和因病返贫问题。

2010年全国开展新农合的县（市、区）数为2678个，参加人口8.36亿，参合率达到96%。全年参合农民受益10.87亿人次，住院补偿受益面为7.87%。统筹基金最高支付限额提高到当地农民人均纯收入的6倍左右，政策性住院费用报销比例已达到60%左右。新农合制度的建立，减轻了参合农民的就医负担，改善了农民看不起病的状况，受到广大农民群众的普遍欢迎，得到了社会各界的广泛认可，有效地促进了农村经济社会协调发展。同时新农合在不断发展完善的过程中，也形成了符合中国国情和农村实际的制度框架和管理运行机制。

二、新农合立法进展情况

随着新农合的不断发展,适合农村地区的制度框架和运行机制日益完善。确实急需将这些行之有效的做法通过法律法规的形式固定下来,使之制度化、规范化。新农合不同主体间的权利义务关系也需要法律法规进一步明晰,为新农合监督、管理提供必要的法律依据。同时部分地区出现定点医疗机构、参加人套取、诈骗新农合基金的违法犯罪案件,个别案件案值巨大,极大地威胁了新农合的安全运行,这些违法犯罪与目前政策文件处罚力度较弱有密切关系。因此尽快将新农合纳入法制化管理轨道,促进其持续健康发展,维护参加人的健康权益,是各级新农合管理部门的共同呼声。

国务院领导一直十分重视新农合立法工作,早在2007年国务院副总理吴仪同志就指出:要逐步将新农合纳入规范化、法制化发展的轨道。全国人大代表和全国政协委员也高度关注新农合立法工作,自2008年以来,全国人大和全国政协的建议和提案中有40多份提出应加快新农合立法工作。2009—2011年国务院连续三年将《新农合管理条例》纳入立法计划。

我部自2008年起着手新农合的立法工作。先后组织开展相关研究和调研,明确了新农合立法的层次、拟解决的主要问题、基本原则和立法框架,并起草了初稿。2010年7月经过广泛征求意见形成的《新农合管理条例(送审稿)》报送国务院法制办审议。

《新农合管理条例(送审稿)》以保障参合农民的权益为目的,确立了新农合制度运行中始终坚持的基本原则:新农合与经济社会协调发展;农村居民自愿参加,实行政府补助、个人缴费、集体扶持;公开公正、公平享有、便民利民、保障适度、民主管理、依法管理等。对新农合经办机构的职责提出要求,明确经办机构的设置、人员、经费保障等由省级人民政府规定。确立了新农合相关主体的权利义务和法律关系。提出新农合个人缴费标准不低于前一年度本省(自治区、直辖市)农村居民人均纯收入的1%,有条件的地区可以适当提高个人缴费标准,财政按不低于前一年度本省(自治区、直辖市)农村居民人均纯收入的4%予以补助的与农村经济社会协调发展的筹资增长机制。确立了新农合最高支付限额不应低于全国农村居民人均纯收入6倍的待遇标准;新农合定点医疗机构的选取应当按照方便就医、布局合理、技术适宜、公平竞争的原则;统筹补偿方案应当有利于引导农民应用中医药适宜技术的原则。要求统筹区域内的定点医疗机构开展即时结报,参加人就医只需交纳个人应当承担的医疗费用部分,并要求加强制度间的衔接,以方便参加人就医。《新农合管理条例(送审稿)》还就基金管理、定点医疗机构管理法律主体的法律责任做出了明确规定。

今后我部将会同有关部门积极做好《新型农村合作医疗管理条例(送审稿)》的修改、完善工作,争取尽快提交国务院常务会议讨论,促进新农合制度管理的规范化、法制化。

感谢你们对卫生工作的关心和支持。

全国政协十一届四次会议提案第2303号

案　　由:关于加强农村卫生基础设施建设、确保西部地区新农合的有效实施的提案

审查意见:建议国务院交由卫生部办理

内　　容:新型农村合作医疗制度的实施,对我国农村特别是西部欠发达地区建立新型农村医疗卫生服务体系、解决农民看病难等确实收到了明显的效果。

以广西为例。长期以来,在党中央、国务院的关怀和支持下,在广西各族人民的共同努力下,广西卫生事业实现了新发展。城乡医疗卫生服务体系逐步健全,疾病防治能力迅速提高,基本医疗保障制度稳固推进,人民群众健康水平明显改善,特别是新型农村合作医疗制度建设取得新进展。2005年广西仅在15个县开展新农合试点工作,到2008年已覆盖全区农村居民。参合农民从2005年的484.18万人增加到2010年的3810.71万人,参合率从2005年的57.76%提高到2010年的91.96%。农民人人享有基本医疗保障逐步得到实现;累计筹集新农合基金84.66亿元,支出补偿基金73.83亿元,共有5088.23万人次参合农民受益。参合农民2009年人均住院补偿率为45.37%,人均住院补偿金额为925.38元,参合农民人均住院补偿率比2005年提高20.53%,人均住院补偿金额比2005年提高589.7元,有效地减轻了农民医疗负担。

但是目前广西卫生资源仍然非常短缺,远低于全国平均水平,与新型农村合作医疗制度建设的要求还有较大的差距。

一是医疗机构床位紧缺。2009年年末每千人口医疗机构床位数为2.59张，排在全国31个省(区、市)倒数第4位。

二是卫生人才严重不足。每千人口执业医师和执业助理医师数为1.25人，不但落后于全国平均水平，也落后于西部平均水平，排在全国倒数第3位。

三是卫生总费用占生产总值的比重为3.8%，人均卫生事业费为573.9元，远低于全国平均水平。

四是县、乡医疗机构业务用房非常紧张。县级医院业务用房面积平均为1.38万平方米，与全国2.12万平方米的平均值差距较大；乡镇卫生院业务用房面积比全国平均水平低30%；村卫生室建设非常滞后，全区有21211个村卫生服务点(室)，但79.49%没有公共业务用房，业务用房为乡村医生个人所有。

实行新型农村合作医疗制度后，县级医疗机构、乡镇卫生院和村卫生室工作量大幅度增加，床位使用率达到90%，有的超过100%，人满为患，加床现象普遍，患者反映强烈，供需矛盾比较突出。

五是县、乡、村卫生服务体系不健全，广大农民群众难以真正享受均等的医疗卫生服务，全面完成医药卫生体制改革任务面临较大的困难。按照国务院医药体系改革工作的要求，广西要在规定时间内建立居民健康档案，在政府举办的基层医疗卫生机构实施国家基本药物制度，特别是实行乡村卫生一体化管理，在乡村医疗机构配备基本药物和实施零差率销售。这就要求广西必须加大建设力度，加快建立健全县、乡、村卫生服务体系。以广西目前的财力，要做到这一点有一定的难度。

为加快推进广西卫生事业的发展，满足新型农村合作医疗工作开展的需要，广西结合实际，在“十二五”卫生规划纲要中提出的总体目标是：以深化医药卫生体制改革统领卫生工作，巩固2009—2011年五项重点改革成果，以改革创新为动力，完善体系架构，创新体制机制，全力实施“6964”系列卫生工作规划，到2015年初步建立覆盖城乡居民的基本医疗卫生制度，完善医药卫生体系，为群众提供安全、有效、方便、可及的医疗卫生服务，努力实现城乡居民病有所医，人民群众健康水平进一步提高，实现广西卫生事业的跨越式发展。

“6964”系列卫生工作规划是指六类任务指标、九个工作思路、六大行动计划、四大建设工程。通过实施这一系列工作规划，到“十二五”期末，广西卫生资源各项指标将接近全国平均水平，达到西部地区上等水平。

为更好实现这一目标，希望得到国家给予以下几方面的支持：

一、县级医院业务用房建设项目。在基层医疗卫生服务体系建设中，国家已安排89个县级医院建设，按照填平补齐的原则，还有需安排11个才能达到全覆盖。建议国家继续投资给予建设，平均每个投资2000万元，共计投资2.20亿元。

二、乡镇卫生院标准化建设项目。在基层医疗卫生服务体系建设中，虽然已全部安排广西乡镇卫生院建设，但是平均每个建设项目只有资金28万元，业务用房还是非常紧张。建议每个卫生院建设项目再安排资金50万元，全区1326个乡镇卫生院共需6.63亿元。

三、村级卫生室标准化建设项目。按照每村建设1个村卫生室的原则，全区需建设14372个村卫生室，国家在近几年已支持建设1080个。2010年自治区人民政府已利用本级财政48000万元建设6000个，尚有7292个需要建设。按每个投资土建资金8万元，需投资58336万元。装备14372个村卫生室设备，需投资28744万元。土建和设备共计投资8.708亿元。

新农合的有效实施，搞好农村卫生基础设施建设和健全县、乡、村卫生服务体系，是必备条件。建议国家加大农村卫生基础设施建设力度，特别是西部地区的建设。

主题词： 农村　卫生　建设

提案人： 黄格胜

中华人民共和国卫生部2011年10月11日以卫提函〔2011〕725号文函复：

黄格胜委员：

您提出的《关于加强农村卫生基础设施建设、确保西部地区新农合的有效实施的提案》收悉。经研究，现答复如下：

为改善农村卫生机构服务条件，2004—2008年我部会同相关部门组织实施了以乡镇卫生院建设为重点的《农村卫生服务体系建设与发展规划》，由财政投入资金，尽快改善农村医疗卫生条件。截至2008年年底中央已安排专项资金169亿元，建设县级卫生机构2613个，乡镇卫生院2.9万所，村卫生室8823个。

2009年国务院《关于印发医药卫生体制改革近期重点实施方案(2009—2011年)的通知》(国发〔2009〕12号)提出，完善农村三级医疗卫生服务网络。发挥县级医院的龙头作用，三年内中央重点支持2000所左右县级医院(含中医院)建设，使每个县至少有1所县级医院基本达到标准化水平。完善乡镇卫生院建设标准。2009年全面完成中央规划支持的2.9万所乡镇卫生院建设任务，再支持改扩建5000所中心乡镇卫生院，每个县1—3所。支持边远地区村卫生室建设，三年内实现全国每个行政村都有卫生室。

2010年国务院办公厅《关于印发医药卫生体制五项重点改革2010年度主要工作安排的通知》(国办函〔2010〕67号)提出，进一步加强基层医疗卫生机构建设。在2009年基础上再支持830个左右县级医院(含中医院)、1900个左右中心乡镇卫生院、1256个左右城市社区卫生服务中心和8000个以上村卫生室建设。2009—2010年中央通过专项转移支付安排补助资金72亿元，支持中西部地区基层医疗卫生机构按“填平补齐”的原则购置必要的设备。

2011年国务院办公厅《关于印发医药卫生体制五项重点改革2011年度主要工作安排的通知》(国办发〔2011〕8号)提出,继续加强基层医疗卫生机构建设,提升基层服务能力。完成农村三级卫生服务网络建设任务,在前两年支持建设的基础上再支持300所以上县级医院(含中医院)、1000所以上中心乡镇卫生院和13000个以上村卫生室建设,使每个县至少有1所县级医院基本达到二级甲等水平、有1—3所达标的中心乡镇卫生院,每个行政村都有卫生室。为中西部边远地区、山区配置流动巡回医疗服务车。

下一步我部将继续积极配合有关部门,加大对农村卫生机构基础设施的建设力度,完善农村卫生服务网络,健全县、乡、村三级卫生服务体系,确保西部地区新农合制度的有效实施。

感谢您对卫生工作的关心和支持。

全国政协十一届四次会议提案第2324号

案　　由:关于大力扶持基层中医药发展的提案

审查意见:建议国务院交由国家中医药局办理

内　　容:中医药是我国各族人民在几千年生产生活实践和与疾病作斗争中逐步形成并不断丰富发展的医学科学,为中华民族繁衍昌盛做出了重要贡献,对世界文明进步产生了积极影响。长期以来,中医药和西医药互相补充、协调发展,共同担负着维护和增进人民健康的任务,这是我国医药卫生事业的重要特征和优势。中医药作为中华民族的瑰宝,有丰富的哲学思想和人文精神,是我国文化软实力的重要体现。中医药在防治疾病实践中体现为追求阴阳平衡和谐的原则、个性化辨证论治、人性化治疗方法、多样化干预手段、天然化的用药取向等特点。从保护和增进人类健康的角度看,中医药还具有注重预防保健、临床疗效确切、用药相对安全、服务方式灵活、费用比较低廉、创新潜力巨大、发展空间广阔等优势。

党的十七大提出了全面建设小康社会的宏伟目标,更加注重保证和改善民生工程,在报告中提出要"坚持中西医并重"、"扶持中医药和民族医药事业发展"。中央关于深化医改的意见强调要充分发挥中医药的作用,国务院专门出台了《关于扶持和促进中医药事业发展的若干意见》,提出了促进中医药医疗、保健、教育、科研、产业、文化全面发展的思路,为建立中国特色医药卫生体制和中医药在新时期、新阶段的科学发展指明了方向。但是在基层医院及农村,中医药基础建设、生存环境、人才培养、中草药种植、中医药文化建设及中医药知识宣传普及等方面均十分薄弱,使得中医药未能充分发挥其作用。例如广东省白县总人口为1366458人，有医院（卫生院）28所，门诊部、诊所18个，卫生站297个，卫生室398个，其中县中医院执业医师（执业助理医师）107人，但中医类别只有32人，占医院全部执业医师总数的29.9%；中西医结合的医疗机构（含乡镇卫生院、门诊部、诊所）中医类别的执业医师（执业助理医师）人数更是少之又少，有些更是没有中医类别的执业医师（执业助理医师）。按照中医医院的中医执业医师占医院全部执业医师总数的比例不低于60%，中西医结合医院的中医、中西医结合医师总数占医院全部执业医师总数的比例不低于50%的有关规定，中医人才比例远远不符合要求。且乡镇卫生院中医科的建设简陋，设备、人员严重欠缺，中医处方服务收费价格低等，使业务难于开展，有的基层卫生院甚至已取消中医科，中医业务发展呈现萎缩趋势。

为此建议：

一、各级党政、卫生部门要进一步贯彻落实国务院《关于扶持和促进中医药事业发展的意见》，改革创新，真抓实干，积极推动中医药事业的发展。

二、加大对基层中医院、卫生院、乡村医疗站中医科的建设，保证能提供中医药医疗服务。

三、加强基层中医药人才培训、培养。人才是中医药事业发展的关键。要牢牢把握中医药人才成长的特点和规律，把促进人才成长作为一项重要任务，为青年中医药人才的发展创造更多机会。要充分利用中医专家和网络系统的优势，通过对基层中医药人员进行网络培训、集中学习、选送进修、师带徒、学习班等多种形式、多渠道培训培养人才，形成一批掌握现代科技知识、富于创新、勇于开拓的中医药技术团队。大力开展中医药继续教育，对西医人员、基层医务工作者进行中医药知识系统学习，努力培训一批能够深入基层、心系百姓、运用中医药服务群众的实用型人才。

四、在中医药特色技术、特色疗法、民间单方、秘方的收集和整理方面加大财政支持，以便这一民间宝藏发扬光大，并避免失传。

五、加强中医科普工作，使广大群众信中医、用中药，认识中医是一门科学,是养生保健、防病治病的法宝。

六、在中草药尤其是名贵中药材的种植和栽培及动物中药规范化养殖等方面进行技术指导,政策扶持。

七、鼓励开发中药制剂,剂型创新,扶持院内中药制剂的开发和使用,允许院间调配使用等,以促进中医药特色优势的发挥。

八、对中医药科研工作进行政策、资金支持,鼓励科研院校与基层中医药机构的合作,提高基层医务工作者的科研水平。

主题词: 中医药 发展

提案人: 王承德 王智彪 冯世良 安阿玥 严卫星 李辅仁 雷菊芳 吴 明 阿达来提·阿合买提江 林绍彬 俞光岩 姚乃礼 曹洪欣 温建民 王立东 杨利霞

国家中医药管理局2011年8月5日以〔2011〕国中医药提字第27号文函复:

王承德等委员:

你们提出的《关于大力扶持基层中医药发展的提案》收悉。现答复如下:

中医药是我国医学科学的特色,是我国社会主义卫生事业的重要组成部分,长期以来担负着防病治病、保障人民健康的重要任务。中医药工作的基础在基层,基层中医药在提高中医药服务能力和水平,促进中医药事业发展方面发挥着支撑作用。但由于各种原因,目前基层中医药工作的基础还很薄弱,中医药服务网络不健全,人员队伍缺乏,服务能力还不高,中医药发展基础薄弱。中医基本现状调查显示,基层卫生医疗机构中只有59%能够提供中医药服务,中医医院基础设施条件仍需进一步改善,生存和发展的压力仍较大,城乡、区域之间发展不平衡的问题还比较突出,已经明确的扶持促进政策还没有得到全面落实,一些政策要求还有待进一步完善。

对此我局高度重视,把基层中医药工作放到重中之重的位置,抓住当前有利时机,大力推进基层中医药事业的发展,紧紧围绕在深化医改中全面贯彻落实《国务院关于扶持和促进中医药事业发展的若干意见》(以下简称《若干意见》)的精神,采取有效措施,切实加强基层中医药工作,努力提高基层中医药服务水平。

一、全面贯彻落实国务院的《若干意见》

《若干意见》是中华人民共和国成立以来中医药方针政策的高度概括和科学总结,全面体现了党和国家对发展中医药事业的决策定位,明确提出了发展中医药事业的政策要求和保障措施,为中医药事业全面协调可持续发展提供了坚实的政策保障。重点抓好《若干意见》具体实施方案的制定和落实。一是我局与卫生部联合印发了《关于在深化医药卫生体制改革中进一步发挥中医药作用的意见》,对近期深化医改中发挥中医药作用进行了全面部署,对统筹做好公立中医医院改革、贯彻落实基本医疗保障制度中鼓励利用中医药服务政策、进一步加强基层中医药服务网络建设、在基本公共卫生服务中进一步发挥中医药作用、在建立国家基本药物制度中体现中药特点、加强中医药人才培养等方面提出了明确要求。二是中医药管理部门在各级党委和政府的领导下,推动建立扶持中医药事业发展的领导机制和中医药工作协调机制,加强中医药管理机构建设,强化管理职能,提高管理水平。三是各地中医药管理部门结合实际,积极协调有关部门,制定了《若干意见》的具体实施办法,将《若干意见》中的相关政策措施结合各地实际进行具体的细化和实施,把中央确定的原则、目标和任务,转化为行之有效的政策措施和办法,落实到具体的工作中去。四是转变作风,狠抓落实。《若干意见》为中医药创造了良好的政策环境和制度保障,能否取得大的成效,关键在落实。各级卫生行政部门和中医药管理部门加强了《若干意见》落实情况的调研督导和评估,确保了《若干意见》提出的各项任务和政策措施落到实处,让百姓更多更好地享受到中医药改革发展的成果。

二、加强基层中医药能力建设，提高基层中医药服务的可及性和可得性

一是基层中医药能力建设项目基金得到有力保障，中央财政2011年对地方转移支付中医药方面新增项目42.12亿元，支持覆盖近2000所的县级中医医院、民族医医院和西部地区市级中医院能力建设，力度前所未有。各级中医药管理部门要抓住机会，统筹规划好资金的使用，合理购置仪器设备，不断提升医院能力建设。二是进一步贯彻好《农村中医药工作指南（试行）》文件精神，加强中医药适宜技术推广。启动基层中医药服务能力推进工程，印发实施方案，以推进常见病多发病中医药适宜技术推广、农村医疗机构中医药特色专科等基层中医药能力项目实施并取得时效为主要内容，适时开展项目绩效评估暨农村和社区中医药工作评价，以进一步提高基层中医药服务能力和可及性、可得性。三是加强基层人才队伍建设，抓好乡村医生中医专业学历教育，继续推进农村具有中医药一技之长的人员纳入乡村医生管理。四是抓好重点专科（病）与农村特色专科建设，开展中医优势病种临床协作中心建设，制定并推广中医临床诊疗方案和临床路径。五是重视民间医药的挖掘整理、总结提高、推广利用，制定完善掌握民间医药技能人员发挥作用的相关政策措施。六是支持医疗机构研制特色中药制剂，鼓励医疗机构应用中药制剂，医疗机构中药制剂经省级以上人民政府药品监督管理部门批准，可以在指定的医疗机构间调剂使用。

三、进一步加强基层中医药人才培养力度

做好《医药卫生中长期人才发展规划（2011—2020年）》中医药人才培养工作任务的落实，研究制定县级中医临床技术骨干培训项目，认真做好中医药基层人才培养与培训，抓好农村中医药人员学历教育项目，继续推进农村具有中医药一技之长的人员纳入乡村医生管理，遴选确定国家中医药管理局农村中医药知识与技能培训示范基地；与教育部协商，“十二五”期间继续保留部分中等中医药分校，招收生源在农村基层、毕业后回农村基层的中等中医学专业的学生。2011年共19个省、32个学校计划招收10430名中等中医学专业

学生。

四、强化中医药传承与保护，着力提高基层中医药科研能力

一是提高中医药特色技术、特色疗法、民间单方、秘方的收集和整理，积极推进民间医药传承研究，组织制订了“民族医药文献整理及适宜技术筛选推广工作指南”，开展了民族医药科技情况的调查。二是加强中医药古籍保护与利用能力，起草了《中医药古籍整理工作规范》，促进了中医药古籍整理工作的规范性、先进性、科学性、实用性、可靠性和有序性；加强名老中医研究型传承成果的提炼与推广，系统梳理“十一五”名老中医研究项目，形成《当代名老中医典型医案集》、《民间疗法汇编》等系列成果，建立名老中医综合信息采集系统、名老中医临床经验学术思想综合服务平台和名老中医经验现代分析挖掘工具，使中医药传承研究取得较大进展。三是加强中药种质资源库建设，收集和保存的珍稀濒危和常用大宗野生和栽培药材种质达到了近3000多个物种、近3万份，积极争取“十二五”科技支撑计划支持，提出加强对道地药材品质保证和中药资源可持续利用关键共性技术研究。四是加强科技能力和平台建设，增加基层中医药科研经费，积极与科研院校合作，不断提高基层中医药科研水平。

五、加强中医药科普宣传，推动基层中医药文化传播

一是打造“中医中药中国行”这一品牌，深入开展“中医中药中国行·进乡村、进社区、进家庭”活动，推进中医药服务深入基层、惠及千家万户；二是加强中医药知识及文化科普传播，抓好中医药文化宣传教育基地建设，组织中医药文化科普专家巡讲，推动中医药文化科普在基层的传播；三是做好中医药非物质文化遗产保护传承工作，加大对列入非物质文化遗产名录项目的保护力度。

感谢你们对卫生工作的关心和支持。

全国政协十一届四次会议提案第2729号

案　　由:关于加快我国全科医生培养步伐缓解看病难的提案

审查意见:建议国务院交由主办单位卫生部会同财政部办理

内　　容:我国基层医疗人才严重匮乏,截止到2008年年底,全国社区卫生人员21.9万人,乡镇卫生院人员107.5万人,村卫生室人员105.8万人,占全国卫生人员总量的32.6%。村卫生室、乡镇卫生院、城市社区卫生机构的执业(助理)医师60.6万人,占全国执业(助理)医师总数的29.1%。目前6万名全科医学的执业(助理)医师仅占医生总数的3.5%,远低于国际上30%—60%的平均水平。中医类别全科医师数量更为短缺,仍有部分乡镇卫生院无执业医师,24%的乡镇卫生院没有中医类别的执业医师。

培养全科医生缓解看病难的问题,在国际上已形成共识。世界卫生组织曾经指出:"任何国家的医疗卫生系统若不是以接受过良好训练的全科医生为基础,注定要付出高昂的代价。"

国家高度重视全科医生培养工作。国家六部委2010年联合制定了《以全科医生为重点的基层医疗卫生队伍建设规划》。《规划》指出,到2020年通过学历教育、转岗培训、规范化培训与继续教育相结合的全科医生培养制度,多种途径培养30万名全科医生,实现人人享有基本医疗卫生服务的目标。

2020年实现全面小康是我国提出的宏伟目标。西部地区自然环境严酷,经济社会落后,人口健康水平较低。东西部区域差距悬殊。国家统计局2008年监测报告显示,东部地区全面建设小康社会的总体进程达到83.5%,2012年有望率先基本实现全面建设小康社会的目标,东北和中部地区有望在2015至2017年基本实现,西部地区则任重道远,可能拖至2023年才能基本实现。2000年西部和东部的人均国内生产总值相差7000元,如今这一差距拉大到了21000元。

西部地区大部分省份到2000年时的人均期望寿命还不到全国1981年时的水平,相差近20年。西部地区孕产妇死亡率相当于全国1992年时的水平,相差近12年。西部地区每10平方公里拥有的医生人数为0.37人,只有全国平均水平的37.4%。西部12省市是我国传染病、地方病高发和流行最为严重的地区。西部地区农村整体财力不足,无力承担发展本地区卫生事业的责任。

为此建议:

一、尽快成立"全国全科医生培训中心"。建立国家和省、市二级全科医师培训网络,构建适应中国国情的全科医生教育体系。中心负责对全国各省市全科医学培训工作的规划、指导、管理、协调、检查、评估及科学研究。

二、全科医生培养工作西部地区任务更为艰巨、重大而紧迫。工作重心要向西部贫困地区移动。针对西部地区基层卫生设施薄弱、健康资源供给不足的弱点。东部地区要帮扶西部地区培养和输送全科医生,保证西部公众最基本的医疗与保健服务。国家要提供和加大专项补助经费力度,支持全科医师培训。重点放在西部地区。

三、国家提出到2020年培养30万名全科医生的目标,周期太长。建议国家在近两年内在每个社区和乡镇卫生院都配备至少2名以上受过良好训练的全科医生,以缓解人民群众看病难、看病贵的问题。增加西部地区全科医生培养数量,缩短培养周期。

四、拓宽多种途径加快培养全科医生。

一是高等医学院校实施农村定向免费培养项目,为西部乡镇卫生院培养全科医生;加强全科医学学科建设,大力培养全科医学师资。

二是通过转岗培训和规范化等途径,加快建立全科医生的培养制度。

三是开展基层卫生人员的在职继续教育。继续对社区卫生、乡镇卫生院、村卫生室人员进行岗位培训。

四是通过完善代偿学费和助学贷款、提前晋升职称等优惠政策，鼓励和引导高等医学毕业生到基层医疗卫生机构就业。

五是通过实施乡镇卫生院招聘执业医师、全科医生特设岗位等项目，招聘优秀医疗卫生人才到基层医疗卫生机构工作。

六是通过建立健全各类对口支援制度和培训的双向交流机制，实施城市对口支援农村卫生工程，鼓励一批高素质医疗卫生人才到基层服务。

通过种种有效的方式，培养出大批适合基层需要的合格全科医生。力争近期内初步缓解基层医疗卫生人才短缺的矛盾，逐渐提升基层医疗卫生服务体系的服务能力。充分调动各方面的力量，积极为社会培养急需的全科医生，是一项功在当代、利在千秋的伟大事业。

主题词： 医学　培训

提案人： 戴秀英　史大卓　刘荣玉　孙丰源　孙建方　李秀华　李佩文　李森恺　杨金生　尚　红　赵铱民　夏　宁　高润霖　黄　峻　菊红花　葛均波　熊思东　王大明　王旭东

中华人民共和国卫生部2011年7月26日以卫提函〔2011〕375号文函复：

戴秀英等委员：

你们提出的《关于加快我国全科医生培养步伐缓解看病难的提案》收悉。经商财政部，现答复如下：

加强全科医生培养，健全基层医疗卫生服务体系，是缓解群众“看病难、看病贵”的基础环节，是实现人人享有基本医疗卫生服务的基本途径。我部历来重视全科医生培养和队伍建设工作，并将其作为深化医药卫生体制改革的重要措施，积极与教育部、财政部、国家发展改革委等部门协作配合，加大支持力度，稳步推进全科医生培养工作。

一、关于全科医生培养的工作进展

1. 开展城市社区卫生人员岗位培训。从2006年起财政部、卫生部启动实施了“中西部地区城市社区卫生人员培训项目”，决定利用5年时间，由中央财政安排经费3.5亿元，培训中西部地区全科医生和社区护士21万人，提高城市社区卫生服务人员的专业服务能力和综合素质。为此我部制定了项目实施方案，印发了社区医生、社区护士及其他卫生专业技术人员岗位培训大纲，明确了考核要求。目前该项目正按计划实施，中央财政重点支持中西部地区实施全科医生岗位培训，2006—2010年已为中西部培训全科医生和社区护士21.23万人。

2. 实施基层医疗卫生机构全科医生转岗培训。为贯彻落实国家发展改革委、卫生部等部门《以全科医生为重点的基层医疗卫生队伍建设规划》，加强基层卫生人才队伍建设，我部和财政部、发展改革委、人力资源和社会保障部等部门共同组织实施了全科医生转岗培训项目。为加强宏观指导，我部组织编制并印发了《基层医疗卫生机构全科医生转岗培训大纲》、《关于开展基层医疗卫生机构全科医生转岗培训工作的指导意见》（卫办科教发〔2010〕211号）和培训项目管理方案等文件，对培训对象、时间、内容、方式和组织管理等方面提出了明确的工作要求。2010—2011年计划安排3万名基层医疗卫生机构在岗医生参加培训，中央财政已下拨专项经费2.15亿元用于补助中西部地区的全科医生转岗培训项目。目前项目正在按计划推进实施。

3. 启动农村订单定向医学生免费培养工作。2010年国家启动实施了农村订单定向医学生免费培养工作，计划分三年为中西部地区每个乡镇卫生院培养一名拟从事全科医疗的医学本科毕业生。2010年已支持培养免费医学生5000名（含西部地区2020名），2011年计划继续支持培养5315名（含西部地区2340名）。为有效指导各地实施医学生免费培养工作，2010年6月国家发展改革委、卫生部、教育部等部门联合制定并印发了《开展农村订单定向医学生免费培养工作的实施意见》(发改社会〔2010〕1198号),我部相继印发了《关于做好农村订单定向医学生免费培养工作的通知》(卫办科教函〔2010〕513号)和项目管理方案,并积极与教育部协作,以岗位需求为导向,研究制定订单定向医学生培养方案,提升培养质量,为基层培养和输送合格医学毕业生。

4.探索全科医师规范化培训机制,组织培训工作试点。我部自1999年印发《全科医师规范化培训试行办法》和培训大纲以来,一直积极推动全科医师规范化培训工作。2006年组织实施了专科医师培训试点,将全科医师规范化培训作为工作重点,印发了试行的全科医师规范化培训标准和基地标准,在全科医师培训模式和管理机制方面进行了有益探索。截至2010年全国20余个省(市)开展了全科医师规范化培训,年度招录培训规模达2300余人。2011年计划招录培训7000余人。

5.完善继续医学教育制度。近年来我部在原有工作的基础上,不断扩大继续医学教育制度的覆盖范围,探索将基层卫生技术人员岗位培训纳入继续医学教育管理的有效模式,增强继续医学教育的针对性和实用性。在培训内容上,结合卫生工作的重点,突出传染病防治、医德医风教育,以及相关专业知识培训,促进全科医生专业能力不断增强。

6.建立全科医学培训体系。为加强全科医生培训体系建设,2000年我部在首都医科大学建立全科医学培训中心,面向全国开展全科医学师资、管理干部、业务骨干和其他社区卫技人员培训,并承担全科医学理论与实践研究和全科培训教学评估工作。10余年来卫生部全科医学培训中心通过举办师资培训班、开展课题研究、评估督导、印发培训信息等方式,探索建立起全科医生培养的有效模式,并推动了培训工作的稳步实施。2002年全科医学培训工作网络正式成立,网络成员覆盖了全国28个省(区、市),28个省(区、市)成立了省级全科医学培训中心。全科医学培训体系的建立有力地促进了各项培训工作的落实。

二、关于全科医生培养的工作计划

1. 推动建立全科医生制度。为推动全科医生制度的建立,逐步建立和完善全科医生的培养、使用和激励制度,由国家发展改革委牵头,会同我部及教育部、财政部、人力资源和社会保障部等部门,研究制订了《关于建立全科医生制度的指导意见》(以下简称《指导意见》)。2011 年6 月22 日,国务院常务会议研究决定建立全科医生制度,以全面提高全科医生的服务水平,为构建更高水平的基层医疗卫生服务体系提供卫生人才支撑。

2. 认真实施全科医生培养培训工作。我部将根据基层医疗卫生服务需求,协同教育部等相关部门,不断完善全科医生培养培训模式和内容。通过开展全科医生转岗培训、提升基层全科医生学历层次、改革农村订单定向医学生培养模式等途径,力争到2012 年实现每个城市社区卫生服务机构和农村乡镇卫生院都有合格的全科医生,有效地解决当前基层迫切需要全科医生和规范化培养周期较长之间的矛盾,并将继续重点支持西部地区的培养培训工作。

3. 逐步建立全科医生培养制度。在认真总结以往工作经验的基础上,逐步建立并完善全科医生“5 +3”(5 年临床医学本科教育 +3 年全科医生规范化培养)的培养模式,大力推动全科医师规范化培训工作。我部将加强宏观指导工作力度,从建立统一规范的全科医生培训标准和培训基地标准,强化培训过程管理和质量控制等方面,推动全科医生培养制度的建立。我部将积极配合教育部,推动高等医学院校发挥人才优势,加快全科医学学科建设,在有条件的医学院校开展研究生学位教育,尽快培养一批高水平全科医学师资和学科带头人。

4. 大力推进基层卫生技术人员的继续教育。实施面向基层卫生人员的继续教育工程,扩大继续教育的覆盖面。组织适合社区和农村基层卫生工作需要的项目,增强培训工作的针对性和实用性。充分利用现代远程教育手段,妥善处理工作与学习之间的矛盾,提高基层继续教育的可及性。同时加强对继续教育工作的管理,保证继续教育的效果。将专业技术人员继续教育情况与人员的管理使用紧密结合,不断完善继续教育制度。

5. 采取综合措施加强全科医师队伍建设。一是建立健全各类对口支援制度和培训的双向交流机制，鼓励城市医院医生到基层服务，支持县级以上医院使用远程医疗和远程教学等方式加强对基层的技术指导和培训；二是制订优惠政策或给予必要补助，鼓励全科医生到艰苦边远地区工作；三是通过采用设置特岗全科医生、提前晋升职称等优惠政策，招聘优秀医疗卫生人才到基层医疗卫生机构工作。

感谢你们对卫生工作的关心和支持。

全国政协十一届四次会议提案第2738号

案　　由:关于健全医疗机构承担公共卫生任务补偿机制的提案

审查意见:建议国务院交由卫生部办理

内　　容:近年来党和政府坚持以人为本的执政理念,对与群众健康紧密相关的公共卫生项目加大了工作力度,有效地维护了群众的生命安全。医疗机构特别是公立医疗机构,是政府为履行健康职能设置的,但政府赋予医疗机构大量的公共卫生任务的同时,没有建立健全相关的补偿机制,导致医疗机构投入大量人力、物力、财力,却不能得到及时足额补偿,医疗机构自身发展、继续承担任务的能力和工作积极性都受到了一定的影响。建议国家健全医疗机构承担公共卫生任务的相关补偿机制,以利于医疗机构的可持续发展,更好地维护群众健康权益。

一、医疗机构是承担公共卫生任务的重要力量

长期以来各级医疗机构在突发公共卫生事件中,积极响应党和政府的号召,把抢救群众生命放在第一位。在"非典"防治工作中,医疗机构忠于职守,广大医务人员不怕牺牲,光荣地完成了保护人民群众身体健康和生命安全的艰巨任务。四川汶川地震发生后,各医疗机构迅速派出医务人员数万名、救护车上千辆,携带各类器械和药品,奔赴灾区承担伤病员的救治任务。截至2008年10月13日,共收治四川地震灾区伤病员4416802人次,开展手术39689台次,巡诊服务73.01万余人次;青海玉树地震发生后,截至2010年5月18日,各医疗机构共计派出医务人员2434人,救护车359辆,共收治地震灾区伤病员61748人次。医疗机构的迅速行动,有力地维护了灾区医疗秩序,最

大限度地保证了灾区群众的生命安全。

婴幼儿奶粉事件发生后，各医疗机构严格执行国家免费政策，婴幼儿的各项筛查、救治费用均由医疗机构垫付。4000余家医疗机构累计筛查婴幼儿2000余万人次，收治住院患儿5万余人次，有效维护了患儿健康，缓解了社会紧张情绪。另外，在4.28铁路事故医疗救治、手足口病防治、禽流感患者救治和甲型H1N1流感患者救治等工作中，医疗机构也圆满完成了各项任务，做出了巨大贡献。

在艾滋病防治、“三无”人员救助等常规公共卫生项目方面，医疗机构同样发挥着积极的作用。目前全国免费艾滋病抗病毒治疗工作由各级医疗机构和疾病控制机构共同实施，医疗机构主要提供艾滋病的临床诊疗服务。艾滋病抗病毒治疗需要终身服药、终身观察，因此医疗机构是保证实现我国艾滋病防治目标的关键环节。

二、医疗机构承担公共卫生任务的补偿机制亟待健全

1. 国家对医疗机构的补偿机制不健全，补偿不到位。

“非典”过后，党和政府给予了医疗机构和医务工作者极高的荣誉，但在经济补偿方面没有给予相应力度的支持。抗震救灾后续工作中，国家对医疗机构救治伤病员提供车辆、器械、药品等方面如何补偿，没有明确规定。婴幼儿奶粉事件中，国家虽然明确给予财政补偿，但补偿数额与医疗机构垫付数额普遍相差较大。在艾滋病防治工作中，各级财政只提供抗病毒药品和部分监测试剂，在诊疗过程中所发生的费用则由医疗机构自行解决。

据2011年1月《卫生统计报告》统计，2009年公立医院90%的收入来源于医疗服务和药品收入，财政补助收入仅占8%。其中三级医院财政补助收入仅为6.6%。而同期三级医院资产负债率已达到31%，并且还在持续增长，医院发展面临较为严峻的挑战。

以北京朝阳医院、北京大学人民医院和四川大学华西医院为例，北京朝阳医院2009年和2010年公共卫生支出均为1839136元左右，财政补助收入仅分别为31600元和38000元，分别亏损1807536元和1801136元左右。北京大学人民医院2008年突发公共卫生事件支出60万元，无财政补助收入。四川大学华西医院2009年和2010年在汶

川地震、玉树地震、甲流救治等方面公共卫生支出共计7300余万元，财政补助收入5300余万元，尚亏损2000余万元。

2.补偿机制不健全对医疗机构造成了一定影响。

目前我国的卫生服务工作主要分为两个部分：医疗卫生服务和基本公共卫生服务。这两个部分在费用补偿方式上存在明显的差别，对于基本公共卫生服务，现在基本是由国家全额拨款的部门来提供的，例如疾病预防控制机构。而医疗服务的提供部门——医疗机构，则是采取差额拨款的方式。长期以来，国家对医疗机构提供公共卫生服务补偿制度的缺失，直接造成了补偿缺乏依据、流程不畅、资金不能及时足额到位等问题。对医疗机构的投入不到位，医疗机构为求生存、谋发展，只能靠增加医疗收入。随着医改工作在全国范围内的启动，医疗机构收入的重要部分——药品加成收入逐渐被去除，而相应投入仍未到位，医疗服务价格也一直处于较低水平，这势必大幅减少医疗机构的合理收入。影响到医疗机构的生存发展以及老百姓的健康安全，也必将影响到社会的和谐稳定。

各医疗机构多为差额事业单位，补偿机制的不健全，使医疗机构承担的公共卫生任务越多，亏损就越大，运行就越困难，影响了自身发展和任务执行质量。补偿机制不健全，限制了医疗机构承担公共卫生任务积极性的发挥，也使医疗机构的公益性质受到了一定的局限。

三、医疗机构承担公共卫生任务补偿机制的试点经验

为了充分整合资源和发挥医疗机构参与艾滋病防治工作的积极作用，深入探讨医疗机构参与艾滋病防治等公共卫生服务应得到的基本补偿等问题，2009年在卫生部疾控局、医政司、中国疾控中心性艾中心、中国医科大学附属第一医院和盖茨基金会的支持和指导下，云南省疾病预防控制中心牵头，与昆明医学院第一附属医院合作，实施了医疗机构参与艾滋病防治工作模式及补偿机制试点项目工作。

项目实施过程中，昆明医学院第一附属医院在艾滋病防治工作方面投入更多的人力、物力，在艾滋病咨询、患者随诊方面做出了更多的努力，HIV初筛检测人数从项目前的76人/日上升到项目后的114人/日、初筛阳性送检率从14.9%上升到55%、确证阳性报告管理率

从24%上升到100%。通过将检测平台前移，增强了医疗机构与疾控中心的联络、交流以及确证阳性患者的报告、管理、转介及后续支持服务。项目的补偿措施也极大调动了医院和医务人员参加公共卫生服务的积极性。

项目结束后，由于缺乏后续经费支持，HIV初筛检测人次数与项目实施过程中基本持平，初筛阳性送检率、确证阳性报告管理率呈现下降的趋势。这一艾滋病防治工作模式的探索为全国艾滋病防控工作提出了重要借鉴。

四、对健全医疗机构承担公共卫生任务补偿机制的建议

党的十七大明确指出，要"坚持公共医疗卫生的公益性质"，"强化政府责任和投入"，国务院通过的医改方案中也指出，要"落实政府的公共医疗卫生责任"，"完善公立医院补偿机制"。

作为贯彻落实十七大和十七届五中全会精神的客观要求和深化医药卫生体制改革的重要工作之一，迅速健全医疗机构承担公共卫生任务补偿机制势在必行。建议财政部、发改委等部门研究建立对医疗机构承担公共卫生任务的补偿机制，借鉴云南艾滋病防治工作的经验，根据医疗机构承担公共卫生任务的数量和质量，按照分级负担的原则合理划分各级政府责任，对医疗机构进行补偿，并逐步建立医疗机构补偿长效机制。

补偿机制的建立和完善，能够有效促进医疗机构切实维护好公立医疗卫生机构公益性质，将精力从注重经济效益转移到维护群众健康上来，为早日实现"病有所医"和全面建设小康社会的战略目标奠定基础。

主题词： 医疗　卫生

提案人： 尚　红　邱贵兴　高润霖　赵　平　高春芳　刘荣玉　金大鹏

中华人民共和国卫生部2011年11月3日以卫提函〔2011〕818号文函复：

尚红等委员：

你们提出的《关于健全医疗机构承担公共卫生任务补偿机制的提案》收悉。经研究，现答复如下：

医疗机构是我国医疗卫生服务体系的骨干力量，在我国城乡医疗卫生服务体系中具有重要的基础性地位，在增进人民群众健康、保障社会安全稳定等方面具有重要作用。长期以来，医疗机构在提供医疗服务的同时，承担了大量的公共卫生任务。在“非典”防治、汶川地震伤病员救治等重大和突发公共卫生事件应对中作出了突出贡献。

《中共中央、国务院关于深化医药卫生体制改革的意见》（中发〔2009〕6号，以下简称《医改意见》）和《国务院关于印发医药卫生体制改革近期重点实施方案（2009—2011年）的通知》（国发〔2009〕12号，以下简称《实施方案》）中明确提出，公共卫生服务主要通过政府筹资，向城镇居民提供均等化服务。同时提出要完善政府对城乡基层医疗卫生机构的投入机制，政府负责其举办的乡镇卫生院、城乡社区卫生服务中心（站）按照国家规定核定的基本建设经费、设备购置经费、人员经费和其承担公共卫生服务的业务经费，使其正常运行。对包括社会力量举办的所有医疗卫生服务机构，各地都可以采取购买服务的方式核定政府补助。对乡村医生承担的公共卫生服务等任务给予合理补助。对公立医院承担的公共卫生服务等任务给予专项补助，形成规范合理的公立医院政府投入机制。对传染病医院、精神病医院、职业病防治院、妇产医院和儿童医院等在投入政策上予以倾斜。

为贯彻落实《医改意见》和《实施方案》精神，财政部、发展改革委、卫生部等多部门联合印发了《关于完善政府卫生投入政策的意见》(财社〔2009〕66 号,以下简称《投入政策》)。《投入政策》明确提出,要逐步提高人均基本公共卫生服务经费标准,合理安排艾滋病等重大疾病防治、国家免疫规划、农村妇女住院分娩等重大公共卫生项目所需资金,专业公共卫生机构所需支出纳入政府预算安排。在医疗机构投入方面,政府在公立医院的发展建设支出、承担的公共卫生任务、学科发展建设、离退休人员养老等方面给予补助,政策性亏损动用药品收支结余弥补后仍有差额的由同级政府核定补助。

提案中提出的“借鉴云南艾滋病防治工作试点经验”的建议,有一定借鉴意义。国务院印发的《关于进一步加强艾滋病防治工作的通知》(国发〔2010〕48 号,以下简称《工作通知》)明确提出,扩大监测检测覆盖面,最大限度发现艾滋病病毒感染者。组织各级各类医疗卫生机构主动开展艾滋病病毒、梅毒检测咨询,疫情严重地区要将检测咨询纳入婚前自愿医学检查内容。为落实《工作通知》,2011 年中央财政安排艾滋病防治补助资金,在全国疫情严重地区的医疗机构开展主动提供艾滋病检测咨询服务。

按照《医改意见》和《实施方案》精神,以及《投入政策》等相关文件,医疗卫生机构从事公共卫生服务工作的补偿政策已经明确,关键是政策的贯彻执行,保障各项政策落实到位。下一步我部将会同有关部门按照上述要求,结合深化医药卫生体制改革工作,认真抓好相关政策的贯彻落实,督促各地明确政府卫生投入的具体办法,加大政府卫生投入和资金监管,逐步完善医疗机构从事公共卫生工作的补偿机制。

感谢你们对卫生工作的关心和支持。

全国政协十一届四次会议提案第2771号

案　　由:关于将重性精神疾病患者的救治和监管纳入国家公共卫生轨道的提案

审查意见:建议国务院交由卫生部办理

内　　容:在社会转型期,诱发精神疾病的因素增多,例如生活节奏的加快导致社会普遍的心理紧张,价值观念混乱甚至解体造成普遍的无所适从感,社会严重分化造成的心理失衡,以及人的期望与实际的落差增加等,种种因素造成当前我国精神疾病患者人数不断攀升。中国疾病预防控制中心精神卫生中心2009年年初公布的数据显示,我国各类精神疾病患者人数在1亿以上,但公众对精神疾病的知晓率不足5成,就诊率更低。另有研究数据显示,我国重性精神疾病患者人数已超过1600万。种种事实表明,精神疾病已成为我国严重的公共卫生和社会问题,一旦救治不及时和看管不严,很可能给其家庭和社会带来不可预知的危险。重性精神疾病患者的救治和监管仅仅靠亲属是远远不够的,需要政府将这一群体的救治纳入国家公共卫生投资的视野,真正帮助精神疾病患者特别是重性精神病人实现"病能医治,疯能控制"。

一、认识问题的严重性。频频发生的精神疾患恶性肇事背后,是当前我国精神卫生领域存在的诸多问题中的突出问题:防治体系薄弱,专业机构及人员严重匮乏。据中国疾病预防控制中心统计,截至2005年年底,全国精神疾病医疗机构仅572家,共有精神科床位132881张,注册精神科医师16383人。照此计算,全国平均精神科床位密度为每万人1.04张;平均每10万人中才有一位精神科医师。

二、加快精神卫生立法。我国精神卫生法规不健全,影响了对精神疾患人员合法权益的保护,包括治疗、求医、就业、救济以及不受歧视等。精神疾病有不同于一般残疾的特殊性,若没有明确的立法规定,涉及精神病人救助的各部门只能按一般残疾人的规定来对待和处理,在这种情况下精神病人的具体问题很难解决,因此迫切需要立法。早在1985年四川大学华西医院精神病学教授刘协和就主持起草了《中华人民共和国精神卫生法》,并先后修改了十余稿。但历时20多年,至今仍未出台。相关法律的缺失,形成了大多数精神障碍患者仍处于“放任自流”的状态,个别患者自伤、自杀、杀人、伤人等意外情况难以防范。

三、完善精神病患的救助、管理机制。解决部分重性精神疾病患者肇事肇祸问题,首先要通过系统和规范的治疗缓解和控制其病情。但由于精神病人中80%需终身康复治疗,这使许多患者家庭难以承受长期的规范化治疗。必须明确收治管控精神病人各相关部门的职责:各级综治办牵头组织,加强协调指导和督促。公安机关将肇事肇祸精神病人列为重点进行管控,并负责强制收治;卫生部门负责肇事肇祸精神病人的监测,督促精神病医院做好鉴定、收治和管控工作;民政部门负责流落社会的精神病人的救助及送返原籍,对无劳动能力、无生活来源,以及无法查清原籍和监护人的肇事肇祸精神疾病患者,由所属精神卫生机构接收治疗;残联对治疗出院后生活贫困的肇事肇祸精神病人,免费发放维持治疗的基本治疗药品;劳动社会保障部门按政策落实精神病人的医疗费用,在城镇职工基本医疗保险和城镇居民基本医疗保险中报销;财政部门负责核拨收治管控经费,加强资金监管;社区居(村)委会负责协助开展精神疾病患者的肇事肇祸危险性评估、随访管理、应急处置。具体措施包括,一是摸排鉴定,按照“街不漏巷、乡不漏村、村不漏户”的要求,在管辖范围内对肇事肇祸精神病人开展全面排查摸底,做到情况明、底数清;二是集中收治,对经鉴定确认发生过肇事肇祸行为或有肇事肇祸倾向的精神病人,特别是对有过打人毁物,可能危害人民群众生命财产安全的精神病人,由公安机关集中送往精神病医院治疗,精神病医院要无条件地收治;三是分类管控,确保肇事肇祸病患不脱管、不失控。

四、加强对精神疾病患者的监管和救助。通过加强康复托管救助、提高公立精神病医院康复托管能力以及扶持残疾人社会福利机构发展等举措,为贫困精神病人及其家属建立保障体系。

五、切实保护精神疾病患者的权益,禁止歧视、侮辱、虐待、遗弃精神疾病患者;禁止非法限制精神疾病患者的人身自由;未经本人或其监护人同意,任何单位或个人不得公开精神疾病患者及其家属的姓名、住址、工作单位、肖像、病史资料以及其他可推断出其具体身份的信息等。

主题词: **疾病　医疗**

提案人: 刘志强

中华人民共和国卫生部2011年5月31日以卫提函〔2011〕52号文函复:

刘志强委员:

您提出的《关于将重性精神疾病患者的救治和监管纳入国家公共卫生轨道的提案》收悉。现答复如下:

重性精神疾病防治是精神卫生工作的重点。我部从2009年开始在相关部门支持下,积极推动立法,开展重性精神病人救治试点,积极探索解决精神病人救治保障途径,取得了积极的成效。

一是加快精神卫生立法进程。我部一贯坚持对精神疾病患者的收治管理、强制医疗、权益保障等必须通过立法加以明确或规范。2007年年底我部将《精神卫生法(送审稿)》上报国务院。目前国务院法制办已将《精神卫生法》列入2011年立法计划,正在广泛征询社会各界意见,争取尽快报送全国人大审议。

二是完善重性精神疾病患者管理机制。2009 年我部制定了《重性精神疾病管理治疗工作规范》(以下简称《规范》),要求各地建立医院与社区/农村卫生机构相互支持与配合的患者管理机制。目前《规范》已在全国 671 个区县推行,在服务、管理和救治贫困患者、降低肇事肇祸风险方面成效明显。此外还将居家重性精神疾病患者管理纳入国家基本公共卫生服务项目,要求社区/农村卫生机构建立患者健康档案、开展随访和康复指导。

三是积极开展全国重性精神疾病患者筛查。根据中央领导同志的有关批示,2010 年 7—12 月,我部配合中央综治办、公安部等部门开展了全国重性精神疾病患者筛查工作,初步掌握了重性精神疾病患者的情况,为下一阶段做好患者救治、服务和管理奠定了基础。截至 2011 年 1 月底,全国卫生系统共报告发现重性精神疾病患者 270.3 万例,待确诊疑似患者 61.2 万例。

四是探索解决重性精神疾病患者救治措施。2004 年以来,在财政部支持下实施的中央转移支付地方卫生经费项目重性精神疾病管理治疗项目,每人每年只需 700 元,解决了贫困患者的门诊免费服药问题,并为有肇事肇祸倾向的贫困患者提供每人 2000 元的紧急住院治疗补助。试点项目取得了明显成效,在项目地区,重性精神病人广泛受益,很多常年得不到救治的病人病情趋于稳定,安定了邻里,稳定了社会。

今后我部将继续加强与有关部门的沟通,推动精神卫生立法,加强精神卫生机构和专业队伍建设,逐步增加精神卫生专业人员数量,提高人才素质。逐步落实重性精神疾病患者救治、服务、管理措施:一是推动国家基本医疗保障制度逐步提高重性精神疾病患者保障水平,配合有关部门制定贫困家庭重性精神疾病患者专项医疗救助政策,加大救助力度,扩大贫困家庭患者受益范围;二是将筛查发现的居家重性精神疾病患者纳入社区随访范围,对患者进行危险性评估和分级管理,与公安机关协商建立重点患者信息交换机制,争取服务和管理同期同步,不留空隙;三是加强与财政部的协调,争取扩大重性精神疾病管理治疗项目覆盖面,使更多的贫困重性精神疾病患者受益;四是建议国务院制定加强重性精神疾病患者救治、服务和管理工作的指导意见，进一步明确各部门的责任，细化各项救治和管理措施，以逐步实现重性精神疾病患者“应治尽治、应管尽管”。

感谢您对卫生工作的关心和支持。

全国政协十一届四次会议提案第3628号

案　　由:**关于进一步解决好艾滋病人"手术难"问题的提案**

审查意见:**建议国务院交由卫生部办理**

内　　容:国务院2011年2月16日在《关于进一步加强艾滋病防治工作的通知》中明确提到,"加强艾滋病人的权益保护,促进社会和谐。认真落实相关政策,消除社会歧视,保障艾滋病病毒感染者和病人及其家庭成员在就医、就业、入学等方面的合法权益,加强艾滋病防治定点综合医院及传染病医院的学科和能力建设,提高综合诊疗能力,保障感染者和病人的诊疗权益。"

关于"手术难"的问题,通过社会各界的不断呼吁,前两次政协会议也专门提过这方面的提案,卫生部都给予了积极的答复,并且做了大量的促进工作,以解决相关问题。目前情况有所改观,具体表现在一些大城市的某些传染病定点医院(如北京地坛医院)加强了相关科室人员、技术力量的配备,为有需求的艾滋病人进行手术,全方位地为患者提供良好的医疗服务。北京红丝带之家也做了大量的手术转借等方面的工作。

但是这种改进仅仅是在一些大城市,总体来讲,离病人的要求还有差距,应该尽快加以解决。

为了更好地落实国务院的相关政策,使艾滋病人享有平等的就医权,保障他们的身体健康,除了原有措施外(如各医疗单位领导重视、加强相关人员的配备、增加相应手术设备等),特提出下列建议:

一、由国务院防治艾滋病工作委员会办公室或者卫生部组织,开展针对《艾滋病防治条例》(下称"《条例》")第四十一条执行落实情况的专项执法检查监督活动，并在媒体广泛报道。

通过专项活动，教育处理医疗机构推诿或拒绝对前来就诊的感染者提供手术治疗服务的行为，并针对在检查中发现的医疗机构在《条例》颁布后发生的推诿或拒绝为感染者提供手术治疗的行为，由各级卫生行政部门依照《条例》和相关法律法规作出处理并向社会公示。

通过专项检查，才能提高医疗机构贯彻执行好《条例》的自觉性和责任感；只有通过对既往发生的医疗机构违法行为进行严肃认真的处理，才能惩前毖后，警示医疗机构依法从业；也只有通过开展这样的专项检查，才能切实保障感染者可以依法获得所需的手术治疗，保障其享有基本的健康生存权利；也只有通过这样的专项检查，才能使《条例》的有关规定不致停留在纸面上，而使其真正发挥其应有的作用，实现我们“相互关爱、共享生命”的愿景。

二、由卫生部制定相关的配套规范性文件和办法，建立长效机制，保障和促进《条例》第四十一条的落实。具体包括以下内容：

1. 建立监督和投诉平台。艾滋病人在遭遇到医疗机构推诿或者拒绝为其提供手术治疗服务时，首先遇到的是“投诉无门”和“渠道不畅”的问题。有些地区虽然对社会公示了医疗投诉渠道，但多数形同虚设，投诉渠道并不畅通。因此建议在县级以上卫生行政机构指定部门和人员接受和处理感染者针对医疗机构出现的推诿或者拒绝提供医疗服务的投诉，同时接受来自于社会公众、新闻媒体、民间组织等有关机构的监督和反映。建立立案、调查、处理等程序性规范，明确处理时限、调查取证、听证告知等事项，做到处理意见公开并书面送达投诉人，并需要在《条例》和相关法规的框架内细化处罚和责任追究的情形。

2. 由卫生部组织专家确定需要进行术前艾滋病抗体检查的病种范围，并向社会公布，严禁医疗机构自行确定术前检查的项目和擅自扩大术前检查的范围。

据调查，感染者“手术难”的问题全部都发生在医疗机构获知病人是感染者事实之后，其中八成左右是感染者主动向医务人员告知，两成左右是医疗机构在术前检查中获知。虽然医疗机构获知患者为感染者的渠道不同，但是感染者遭遇“手术难”问题的结局却是相同的。由此可见，医疗机构获知患者的感染情况与“手术难”问题的发生是明显且直接关联的。

按照我国医疗规范的要求，在医疗活动中遵守标准防护和规范的消毒隔离是医疗活动的一项基本要求。多年来的实践也证明，严格依照标准防护原则和消毒隔离规范下的诊疗活动完全可以避免发生医院感染和医源性感染。因此我们认为医疗机构在术前检查中对艾滋病抗体的检查绝大多数都缺乏合理和充分理由，完全属于非必要检查、过度检查。

此外根据《艾滋病防治条例》第二十三条的规定：“国家实行艾滋病自愿咨询和自愿检测制度。”而目前医疗机构所进行的这些术前艾滋病检查显然都非属自愿，往往是在未征得患者同意，甚至在患者根本不知情的情况下实施的，是实质上的“强制检查”。而截至目前，《条例》第二十四条所规定的“应当进行艾滋病检测的情形”尚未有文件作出规定，因此医疗机构的这种实质上的“强制检查”均缺少合法性的依据，都是违反《条例》规定的。

正是因为这种过度的、非必要的、违法的检查的存在，促使医疗机构对检查中发现的感染者采取了推诿或者拒绝手术的态度，出现了很多“手术难”问题。

3. 建立医疗机构从业人员职业防护以及职业暴露应急处置办法，建立合理的补偿机制。

国内外研究和临床实践均证明，加强医务人员预防艾滋病职业暴露知识的宣传培训，提高医务人员的防护意识，严格按照要求正规操作，艾滋病职业暴露的危险性和医院感染能够降到非常低的水平。因此建议继续加大对医务人员的宣传培训力度，同时做好职业暴露预防工作，建立医疗机构从业人员职业防护以及职业暴露应急处置办法，建立相应的补偿机制。对于极个别职业暴露感染艾滋病病毒的医务人员，给予合理的补偿，以保障他们今后工作、生活和治疗等方面的需要。

我们认为，通过这些措施可以有效地减少医务人员救治包括艾滋病在内的所有感染性疾病患者的顾虑和担心,提高医务人员救治工作的信心和能力,最大限度地实现感染者和医务人员应享有的社会公平和正义。

主题词: 传染病 防疫

提案人: 王 健

中华人民共和国卫生部2011年7月8日以卫提函〔2011〕265号文函复:

王健委员:

您提出的《关于进一步解决好艾滋病人"手术难"问题的提案》收悉。现答复如下:

我国《艾滋病防治条例》明确规定,医疗机构不得推诿或拒绝对艾滋病病人其他疾病的治疗。2010年国务院印发的《关于进一步加强艾滋病防治工作的通知》(国发〔2010〕48号)明确指出,保障艾滋病病毒感染者和病人及其家庭成员在就医、就业、入学等方面的合法权益,加强定点综合医院和传染病医院的学科和能力建设,提高其综合诊疗能力,保障感染者和病人的诊疗权益。这些政策法规明确保障了艾滋病病毒感染者和病人接受医疗救治的权利。但在实际工作中确实还存在部分医疗机构推诿和拒绝为艾滋病病毒感染者和病人手术的问题,主要是由于医务工作者害怕在手术过程中感染及医院害怕影响其他病人就诊等原因。为进一步解决这一问题,我部将采取以下措施:

一、继续加强医疗机构管理,确保艾滋病病毒感染者和病人就诊需要

我部明确要求,各级各类医疗机构不得以任何理由推诿拒绝包括

艾滋病病毒感染者和病人在内的任何病人,确实达不到救治条件的,要做好解释说明工作,并协助其做好转诊转院工作。我部将进一步加强对医疗机构的管理和监督检查,要求各级卫生行政部门定期组织专项检查,对存在推诿拒治艾滋病病毒感染者和病人现象的医疗机构予以严肃处理,并加强社会舆论监督。

二、加强医务人员的宣传培训,减少医务人员对艾滋病病毒感染者和病人的歧视

继续加大医务人员的宣传培训力度,提高医务人员救治艾滋病病毒感染者和病人的信心和能力,减少医务人员的恐惧情绪,减少对艾滋病病毒感染者和病人的歧视。同时加强医务人员预防艾滋病职业暴露知识的宣传培训,规范手术防护措施,严格按照要求正规操作,提高医务人员的防护意识,将医务人员职业暴露的危险性降到最低。

三、制定下发政策性文件,要求各地切实做好艾滋病病毒感染者和病人因其他疾病就医的保障工作

目前我部正在起草相关的政策文件,进一步规范艾滋病病毒感染者和病人因其他疾病就医,尤其是手术治疗等工作。一是加强现有艾滋病病人抗病毒治疗定点医院的能力建设,加强常见病科室建设,购置必要的仪器设备,提高综合医疗服务能力;二是健全会诊和转诊机制,要求各地卫生行政部门根据当地艾滋病疫情和病人需要,制订艾滋病病毒感染者和病人会诊和双向转诊制度,指定综合医院或专科医院对艾滋病病人抗病毒治疗定点医院进行对口技术支援,指定的医院有义务按照正常诊疗流程进行治疗或给予会诊,不能推诿或拒绝;三是加强监督和考核,落实奖惩措施。各地卫生行政部门应当建立监督平台,指定部门和人员接受和处理相关投诉,解决艾滋病病毒感染者和病人反映问题渠道不畅的问题;四是做好职业防护工作,各级医疗卫生机构要进一步规范手术操作,加强防护工作,同时要做好职业暴露预防药物的储备及供应工作,规范应急处置流程,保证万一发生职业暴露后能及时用药预防,防止医务人员感染,并对发生职业感染的医务人员按照有关规定给予合理补偿,减少医务人员的心理负担。

关于组织确定需要进行术前艾滋病病毒抗体检查的病种范围的

建议,目前医疗机构在开展创伤性检查、输血和手术等医疗行为前检测艾滋病病毒抗体,主要是为了探查病情、加强医务人员防护和提前固定证据等,我部将严格规范医疗机构艾滋病病毒抗体检测行为,并按照规定程序告知患者,避免过度检测,并对检测结果保密。

感谢您对卫生工作的关心和支持。

全国政协十一届四次会议提案第3635号

案　　由:关于国家将进一步完善《国家基本药物》制度的提案

审查意见:建议国务院交由卫生部办理

内　　容:从2009年4月青海省实施《国家基本药物制度》以来,再次进一步缓解了老百姓“看病贵”问题,规范了药品销售渠道和流通环节,保证了药品质量。我所在地区(青海省海西州)州级及州级以下所有医疗机构都实行了国家基本药物零差价制度。但目前也存在着一些有待解决的问题:

一、药品价格不统一。例如同一种药品由于生产厂家不同,价格就不同;同一厂家生产的同一个药品由于投标企业不同,价格也不同;有些药品价格反而高于制度实施以前的价格,所以基层医疗机构很难选择或确定到底哪种药的临床疗效、产品质量才有保证。

二、补偿机制不健全。基本药物的补偿(15%)都能按季度得到补偿,但补偿当中忽略了药品损耗和失效损失等的补偿。

三、现有的《国家基本药品目录》中的品种数量不能有效满足基层基本医疗保健需求。例如儿科、妇科及社区慢性病的防治药品数量十分有限。

为此建议:

一、由国家统一《国家基本药物目录》中的药品价格,同一种药品在原材料选择、工艺流程、外包装材质等方面也要统一的要求,不能以商品来对待。

二、国家出台药品损耗的补偿办法。

三、根据实际需求适当增加国家基本目录数量。

主题词：　　医药　制度

提案人：　　菊红花

中华人民共和国卫生部 2011 年 8 月 30 日以卫提函〔2011〕569 号文函复：

菊红花委员：

您提出的《关于国家将进一步完善〈国家基本药物〉制度的提案》收悉。经研究，现答复如下：

根据建立国家基本药物制度工作的要求，2009 年 8 月我部发布了《国家基本药物目录（基层部分）》，收录了 205 种化学药品和生物制品、102 种中成药和已有国家标准的中药饮片。另外，截至目前已有 27 个省（区、市）增补了药品，增补品种数大多在 100—250 种间，民族自治区和一些有民族地区的省（区、市）增补了适合本地区用药特点的民族药。

根据《国家基本药物目录管理办法（暂行）》（卫药政发〔2009〕79 号）中"国家基本药物目录原则上 3 年调整一次"的要求，目前我部正在积极进行调整前的研究准备工作，结合现行国家基本药物目录品种的实际应用情况，根据不同地区的疾病谱差异，兼顾成人和儿童用药需要，充分考虑基层医疗机构儿科、妇科及社区慢性病防治药品的实际需求，通过调整完善国家基本药物目录和规范各省（区、市）药品增补，与基本医疗服务相配套，更好地适应基层基本用药需要，满足群众基本用药需求。

为确保基本药物安全有效、品质良好、价格合理、配送及时，2010 年 11 月国务院办公厅印发了《建立和规范政府办基层医疗卫生机构基本药物采购机制的指导意见》（国办发〔2010〕56 号），要求实行以省为单位的集中采购、统一配送，规范基层医疗卫生机构使用的基本药物剂型和规格。根据基层用药的实际需求，我部组织开展了基本药物的标准剂型、标准规格和标准包装研究工作。鉴于我国药品生产经营企业和基层医疗机构众多，目前由国家统一所有基本药物价格还存在一定的难度，我部将协调国家价格主管部门，对于独家品种以及经多次集中采购价格已基本稳定且供应充足的基本药物，探索实行国家统一定价。

国务院办公厅印发的《建立健全基层医疗卫生机构补偿机制的意见》（国办发〔2010〕62 号），对建立健全稳定、长效的基层医疗机构多渠道补偿机制提出了明确的要求，各地按照“保基本、强基层、建机制”的原则，不断推进基层医疗机构综合改革，进行了多种形式的探索和尝试，初步取得了一定成效。您提出的将药品损耗和失效损失纳入补偿范围，我部将会同有关部门认真进行研究。

感谢您对卫生工作的关心和支持。

全国政协十一届四次会议提案第4793号

案　　由:关于建立和完善乡村医生保障机制的提案

审查意见:建议国务院交由主办单位卫生部会同财政部、人力资源和社会保障部办理

内　　容:乡村医生是农村基层卫生保健体系的核心构成要素,是我国8亿农民基本医疗服务的主要提供者。他们植根于农村基层,用最贴近、最及时、最便捷的服务,支撑着农村卫生事业的发展。但是由于历史的原因和相关政策的缺失,乡村医生的生存和发展正面临着诸多困境。已威胁到农村卫生服务网底的安全。主要有:一、没有固定工资、待遇普遍不高。补偿激励机制不到位,以致挫伤了他们的积极性。二、执业资格缺失造成身份尴尬。如按照《乡村医生从业管理条例》和《执业医师法》,到今年全国将有70万名村医注定拿不到医师执业资格,那么到时候他们继续行医就是非法的。三、专业化培训与实际需求不相符。村医基本上承担着"全科医生"的职责,目前在岗的乡村医生更需要的是获得实际的诊疗技能和临床指导而非学历。但是现阶段村医专业化培训是以获得学历或行医资格为主要目的的,与实际需求差距较大。四、新农合制度带来的冲击。当前新农合提供的补偿主要是村以上医疗机构所发生的医疗费用,许多地区村卫生室提供的服务并未完全纳入新农合补偿范畴。五、养老保险缺失。当年与赤脚医生一起吃工分、拿补贴的民办教师和民办兽医,现在大多数已解决了养老保险问题,而村医在大部分地区这个问题还没有解决。六、乡村医生队伍已陷入后继乏人的困境。一些地区老村医退了,年轻村医补充不进来,一些村医有机会就马上弃医改行;农村三级卫生服务

网络“网底”已出现了25%左右的破裂，面临着“人走网破”的危险，一些地区面临关门停办的局面，甚至出现了一些村医“空白村”。

如何建立和完善乡村医生保障机制，促进乡村医生队伍再发展，保障8亿农民的健康，是我们面临的一项重要任务和民生课题。为此建议：

一、健全乡村医生培养机制。1. 优化在岗队伍结构。在政策上、体制上、运行机制上解决在岗乡村医生的结构性矛盾，通过业务培训、资格认证、岗位考核、职称晋升等引导在岗村医逐步向执业医生过渡。2. 通过定点招生、定向培养、定向就业的方式，免费培养大专层次全科医学专业人才，造就扎根农村、服务农民乡村医生，并纳入财政预算；3. 返聘城镇医院退休医生服务农村，并鼓励他们培养接班人。

二、加大村卫生室的投入与管理力度。1. 政府要把村级公共卫生体系纳入新农村建设规划和发展项目，逐步将村卫生室向公办性社区卫生服务站转变。2. 将村卫生室纳入当地乡镇卫生院、社区卫生服务站编制统一管理。提高乡村卫生组织综合服务质量和卫生资源利用率。

三、提高乡村医生的整体素质和水平。1. 加强乡村医生的业务培训，要采取有效手段，安排一定时间对乡村医生进行以农村适宜技术、中医药和全科医学知识和技能为重点的免费轮流培训。2. 鼓励乡村医生进行学历进修。对乡村医生实行中专学历补偿教育，对参加学历教育取得高一级学历并获得执业（助理）医师资格的，给予奖励；3. 为乡村医生创建“无经济负担”的培养环境，在免费提供教育培训的基础上，适当给予误工、交通、食宿等合理性补助，确保乡村医生参训率和培训质量。

四、卫生部要尽快开设单独的乡村医生职业资格考试认证体系，以改变目前多数乡村医生无照行医的状况，同时严格规定其职业地点和范围。

五、把村卫生室纳入新农合门诊机构中。把村卫生室定为新农村合作医疗和医保定点单位，其报销比例与乡镇卫生院相同。

六、解决好乡村医生的待遇及养老问题。1. 人事、卫生、财政等有关部门要共同研究制定乡村医生从事基本医疗服务的工资标准和基本公共卫生服务的政府补助标准，保证乡村医生得到应有的报酬。2. 加快建立乡村医生社会养老保险制度。按照“老人老办法、新人新办法”的原则，兼顾老中青村医利益。

主题词： 农村　卫生

提案人： 温建民　熊思东　王承德　史大卓　池　慧　孙丰源　李文志　李秀华　李佩文　李森恺　杨金生　连建伟　吴明江　邱贵兴　何伟　佘靖　沈中阳　其仁旺其格　姜洪池　翁国星　高润霖　菊红花　葛均波　董协良　尉中民　王大明

中华人民共和国卫生部2011年8月22日以卫提函〔2011〕479号文函复：

温建民等委员：

你们提出的《关于建立和完善乡村医生保障机制的提案》收悉。经商财政部、人力资源和社会保障部，现答复如下：

村卫生室是我国农村三级卫生服务网的基础，承担着向农民群众提供基本医疗服务和预防保健、疫情报告、健康教育等工作任务。第四次全国卫生服务调查显示，农村地区58%的患者在村级卫生机构就诊，充分说明村卫生室的重要性。

一、关于健全乡村医生培养机制和提高乡村医生队伍素质的问题

为提高乡村医生业务水平，2005—2010年，中央财政支持4.21亿元，重点对中西部地区256.2万人次的乡村医生开展了岗位培训，培训内容主要包括传染病、急诊急救、中医药、内儿科、合理用药、基本公共卫生服务项目等方面的实用技能培训。2011年在中央财政支持

下，我部继续对中西部地区 45.7 万名村卫生室人员和新疆生产建设兵团 2617 名连队卫生室人员开展妇产科基本知识技能培训。2004—2009 年，中央财政支持 2.4 亿元，对乡村医生开展中医中专学历教育。2011 年 7 月国务院办公厅印发的《关于进一步加强乡村医生队伍建设的指导意见》（国办发〔2011〕31 号，以下简称《指导意见》）明确指出，要加强乡村医生的培训，各省级卫生行政部门要合理制定乡村医生培养培训规划，采取临床进修、集中培训、城乡对口支援等多种方式，选派乡村医生到县级医疗卫生机构或医学院校接受培训。县级卫生行政部门对在村卫生室执业的乡村医生每年免费培训不少于两次，累计培训时间不少于两周。通过培训学习，乡村医生的服务水平得到提高。此外，从 2004 年起教育部、卫生部决定由西部地区结合实际情况，组织有关医学院校开办面向西部地区农村、初中起点 5 年制医学专业教育，为农村定向培养人才。通过采取综合措施，乡村医生的素质得到了提高，乡村医生队伍得到了加强。

二、关于加大对村卫生室的投入与管理的问题

《中共中央国务院关于深化医药卫生体制改革的意见》（中发〔2009〕6 号，以下简称《医改意见》）明确规定，采取多种形式支持村卫生室建设，使每个行政村都有一所村卫生室。2004—2008 年，国家实施《农村卫生服务体系建设与发展规划》，中央财政投入 2.74 亿元，建设了 8823 个村卫生室，在一定程度上改善了农民的就诊条件。2009 年中央安排专项资金 53 亿元，支持中西部地区的乡镇卫生院和村卫生室等医疗卫生机构配置必要的医疗设备。2010 年按照“统筹兼顾、突出重点”的原则，中央安排 4.5 亿元支持 11250 个村卫生室建设。近年来山西、江西、山东、河南、贵州、青海等省（区、市）由地方财政加大对村卫生室建设的投入力度，支持了 68128 个村卫生室的建设，村卫生室基础设施状况有了明显改善。

此外在总结地方多年实践经验的基础上，2010 年 4 月我部印发了《关于推进乡村卫生服务一体化管理的意见》（卫办农卫发〔2010〕48 号），明确提出积极推进乡村一体化管理，主要包括加强机构的设

置规划与建设以及人员的准入与执业、业务、药械、财务和绩效考核等方面的管理，并鼓励有条件的地方逐步实行村卫生室由政府或集体举办，乡村医生在暂不改变身份的前提下实行聘用制，乡村医生的业务收入、社会保障和村卫生室资产纳入乡镇卫生院统一管理，以进一步保障乡村医生的基本待遇。目前各地正结合实际，积极稳妥地推进乡村卫生服务一体化管理工作。

三、关于开设单独的乡村医生职业资格考试认证体系的问题

2003 年国务院公布了《乡村医生从业管理条例》（以下简称《条例》），将乡村医生纳入法制化管理轨道，对乡村医生的准入、考核、执业地点等都作了明确的规定。《条例》为乡村医生长期在农村提供基本医疗和公共卫生服务提供了法律保障。国家鼓励乡村医生在获得相应学历后报考执业（助理）医师。江西、甘肃、河南等地支持乡村医生参加医学学历教育，使之具备报考执业（助理）医师的资格，逐步推进乡村医生向执业（助理）医师过渡。此外，河北、青海、新疆等省（区）在基本公共卫生服务补助政策中明确要求，对于获得执业（助理）医师资格的要提高公共卫生服务补助标准，进一步激励了乡村医生主动学习，努力向执业（助理）医师过渡。

四、关于把村卫生室纳入新农合定点医疗机构的问题

2003 年以来，国家逐步建立并完善了新型农村合作医疗制度，到 2008 年已覆盖全国所有含农业人口的县（市、区）。2010 年开展新农合的县（市、区）有 2678 个，参加新农合的人口达 8.36 亿，参合率为 96%，有效减轻了农民的医疗负担，保障了农民的健康。深化医改以来，我部加快推进新农合门诊统筹工作，到 2010 年年底有 80% 的县（市、区）开展了新农合门诊统筹补偿。《国务院办公厅关于建立健全基层医疗卫生机构补偿机制的意见》（国办发〔2010〕62 号）明确要求，各地在推进医保门诊统筹工作中，可以将符合条件的村卫生室的门诊服务纳入到新农合报销范围。目前在获得门诊补偿的参合农民中，有 95.53% 在乡、村两级医疗机构就诊，其中 65.84% 在村级医疗机构就诊。下一步我们将按照深化医改要求，普遍开展新农合门诊统筹试点，将符合条件的村卫生室纳入新农合定点医疗机构范围，使参

合农民更多地受益。

五、关于解决好乡村医生养老的问题

2009年9月国务院印发的《关于开展新型农村社会养老保险试点的指导意见》(国发〔2009〕32号)提出,新农保采取个人缴费、集体补助、政府补贴相结合的筹资方式,基础养老金与个人账户相结合的待遇方式。《指导意见》明确要求,各地在推进新农保时,要积极引导符合条件的乡村医生参加新农保,对符合新农保待遇领取条件的乡村医生发放养老金。各地政府可以采取补助等多种形式,妥善解决好老年乡村医生的保障和生活困难问题。为稳定乡村医生队伍,北京、上海、江苏、福建、陕西等省(市)结合实际,出台了乡村医生养老保险制度有关文件,减少了乡村医生的后顾之忧。

六、关于保证乡村医生基本待遇的问题

《医改意见》规定,对乡村医生承担的公共卫生服务等任务给予合理补助。目前全国31个省(区、市)都制定了省级层面的乡村医生公共卫生服务补助政策。《指导意见》明确要求健全对乡村医生的多渠道补偿政策。一是对乡村医生承担的基本公共卫生服务,主要通过政府购买服务的方式进行合理补助。县级卫生行政部门根据乡村医生的职责、服务能力及服务人口数量,明确应当由乡村医生提供的基本公共卫生服务的具体内容,并将相应比例的基本公共卫生服务经费拨付给乡村医生。二是对乡村医生提供的基本医疗服务,主要由个人和新农合基金进行支付。各地要合理制定村卫生室一般诊疗费标准以及新农合支付标准和办法,将符合条件的村卫生室纳入新农合定点医疗机构管理,在综合考虑新农合基金承受能力和不增加群众个人负担的前提下,充分发挥新农合对乡村医生的补偿作用。三是将村卫生室纳入基本药物制度实施范围,药品实行零差率销售。政府对实行基本药物制度的村卫生室,综合考虑基本医疗和公共卫生服务补偿情况,采取专项补助的方式对在村卫生室执业的乡村医生给予定额补偿。补助水平与对当地村干部的补助水平相衔接。此外,一些地区在保障乡村医生待遇上进行了很好的探索。如江苏省苏州市在开展乡村一体化管理工作中,将村卫生室中具有执业(助理)医师资格的人员纳入乡镇卫生院编制管理，较好地保障了乡村医生的待遇。下一步我们将总结各地好的经验做法，积极协调有关部门，进一步保证乡村医生的基本待遇，稳定乡村医生队伍。

感谢你们对卫生工作的关心和支持。

全国政协十一届四次会议提案第4887号

案　　由:关于完善医保卡异地使用制度,解决老年人异地养老、就医问题的提案

审查意见:建议国务院交由人力资源和社会保障部办理

内　　容:中国"十一五"的五年是中国人口老龄化快速发展的五年,60岁以上的老年人口增长了3000多万,80岁以上的高龄老人增长了500多万,分别是"十五"期间的1.8倍和1.2倍。"十二五"期间,老年人口将超过2亿,到本世纪40年代末将超过4亿,约占那时总人口的三分之一。

人口老龄化问题既是一个民生问题,更是一个发展问题。中国的老年人口规模大、增速快,人口老龄化是经济发展和社会进步的必然趋势,但同时也给家庭结构和社会生活带来新变化,对经济和社会发展产生重大影响。

人口老龄化问题,带来的最大问题就是老年人医疗保障问题。目前中国基本养老、基本医疗、最低生活保障和医疗救助等相结合的老年社会保障体系正在逐步建立,城镇职工基本养老保险已达2.45亿人,新型农村社会养老保险参保人员已达6719万人,城镇职工基本医疗保险已达4.21亿人,新型农村合作医疗制度基本实现全覆盖。

然而随着社会的发展,城乡一体化的进程又给老年人医疗保障问题带来了新的矛盾。在现有市场经济态势下,人们异地就业、异地定居已成普遍现象。而在贯彻实施几十年的独生子女政策后,此时达到退休年龄的老年人仅有一个子女。脱离户口所在地,跟随子女异地定居已成为如今老年人普遍的选择。

因此在户口所在地办的医疗保险能否在居住地使用，就成为老年人共同关注的问题。

如今部分城市已经做到异地大病在指定医院住院医保报销，给老年人大病就医提供了极大的方便。但更多的老年人所面临的是长期服药、长期在药店买药的需要。而用于日常买药的医保卡仍然不能在异地刷用，甚至医保卡分为省、市、区卡，在同一个城市里无法通用的事件也屡屡发生。几乎每个异地生活的老年人手中，医保卡都囤积了大量款项无法取出，有的老年人医保卡中甚至积累了上万元的药款，而长期买药却无法刷用医保卡。这一现象使得老年人医保资金大量浪费，而给予老年人的基本医疗保障又无法落到实处。

为此建议：

在全国范围内落实医保卡异地刷用制度，使得大量随儿女异地生活的老年人能够真正融入所生活的城市，享受城市基本医疗保障带来的方便生活。

或者在如今“新移民”已成普遍现象的情况下，将老年人的基本医疗保障与户口制度脱离开来，使老年人能够在居住地享受养老、医疗保障。

老吾老以及人之老，老人的今天就是我们的明天。让我们为老人建立更加和谐、人性化的保障制度，让市民没有后顾之忧，安心养老。

主题词： **医疗　保险**

提案人： 张晓梅

中华人民共和国人力资源和社会保障部2011年8月2日以[2011]人社提字第22号文函复：

张晓梅委员：

您提出的《关于在全国范围内落实医保卡异地刷卡制度，解决老年人异地养老、就医问题的提案》收悉。现答复如下：

一、关于异地就医、异地养老相关工作情况

随着人员跨地区流动日益增多，参保人员特别是退休后异地居住老人的异地就医需求十分迫切。为此2009年中共中央、国务院《关于深化医药卫生体制改革的意见》（中发〔2009〕6号）和国务院《关于印发医药卫生体制改革近期重点实施方案（2009—2011年）的通知》（国发〔2009〕12号）明确要求探索异地安置人员就地就医、就地结算的办法。同年我部会同财政部下发了《关于基本医疗保险异地就医结算服务工作的意见》，提出要以人为本、突出重点、循序渐进、多措并举，以异地安置退休人员为重点，提高参保地的异地就医结算服务水平和效率，加强就医地的医疗服务监控，大力推进区域统筹和建立异地协作机制，方便必须异地就医参保人员的医疗费用结算，减少个人垫付医疗费，并逐步实现参保人员就地就医、持卡结算。

为缓解参保人员异地就医问题，我部指导有条件的省开展省内联网，实现省内异地就医联网结算。目前福建、江苏、湖南、云南、浙江、广东、青海、江西8省已实现或启动省内异地就医联网结算。此外，我部还组织推动有条件的省市先行建立跨省区的异地协作机制。上海与15个地区、广州与成都和海南等地签订了委托报销协议，天津与河北、山西、内蒙、吉林、海南、宁夏6个省区以及新疆生产建设兵团签订了跨省协作框架协议。经办机构跨区域协作机制得以建立，参保人员开始享受到更方便的异地就医直接结算服务。

在异地养老方面，我国现行养老保险政策规定，已经按国家规定领取基本养老保险待遇的人员异地居住的，不再转移基本养老保险关系。为解决因退休人员异地居住而带来的申领养老金不方便的问题，国家和各地陆续出台了一些举措，实行了基本养老金社会化发放。异地居住退休人员可以通过社保机构委托代发的金融系统网络实现异地按时足额领取养老金，以保证基本生活。为了方便异地居住人员进行领取养老金资格认证，原劳动保障部印发了《关于对异地居住退休人员进行领取养老金资格协助认证工作的通知》（劳社厅发〔2004〕8号），要求居住地社会保险经办机构以方便退休人员为原则，主动热情地提供协助认证服务。目前我部正在积极完善社会保险异地业务系统,开通异地居住网上办理资格认证功能,异地居住退休人员领取养老金资格认证工作将更加方便、快捷和人性化。

二、关于医保卡异地通用

社会保障卡是参保人员享受待遇的电子凭证,目前在医疗保险领域得到较普遍的应用。我部从1998年开始规划建设社会保障卡,建设目标是"一卡多用,全国通用"。围绕这一建设目标,在社会保障卡管理上一直坚持标准规范、注册管理、密钥管理、卡内操作系统核准四方面的统一。社会保障卡标明了参保人员的姓名、社会保障号码等信息,芯片内存放了参保人员的基本信息、参保信息、就医费用信息以及其他有关社会保障的信息。截至2010年年底,全国已批准发卡2亿人,实际应用1亿人。

信息联网是实现异地持卡就医的基础。经国务院批准,我们从2003年起启动劳动保障信息化工程即"金保工程"建设,搭建中央、省、市三级社会保障业务专网,建立统一的参保人员交换数据库。业务专网主要完成部、省、市间数据信息的交换工作,以市级为单位的城域网则连接到定点医疗机构和定点零售药店等服务机构,主要完成市内数据信息的交换。截至2010年年底,各省级人力资源社会保障部门全部实现了与我部中央数据中心的联网,90%以上的地市实现了与省级数据中心的联网,城域网已经联接到92.5%的社会保险经办机构和就业服务机构,并延伸到街道、社区、乡镇和定点医疗服务机构,覆盖全国的人力资源社会保障信息网络架构已初具规模。

目前社会保障卡已在部分省、市的医疗就诊身份识别、医疗费和药费刷卡实时结算,养老保险业务办理和信息查询等方面加以应用。福建等省已在统一医保目录编码、统一业务流程、统一信息技术标准的基础上,实现了全省异地就医持卡结算,参保人员也可跨地市在异地定点药店刷卡购药。但是从全国来看,社会保障卡使用范围仍较窄,目前难以跨省区全国通用。究其原因,全国联网通用面临政策、管理、技术等层面的诸多问题,各地医疗保险统筹层次、信息系统、业务标准和流程等仍存在差异。

下一步我部一方面要将异地持卡就医结算作为提升医疗保险服务的重点，继续加大对各地工作的指导力度，总结借鉴各地经验，完善制度，尽快普遍推行省内异地就医即时结算和异地刷卡购药；加强对跨省异地就医结算的统一规划和管理，提出整体方案，规范业务流程，统一医疗保险药品目录等标准。另一方面抓紧完善网络等基础技术条件，大力发行社会保障卡。加快构建覆盖全国、联通城乡的人力资源社会保障信息网络，在经办服务大厅、定点医疗机构、定点零售药店等提供用卡环境，为社保卡跨地区通用创造必要的条件。在发卡过程中，鼓励各地提高发卡层级，全省统一发卡；落实严格的通用性测试和标准符合性测试，真正实现各地区之间社保卡“互认”。

感谢您对人力资源和社会保障工作的理解和支持。

全国政协十一届四次会议提案第0332号

案　　由:关于积极建立民间矛盾化解机制、充分发挥人民团体解纷功能的提案

审查意见:建议国务院交由司法部办理

内　　容:当前随着我国经济社会关系的日益复杂化,各类社会矛盾纠纷呈现出易发增长趋势,特别是涉法纠纷急剧增多,诉讼案件、信访案件层出不穷,导致群体性热点、敏感事件时有发生。据最高人民法院公布的年度报告,2009年各级法院受理案件数量突破了1100万件。法院积案众多、负荷过重,司法资源已经远远不能满足人民群众的解纷需求,越来越多的社会矛盾积聚在政府和法院,不利于社会的和谐与稳定。

整合社会各方力量,特别是建立民间矛盾化解机制,促进调解等非诉讼纠纷解决机制的发展,形成多方参与、共同治理格局,这既是新形势下及时疏导各类社会矛盾纠纷的现实需要,也是坚持走群众路线,相信群众、依靠群众,充分调动社会各界力量处理人民内部矛盾,共同构建社会主义和谐社会的必然选择。在我国积极建立民间矛盾化解机制,充分发挥人民团体解纷功能,符合国家的政策导向,符合法律的规定,并且已经具备了一定的实践条件:

一、积极建立民间矛盾化解机制是转变政府职能、实现社会管理创新的需要。党的十七届五中全会提出,要加强和创新社会管理,正确处理人民内部矛盾,切实维护社会和谐稳定。随着社会主义市场经济体制的逐步建立,政府不应当也不可能包揽一切社会事务,必须充分调动人民团体、社会组织、企事业单位等社会主体参与社会管理的积极性，积极发挥他们在社会管理中解决纠纷、缓解冲突、稳定秩序方面的作用。《中共中央国务院关于加强和改进新形势下工商联工作的意见》明确指出，商会是市场经济体系的重要组成部分，充分发挥各类商会的重要作用，是转变政府职能、完善社会主义市场经济体制的必然要求。完善社会主义市场经济体制，健全现代市场体系，必须加强和改进工商联工作，积极培育和发展中国特色商会组织，加强行业自律，规范市场经济秩序。

二、人民调解法的颁布使得建立和完善民间矛盾化解机制有法可依。2010 年 8 月 28 日，第十一届全国人民代表大会常务委员会第十六次会议审议通过了《中华人民共和国人民调解法》，规定乡镇、街道以及社会团体或者其他组织根据需要可以参照人民调解法有关规定设立人民调解委员会，调解民间纠纷。这为人民团体、商会等民间组织设立新型人民调解组织保留了制度空间，也为积极建立民间矛盾化解机制提供了法律上的依据。

三、建立民间矛盾化解机制具有良好的契机和一定的实践基础。近年来建立多元纠纷解决机制已成为社会各界的共识，特别是司法机构高度重视诉讼与非诉讼纠纷解决方式相互配合、相互协调、全面发展，并为实现诉讼与非诉讼渠道的相互衔接作了有益的探索。工商联等人民团体、商会组织也把协调利益、化解矛盾作为服务社会、承担社会责任的一项重要任务，并开展了相关的试点工作，进行了大量的调查研究。工商联的工作实践表明，非公有制经济的健康发展迫切需要工商联有效地发挥纠纷调解、利益协调、行业自律等职能作用；工商联有条件、有热情参与经济纠纷的化解工作，有些地方工商联已经参加了当地的大调解体系，部分地方工商联还成立了商会调解中心。

鉴于民间纠纷解决机制处于起步阶段，其建立、发展和完善仍需要国家予以必要的鼓励、引导和帮助，为此建议：

一、支持人民团体建立具有民间性和公益性的矛盾化解机制。人民团体的纠纷化解工作具有社会公益性，需要投入一定的人力和物力。这部分成本的支付必将节省更多的社会成本，应当作为政府对社会治理的一种合理投入。政府对人民团体开展相关工作所需经费应当给予必要的支持和保障。

二、加强对人民团体解纷工作的业务指导。为切实发挥人民团体有效化解矛盾、维护社会稳定的第一道防线作用，有关司法行政机关应建立与人民团体的合作机制，积极协助人民团体建立调解组织，及时开展业务培训，指导人民团体开展解纷工作，提高业务人员的法律素养和调处纠纷能力。

主题词： **人民团体　纠纷**

提案人： 全国工商联

中华人民共和国司法部2011年6月16日以〔2011〕司发函第148号文函复：

全国工商联：

你们提出的《关于积极建立民间矛盾化解机制、充分发挥人民团体解纷功能的提案》收悉。现答复如下：

我部认为，提案中提出的充分发挥人民团体、商会组织协调利益、化解矛盾的社会责任，构建矛盾纠纷化解机制，符合国家法律规定和政策导向，符合社会的现实需求。我部将认真贯彻实施《人民调解法》，切实履行指导人民调解工作的职能，采取有效措施，不断拓展人民调解工作领域，积极化解矛盾纠纷、维护社会和谐稳定。

一是积极支持推动人民团体根据需要依法设立人民调解组织。根据《人民调解法》规定，社会团体和其他组织根据需要可以设立人民调解组织，调解民间纠纷。商会作为行业自律性组织，具有一定的解决纠纷、缓解冲突、稳定秩序的优势。我们将在规范完善村居、乡镇街道、企事业单位人民调解委员会的基础上，根据社会团体和其他组织的需要，积极推进人民调解组织建设，开展各类矛盾纠纷的排查化解工作。

二是切实加强对行业性专业性矛盾纠纷化解工作的指导。针对当前各种矛盾纠纷不断增加，行业性、专业性矛盾纠纷上升的形势，司法部认真贯彻落实《人民调解法》，专门下发了《关于加强行业性专业性人民调解委员会建设的意见》。各级司法行政机关将根据这个《意见》的要求，加强与有关行业管理部门、社会团体和组织的联系和沟通，加强对行业性、专业性人民调解委员会设立、人民调解员推选聘任和培训、人民调解工作规范化建设的指导，提高人民调解工作的质量和水平。

三是切实提高人民调解经费保障水平。各级司法行政机关将会同相关部门按照《人民调解法》的规定和财政部、司法部《关于进一步加强人民调解工作经费保障的意见》（财行〔2007〕179号）的要求，积极争取党委、政府和有关部门的重视和支持，把行业性、专业性人民调解委员会工作经费纳入政府保障，全面落实人民调解工作指导经费、人民调解委员会补助经费、人民调解员补贴经费。同时按照《人民调解法》的规定，设立行业性、专业性人民调解委员会的社会团体或者其他组织，也应当为其开展工作提供办公条件和必要的工作经费。

感谢你们对人民调解工作的关心与支持！

全国政协十一届四次会议提案第1417号

案　　由:关于对"六五"普法规划的提案

审查意见:建议国务院交由司法部办理

内　　容:今年是"五五"普法的最后一年,前期介入探索"六五"普法的思路,是普法工作部门和普法工作者必须认真思索的重要课题。如何在面对西部大开发战略的深入实施这一新的历史时期,继续发挥普法工作在提高全民法律意识、增强公民法治观念中的基础作用,如何正确把握"六五"普法工作在理念、目标、职能、方式等诸方面的明确定位,如何进一步提升"六五"普法的整体质量和水平,创建与科学发展观相适应的普法工作新格局都是我们要进行思考的问题。

一、现阶段普法宣传工作存在的问题

一是工作方法老套、工作手段缺乏,这是一直困扰普法工作者的难题。普法工作的开拓创新、获得新突破的问题有待解决。要突破创新,既要与继承传统相结合,又要体现与时俱进的精神,既要继承传统成果,又要跳出定式思维束缚。要完善基层司法所的法制宣传教育职能,鼓励、支持、引导社区和农村村委会建立普法服务宣传的场所。要探索走市场化运作的道路,解决资金来源渠道狭窄的难题,使法制宣传教育有更广阔的活动空间和舞台。普法教育内容应实现由抽象空泛到具体实用的转变,教育内容的设计上要紧贴实际、源于生活、利民惠民,将普法工作与依法解决农民的实际法律问题结合起来,寓学法于用法之中,使群众真正学到自己切身利益相关的法律法规。普法教育形式应实现由单一刻板到灵活多样的转变,既要发挥大型主题活动、社区宣传阵地等传统方式的作用,又要发挥新的传播媒介和传播方式的优势,寓教于乐,情理并重。

二是受众面不平衡,特别是青少年、村(居)民、流动人口的普法教育还有待进一步加强。当前外来人口的介入在推动我区(宁夏回族自治区)经济发展的同时,也给我区带来了诸多不稳定因素,相当部分外来流动人口未在公安部门登记注册,且居无定所。政府没有专门设立外来流动人口教育经费,使得普法宣传教育工作难度增大。

三是农村法制教育工作还不到位。多年来在推进全民普法教育中,各级政府一直将农民的普法作为重点来全力推进,使普法教育在农村得到了有效推进。但由于农村人口众多,基础设施薄弱,地区发展不平衡,加上普法骨干紧缺和政府投入不够等因素,使普法工作很难落实到位。

四是对行政区划调整中的法制教育滞后。在推进小康社会建设的进程中,农村向城市聚集已成为必然趋势。特别是近年来各地都在加大城市化建设力度,村变社区,农民变市民。但是城市扩建也对失地农民带来了诸如土地征用、房屋拆迁、工作安置和生活保障等问题。而法制宣传教育不能快速发展的形势,使城市建设中的土地征用、房屋拆迁、生活保障等一度成为热点问题。

二、对“六五”普法规划创新的建议

一是“六五”普法规划要突出前瞻性。到 2020 年我们国家要实现小康,可以说未来十年是一个重要的历史发展阶段,普法工作离不开社会经济发展的大局。“六五”普法规划的制定要充分考虑经济社会的发展变化,突出前瞻性和预见性,不仅要着眼规划制定对当地经济发展的现状,更要考虑未来若干年(至少 2011 年至 2015 年这 5 年)广大公民对普法的实际需求,改变现实生活中普遍存在的“法到用时方恨少”或“法到用时宣传教育未普及”的现状。

二是“六五”普法规划要突出民生、民权法律法规宣传教育的普及。建设社会主义和谐社会,这是党和国家提出的大政方针和奋斗目标,要求党和政府不断加强民生、民权工作。在“六五”普法规划内容的设计上务必把相关法律法规的宣传教育摆到重要位置,让广大公民能得到民生、民权相关法律法规宣传教育普及的实惠。

三是“六五”普法规划要突出时效性。随着依法治国进程的不断推进，每年都会有大量的法律法规制定出台。“六五”普法规划制定时一定要预先将这些内容具体安排在“六五”普法期间各年度普法的实施意见里，并在实际普法工作任务中有对这些新出台法律法规重点条文、出台背景、立法本意等内容解读的设计，只有这样，规划制定的时效性才会凸显出来。

四是“六五”普法规划的制定要突出针对性。各地、各部门出台的“六五”普法规划除了在大的方向上与全国保持一致、做到同步外，更要结合各自的实际，增加个性化的普法内容，要特别增加有关民族宗教、湿地环境保护、民族经济发展、征地拆迁、农民合法权益保障、公正司法等方面的内容。

五是“六五”普法规划的制定要突出创新性。要围绕依法治国、依法行政、依法办事，着力打造社会主义的法治化。法治文化是一个内容广泛的体系。普法教育宣传工作是法治文化的重要范畴，它的职能决不仅仅是灌输法律知识，更重要的是让人们从法治活动中增强法律意识，树立法治精神。必须突破惯性思维，进一步创新法制宣传教育的内容和形式，尤其要更加注重法治文化的熏陶。要将法律法规宣传塑造成为一个让人们乐于接受的产品，这就需要在观念上有一个转变，让人们从思想的层面真正地接受它、认可它、信赖它。要突破以往宣传方式的一味说教，进行更加人性化的设计，转变视角，从法律会让生活更加美好的角度进行创意，激起人们对于法律理念的新的认识和理解，起到事半功倍的效果。

为此建议：

一、加强领导，完善普法教育领导体制。党委、政府要加强对“六五”普法工作的领导，人大、政协要加强对“六五”普法工作的监督，切实把法制宣传教育摆上重要议事日程，并纳入我区经济社会发展的总体规划，形成党委领导、政府实施、人大政协监督的工作格局。要进一步健全普法依法治理工作的领导机构，明确领导小组成员单位的工作职责，完善工作督查制度。政府行政部门要认真部署、合理安排，保证法制宣传教育工作落到实处；法制宣传教育主管部门要切实发挥好各自的职能作用，做好组织和协调工作，确保“六五”普法工作健康有序地开展。

二、增强合力，建立协调配合的工作机制。建立健全普法依法治区领导小组定期会议、年度工作汇报、工作督查等工作制度。发挥好指导、协调、督促、检查的职能，切实做到普法工作有部署、有检查、有落实，统筹安排、突出重点、分类指导、注重实效，努力实现普法教育的制度化、规范化和法制化。建立和实施各部门、各行业法制宣传教育制度，鼓励和引导各类社会组织、广大群众开展和支持法制宣传教育活动。

三、明确目标，完善普法教育考核激励机制。“六五”普法工作要在量化考核上下工夫，要建立一个权威性的长效评估考核体系，明确创建目标，制定工作标准，定期检查验收，奖惩机制。普法办每年要根据普法规划的时序进度，实行目标责任管理，对照评估考核办法量化打分，对各部门、各单位实行百分制考核评议，并将考核结果作为年终考核的一项重要内容。健全激励监督机制，形成规范有序的普法教育运作方式，加大奖惩力度，发挥导向作用，激发内在动力，充分调动普法教育的积极性，力求抓出实效，推动普法教育扎实开展。

四、加大投入，全面落实普法教育经费保障。为了保证“六五”普法规划落到实处和抓出实效，按照规划的要求，各单位必须把普法经费列入单位人员的政治教育、业务培训等教育培训经费中，并纳入年度预算，专款专用，为本街道、本部门、本单位法制宣传教育工作的顺利开展提供有力保障。

主题词： **司法　规划**

提案人： 洪梅香

中华人民共和国司法部2011年8月1日以〔2011〕司发函第181号文函复：

洪梅香委员：

您提出的《关于对“六五”普法规划的提案》收悉。现答复如下：

法制宣传教育是实施依法治国基本方略、建设社会主义法治国家的重要基础性工作。自1986年实施“一五”普法规划以来，尤其是“五五”普法以来，法制宣传教育工作取得了显著成绩。全民法制宣传教育深入开展，法律进机关、进乡村、进社区、进学校、进企业、进单位活动蓬勃开展，依法治理和法治创建活动深入推进，宪法和法律得到较为广泛的普及，全体公民宪法和法律意识明显增强，全社会法治化管理水平逐步提高，法制宣传教育在落实依法治国基本方略、服务经济社会发展、维护社会和谐稳定方面发挥了重要作用。

从去年开始，中宣部、司法部、全国人大内司委多次召开“六五”普法规划制定研讨会，广泛征求各位专家、学者以及实务工作者的意见，力求新的五年规划在各方面有所创新和突破。在3月份中共中央、国务院转发的《中央宣传部、司法部关于在公民中开展法制宣传教育的第六个五年规划（2011—2015年）》（以下简称《规划》）中，对您所提到的问题都作了相应规定：

一、突出了法制宣传教育的前瞻性和预见性。《规划》是未来五年我国法制宣传教育工作的重要纲领性文件，对于法制宣传教育的指导思想、主要目标和工作原则、主要任务、对象和要求等作出了明确的规定。《规划》明确指出，第六个五年法制宣传教育工作要坚持围绕中心，服务大局，按照“十二五”时期经济社会发展的总体要求，服务经济平稳较快发展，服务改革开放，服务保障和改善民生，服务维护社会和谐稳定。这些规定为未来五年法制宣传教育工作的持续深入开展指明了方向。

二、突出与公民权利及民生有关法律法规的宣传。《规划》在主要任务中规定，要突出宣传宪法，树立国家一切权力属于人民的观念，其中就包括宣传宪法中对公民权利的规定。要深入学习宣传保障和改善民生的法律法规。重点学习宣传收入分配、社会保障、医疗卫生、社会救助等方面的法律法规，促进保障人民基本生活；学习宣传促进就业、劳动合同、劳动争议处理等方面的法律法规，促进建立和谐劳动关系；学习宣传土地征收征用与补偿、土地承包经营权流转、国有企业改制等方面的法律法规，维护人民群众合法权益；学习宣传安全生产、食品药品安全、抗灾救灾、公共卫生等方面的法律法规，保障群众生命财产安全；学习宣传维护妇女、未成年人、老年人、残疾人权益等方面的法律法规，做好特殊群体的权益保障工作。

三、提高了法制宣传教育的针对性。《规划》强调要坚持分类指导，注重实效，根据不同地区、不同行业和不同对象的特点，确定法制宣传教育的重点内容，采取切实可行的方法，增强工作的针对性和时效性。在对象方面，根据不同对象的特点制定了相应的法制宣传指导方案。强调要重点加强对领导干部、公务员、青少年、企事业单位经营管理人员和农民的法制宣传教育，特别提出要把领导干部和青少年作为法制宣传教育的重中之重。

四、坚持与时俱进，改革创新。《规划》强调要把握法制宣传教育工作规律，创新工作理念，拓展工作领域，完善工作机制，改进方式方法，体现法制宣传教育的时代性、规律性和创造性。把积极推进社会主义法治文化建设作为法制宣传教育的主要任务之一。要求开展丰富多彩的法治文化活动，使法制宣传教育与群众文化生活相结合，丰富法治文化活动的载体和形式。引导法治文化产品的创作和推广，增加产品数量，提高产品质量，推出精品、创出品牌，不断满足人民群众对法治文化产品的需求。鼓励各类文化团体参加法治文化建设，探索建设法治文化教育基地，发挥公共文化场所在法治文化建设中的资源优势，组织开展法制文艺演出等群众喜闻乐见的法治文化活动。

五、《规划》对加强法制宣传教育工作的领导、健全考核评价体系、落实法制宣传教育经费保障、抓好队伍建设、推进阵地建设等问题都作出了明确规定。

在贯彻实施“六五”普法规划的过程中，我们将充分运用好“五五”普法规划所取得的成功经验，与时俱进，开拓创新，确保“六五”普法规划各项目标任务落到实处，努力开创“六五”普法工作的新局面。

感谢您对法制宣传教育工作的关心与支持！

全国政协十一届四次会议提案第2580号

案　　由:关于修改中华人民共和国《野生动物保护法》的提案

审查意见:建议国务院交由国家林业局办理

内　　容:中华人民共和国《野生动物保护法》中规定野生梅花鹿属于国家一级保护动物。但据史料记载,从清朝雍正年间人们就开始驯化、围栏人工饲养梅花鹿,到现在大体经历了原始、传统、规模和现代四个发展阶段,距今已经有300年以上的历史了。

吉林是世界上人工养殖梅花鹿规模最大的地区,养殖量占全国的二分之一。主要分布在双阳、东丰等地。其中双阳区是国家命名的全国唯一的“中国梅花鹿之乡”,有着悠久的养鹿历史。近些年来在省市的大力扶持下,梅花鹿产业已发展为全省的规模特色产业。双阳鹿只存栏达到18万只,占全国的30%,占全省的50%。养鹿户达12000户,其中百只以上的养殖大户370余户,超千只的规模养殖大户8户。年产鹿茸40吨,年实现产值5.5亿元,出口创汇550万美元。这是一个朝阳产业,也是一个违法生存的产业。

《野生动物保护法》中没有明确界定野生动物与人工驯养的野生动物。该法第三条规定:“国家保护依法开发利用野生动物资源的单位和个人的合法权益。”第四条规定:“国家对野生动物实行加强资源保护、积极驯养繁殖、合理开发利用的方针,鼓励开展野生动物科学研究。在野生动物资源保护、科学研究和驯养繁殖方面成绩显著的单位和个人,由政府给予奖励。”第十七条规定:“国家鼓励驯养繁殖野生动物。驯养繁殖国家重点保护野生动物的,应当持有许可证。许可证的管理办法由国务院野生动物行政主管部门制定。”《保护法》明确表示了在获得驯养许可证后人工驯养野生动物行为的合法性。

但第三十五条却规定："违反本法规定，出售、收购、运输、携带国家或者地方重点保护野生动物或者产品的，由工商行政管理部门没收实物和违法所得，可以并处罚款。情节严重、构成投机倒把罪、走私罪的，依照刑法有关规定追究刑事责任。"第三十六条规定："非法进出口野生动物或者产品的，由海关依照海关法处罚；情节严重、构成犯罪的，依照刑法关于走私罪的规定追究刑事责任。"

由于在《野生动物保护法》中并没有明确界定野生动物与经人工驯养的野生动物的区别，使得一部法律中条款间自相矛盾，一方面鼓励人工驯养行为，而另一方面却禁止对相关产品的交易、运输或携带。

我国于 1973 年在华盛顿签订的《国际濒危动物贸易保护公约》中的相关规定将驯养后的动物与野生动物区别对待，人工驯养的野生动物只要获得出口国的确认是可以进行国际贸易的，这表明了公约将人工驯养野生动物视为可以交易。

而我国目前梅花鹿产品（进口产品除外）的所有交易都是违法行为。

因此建议：

一、修改《野生动物保护法》的相关条款，准确界定野生动物与人工驯养的野生动物。

二、对于梅花鹿这样有着悠久驯化历史的野生动物，择地建立野生驯化基地，进行家养梅花鹿的野生训练，逐年进行野生放养，逐渐扩大野生种群数量。

三、野生梅花鹿达到一定数量后，将梅花鹿从一类保护动物调至二类保护动物。

主题词： 林业 动物

提案人： 王天戈

国家林业局2011年9月23日以林案协字〔2011〕60号文函复：

王天戈委员：

您提出的《关于修改中华人民共和国野生动物保护法的提案》收悉。现答复如下：

梅花鹿是我国特有的珍贵野生动物，其野生种群由于濒危，被列为国家一级保护野生动物。又由于人工驯养繁殖的野生动物和野外的野生动物在形态上难以鉴别，为保护濒危野生动物，我国的《野生动物保护法》参照国际通行做法，将同一种类的人工驯养繁殖的野生动物也纳入国家重点保护野生动物管理，因此人工驯养繁殖的梅花鹿也属于国家一级保护野生动物，其驯养繁殖和经营利用等行为，也受到该法的约束。实际上《濒危野生动植物种国际贸易公约》作为保护野生动物的国际公约，对人工驯养繁殖的野生动物也采取了要求主管部门提供进出口证明书等规定，限制其国际贸易和经营利用行为。

按照《野生动物保护法》明确的“加强资源保护，积极驯养繁殖，合理开发利用”的野生动物保护方针，多年来各级林业主管部门积极采取措施，加强梅花鹿保护，促进人工驯养繁殖梅花鹿产业的发展。一方面通过建立自然保护区及基层保护管理站、开展巡护监测、打击乱捕滥猎、维护栖息地生境等措施，强化梅花鹿野外种群保护，在有条件的地方开展了人工驯养繁殖梅花鹿放归自然的工作，促进了野生种群的稳步增长。同时积极引导、规范梅花鹿驯养繁殖及经营利用行为，在促进梅花鹿繁育利用产业的健康发展方面采取了一系列有效的管理措施，具体如下：一是积极开展梅花鹿种源繁育，为梅花鹿人工繁育种群复壮提供种源保障；二是将梅花鹿列入《商业性驯养繁育利用技术成熟的陆生野生动物名单》，依法明确允许对人工驯养繁殖的梅花鹿及其产品进行商业性开发利用，并根据企业意愿将一系列梅花鹿产品纳入“中国野生动物产品经营利用管理专用标识”试点范围，简化了行政审批手续，为合法经营的梅花鹿产品进入市场提供行政保障；三是指导、委托行业协会推广梅花鹿驯养繁殖技术，提高驯养繁殖技术及经营管理水平，推动产业朝规模化、集约化方向发展；四是积极协调国家发展改革委、财政部和税务总局等部门，取消了包括梅花鹿在内的人工驯养繁殖野生动物资源保护管理费，免征梅花鹿驯养繁殖和初加工从业单位企业所得税，减轻企业负担，扶持产业发展。

通过上述努力，我国梅花鹿繁育利用产业日益规范成熟并不断发展壮大，在国际上保护与利用存在诸多争议的形势下没有出现针对我国梅花鹿繁育利用的质疑、非议，维护了良好的发展环境，并实现了资源存栏总量和经济效益的大幅增长，在部分区域已发展成为支柱性产业，为区域性经济的协调、可持续发展发挥了重大作用。

针对当前梅花鹿繁育利用过程中面临的市场时效、保健品生产限制问题，我局一直高度重视，并正在研究解决办法。一是加快推进野生动物保护管理行政许可改革进度，争取早日依法委托省级林业主管部门审批梅花鹿驯养繁殖许可证和梅花鹿及其产品出售、收购、利用、进出口等行政许可申请，进一步简化行政许可程序，提高时效，便利企业合法经营活动。二是继续推进野生动物经营利用管理标识试点，将更多的梅花鹿繁育利用企业的产品纳入标识范围，为其产品进入市场及流通提供便利。三是积极协调卫生部，阐明我局对梅花鹿繁育利用的支持立场和将该物种列入《商业性驯养繁育利用技术成熟的陆生野生动物名单》，允许商业性开发利用的实际情况，争取卫生部早日取消对人工驯养繁殖梅花鹿及其产品用于保健品生产的限制，为该产业发展开拓更广阔的市场空间。

今后我们还将在野生动物保护相关法律法规修改过程中，把现行行业内对人工驯养繁殖梅花鹿的优惠管理措施以法律的形式固定下来，并进一步探讨促进人工驯养繁殖梅花鹿产业发展的措施，积极加强梅花鹿野化训练和放归自然工作，调查和监测野生梅花鹿的种群增长状况，在广泛征求科学建议的情况下，及时科学地调整梅花鹿保护级别。

感谢您对林业工作的支持！

全国政协十一届四次会议提案第1261号

案　　由:关于老政协委员继续发挥作用的提案

审查意见:建议交由全国政协办公厅办理

内　　容:已退下来的往届政协委员,大多经历过建党及建国以来的各大历史阶段,经历甚至直接参与过重大的历史事件。在履行政协委员政治协商、民主监督、参政议政的职能方面具有丰富的经验,对党、对国家充满了感激以及热爱之心,他们拥有经验、才能以及参政议政的智慧,并有一颗爱党爱国之心,对继续帮助经济社会的发展以及进步具有满腔热情,应继续让他们为国家建言献策。

很多地方的领导深刻认识到老委员的重要性,为了发挥他们的才能,定期通过信件、电子邮箱以及座谈会的形式,邀请他们对政府的政策以及社会发展方面的问题提出建议,并积极认真地研究这些建议,开会讨论,以完善各级政府的施政措施。比如天津市政府在这方面就做了很多有意义的工作,定期回访老委员,开座谈会,虚心听取老委员的意见和建议,会后根据每个人的意见反馈解决方案。

在此我提出以下建议:

一、在每年两会前期召开老政协委员座谈会,统一征求老政协委员们关于国家政策方针以及社会经济各方面重点、难点及热点问题的意见和建议,汇总整理,转交相关部门讨论。

二、另外,各级领导在重大政策方针决策前应有一定比例的相关领域的老政协委员参加论证,使政策方针更符合社会经济发展的需要。

三、建立一定的交流平台,实现老政协委员与各级政府的全面沟通。

四、国家机构以及各级政府职能部门，应认识到老委员的重要性，定期或不定期地通过一定方式如信件、网络以及座谈会等主动联系他们，表达国家层面的关心和关怀，对社会存在的相关问题征求他们的建议和意见，使这些老委员能够继续发挥作用，运用他们的才能和经验，应对解决经济社会发展中遇到的困难。使我们有中国特色的社会主义社会更加和谐安宁，繁荣昌盛！

主题词： **政协　统战**
提案人： 刘玉岭

政协全国委员会办公厅2011年8月10日以政全厅字〔2011〕84号文函复：

刘玉岭委员：

您提出的《关于老政协委员继续发挥作用的提案》收悉。现答复如下：

老委员熟悉情况，富有经验，满腔热情，是我们弥足珍贵的财富，应当发挥他们的积极作用。

全国政协领导同志和全国政协历来高度重视发挥老委员的作用。全国政协领导同志经常看望慰问老委员，听取他们的意见和建议。全国政协在春节、元旦或其他重大节庆、历史纪念日之际，都会邀请一些老委员参加。全国政协办公厅举办的委员活动日，至今已有几十年的历史。

全国政协为退下来的老委员发挥作用积极创造条件。如全国政协特约信息员中，就有一些是由退下来的老委员担任的；全国政协办公厅各工作部门都十分注意接待老委员的来信来电来访，听取他们的意见和建议，协调解决问题；政协的文史、学习、调研等多项工作，都有老委员的智慧和作用；各部门通过多种方式与老委员保持着联系。

我们将认真研究您的建议，积极听取委员的意见，借鉴地方的好经验好做法，为发挥老委员的作用进一步创造条件、提供更好的服务。

作为连任三届的老委员，您对全国政协的深情令人感动。希望您今后继续关心政协工作，提出宝贵的意见和建议。

全国政协十一届四次会议提案第1941号

案　　由:关于提高界别发挥作用积极性的提案

审查意见:建议交由全国政协办公厅办理

内　　容:贾庆林主席在今年的政协常委会工作报告中指出存在的主要问题有一条,是在完善发挥政协界别作用的机制方面,并提出了"把提高政协工作科学化水平作为自身建设的目标"的要求。

界别是政协组织的基本组成部分,发挥作用的质量直接影响到政协参政议政的效果,所以贾主席的要求非常重要。为落实贾主席的要求,应该使政协常委会与界别两方面的工作的积极性结合起来,在政协换届之初,各界别就有人负责从做好一届工作着眼,考虑对工作的组织和安排,并能够在工作中经常总结经验,及时发现存在的薄弱环节,不断提高工作水平,改进工作质量。

为此提议:

一、设立领导界别活动的长期机制。界别在第一次会议时就应选举成立领导小组一类的组织,如果界别分组,则由领导小组成员担任各组组长。上述成员不宜每次会议都改选,而应该任职五次会议始终。这样可以专门考虑和组织界别活动,以避免形成临时思想,短期效应。

二、建立界别总结本届工作的制度。在本届政协换届之前,由各界别分别组织力量,对本届政协内本界别活动情况进行认真总结,客观分析发挥作用的成绩、经验、不足、应注意的问题以及改进建议,提供给下届政协的界别借鉴。上届的工作经验,对下届新成员组成的界别学习和利用上届的工作资源、兴利除弊、少走弯路、更好履职会起到促进作用。建立这项制度，还会在一定程度上提高界别及界别领导小组发挥作用的积极性、创造性。

主题词： 政协　统战

提案人： 方　工

政协全国委员会办公厅2011年8月10日以政全厅字〔2011〕98号文函复：

方工委员：

您提出的《关于提高界别发挥作用积极性的提案》收悉。您在提案中就如何建立发挥界别作用的长效机制等问题，提出了很有见地的意见和建议。全国政协办公厅对此很重视，责成有关部门认真研究办理，现答复如下：

由界别组成是人民政协组织的显著特色，是人民政协的性质、地位和作用所规定的，也是人民政协发挥作用的优势所在。充分发挥界别作用，是胡锦涛同志《在庆祝中国人民政治协商会议成立60周年大会上的讲话》中提出的人民政协“五位一体”自身建设的重要任务。全国政协积极探索发挥界别作用的方法和途径，把发挥政协界别作用与发挥委员主体作用结合起来，以各专门委员会为主要依托，在例会、调研、视察、反映社情民意等履行职能的各项经常性工作中，注重突出界别特点，整合界别优势，畅通界别渠道，开展了富有成效的界别活动，进一步夯实了人民政协作为中国人民爱国统一战线组织、中国共产党领导的多党合作和政治协商重要机构、发扬社会主义民主重要形式的组织基础，为发挥人民政协的独特优势和重要作用提供了有力保障。同时随着我国社会主义民主政治的不断推进和人民政协事业的不断发展，如何探索界别活动的有效形式和新方法、新途径，需要不断思考并加以改进。

您在提案中提出的建立领导界别活动长效机制等建议,对于进一步完善界别活动的有效载体和形式,推进界别活动制度化、规范化、程序化,具有很高的参考价值。我们在今年5月份中共中央办公厅转发的《全国政协党组关于〈中共中央关于加强人民政协工作的意见〉贯彻落实情况的报告》中,明确提出"逐步完善政协组织、政协委员和界别联系群众的工作机制","研究并进一步合理设置界别"。同时,我们将会同各专门委员会作进一步的研究,并在工作中积极加以吸收。目前许多地方政协探索在专门委员会框架内建立界别活动小组,由专委会统一安排界别小组开展活动,既不会带来政协机构的大幅调整,也有利于界别小组更有效地开展工作,这一做法值得很好地研究总结。

感谢您对政协工作的关心和支持,希望今后继续多提宝贵意见和建议。

全国政协十一届四次会议提案第 2292 号

案　　由:关于发挥行业协会作用促进社会主义市场经济健康发展的提案

审查意见:建议国务院交由主办单位民政部会同全国工商联办理

内　　容:2004 年"大头娃娃"事件、2008 年"三聚氰胺"事件一并于 2010 年再度露头,还有"解抗奶"、"皮革奶"、"益生菌奶"等大大小小的事件。乳制品问题不断爆发,人们购买奶粉时从国产品牌转向了洋品牌,从境内市场转向港澳市场、国外市场,以致港澳群众要求对奶粉开征离境税。

乳制品行业的问题是近年来我国产品质量与食品安全问题的缩影和写照,暴露了社会主义市场经济微观管理方面存在的问题。随着社会主义市场经济的不断发展,市场竞争的加剧,市场秩序混乱现象的日益严重,面对日益庞大的市场和细分的行业,政府监管能力捉襟见肘。加快政府职能转变、发挥行业协会商会(以下简称"行业协会")在市场微观管理方面的作用刻不容缓。发挥行业协会的作用,通过行业自律,加强对产品质量和食品安全的监督管理,是解决这一问题最为有效的途径,这已由市场经济发达国家的实践所证明。

行业自律监管相比政府监管而言更为有效的原因在于:其一,维护良好的行业发展环境对于提高行业整体利益及成员自身利益至关重要,因而具有自发的、内在的、持久的自律源泉和监管动力。其二,行业协会对于本行业状况有更深入而全面的了解,具有充分完全的信息,可以及时采取有效的监管措施。其三,行业协会的自律是源于行业自身的需要,其权威性得到行业内认同,因而行业自律监管可以避免地方保护主义和部门利益造成的监管失效。因此应该加快推进行业协会的改革和发展，实现政会分开，建立和完善由“政府、企业、行业协会”构成的市场经济管理三大支柱体系。

改革开放以来，我国行业协会保持良好的发展态势，呈现出持续快速发展、产业覆盖面广、规模不断扩大、组织形态多样的特点。行业协会每年以10%到15%的速度增长，从恢复登记时的不足1000个发展到2009年的近7万个，20年间增长了70倍，大大高于其他社会团体的增长速度。

中共中央十六届三中全会作出的《关于完善社会主义市场经济体制若干问题的决定》、十六届六中全会作出的《关于构建社会主义和谐社会若干重大问题的决定》以及十七大报告，都提出要“规范发展行业协会等自律性组织”、发挥其功能和作用。2007年国务院《关于加快推进行业协会（商会）改革和发展的若干意见》，对行业协会的改革和发展提出了具体要求，体现了党和国家对这一问题的高度重视，使我国行业协会的改革迈出重要一步。

但我们在调研中也发现，我国行业协会的改革和发展中仍然存在着一些突出的问题，制约了行业协会作用的发挥：

一是脱钩容易但褪掉行政化的底色难。还有部分行业协会的领导由机关在职人员兼任，相当一部分行业协会的领导是机关单位的退休人员，或者是由机关单位提名的。行业协会的行政化底色依然浓厚。

二是放手容易放权难。因为认识上的不足，一些部门纯粹以“脱钩”作为行业协会改革的目标，再加上部门利益的考虑，致使相关部门对于一些本该由行业协会履行的职权，奉行明放暗不放，仍紧紧把握着行业协会主要的“财权、人权、事权”，只是将统计、社会调查、调研等放给行业协会去做。

三是成立行业协会容易但给予扶持发展难。由于行业协会在职能、政策、资金、人才、税收等方面得到的扶持很少，行业协会发展困难重重。行业协会专职人员的工资、福利待遇普遍偏低。

四是建立组织机构容易但切实履行职责难。我国行业协会普遍按照“自选会长、自筹经费、自聘人员、自我管理、自我发展”的要求，逐步成为具有独立法人资格的社会团体，在事实上也普遍建立起会长—秘书长—专职人员的组织架构。但受各种主客观条件的限制，在履行行业微观管理职能、服务水平、协调能力方面仍十分欠缺，无力履行维护行业整体利益和成员利益的职责，企业对协会的认同感不强，制约着会员参与的积极性。

为发挥行业协会的作用，促进社会主义市场经济的健康发展，特提出以下对策建议：

一、提高认识，加强领导。要深刻认识到加快我国行业协会改革建设步伐，是贯彻中共十六大、十七大精神，加快政府职能转变和深化经济体制、行政体制改革的一个重要环节，是完善社会主义市场经济、构建和谐社会、提高对外开放水平的必然要求，对于促进我国的经济社会又好又快发展有着十分重要的意义。在政府管理层面，必须充分认识到，加强对行业协会改革和发展的领导和支持，也是政府宏观管理的重要内容，只有依托行业协会才能有效行使微观管理和监督职能。

二、建立健全行业协会发展的政策法规体系。近几年一些地方制定并实施了省级行业协会条例，经过数年运行，行业协会在承接政府职能转移、强化行业自律、维护会员合法权益、化解社会矛盾、发展经济社会事业等方面，初步显示出勃勃生机和旺盛的生命力。它们的经验应该尽快予以总结推广。建议尽快制定《行业协会法》及配套法规，对行业协会的设立、职能、组织机构等进行管理和规范，避免各省（自治区、直辖市）自行探索而多付成本、多走弯路。

三、建立健全对行业协会的政策扶持体系。要加快制定落实国务院有关优惠政策的具体措施和监管办法；探索在各级政府中建立行业协会发展基金，用于对新设立行业协会的补贴资助，和对先进行业协会或行业示范性协会的奖励；对于需要实行政府购买服务的行业，要将项目经费列入财政预算。

四、切实转变政府职能。要将应该转移的市场经济微观管理职能交给行业协会，拓宽行业协会的发展空间，鼓励和支持行业协会发挥作用，如提出制定有关标准的建议、参与制定和修订有关标准、履行市场准入审查、参与质量监督与检测等等。

五、帮助加强行业协会的自身建设。加强对行业协会的指导；推进行业协会的体制改革，持续推动会长、秘书长由“官员化”向“企业家化”、职业经理人发展，工作人员专职化；切实帮助行业协会解决遇到的困难和问题，落实从业人员的基本保障政策；加强行业协会的评估工作，促进行业协会健康有序发展。

主题词： **行业 发展**
提案人： 钱学明

中华人民共和国民政部2011年7月27日以民函〔2011〕511号文函复：

钱学明委员：

您提出的《关于发挥行业协会作用促进社会主义市场经济建设健康发展的提案》收悉。经商全国工商联，现答复如下：

行业协会是社会主义市场经济建设中的重要主体，发挥着提供服务、反映诉求、规范行为等重要职能作用。党中央、国务院一直高度重视社会组织的发展和管理工作。党的十六届三中、四中、五中、六中全会和党的十七大对社会组织工作都提出了明确的要求。“十二五”规划首次在国家规划的层面上，专辟了“加强社会组织建设”一章，提出要重点培育、优先发展经济类、公益慈善类等社会组织，要推动行业协会、商会的改革和发展，强化行业自律，发挥沟通企业与政府的作用。包括行业协会在内的社会组织对经济建设、社会管理和社会创新具有重要的意义和作用。

作为社会组织的登记管理机关，民政部一直致力于推进包括行业协会在内的社会组织政策法规体系建设。2007 年国务院办公厅出台了行业协会改革和发展的纲领性文件《关于加快推进行业协会商会改革和发展的若干意见》(国办发〔2007〕36 号),对拓展行业协会商会职能、推进行业协会商会管理体制改革、加强行业协会自身建设、完善扶持政策等方面提出了明确要求。几年来,坚持培育发展和监督管理并重的方针,民政部与其他部门相继出台了一系列政策,包括社团会费、专职工作人员社会保障、收费行为规范、财务规范制度、评估工作、税收优惠等相关政策,以及推动行业协会商会在人员、职能、财务和办公场所等方面与政府及其部门、企事业单位分开,完善民主选举、民主决策、民主管理、民主监督为核心的内部治理结构。各项政策的出台使行业协会商会的发展能力进一步提高,作用发挥进一步增强。

为了加快推进我国行业协会商会的改革发展工作,总结近年来各地区各有关部门贯彻 36 号文件所取得的成就和经验,深入分析当前行业协会商会改革和发展工作面临的机遇和挑战,2010 年 10 月民政部就行业协会改革发展专门召开了经验交流会,明确了行业协会的市场化、民间化、国际化方向。

以广东为代表的各地登记管理机关也大胆创新,出台了诸多地方性法规和规范性文件,为行业协会管理创新和作用发挥作出了有益的探索。据不完全统计,目前全国已经有 24 个省、自治区、直辖市和计划单列市出台了促进行业协会商会改革发展的规范性文件,有 20 个具有立法权的地方制定了相关的地方性法规或地方政府规章。同时各地各部门加大了对行业协会商会的扶持力度,出台了政府向行业协会商会转移职能和购买服务等政策,采取措施解决行业协会商会普遍关心的税收优惠和专职工作人员社会保障等问题,在推动行业协会评估、财务管理和行为规范等方面也取得了显著进展,有的地方还将行业协会商会纳入经济社会发展整体规划,为行业协会商会发展和发挥作用提供了更加广阔的舞台。

今后我部将把加快推进行业协会商会管理体制改革作为工作重点,力争尽快建立起登记管理机关依法登记管理,有关部门依照法定职责实施监管各司其职、协同配合的综合监管体系,逐步消除行业协会商会改革发展的体制性障碍。正在修改的《社会团体登记管理条例》,将对登记、组织机构和活动准则、监督管理和法律责任进行新的修订和完善,也将考虑到分类管理、分步实施的原则。条例草案现正在征求意见中。《行业协会商会法》也已列入第十一届全国人大常委会2008—2012年五年立法规划中,国务院法制办、国家发展改革委等部门也在组织有关方面进行立法准备工作。对此我部将积极配合相关部门,做好立法调研和法律法规的起草工作,尽快将行业协会商会的发展纳入法制化轨道。我部也将继续鼓励和指导有条件的地方率先出台地方性法规。

同时我部将进一步健全行业协会商会的政策体系,完善年检、评估等法规规章,推进政会分开,推动政府职能转移,畅通政府和协会沟通的渠道,加大政府购买行业协会服务的力度,建立完善财政扶持发展政策,鼓励有条件的地方探索设立专项财政基金,探索建立行业协会孵化基地,切实解决行业协会商会参与公共服务所面临的资金、场所等困难,为行业协会商会的发展创造良好氛围。此外,我们还将积极引导行业协会商会不断完善以章程为核心,以诚信自律、信息公开、财务管理等为主要内容的内部管理制度,健全会员(代表)大会、理事会、监事会等内部组织机构,督导行业协会商会建立权责明确、运行规范、制衡有效的法人治理结构 有效衔接会员监督、政府监督和社会监督,不断加强工作人员人才队伍建设,增强行业协会商会独立运作、有序发展的能力。

对行业协会培育扶持和监督管理,不仅是登记管理机关的主要职责,也是政府各职能部门的重要责任,行业协会的作用发挥需要政府各部门履行好自己的职责,共同为行业协会营造一个健康发展的良好环境,民政部门将积极发挥协调综合的作用,与其他部门一起共同推进我国行业协会的良好发展。

感谢您对民政工作的关心和支持。

全国政协十一届四次会议提案第0969号

案　　由:关于促进我国家政服务业规范发展的提案

审查意见:建议国务院交由主办单位商务部会同人力资源和社会保障部办理

内　　容:近年来我国社会正在步入家庭小型化、人口老龄化、生活现代化和服务社会化的时代,市场对家政服务业需求呈现较高速度增长的态势。家政服务业具有服务项目涉及面广、投资少、技术层面要求低,较之其他行业有着得天独厚的优势,适合城镇下岗失业人员、农村富余劳动力等转移再就业。发展家政服务业既能解决广大失业的、农村转移妇女的再就业问题,又能满足具有一定经济实力的家庭的服务需求,对于增加就业、改善民生、扩大内需、调整产业结构具有重要作用。

目前我国家政服务业的发展存在诸多不尽如人意之处,如市场缺口大,供需结构性矛盾突出;家政服务员素质参差不齐,行业急需规范化管理;非正规就业特征显著,从业者社会保障不健全;法律法规缺失,导致各种法律隐患的出现;主管部门缺失,家政服务企业多头管理,造成监管方面的诸多空白等,这些问题都严重影响了我国家政服务业的健康发展。为此我们建议:

一、明确家政服务业的法律地位,推进家政服务业的法制建设。发展家政服务业是提高就业、促进社会稳定和经济发展的有效途径。建立和完善与家政服务业有关的法规,统一家政服务业的服务标准,明确规定政府、非政府组织、社区、家庭等各方在推进家政服务的过程中所应承担的责任义务,以及主要当事人之间的权利和义务,把家政服务业纳入正规化、法制化的轨道，加强家政服务业协会的行业规范作用。

二、加大政策扶持力度。家政业是一个朝阳产业，蕴涵着巨大的市场空间和就业机会，政府部门应该转变思想，适时介入行业发展，以产生社会效应，树立好舆论导向，改变人们的择业观念。将发展家政行业列入政府规划，指定行业准入制度，从强化管理入手，通过协会和工商等部门设立市场监督检查部门，对各企业的规范经营进行督导。探索建立适合各地实际情况的扶持政策，进一步落实《关于发展家庭服务业的指导意见》。

三、理顺家政服务业管理体制，加强行业监管。家庭服务是一个社会问题，解决家政服务问题涉及财政、社会保险、教育、卫生等多个领域，建议成立类似家政工作委员会的协调机构，由其全权领导家政服务方面的各项工作。家政工作委员会负责制定家政服务的发展规划，制订行业准入制度，强化管理，通过协会和工商等部门设立市场监督检查部门，对各企业的规范经营进行督导。同时要出台相应的政策予以配合，如关于家政服务行业的规范化、产业化的政策，建立省市县家政服务指导中心，开展家政服务人员技能鉴定等。出台促进非政府组织参与家政服务发展的各项激励政策，为家政服务专业化、产业化、市场化发展提供必要的政策支持；配合立法部门出台相关法律，协调各政府职能部门筹划财政预算和制定各项政策及监督的落实情况，逐步形成政府引导和宏观管理、社会组织或企业自主经营的体制。

四、加快家政服务业人才的培训机制创新。加大对城乡劳动力的培训力度，持续开展初级、中级和高级家政服务员的核心能力、职业意识以及主要岗位技能培训。第一，充分发挥政府部门对劳务培训的主渠道作用。进一步完善职业培训制度。第二，鼓励社会和企业发展教育培训事业。进一步开放职业培训市场，鼓励和吸纳社会各方面的投资，大力开展面向新兴产业和现代服务业的应用性专业培训。根据国家产业发展方向和市场需求，重点抓好家政服务的专业培训，努力提升初级劳务人才队伍，壮大中级劳务人才队伍，发展高级劳务人才队伍，优化劳务人才结构。第三，鼓励高校进行家政服务业教研，培养家政服务业人才。培养具有现代家政管理理念、掌握现代家政公司管理方法的专门管理人才，从而规范公司管理，引领家政产业发展；鼓励已开设家政服务专业的大中专院校与家政服务企业施行“校企合作”，建立家政服务培训、见习基地，开展家政服务订单培训、提升培训，对家政服务发展具有突出贡献的高校、企业由政府给予表彰。第四，推行“订单式”劳务培训。要按照“校企联办、定向安置”的发展思路，开展“安置基地”建设。积极选择沿海发达地区效益好、规模大、用工规范的大中型企业，签订定向培训和定向安置协议，使培训工作“适销对路”。

五、完善家政服务人员社会保障体系。首先应该明确三方即从业者、家政企业、雇主三者之间的关系。实行家政人员《劳动合同》签订制度，明确双方的责任和义务，保护家政人员的合法权益。其次由于家政服务人员多是下岗职工或者农村妇女，政府逐步创造条件，将他们纳入社会保障体系，解决他们的后顾之忧。

主题词： **经济　发展**
提案人： 民建中央

中华人民共和国商务部2011年7月6日以商服贸函〔2011〕473号文函复：

民建中央：

你们提出的《关于促进我国家政服务业规范发展的提案》收悉。现答复如下：

近年来随着我国经济社会全面发展和人民生活水平的不断提高，家政服务业市场需求迅速扩大。推动家政服务业持续健康发展是加快我国服务业发展的重要方面，也是新时期搞活流通扩大消费的重要内容。商务部作为行业主管部门，十分重视推动我国家政服务业的规范发展。

一、加大政策扶持力度，建立健全家政服务体系

近年来我部会同财政部等有关部门认真贯彻《国务院办公厅关于搞活流通扩大消费的意见》（国办发〔2008〕134号）精神，积极运用中央财政资金，支持地级以上中心城市建设家政服务网络中心，培育家政服务企业，培训家政服务人员。目前支持资金已累计达19亿元，先后在137个地级以上城市建设了家政服务网络中心，培育了300多家规范性品牌服务企业，培训了60万名从业人员，共解决了424131人次的就业，充分发挥了家庭服务业在扩大消费中的重要作用。同时商务部会同财政部等有关部门相继出台了《商务部、财政部关于推进家政服务网络体系建设的通知》（商商贸发〔2009〕14号）、《商务部、财政部、全国总工会关于实施"家政服务工程"的通知》（商商贸发〔2009〕276号）等多个文件，支持和指导地方开展家政服务体系建设工作。

下一步我部将会同有关部门全面加强政策扶持力度，在家政市场需求较大的城市加快推进"家政服务网络中心"建设。2011年计划建设34个家政服务网络中心，力争培育100家大型龙头家政服务企业做大做强，支持500家中小专业型家政服务企业做专做精，培训20万名家政服务人员。积极配合相关部门完善和落实有关家庭服务业用地、投资、金融、税收、劳动关系等方面的政策措施，为加快行业发展营造良好环境。

二、制订家政服务业法规标准，规范行业行为

近年来商务部积极研究制订家政服务业的有关法规和标准。2009年商务部拟订了《家庭服务业管理暂行办法》，重点对家庭服务机构的经营规则、经营模式、合同管理、从业人员资质、服务等方面提出了明确的要求。此外，商务部拟订了《家政服务规范》、《家庭服务业态分类》、《家庭服务企业管理技术规范》等10项行业标准。同时积极推动北京、天津、吉林等16个省（自治区、直辖市）和杭州、宁波、潍坊等16个城市制定了有关家政服务的规章制度共180件，为家政

服务业的规范化发展打下了良好的制度基础。

下一步商务部将着力解决行业法规、标准体系建设滞后等问题。抓好规划、法规、标准和统计工作，强化行业管理基础，积极会同相关部门制订家庭服务机构的资质规范，规范家庭服务机构的资质等级，建立规范家庭服务供需各方的诚信体系。

三、理顺管理体制，共促行业发展

2009 年 7 月《国务院关于同意建立发展家庭服务业促进就业部际联席会议制度的批复》(国函〔2009〕82 号)明确要充分发挥家庭服务业促进就业的作用，加强部门间的协调配合，协调处理发展家庭服务业促进就业的重大问题。联席会议成员单位包括发展改革委、民政部、财政部等 8 家单位。部际联席会议制度的建立，有利于理顺管理体制，形成合力，推动家政服务行业的快速发展。

四、加强从业人员培训，提高服务水平

为使家政从业人员从上岗伊始即具备必要的服务技能，并为增加就业创造条件，商务部会同财政部、全国总工会以企业用人需求为导向，支持大型企业和培训机构对拟从事家政服务的人员开展"定单式"上岗培训。2010 年全国 103 个家政服务工程城市共完成培训 30 万人次，比 2009 年增加 10 万人次，增长 50%。2010 年全国家政服务行业解决了 250172 人次的就业，就业率达到 87%，比 2009 年增加了 76213 人次，实现了培训与就业的衔接。

下一步商务部将会同有关部门加强家庭服务人员职业技能培训、推进家庭服务业职业技能鉴定工作、加强家庭服务业经营管理和专业人才培训。

五、完善社会保障，提升职业地位

《国务院办公厅关于发展家庭服务业的指导意见》(国办发〔2010〕43 号)明确指出，鼓励各类人员到家庭服务业就业、创业。把发展家庭服务业与落实各项就业扶持政策紧密结合起来，完善促进就业政策体系，鼓励农村富余劳动力、就业困难人员和高校毕业生到家庭服务业就业、创业。对从事家政服务业的各类就业人员，在社会保险补贴、创业培训、小额担保贷款等多个方面给予优惠待遇。

下一步商务部将会同有关部门继续大力支持有关部门建立家政服务人员的专项社会保险，通过税收减免、财政补贴等方式支持企业为员工缴纳保险，完善家政服务人员社会保障体系；着力联合解决家政服务企业发展和从业人员保障等方面的困难和问题。

感谢你们对我国商务事业的关心和支持，欢迎多提宝贵意见和建议，共同促进我国家政服务业健康有序的发展。

全国政协十一届四次会议提案第1089号

案　　由:关于优先发展我国社会养老事业的几点建议的提案

审查意见:建议国务院交由主办单位全国老龄委办公室会同中央编办办理

内　　容:众所周知,我国早在1999年就已步入老龄社会,现已进入高速增长时期并成为世界上老龄化速度最快的国家之一。据有关方面提供的数据,到2009年年底我国60岁及以上老年人口已达到1.67亿,占总人口的13%。到2030年将达到4亿,届时将占总人口的24%,占世界老年人口的四分之一。面对如此严峻的人口老龄化形势,建立和健全有中国特色的社会养老服务体系,成为摆在我们面前的一项非常重要和现实的重大课题。虽然经过10年的探索和实践,目前我国已初步建立起以居家养老为基础、社区服务为依托、机构照料为补充的社会养老服务体系基本框架,但是相对于老龄人口的高速增长,相对于高龄、独居、空巢、失能和低收入老人日益增多,养老社会服务需求的日趋增加及日趋多样化的今天,我国社会养老体系建设面临着前所未有的挑战。

党的十七届五中全会在"十二五"规划建议中鲜明地提出了"优先发展社会养老服务"的要求。"优先发展"是党中央对"十二五"时期及其以后发展社会养老服务事业的发展提出的重大方针。为积极贯彻落实这一方针,建议:

一、把推进社会养老事业作为一项基本国策

我国的人口老龄化是在"未富先老"、社会保障制度不完善、城乡和区域发展不平衡、家庭养老功能弱化的形势下发生的。人口老龄化已经并将进一步成为我国改革开放中不容忽视的全局性和战略性问题。这迫使我们必须从现在起就为应对人口老龄高峰期的到来,从思想上、政策上、制度上做好充分准备。只有将此项工作定为基本国策,作为强化政府社会管理职能、创新社会管理的一个重要方面,放到全局和战略的高度加以研究和部署,纳入到经济社会发展的规划当中统筹安排,使社会养老事业真正成为各级领导、各个部门必须遵循和执行的大政方针,才能够有利于形成全社会高度重视、各部门齐抓共管的局面,不断推动中国特色养老服务事业的健康发展。正因为三十多年前我们把计划生育工作作为一项基本国策,才有效地控制了人口增长的速度和规模,全国少生了4亿多人,提前实现了人口在生产类型的历史转变,有效地缓解了人口对资源、环境的压力,有力地促进了经济发展和社会进步。因此如今我们在面临破解中国养老难题时,很有必要借鉴计划生育工作的经验。

二、进一步健全和完善新形势下老龄工作体制和机制建设

据了解,当前我国在统筹应对人口老龄化上存在一系列的困难和问题,其中养老事业发展的领导体制不健全、机制不完善是深层次的、根本性的。主要体现在:一是老龄工作资源条块分割、缺乏整合。在我国老龄工作领域内,存在着老龄委、老干部局、退管会三方分割管理的局面。因而老龄委工作无法涵盖我国老龄工作全局,因而也无法从全局角度制定全国性的社会养老政策法规,统筹全国社会养老事业的发展,这也就在一定程度上削弱了老龄委在社会养老工作方面的议事协调职能的权威和作用。二是涉老职能部门间协调机制有待改进。现有涉老职能部门很多,其工作机制是分工协作,这种机制看起来分工明确,各司其职,但事实上使各职能部门职能定位不准确、职责划分不清晰,很容易造成各部门各行其是,出现分工有余、协作不足局面,难以形成工作的合力。同时现在新的工作内容不断产生而不能及时地分配到相应部门,因而出现了工作的真空。三是老龄委的综合协调机制需要建立和完善。当前由于老龄委的议事协调机制不健全,缺乏相应的会议制度、议事制度、协调制度、监督检查制度等制度和机制,老龄委的职能作用没有得到充分发挥,直接影响了我国养老事业的全

面发展,必须尽快扭转这种被动局面。四是老龄委办公室职能急需巩固和加强。老龄委办公室至今仍在和中国老龄协会合署办公,属于参照公务员管理的事业单位。作为副部级的老龄委办要协调正部级的相关职能部门,做好老龄工作,其执行的难度和力度是可想而知的。

建议:健全国家级老龄工作的宏观协调机构和工作机制,按照精简、统一、效能的原则,对现有的老龄委、老干部局、退管会等系统的职能进行适度整合,打破条块分割,使老龄委的工作涵盖国家社会养老事业的全部领域,真正成为实施宏观指导和综合管理、协调推动发展社会养老事业的领导机构,形成管理体制顺畅、组织机构健全、职能设置科学、运行机制高效的老龄工作体系,为成功应对人口老龄化提供领导和组织保障;并要巩固和加强老龄办的职能,使其行政职责和权力设置相符合,统一和规范老龄办的机构设置,形成上下贯通、顺畅的老龄工作组织体系。

三、建立和完善老龄法规政策体系

目前我国已经初步形成了以宪法和有关基本法律为依据,以法律、行政法规、地方性法规、部门规章和规范性文件为主要表现形式,以《老年人权益保护法》为主体的养老法律法规体系,为发展养老事业提供了基本政策法规保障。但是我国的老龄政策法规体系建设仍存在着一些突出的问题,如法律不健全、政策不配套、政策落实不到位、政策透明度不够、政策监管存在空白等。

建议:1. 根据老龄事业发展的现实和老年人的权益保障需要,对现行《老年人权益保障法》从立法理念到具体的法条进行较大力度的调整和修订。抓紧研究制定、修订与《老年法》配套的法律、法规,制定《老年法》实施细则。

2. 加快建立健全促进社会力量参与养老事业和产业发展的用地政策、税收政策、财政政策、行政事业性收费政策等优惠扶持政策。尤其是要抓紧制定有利于养老服务业社会化、市场化、规范化、标准化发展的有关法律法规和部门规章,解决当前养老服务供给严重不足的状况。

3. 明确《老年人权益保障法》的执法主体,健全一些综合性老龄政策法规的协调执法机制，确保老龄政策法规的贯彻实施。

4. 加大对老龄政策法规的宣传力度，营造全国社会积极关心、支持、参与发展养老事业和产业的良好氛围。

5. 以老年人的实际需求为导向，进一步加强养老政策法规制定实施过程的科学性、针对性，使公共政策供给与老年人的实际需求相匹配。

主题词： 老年

提案人： 伊丽苏娅 王 占 刘秀晨 王晓栋 郗杰英 王树明
王晓龙 王瑞祥 刘玉明 李海滨 谷常生 解思忠
于小文 万山红 王 静 王小兰 王玉英 王淑玲
邓 敏 叶顺兴 冯幸耘 任远征 华 梅 刘 诗
刘红宇 汤燕雯 孙丹萍 孙毓敏 严慧英 李小琳
李嘉音 杨 佳 杨慧琼 吴海燕 吴菊仙 何 悦
何永智 宋 岩 张礼慧 张晓梅 张黎明 陈 羽
陈 红 陈婉娴 岳喜翠 郄秀书 周秉建 郑 珊
郑明明 赵葆秀 胡葆琳 柯锦华 柳 萍 洪天慧
皋玉凤 凌 孜 唐晓青 尉中民 彭 钢 舒 婷
曾海生 谢 京 谢企华 强俄巴·次仁央宗 甄 砚
窦晓玉 樊锦诗 瞿丽雅 王伟斌 王俊峰 金 萍
格桑罗布 郭占春 李晓红 茅玉麟 秦百兰 朴 英
安家瑶 李国安 王光谦 左东岭 旭日干 刘经南
吴平东 图登克珠 茹克叶·穆罕默德 黄元河
陈 洪 安阿玥 李佩文 李森恺 杨利霞
阿达来提·阿合买提江 帕尔哈提·阿不都热依木
金大鹏 石 愚 王 林 胡志斌 才 让 马开贤
杨一奔 周明甫 法蒂玛·马合木提 熊胜祥
东宝仲巴·呼图克图 那仓·向巴昂翁丹曲成来
沈学彬 房兴耀 洪长有 唐诚青 黄信阳
策墨林·单增赤列 阚保平 缪寿良 黄晴宜 王惠贞

全国老龄工作委员会办公室2011年8月11日以全国老龄办提案字〔2011〕9号文函复：

伊丽苏娅等委员：

你们提出的《关于优先发展我国社会养老事业的几点建议的提案》收悉。现答复如下：

一、关于“把推进社会养老事业作为一项基本国策”的建议

人口老龄化是21世纪我国始终面临的一个重要基本国情。人口老龄化已经成为我国经济社会发展面临的一个重大的全局性、战略性问题。为此2009年10月23日全国老龄委正式启动了“国家应对人口老龄化战略研究”，目的就是全面摸清我国人口老龄化的基本国情，探索老龄化与人口发展、经济发展、社会发展等的相互关系和一般规律，理清未来应对人口老龄化的战略思路和举措。此次战略研究包括20多个子课题，中央政策研究室、国务院研究室、中央农村工作领导小组办公室、中央编制管理研究会等单位以及清华大学、北京大学、人民大学等高校，将近300多位专家学者参与研究，目前已经基本完成了课题研究。

下一步我们将在战略研究基础上完成《国家应对人口老龄化战略研究报告》，提出国家应对人口老龄化的战略对策建议。今后我们还将积极协调有关部委，逐步将人口老龄化和老龄问题纳入到国家有关发展战略和规划中去。你们提出的“把推进社会养老事业作为一项基本国策”的建议，我们将在今后的工作中予以认真考虑。

二、关于“进一步健全和完善新形势下老龄工作体制和机制建设”的建议

老龄事业关系国计民生和国家长治久安。党中央、国务院高度重

视老龄工作机构的建设，1982年国务院批准成立了中国老龄问题全国委员会；1995年中国老龄问题全国委员会更名为中国老龄协会，为国务院所属事业单位，由民政部代管；1999年中共中央、国务院批准成立全国老龄工作委员会，为国务院主管全国老龄工作的议事协调机构，主要负责研究制定老龄事业发展战略及重大政策，协调推动有关部门加强对老龄工作的宏观指导和综合管理等工作，办公室设在民政部，与中国老龄协会合署办公。目前相关部门在老龄工作领域的职责分工比较明确，今后将充分发挥现有机构和协调机制的作用，加强沟通配合，落实好老龄工作的各项职责。对于整合有关部门职能、创新老龄事业行政管理体制、进一步加强老龄工作机构建设的建议，中央机构编制委员会办公室将在深化行政管理体制改革工作中，结合老龄工作实际统筹研究。

三、关于"建立和完善老龄法规政策体系"的建议

在《老年人权益保障法》修订方面，全国老龄办于2005年就着手准备《老年法》的修订工作，先后对北京、上海、黑龙江、山东、河南、湖南、甘肃、贵州、云南、宁夏10个省份，开展了老年法贯彻执行情况和老年法适用情况的调研，广泛征求各地和社会各界对修改老年法的意见和建议。2006年12月十届全国人大常委会第二十四次会议表决，同意启动老年法的修订程序。2007年5月10日民政部与全国老龄办协调有关部委成立老年法修订工作领导小组，负责具体工作。2008年1月11日全国老龄办下发了《关于征求〈中华人民共和国老年人权益保障法〉（修订草案）（征求意见稿）的通知》（全国老龄办函〔2008〕2号），征求各省区市老龄工作机构对修订草案的意见。2008年9月《中华人民共和国老年人权益保障法（修订草案）》正式报送民政部。2010年12月31日民政部正式将《中华人民共和国老年人权益保障法（修订草案）》（送审稿）上报国务院提请审议。

2011年5月4日全国人大常委会老年人权益保障法执法检查组在京举行第一次全体会议，正式启动老年人权益保障法执法检查。中共中央政治局常委、全国人大常委会委员长吴邦国作了重要批示。全国老龄委、国家发改委、民政部、财政部、人力资源和社会保障部、住房

和城乡建设部和最高人民法院分别汇报了本系统贯彻实施老年人权益保障法的情况，中组部、教育部、司法部、文化部、卫生部、国家人口计生委、体育总局、解放军总政治部、全国总工会、全国妇联等单位提交了书面汇报。今年5月至7月执法检查组组成7个小组，分赴上海、安徽、福建、山东、云南、陕西、新疆等地开展检查。同时委托其余各省（区、市）人大常委会分别对本行政区域内老年人权益保障法的执行情况进行检查。

《老年法》修订工作是一项严肃、艰巨的历史性任务。下一步我们将认真配合全国人大内司委继续扎实地推进修订工作。

在养老事业优惠扶持政策方面，目前已经出台了《关于对老年服务机构有关税收政策问题的通知》（财税〔2000〕97号）、《国务院关于加快发展服务业的若干意见》（国发〔2007〕7号）、《关于加快实现社会福利社会化的意见》（国办发〔2000〕19号）、《国务院办公厅转发全国老龄委办公室和发展改革委等部门关于加快发展养老服务业意见的通知》（国办发〔2006〕6号）、《关于支持社会力量兴办社会福利机构的意见》（民发〔2005〕170号）等，其中有大量关于养老服务业的优惠政策，内容涵盖土地、税收、用水用电等许多方面。下一步我们将加大工作力度，促进已有优惠政策的落实，并结合新形势新情况，研究新的更加有针对性的政策措施，引导和鼓励社会力量参与养老服务事业的发展。

此外民政部近年来联合有关部门出台了《社会福利机构管理暂行办法》、《老年人建筑设计规范》、《老年人社会福利机构基本规范》、《养老护理员国家职业标准》（试行）等一系列规范标准，促进了老年人社会福利机构健康有序的发展。下一步将继续加快相关法规和政策的制定进程，加强养老服务机构的规范化建设。

在加大宣传力度方面，2010年10月全国老龄工作委员会正式启动了以“关爱老人、构建和谐”为主题的“敬老月”活动。“敬老月”活动包括走访慰问送温暖活动、为老志愿服务活动、老年维权活动、老年文化体育活动、老龄宣传活动等内容，产生了广泛的社会影响，形成了一种关爱老年人、关心老龄事业发展的良好社会氛围。据不完全统计,“敬老月”期间全国各级政府和社会各界筹集发放的慰问金和食品、药品、衣被等各种慰问品价值共计达7.59亿元人民币,组织开展各类为老志愿服务行动3200万人次,惠及8000多万老年人。今年我们将继续开展“敬老月”活动。此外,近年来我们还联合中央电视台、《人民日报》等主流媒体,积极报道老龄工作和老龄问题,在社会上反响很好。今后我们将继续加大老龄工作宣传力度,通过宣传教育手段,营造全社会积极关心、支持、参与发展老龄事业的良好氛围。

最后,关于你们提出的以老年人实际需求为导向,使公共政策供给与老年人的实际需求相匹配的建议,我们将在今后的工作中加强调查研究,在政策制定过程中充分反映老年人需求,并通过多种渠道听取广大老年人的意见和建议,使各项政策更加符合老年人的实际需求,使老年人真正从政策中受益。

最后,感谢你们对老龄事业的关心和支持。

全国政协十一届四次会议提案第2563号

案　　由:关于大力发展民间慈善事业的提案

审查意见:建议国务院交由主办单位民政部会同国家税务总局,国务院法制办办理

内　　容:慈善事业是我国社会保障体系的重要补充。随着国民经济的持续发展和慈善意识的不断提高,我国慈善捐赠量稳中有升,慈善组织数量继续增加,慈善创新不断涌现,中国慈善事业已进入新的成长阶段。2009年我国慈善捐赠量为332亿元,比上年增长3.5%;基金会1843家,非公募基金会846家。与2008年相比,公募基金会增长了4%,非公募基金会增长了32%。民间慈善组织数量的持续增加,充分体现了慈善的自愿性、独立性、自发性特点,但由于各方面因素的限制,民间慈善事业的发展仍任重而道远。

一、制约民间慈善事业发展的原因

1.相关慈善事业方面的法律法规严重滞后和缺乏。迄今为止,我国还没有出台用于鼓励和规范慈善事业发展的综合性的《慈善法》,至今仍无全国性的专项法规。慈善事业的进入、评估、监管、激励、公益产权界定与转让、融投资等完整的法律框架尚未形成。涉及慈善组织、慈善捐赠、慈善义工和慈善事业监督管理等方面的内容,散见于相关法律、行政规章和政策性文件中。政策法规体系的不完善,直接影响了民间慈善组织的发育和慈善事业的发展。

2.现行纳税制度是慈善事业健康发展的最大"瓶颈"。我国现行税法对慈善捐赠企业给予的税收优惠不充分,优惠额度低,免税程序复杂,获得慈善优惠资格的慈善组织较少。目前我国税法对企业进行

慈善捐给予的税收优惠,仅仅局限于捐赠资金相应限额内的企业所得税的减免,而货物、劳务的捐赠还要缴纳流转税和相关小税种,阻碍了慈善捐助事业的健康发展。

3. 民间慈善组织发育不全。大量民间慈善组织的存在,是慈善事业发展的重要前提和基础。以湖北省为例,虽然近年来民间慈善组织有了一定的发展,但规模及所能够提供的服务却非常有限。按每万人拥有的社会组织计算,法国 110 个,日本 97 个,美国 52 个,新加坡 15 个,巴西 13 个,而湖北仅有 6 个(包括登记的正式组织和备案的"草根组织"),其中慈善公益组织约占一半,这一数据也低于国内许多省份。另外,由于我国现阶段实行的是双重管理体制,民办非企业组织登记注册一定要有企业主管单位,否则不能够注册,这大大阻碍了民间慈善机制的建立和准入,使得慈善机构的数量远远不能满足慈善救助所需。

4. 民间慈善缺乏有效的监督和管理机制,自律性不强,机构公信力缺乏。如募捐不规范、重复救助以及"多头募捐"现象普遍存在,部分慈善组织对资金的筹集、捐赠款项的运用、去向不能如实主动地向社会公布,导致慈善机构和捐助活动的公信力不足。有的民间慈善机构的组织建设不规范,内部管理混乱,组织缺乏活动,募捐的方式缺乏足够的吸引力,机构工作人员的专业素质还有待提高,慈善组织的运行还缺乏透明度,接受社会监督的主动性还不够,慈善公益系统的自律机制还有待强化。

5. 民间慈善机构募捐能力较弱,动员社会资源的能力较差。目前我国需要社会救助的人口超过总人口数量的 10% 以上,而全国每年募集到的慈善款物却十分有限。中国人均国内生产总值与美国比较相差 38 倍,而我国人均慈善捐款数额与美国比较相差 7300 倍。这在一定程度上强化了贫富悬殊对社会心理的负面影响,强化了社会的仇富心理。而我国的民间慈善事业正处于起步阶段,还没有真正形成稳定的善款筹集和增值渠道,慈善资金劝募方式单一、数量少,救助面窄,慈善事业的独特优势尚未充分发挥出来。

二、大力促进民间慈善事业发展的几点建议

1. 加快慈善事业的立法进程，完善我国慈善事业发展的法规建设。建议在现有《中华人民共和国公益事业捐赠法》的基础上，结合《社会团体登记管理条例》和《基金会管理条例》这两部法规，尽快出台《慈善法》。从法律的高度对我国的慈善事业进行定位。通过立法，把我国慈善事业的性质、地位、原则、慈善机构的登记与组织、管理与运行，慈善事业的进入、评估、监管、退出以及公益产权界定和转让、融投资等体制完整地用法律的形式固定下来。

2. 尽快制定和完善激励机制。进一步完善社会捐赠税减政策，修改和完善《企业所得税法》、《个人所得税法》等法律，提高慈善捐赠的税收减免比例，简化免税程序，鼓励和引导企业、团体和个人向慈善事业捐赠，以壮大慈善事业发展的物质基础。同时尽快开征遗产税、赠与税。政府有关部门应进一步完善政策措施，为捐赠人办理减免手续提供规范、便捷的服务，加大政策落实力度。另外还应充分考虑满足人们的名誉动机，使捐赠人在捐赠中获得预期的"名誉享受"和社会荣誉感。

3. 创新管理体制，拓展民间慈善组织发展空间。改革现有的双重管理体制，促进政府"轻登记、重管理"，拓展民间慈善组织的发展空间。政府主要担负起立法、监督、检查、评估、审计、执法等职责。取消现行法规中要求慈善组织必须有业务主管单位的规定，让慈善组织真正独立承担起民事责任，为发展民间慈善事业提供组织保障。对管理规范、运行良好、有较高社会公信度的慈善公益组织进行相关评估，对取得信用资格认证的慈善机构，应享有社会捐赠的优惠政策。借鉴先进国家的做法，利用税收杠杆，对慈善公益损赠减免税收，以培育更多的民间机构从事慈善事业。另外，政府也可以通过公开、透明的操作购买民间慈善组织的服务，促进民间慈善组织的发展。

4. 建立慈善资金的管理运营机制。我国的民间慈善组织现在基本上都是全能型的组织，没有专业化的合作和分工，这既影响了慈善事业的运营效率，同时也不利于慈善组织提高社会公信度。借鉴港台地区慈善事业资金管理的做法，我们认为实行募捐与救助相分离应作为慈善资金管理过程中的一项基本原则,即由专门机构承担向社会募集善款的职责,然后再分配给相关的慈善团体;而从事救助的慈善机构一般不直接向社会募捐,它们只是提供社会救助服务。两者的专业分工与协作,有利于整个增强资金的透明度,提高工作效率和社会公众的信任度,促进互补,有利于整个慈善事业的健康发展。另外还应建立慈善资金监督反馈机制。慈善资金的管理应该公开、透明,使用必须公正、公平,程序应该规范,具有民主性、开放性。因此应该加强内部和外部两方面的监督。

5. 建立健全对民间慈善机构的监督机制,促进慈善机构的严格自律。一方面要规范社会募捐行为,完善社会捐赠资金、物品的管理,建立社会公示制度,定期公布捐赠资金和物品的来源及流向,并建立完全透明的公众查询系统。另一方面,登记管理机关应制定和完善评估办法,考核慈善资金和物品的使用效果,确保社会捐赠款物使用安全有效,确保捐赠人的意愿得到有效落实。

6. 加强民间慈善组织自我管理和行业自律,提高民间慈善组织的自治能力。改变目前民间慈善组织信息披露不透明的现状,最有效的办法就是加强行业自律。一是建立评估标准与评估机构,每季度测评,对外公布测评结果,自觉接受社会和公众的监督,做到信息透明、公开;二是提高民间慈善组织的自治能力,培养独立意识,理顺同政府之间的关系(是合作、平等关系而不是附属机构);三是培养专业化和职业化的队伍;四是建立问责制,促进民间慈善组织的责任人以及工作人员对自己的行为负责,对公众和利益相关者负责。

主题词:　社团

提案人:　王　林

中华人民共和国民政部 2011 年 7 月 27 日以民函〔2011〕512 号文函复：

王林委员：

您提出的《关于大力发展民间慈善事业的提案》收悉。经商国家税务总局和国务院法制办，现答复如下：

中华民族有着悠久而辉煌的慈善传统，慈善事业所蕴含的价值观既是我国优秀传统文化的重要组成部分，也是新时期建设社会主义核心价值体系所必须坚持和发扬的。改革开放以来，我国慈善事业进入了新的历史发展阶段。特别是近几年来，随着国民经济的持续快速发展、社会需求的日益旺盛和国家不断加大的对慈善事业发展的指导扶持力度，慈善事业组织体系进一步健全、服务能力进一步提升、发展环境逐步改善，全社会参与慈善活动的意识不断增强，具有中国特色的慈善事业发展格局已初步形成。

在取得长足进步的同时，我国慈善事业的发展还存在诸多问题。正如您在提案中所述，我国慈善事业发展的法律环境、慈善组织的自身能力建设、政府对慈善组织的监管力度、社会公众对慈善组织的认同程度、慈善组织的行业自律等方面都还比较薄弱。这些问题的存在，究其根本原因是慈善事业在社会保障体系中的地位还不够明确，在构建和谐社会中的作用还没有被普遍认同，鼓励慈善事业发展的成熟机制尚未形成。因此，为实现"十二五"规划中关于加强和创新社会管理的目标，解决制约我国慈善事业发展的主要问题，推动慈善事业发展尽快实现质的飞跃，民政部会同有关部门将从加强立法、创新登记管理体制、加大税收优惠力度、提升信息公开水平和促进行业自律几方面开展工作：

一、加强立法，确立慈善组织的法律地位

通过立法规范和促进慈善事业的发展，对于和谐社会的建设十分重要。《慈善法》的制定已列入国务院2011年的立法工作计划。目前国务院法制办正在对慈善组织、慈善募捐、慈善信托、慈善税收优惠政策等重点问题进行研究。此外国务院有关社会组织管理方面的《社会团体登记管理条例》、《民办非企业单位登记管理暂行条例》和《基金会管理条例》的修订工作也正在进行之中，包括慈善组织在内的社会组织法律地位今后将会更加明确。

二、创新登记管理体制

"十二五"规划确定了"统一登记、各司其职、协调配合、分级负责、依法监管"的社会组织管理体制，国务院三个条例的修订正是依据了这个精神。修订的方向是降低各类社会组织包括公益慈善组织的准入门槛，拓展其发展空间。

三、完善税收优惠政策，加大优惠力度

在企业所得税方面，为鼓励企业对公益慈善事业的捐赠，2008年开始实施的《中华人民共和国企业所得税法》将公益性捐赠税前扣除比例规定为每年利润总额的12%，与旧税法所规定的3%相比有了很大的提高。另外，对某些特大自然灾害及事件，国务院还会根据税法的授权作出特殊政策规定，如举办北京奥运会、实行汶川地震灾后重建等，税法规定对企业和个人的相关捐赠给予全额税前扣除。另外为了简化对公益性捐赠税前扣除程序的问题，财政部、税务总局和民政部联合下发了《财政部、国家税务总局、民政部关于公益性捐赠税前扣除有关问题的通知》（财税〔2008〕160号）及其补充通知（财税〔2010〕45号），明确了公益性捐赠税前扣除程序等相关问题。目前1000家左右的公益慈善组织已经获得了公益捐赠税前扣除资格。

在个人所得税方面，根据《中华人民共和国个人所得税法》的规定，个人通过社会团体、国家机关进行的公益性捐赠支出，不超过当期申报的应纳税所得额30%以内的部分，可以从其应纳税所得额中扣除。此外，经国务院批准，财政部、税务总局先后发文明确，对个人向教育事业的捐赠可以全额扣除；对个人通过部分红十字会、中华慈善总会等社会团体的公益性捐赠也可以全额在个人所得税前扣除。

对于您提出的尽快开征遗产税、赠与税的建议，国家税务总局指出，开征遗产税和赠与税确实在一定程度上有利于调节贫富差距，缓解社会分配不公带来的矛盾，有利于引导和鼓励公民向科技、教育、卫生及社会福利事业捐赠。但考虑到征收遗产税会对一国（地区）的经济特别是吸引国外资本流入和防止国内资本流出有一定的影响，并且开征遗产税还需要具备相应的条件和控管手段，对政府部门的管理能力要求较高，因此目前我国开征遗产税的条件还不够成熟，还需要做进一步深入的研究和探索。

四、完善监管体系，打造行业公信力

在培育发展慈善组织的同时，我们逐步完善了对慈善领域的监督管理，建立了政府监管、公众监督、内部治理和行业自律“四位一体”的监管体系，提高了慈善领域各个环节的公信力。

对于您提出的促进民间慈善事业发展的几点建议，我们将在今后的立法和政策制定中认真研究并加以吸收。

感谢您对民政工作的关心和支持。

全国政协十一届四次会议提案第3072号

案　　由:关于做好特种作业人员安全生产工作的提案
审查意见:建议国务院交由国家安全生产监管总局办理
内　　容:特种作业是指容易发生人员伤亡事故,对操作者本人、他人及周围设施的安全可能造成重大危害的作业。特种作业人员是指直接从事特种作业的从业人员。据国内外有关资料统计,类似电焊操作不当引发火灾等事件、由于特种作业人员违规违章操作造成的生产安全事故,占生产经营单位事故总量约80%。因此加强对特种作业人员的安全技术培训考核,对于保障安全生产十分重要。特种作业人员安全生产工作中存在的主要问题有:

一、企业、工人对特种作业人员安全生产认识不到位。一方面对特种作业人员培训的必要性、重要性虽然逐渐得到大部分企业的认同,但事实上仍有不少企业在这一方面认识不足、舍不得投入,认为对新进厂的员工进行的"三级培训"已包括了对特种作业人员的培训,再组织特种岗位个人参加特种作业培训是重复培训,因而存在抵触情绪。由此产生的问题就是,一个特种岗位上的特种作业人员只有一个证,以应付安全生产监督检查,部分特种作业人员没有按规定持证上岗。另外对特种作业人员的复审也不重视,不定期复审的现象严重。

二、管理部门之间的职能交叉、权力分散。《中华人民共和国安全生产法》和国家安全生产监督管理总局的《特种作业人员安全技术培训考核管理规定》,已经明确了十多种特种作业工种应由安全生产监督管理部门对其进行考核、管理。但事实上由于建设系统、质量监督部门、电力系统等部门也有相关的文件和政策,与安全监督部门存在职能上的交叉，责任权限不清，以致各部门、各层次都在搞培训，部门间的证件互不承认，使受训单位和个人无所适从，加大了企业和有关人员的负担。

三、特种作业人员的范围界定仍不清晰。目前按规定有11种特种作业，但实际上有很多应纳入的工种未能包含，如制作打火机企业的“超声波焊接塑料外壳”的从业人员等。还有例如空调安装工就存在究竟应列入“高处作业”还是“空调业制冷作业”，或者是领取双证等类似的问题。

四、新增特种作业类别工种培训考核相关事宜尚未落实。根据《规定》的调整，目前启动的石油天燃气安全、危险化学品安全和烟花爆竹安全等新增作业人员的安全培训考核面临一系列问题，诸如培训大纲、教材、考核标准、题库的制定、信息管理系统的更新、教师培训、收费标准，等等。

五、安全生产监管机构建设投入不足。由于安监工作不能给各级政府产生直接的经济效益，所以安全生产监管机构的建设往往得不到重视，而恰恰是基层安全监管的任务最为繁重。从队伍建设看，当前多数安全生产监督管理机构的监督管理执法人员不足，工作量大，经常超负荷运转。各地普遍存在人员配备和经费保障的问题，与《规定》的要求还有一定的差距，给有效组织实施和指导监督特种作业人员的安全技术考核工作带来诸多困难。

为此建议：

一、正确认识职能交叉与权力分散的问题，强化安全监管部门的协调能力。进一步理顺安全综合监管部门、安全生产专项监管部门和监察、司法、工会等有关综合部门之间的关系，建立必要的工作联系和协调机制，加强沟通，搞好督促指导，做好协调服务。同时有关职能部门应组织有关行业和部门，开展针对全国情况的特种作业人员范围的调整、确定工作，以避免发生特种作业人员培训工作中存在的特种作业范围界定模糊不清，政府职能部门职权交叉、权力分散的问题，从而避免培训机构、企业、工人无所适从，减轻企业、工人的负担。

二、以发展的眼光开展特种作业人员范围的调整和确定工作。特种作业是一种容易发生人员伤亡事故，并对操作者本人、他人及周围设施的安全产生重要危害的作业。因此，特种作业人员的安全技术素质及行为对于安全状况至关重要。当前特种作业人员范围存在名称不规范、操作工种不明确、考核管理比较混乱等问题。个别行业（企业）中特种作业偏多偏乱，有的企业特种作业人员占员工总数的70%以上，特种作业已失去其特有的意义；而在一些新兴行业特种作业却还没有明确，亟待解决。按照新的要求确定特种作业人员的范围，进一步规范特种作业人员的培训及考核管理，对有效防止伤亡事故的发生、促进安全生产形势的稳定好转具有重要意义。

三、培训机构要认真落实培训大纲和考核标准的要求，把好特种作业人员的“入门关”。特种作业因其自身的特殊性，决定了其从业人员必须具备相应的特殊条件。国家关于特种作业人员的条件有明确的规定：一是年满18周岁，未满60周岁；二是具有初中以上文化程度；三是身体健康，无妨碍从事本工种作业的禁忌症；四是参加特定的培训，经安全技术理论考核和实际操作考核合格。这四个条件缺一不可。根据事故伤亡统计，人的不安全因素在导致事故发生的原因中占多数。事故的肇事者往往也是事故的第一受害者。特种作业是一种高危险的作业，所以各培训机构应严把这一道“安全门”。没有达到相应文化程度要求的不予参加培训，没有县级以上医院证明身体健康的不予参加培训。同时培训机构也应提升教学条件，提高师资的水平，以保证培训质量，还要做好学员学籍档案的建立、维护和管理。

四、加强法制宣传力度，提高企业和工人的安全认识。通过相关安全宣传活动，使其转变观念，变被动为主动，发挥企业的主体作用，积极组织特种作业人员参加培训，持证上岗。《安全生产法》第二十三条规定：“生产经营单位的特种作业人员必须按照国家有关规定经专门的安全作业培训取得特种作业操作资格证书，方可上岗作业。”国家关于特种作业人员的管理规定明确指出，特种作业操作资格证必须在年审期内参加年审，没有参加年审或年审不合格的，其证书失效。特种作业人员持失效证件上岗同没有持证上岗一样，会受到法律法规的制裁。所以企业应加强这方面的工作，按规定配备相应的特种作业人员,将企业的特种作业人员培训工作列入企业的日常工作中,督促本企业的特种作业人员参加培训、复审,实现特种作业人员个个持证上岗,将特种作业人员持证列入企业聘用的条件之一。另一方面,政府有关职能部门在日常的安全生产监督管理中也应进一步加强对特种作业人员持证上岗情况的检查。

五、进一步加强安全生产监管机构的建设。安全生产监管工作关系人民群众的生命财产安全,关系改革、发展和社会稳定的大局,是构建和谐社会的主要内容,政府要正确处理经济发展与安全生产之间的关系,高度重视安全监管机构的建设工作,增强安全生产监督管理工作的权威性,各级政府主要领导要对本区域内的安全监管机构的建设工作全面负责,组织协调有关部门落实安全监管机构的建设。同时加大责任追究力度,凡因安全生产监管机构不健全,设施投入不到位,造成安全生产监管工作断档、断线,导致发生事故的,要从严追究相关领导的责任。

主题词: **安全　生产**

提案人: 麻建国

国家安全生产监督管理总局2011年9月2日以安监总提函〔2011〕48号文函复:

麻建国委员:

您提出的《关于做好特种作业人员安全生产工作的提案》收悉。现答复如下:

加强特种作业人员安全技术培训考核,提高特种作业人员安全素质和操作技能,对于防止和减少伤亡事故、促进全国安全生产形势进一步持续稳定好转,具有十分重要的意义。您在提案中提出的建议很有针对性，我们完全赞同。

我局高度重视特种作业人员的安全生产工作，近年来严格按照“三定”的规定，不断加大工作力度，在特种作业人员安全技术培训考核和监督管理等方面采取一系列措施，取得了一定进展。一是颁布了《特种作业人员安全技术培训考核管理规定》（国家安全监管总局令第30号，以下简称《规定》），按照独立性、危险性、特殊性三个重要特点，将特种作业划分为11个作业类别、51个工种，明确了工矿商贸生产经营单位的特种作业类别和工种，规范了安全监管监察部门职责范围内的特种作业人员培训、考核及发证工作。二是充分利用“安全生产月”、“安全万里行”等大型宣教活动和报刊、广播、电视、网站等媒体以及组织宣讲团，大力宣传特种作业人员安全生产法律法规、知识；深入企业、贴近职工，组织开展多种形式的安全生产“宣传咨询日”活动，从而促进了安全生产知识的普及，进一步提高了企业和特种作业人员的安全意识。三是印发了《国家安全监管总局办公厅关于实施〈特种作业人员安全技术培训考核管理规定〉有关问题的通知》（安监总厅培训〔2010〕179号），要求各省级考核发证机关严格按照要求，进一步完善特种作业人员培训、考核发证、复审和监督管理等制度，推动《规定》的贯彻实施。四是相继完成了10个特种作业类别、51个操作工种的培训大纲和考核标准的制修订工作，相关配套教材也在陆续出版。

正如您在提案中建议的，对于特种作业人员范围的调整和确定，我局始终坚持发展原则。一方面按照国家相关的法律法规，及时对特种作业范围进行调整。例如依照《特种设备安全监察条例》（国务院令第549号），起重机械（含电梯）、锅炉（含水化验）、压力容器和企业内机动车驾驶等作业未列入本《规定》目录，以解决好职能交叉问题。另一方面根据安全生产工作的要求，对确需纳入特种作业范围的作业类别和工种，按照成熟一个、确定一个的原则，分期分批予以公布。如我局批准北京市将受限作业空间监护作业纳入特种作业人员范围，开展了地下有限空间作业现场监护人员特种作业管理试点工作，从而有效地加强了北京市地下有限空间作业的安全监管，提高了作业人员的安全意识和操作技能,取得了很好的效果。

下一步我们将深入贯彻落实《国务院关于进一步加强企业安全生产工作的通知》(国发〔2010〕23 号)精神,进一步强化特种作业人员的安全技术培训考核,严格特种作业人员持证上岗;把特种作业人员安全技术培训和持证上岗纳入安全生产执法检查的重要内容,加大力度,指导督促企业落实安全生产主体责任。对不履行培训责任、未经培训或培训考核不合格就安排上岗作业的非法违法行为,要依法追究责任。

感谢您对特种作业人员安全生产工作的关心和支持,欢迎继续提出宝贵意见。

全国政协十一届四次会议提案第3651号

案　　由:关于"十二五"时期加强社会管理的提案

审查意见:建议国务院交由主办单位中央政法委(中央综治办)会同民政部办理

内　　容:"十二五"时期是我国实现全面建设小康社会奋斗目标的承上启下的关键时期,是深入贯彻落实科学发展观、构建社会主义和谐社会的重要时期,也是我国深化重要领域和关键环节改革的攻坚时期。我国由生存型阶段进入发展型阶段,意味着我们从注重物的发展开始向注重人的发展转型;同时也意味着整体社会需求结构进入一个调整期,即从生活必需品的消费将逐步升级进入耐用品消费阶段;将从私人产品的消费向公共产品的需求升级,使得公共产品短缺的问题凸显出来。而完善社会管理,切实形成和健全党委领导、政府负责、社会协同、公众参与的社会管理格局,需要整合各类社会管理资源,充分发挥各种社会管理主体在社会管理中的作用。更具体地说,就是要实现政府、社会组织、基层自治组织、社会成员之间的良性互动。

一、要加快推进社会组织管理体制改革。为此建议:1. 大力发展社会组织。积极引导和加快服务类市场社会组织发展,简化登记制度,降低社会组织准入门槛,有效地增强政府对于社会组织发展和服务的监管。2. 强化社会组织活力。加快将部分社会公共服务职能从政府机关剥离,通过政府购买、合同外包、特许服务等多种方式,形成开放竞争的公共服务市场。规范发展行业协会和中介机构,充分发挥其提供服务和表达诉求的作用。3. 引导社会组织加强自身建设。督促和引导社会组织建章立制,信息公开,强化管理,提高素质,加快提高自律性和诚信度。

二、要加快推进城乡社区管理体制改革。为此建议:1. 强化社区自治。积极构建“属地管理、以块为主、条块结合、职责明确、社区服务”的城乡社区管理体系,强化政府对于社区建设的公共服务,依法保障社区居民委员会、小区业主委员会的自治空间,切实重视家庭作为社会基本单元的基础作用。2. 创新工作机制。按照“政事分开、政社分开、权随责转、人随事转、费随事转”的要求,重心下移,理顺和明确政府部门、街道和社区居委会的关系,建立健全政府工作进社区的申报转入制度,实现社区工作的制度化、规范化、程序化。积极构建多元化的社区管理体制,加快社区组织参与社会服务。3. 增强服务功能。加快城乡社区服务中心建设,加强办理公共事务、组织居民活动和提供社区服务功能。赋予城乡社区具有医疗保健、文化娱乐、生活服务、法律服务、就业和社会保险、计划生育生殖健康等综合服务功能。

三、要建立完善社会安全应急管理机制。为此建议:1. 建立完善利益协调和诉求表达机制。健全社会矛盾纠纷调处化解机制,落实和完善信访工作各项制度。进一步拓宽社情民意表达渠道,完善群体性事件的预警和处置机制,把群众利益诉求纳入制度化、规范化和法制化的轨道。加强人民调解、行政调解、司法调解等制度的有效衔接与有机结合,畅通利益诉求渠道。2. 加强社会公共安全管理。深入开展平安创建活动,健全社会治安防控体系,健全安全生产监管体制,建立完善严格的食品质量安全追溯、召回、市场准入和退出制度,进一步规范市场经济秩序。3. 建立健全风险预警和危机管理体系。建立健全危机信息收集分析系统、危机预测报警系统、危机资源管理系统、危机损害处理系统、善后恢复评价系统、危机能力培训系统,完善危机决策机制、社会动员机制、资源征用机制、公众沟通机制、内部信息传递机制和部门联动机制,努力形成功能全面、反应灵敏、运转高效的危机管理体系。

四、要建立完善社会管理领导工作机制。为此建议:1. 坚持党委的核心领导地位。坚持党在社会管理及其体制改革中的政治核心地位和领导作用，保障社会管理体制改革有序、稳步推进，切实维护社会公平正义。2. 充分发挥政府的主导作用。强化政府在推进社会管理体制改革中的总体协调和筹划功能，强化政府制定规则和监管的“掌舵”功能。科学设置政府的社会管理机构、划分政府的社会管理部门权限，积极推动社会管理由政府单一主体，切实向政府、社会组织、公众参与管理等多元主体转换。3. 强化综合决策机制建设。积极发挥人大、政协和民主党派的作用，加强工会、共青团、妇联等人民团体与职能部门的联系，整合各方力量，协调制定监督实施社会政策，积极参与新型社会管理。提高公民在社会政策制定中的参与水平，确保弱势群体的权利，不断提高社会政策制定和决策的科学化和民主化水平。

主题词： **社会治安　管理**
提案人： 梁丽萍

中央政法委员会办公室 2011 年 7 月 25 日以〔2011〕政法办函字第 280 号文函复：

梁丽萍委员：

您提出的《关于“十二五”时期加强社会管理的提案》收悉。现答复如下：

加强和创新社会管理事关党的执政地位的巩固，事关国家的长治久安，事关人民的安居乐业。您的提案紧密联系我国社会管理的实际，抓住当前社会管理工作中的一些重大问题，提出进一步加强和创新社会管理的意见，对进一步做好社会管理工作具有重要参考价值。

党中央、国务院高度重视社会管理工作。今年 2 月胡锦涛总书记和习近平同志、周永康同志在省部级主要领导干部社会管理及其创新专题研讨班上发表了重要讲话，对加强和创新社会管理工作作了全面部署。中共中央办公厅、国务院办公厅下发了中办发〔2009〕46号文件，提出了加强和创新社会管理工作的目标任务和重点、措施。中央政法委分别于2009年12月、2010年12月召开了全国政法工作会议，中央社会治安综合治理委员会于2010年6月召开了全国社会治安综合治理工作会议，对加强和创新社会管理工作作出了具体部署。各地各部门认真贯彻中央的决策部署，大力加强和创新社会管理工作，取得了一定的成绩，但也面临不少问题。目前各地各部门正紧密联系实际，进一步加大工作力度，推动社会管理创新向纵深发展。

一、关于加快推进社会组织管理体制改革问题。我们将充分考虑您的意见，坚持一手积极引导发展、一手严格依法管理，探索建立健全统一登记、各司其职、协调配合、分级负责、依法监管的社会组织管理体制，真正把各类社会组织纳入党委和政府主导的社会管理体系，促进社会组织健康有序地发展。

二、关于推进城乡社区管理体制改革问题。随着基层社会结构的发展变化，城乡社区越来越成为社会生活的支撑点、社会成员的聚集点、社会组织的落脚点、各种利益的交汇点、各种矛盾的聚焦点，构建以城乡社区为重点的基层社会管理服务体系越来越成为当务之急。您提出的关于强化社区自治、创新工作机制、增强服务功能等意见很有针对性，我们将积极督促各级党委和政府把工作精力和注意力更多地放到基层，协调推动各地各部门切实做好抓基层、打基础的各项工作，特别要建立健全政府投入和社会投入相结合的基层经费保障机制，为基层社会管理奠定坚实的基础。同时着力强化基层群众性自治组织的社会管理和服务职责，充分发挥其在基层社会管理和公共服务中的积极作用，推进城乡社区居民依法民主管理社区公共事务和公益事业，积极探索建立健全以社区党组织为核心、以社区自治组织为主体、以政府部门派驻社区力量为依托、以物业管理机构和社区社会组织为补充、以社区信息综合管理平台为载体、驻社区单位和社区群团组织密切配合、社区居民广泛参与的新型社区管理体系，真正把城乡社区打造成政府社会管理的平台、居民日常生活的依托、社会和谐稳定的基础。

三、关于建立完善社会安全应急管理机制问题。近年来在党中央、国务院的坚强领导下，四川、甘肃、青海等省成功应对了特大地震、泥石流等严重自然灾害，有效地化解了一大批社会矛盾纠纷。北京、上海、广东等地结合奥运会、世博会、亚运会的安保工作，按照以人为本、依法管理的理念，形成了集中领导、统一指挥、结构完整、功能全面、反应灵敏、运转高效的应急管理体系，推动了整个城市社会管理水平的提高。各地还积极探索建立了重大工程项目建设和重大政策制定的社会稳定风险评估机制，从源头上减少了可能因决策不当造成的社会矛盾；一些地方按照调解优先的要求，构建了人民调解、行政调解、司法调解三位一体的“大调解”工作体系，在劳资关系、医患关系、交通事故等矛盾纠纷多发领域，有效地化解了一大批矛盾纠纷。今后我们将充分考虑您的意见，协调推动各地各部门建立健全利益协调和诉求表达机制，建立健全应急管理体系，推进社会稳定风险评估机制和“大调解”工作体系的落实，从源头上预防和化解社会矛盾，提高社会安全应急管理水平。

四、关于建立完善社会管理领导工作机制问题。加强和创新社会管理，是社会管理领域的一场改革。改革沿着什么方向、按照什么思路进行，事关加强和创新社会管理的成败。我国是共产党领导的社会主义国家，正如您指出的那样，加强和创新社会管理必须坚持党的核心领导地位，确保改革始终沿着中国特色社会主义方向前进。今后我们将进一步加大工作力度，协调推动有关部门认真总结我国社会管理的经验，借鉴国外社会管理的有益成果，积极推动中国特色社会主义社会管理体制的自我完善和发展，着力完善党委领导、政府负责、社会协同、公众参与的社会管理格局，进一步形成与中国特色社会主义市场经济、民主政治、先进文化相适应的社会管理体系。

衷心感谢您对加强和创新社会管理工作的关心，恳请您一如既往地关心、支持加强和创新社会管理工作。

全国政协十一届四次会议提案第4305号

案　　由:关于发展养老福利事业积极应对人口老龄化的提案

审查意见:建议国务院交由主办单位全国老龄委办公室会同中央编办、民政部办理

内　　容:我国是拥有13亿人口的大国,也是老年人口大国。最新统计数字显示,我国六十岁以上的老年人口达1.67亿,占全国总人口的12.5%。民政部的统计表明,城乡"空巢家庭"已超过50%,部分大中城市达到70%。另据世界经济合作与发展组织的统计,到2030年中国60岁以上的老龄人口将达到4亿。因此发展养老福利事业是一项重要而紧迫的任务。

然而我国养老福利事业的发展远不能适应人口老龄化的形势,这主要表现在以下几个方面。一是一些地方政府对老龄工作的重要性认识不足,缺少积极应对的责任意识。个别省甚至没有编制老龄事业发展规划,导致老龄工作缺少基本保障机制。二是老龄社会保障领域存在制度不健全、城乡发展不平衡、覆盖范围窄、保障水平低等问题。城乡老年人看不起病、吃不起药、因病返贫的现象时有发生。三是养老服务设施建设严重滞后。如北京市每百名60岁以上老人拥有养老床位数是1.8张。广东省养老床位仅占全省老年人口总数的1%,远低于国际社会5%的一般标准。大多数老人的养老去处在哪里不得而知。四是一些地方政府对老龄事业投入机制尚未形成,经费没有列入当地财政预算,随意性较大。某省的21个市、县的年度老龄工作业务经费不到一万元。五是老龄工作机构不健全,队伍不稳定。一些市、县在新一轮机构改革中取消了老龄办的设置,有些地方的老龄办编制被挤占,形同虚设。

老年人的问题是一个社会问题,关系到家庭和睦、社会和谐与安定。未来几代人都将在养老问题上承担十分重要的责任。去年《中共中央关于制定国民经济和社会发展第十二个五年规划的建议》中提出要“积极应对人口老龄化”。这就要求必须从经济社会发展全局着眼,从多个层面入手,采取综合性举措,政府、社会、社区和家庭共同努力,及早积极应对,以保证我国经济社会持续全面发展。为此建议:

一、要高度重视老龄工作,要上升到国家高度来认识。《中国老龄事业发展“十二五”规划》应以国务院的名义颁布实施,以引起各级政府的高度重视,也便于各地老龄委取得政府的支持,开展工作。

二、加大优惠政策的扶持力度。各省、市政府应结合本地区的实际情况,对各类养老机构给予政策优惠和资金扶持。如减免水、电、气等费用,对增加床位的资金补助等项,要引导更多社会资金进入养老服务业,以弥补政府资金的不足。

三、各地的养老机构建设要尽可能做到设施大小结合、地点远近结合、收费高低结合,以便于老年人根据自身的情况选择不同的养老机构。尤其要注意的是公办养老机构的建设不能办成高端、豪华的养老中心,更不要把养老中心当成政绩工程来搞,要让有限的养老资源发挥最大的社会效益和经济效益。

四、各省、市政府应在本地区全面推广“社区养老”这一符合中国特色的养老形式,使得那些低收入、需要社会照顾的老人能够就近得到就餐、日间照料等方便实惠的养老服务。同时,要将“养老进社区”作为考核政府服务和改善民生的一项具体指标加以确定,并进行考核。

五、社区养老的经费要有财政制度的保障,要建立经费、工资保障机制和稳定增长机制。政府应把为老人购买服务所需要的费用,每年列入年度财政预算,按照人口比例拨给民政部门,而不是靠临时性的拨款来运作,把解决养老问题制度化,从而使国家提出的“老有所养”真正落实到实处。

六、理顺老龄工作体制机制,进一步明晰老龄工作部门的职能定位。在我国的现行体制下，机构的设置在很大程度上决定着对老龄工作问题的认识及其定位，并直接影响协调工作的力度。是否可比照群团组织或者残联的机构设置，将老龄办作为政府的一个部门确定下来，以便于上下贯通、减少环节、职能分明地开展工作。

主题词： 老 年

提案人： 赖 明

全国老龄工作委员会办公室2011年9月1日以全国老龄办提案字〔2011〕20号文函复：

赖明委员：

您提出的《关于发展养老福利事业积极应对人口老龄化的提案》收悉。经会商中央编办和民政部，现答复如下：

一、关于中国老龄事业"十二五"规划以国务院名义颁布问题

《中国老龄事业发展"十二五"规划》于今年3月经全国老龄工作委员会全体会议原则通过，经过积极沟通协商，鉴于当前人口老龄化形势和老龄工作的重要意义，国务院相关领导已原则同意《规划》以国务院名义颁布实施。8月17日温家宝总理主持召开国务院常务会议，研究并原则通过了《中国老龄事业发展"十二五"规划（送审稿）》，预计在今年9月份将以国务院名义予以颁布实施。

二、关于民办养老机构建设的优惠政策和布局设置问题

国家历来十分重视社会力量参与老龄事业的发展，制定了一系列的政策措施，鼓励社会资本兴办养老机构。如《国务院办公厅转发全国老龄委办公室和发展改革委等部门关于加快发展养老服务业意见的通知》（国办发〔2006〕6号）、《国务院办公厅转发民政部等部门关于加快实现社会福利社会化意见的通知》（国办发〔2000〕19号）、《关

于支持社会力量兴办社会福利机构的意见》(民发〔2005〕170 号)等文件,都制定了具体的社会力量兴办养老机构的优惠政策。这些政策的制定出台,极大地促进了民办养老机构的建设发展。但是由于某些优惠政策"刚性"不足,在各地的落实力度还很不平衡。对此我们将进一步加强研究,与有关部门一道,制定相关的推动政策,加强督促的力度。

在养老机构的设置上,某些地方确实存在贪大求洋、设置不合理的现象。为加强养老机构的规范化管理,民政部先后颁布了《社会福利机构管理暂行办法》、《社会福利机构基本规范》等规章和规范性文件,与建设部联合下发了《老年人建筑设计规范》。针对一些地方的养老机构相继发生安全事故的现状,2009 年民政部下发通知,对全国养老机构开展"两规范一标准"专项检查,同时与公安部联合下发通知,部署加强养老机构的消防安全工作。今年 4 月民政部颁布了《社区老年人日间照料中心建设标准》、《老年养护院建设标准》,为政府投资不断完善这两方面公益性服务设施提供了依据。今后我们将进一步加强研究,科学布局不同功能、不同规模的养老机构。同时研究措施避免某些公办养老机构过于豪华、高端,以使有限的养老资源发挥出最大的社会效益和经济效益。

三、关于推广社区养老方式和社区养老经费的财政保障问题

对广大老年人来讲,居家养老是最自然、最习惯、最难以割舍的普遍选择;对国家而言,这是一种社会管理成本最低的养老方式。与居家养老相衔接的,是社区为老年人提供养老服务。近年来一些大中城市在街道和社区普遍建立了托老所、日间照料中心、老年康复中心等社区设施。陕西省西安市莲湖区、甘肃省兰州市城关区、河北省保定市等地充分利用社区服务网络与资源,建立了社区养老服务信息平台,构筑起了满足居家养老需要的支撑体系。全国老龄办今年在中西部地区选取了 20 个社区,开展了社区为老服务项目试点,大力推广兰州市城关区"虚拟养老院"的成功经验。在"十二五"期间,我们将建立健全县(市、区)、乡镇(街道)和社区(村)三级服务网络,城市街道和社区基本实现居家养老服务网络全覆盖;争取 80% 以上的乡镇和

50%以上的农村社区建立包括老龄服务在内的社区综合服务设施和站点。

四、关于老龄工作体制机制问题

我们非常认同您关于老龄工作机构体制不顺、机制不活、运行不畅的意见。但目前相关部门在老龄工作领域的职责分工比较明确,我们只能充分发挥现有机构和协调机制的作用,加强沟通配合,落实好老龄工作的各项职责。对于整合有关部门职能、创新老龄事业行政管理体制、进一步加强老龄工作机构建设的建议,我们相信,随着行政管理体制改革的不断深入,国家将会结合老龄工作实际予以统筹研究。

感谢您对老龄事业的关心和支持。

全国政协十一届四次会议提案第5083号

案　　由:关于转变农村干部工作作风的提案

审查意见:建议国务院交由中央组织部办理

内　　容:2011年是实施"十二五"规划的开局之年,党中央国务院出台了一系列的惠农利农富农政策,中国农业和农村经济发展进入了一个崭新阶段。但是由于乡村干部的思想观念、领导方式、工作作风等,与广大农民群众"求富、思变、盼服务"的愿望存在着一定的差距,严重影响了农村的改革、农业的发展、农民的致富和农村社会的稳定。具体表现如下:

一是干群之间缺乏有效的沟通。一些地方群众对干部有意见,说干部"不像话";干部对群众有看法,说群众"不听话"。干群之间的矛盾成为农村的不安定因素,影响了农村的改革、发展和稳定。究其原因,主要在于干群之间缺乏一种有效的沟通渠道,使原本就该是"鱼水"的关系越来越疏远了。因此开辟干部群众谈心对话渠道,是当前融洽干群关系、密切干群鱼水之情的关键。

二是主观上的"政绩观"与"富民"思想不协调。一些农村干部长期事业心差,只图当前政绩,不思富民之策,作风简单粗暴。如当前某些地方借新农村建设所搞的"社区建设",在缺乏一定经济条件的情况下,强行拆掉平房盖楼房,把农民"逼上楼房",使得一些地方的农民群众苦不堪言。

三是官僚主义影响干群关系。随着农村改革的深化和农村经济的发展,农村产生了一系列新的矛盾和问题。在一些地方干群关系紧张,农民群众上访增多,家族、宗族以及宗教势力有所抬头。这些问题的出现，原因是多方面的，但与我们一些基层干部的作风不无关系。一些农村干部“官”不大，架子却不小；能力不大，派头却不小。当前影响党的方针政策在农村的贯彻落实和群众最关心、反映最强烈的一些突出问题，如计划生育、财务管理、征地拆迁等，都是影响整个“三农”工作的大问题。

“农民安，天下稳。”这是我国数千年来的至理名言，也是我党一贯坚持的治国原则之一。为此特提建议如下：

一、把农村干部的教育培训纳入国家干部培训计划

我们党历来高度重视干部的教育培训工作，始终坚持把干部的教育培训工作作为保证党的事业顺利发展的一项基础性工作和党的建设的一项重要内容，培养造就了一批又一批领导骨干和优秀人才。但基层干部的教育培训，尤其是广大农村干部的教育培训近年来却成了一个空白。从中央到地方，要把农村干部的教育培训工作列入统一的计划，并且从组织部门到县乡两级党校都要有专门的班子、专项的资金和专人来抓。通过不断的教育培训，使广大的农村干部整体素质有一个全面的提升。通过教育培训，形成一些基层的民主议事和民主监督制度，如“民主听证会”、“民情恳谈日”、“联民、为民、富民”活动等做法，架起干群双向交流的桥梁。

二、处理好“政绩”与“富民”的关系

当前农业和农村经济进入了一个优化结构、提高效益，向广度和深度进军的新阶段。在这个新阶段，农民对我们党和政府提出了新的、更高的期望和要求，能否带领他们迈好结构调整这一步，使农村经济有一个新发展，这是对当前农村干部如何转变作风、带领群众致富的一个新考验。

要严格执行中央关于减轻农民负担的一系列政策措施，坚决纠正虚报农民收入，变相加重农民负担的错误做法；要教育引导广大干部树立正确的“政绩观”，兴办各种社会公益事业一定要量力而行，充分考虑群众的承受能力，决不能为追求“政绩”而做劳民伤财之事。同时通过加强宣传，把政策交给群众，让群众来监督农村各项政策的落实。天下顺治在民富，天下和谐在民乐，解决民生问题是最大的政治，

改善民生是最大的政绩。

三、给群众创造一个良好的生产生活环境

认真解决好当前农民和农村工作中存在的热点难点问题，是推进农村改革的关键所在。农村干部必须发扬脚踏实地、埋头苦干的工作作风，增强战胜困难、知难而进的决心和信心。针对当前影响党的方针政策在农村的贯彻落实和群众最关心、反映最强烈的一些突出问题，尤其是征地拆迁、计划生育、财务管理等，教育广大干部找准症结，制定措施，及时协调，认真解决，决不能推诿扯皮，更不能久拖不决，甚至故意掩盖矛盾和问题。老百姓是天，老百姓也是地，老百姓是天下真正的主人，这一点解决不好，我们的基层工作便失去了准星，长此以往也便失去了我们一切工作的根基。

主题词： 干部

提案人： 卞志良

中共中央组织部 2011 年 9 月 22 日以中组提字〔2011〕74 号文函复：

卞志良委员：

您提出的《关于转变农村干部工作作风的提案》收悉。经认真研究，现答复如下：

党中央历来高度重视农村干部作风的建设，党的十七届三中、四中全会对此作出了一系列重要部署。中组部认真贯彻中央的要求，近年来先后召开了全国农村基层党建工作座谈会、全国村“两委”换届选举工作座谈会等多个会议，出台了《关于加强村党支部书记队伍建设的意见》、《关于加强乡镇党委书记队伍建设的意见》等文件，指导各地以转变作风为重点，切实加强农村干部队伍建设。

各地按照中央的部署和中组部的要求，开展了一系列工作。一是强化教育培训。明确乡镇党委书记培训由市（地、州）党委主要负责，重点组织开展轮训和专题培训，省（区、市）党委组织部门要对新任乡镇党委书记进行任职培训，县（市、区）党委负责日常培训；把村党支部书记培训纳入整个干部培训规划，确保每年至少参加一次县或县以上的集中培训，累计集中培训时间不少于7天。培训内容以增强宗旨意识、党风廉政、法律法规、工作方法等为主，教育引导农村基层党员干部转变作风、提升能力，更好地为群众服务。二是推动服务群众。以开展乡镇、农村创先争优活动为载体，在乡镇机关党员干部中开展“驻村入户、结对帮带”活动，推广“农事村办”、“一线工作法”等，组织他们深入农村、服务群众；在农村党员干部中开展设岗定责活动，引导党员发挥模范带头作用，带领群众增收致富，密切党群干群关系。三是加强管理考核。实行村党支部书记岗位目标责任制，要求村党支部书记提出任期目标、年度目标和每年要办的实事，并向党员和群众公开承诺，每年向乡镇党委、本村党员大会述职，并向村民代表会议或村民会议通报工作情况，接受上级党组织的考核和党员、群众的评议。完善乡镇党委书记考核办法，注重考核作风和廉洁自律方面的情况，推行乡镇党委书记“双述双评”制度，由乡镇党委书记定期向基层干部群众和县委进行专项述职，并接受评议。四是规范村级工作。推行“四议两公开”工作法（即所有村级重大事项都必须在村党组织领导下，由党支部会提议、“两委”会商议、党员大会审议、村民代表会议或村民会议决议，决议内容公开、实施结果公开），规范村级重大事项决策程序，扩大村级工作的透明度，解决村里工作不民主、不公开、不规范的问题。

总的看，农村基层组织的凝聚力、战斗力是强的，基层党员干部的作风整体上是好的。但也存在一些问题，如您所说的干群缺乏沟通、工作方法简单粗暴、追求政绩等问题在一些地方不同程度存在。下一步我们将认真吸收借鉴您的建议，以转变作风为重点，进一步加强农村干部队伍建设，密切党群干群关系。一是推广文建明工作法、广西“农事村办”工作法等，为乡镇转变工作职能、增强服务功能搭建平台、创造条件，引导乡镇干部眼睛向下、改进作风，实行下访询问题、下村解难题，在农村一线为群众服务，为农民创造良好的生产生活环境。二是以换届后培训工作为重点，进一步加强对乡村干部的教育，中组部将举办示范培训班，引导各地分级分批搞好培训，突出理想信念教育、宗旨观念教育和廉洁从政教育，大力加强能力培训，引导他们树立正确的政绩观，不断提高履职本领，积极为群众办实事、解难题。三是进一步推行"四议两公开"工作法，健全完善党组织领导的村级民主自治机制，规范村级事务管理，扩大群众参与权、决策权。严格执行任期和离任经济责任审计制度，严肃查处以权谋私、违法违纪行为，建设廉洁奉公的农村干部队伍。

感谢您对农村基层干部队伍建设工作的关心和支持，欢迎继续对我们的工作提出意见和建议。

全国政协十一届四次会议提案第5446号

案　　由:关于给予批准将民族团结纪念柱移入“新中国民族团结第一园”的提案

审查意见:建议国务院交由主办单位国家民委会同国家发改委办理

内　　容:1950年原云南省普洱专区各少数民族头人、代表赴北京国庆观礼归来,参加了具有历史意义的“普洱区第一届兄弟民族代表会议”。为纪念此次会议,表明各族代表为维护民族团结和拥护中国共产党领导的决心,滇西南二十六种民族的土司、头人、各民族代表和普洱专区党政军主要领导人,于1951年元旦在普洱红场(现云南省宁洱哈尼族彝族自治县城)隆重举行建碑签字仪式,并按少数民族佤族的传统风俗,立下了“民族团结誓词碑”。誓词碑文为:“我们26种民族的代表,代表全普洱区各族同胞,慎重地于此举行了剽牛,喝了咒水,从此,我们一心一德,团结到底,在中国共产党的领导下,誓为建设平等、自由、幸福的大家庭而奋斗! 此誓。”以此昭告天下和后世子孙,在中国共产党的领导下,各民族团结一心共同建设幸福美好祖国的决心。1993年11月“民族团结誓词碑”被云南省人民政府公布列为省级文物保护单位;2000年12月建成普洱民族团结誓词碑纪念园;2003年3月中共云南省委、省人民政府将普洱民族团结誓词碑纪念园命名为第二批省级爱国主义教育基地;2006年6月普洱民族团结誓词碑纪念园被国务院命名为“国家重点文物保护单位”,被国家民委命名为“全国民族团结进步教育基地”。

普洱市一市连三国,一江通五邻,居住着14个世居民族,少数民族人口占总人口的60%。在“民族团结誓词碑”精神的感召下,各民族和睦相处，民族关系和谐，世代各族人民一心一意跟党走。全市呈现出经济社会平稳较快发展、社会稳定、民族团结、边境安宁的良好局面。民族团结誓词碑是新中国民族团结进步事业发展的历史见证，所折射的民族团结精神不仅是云南边疆各民族团结进步的象征，也是全国各民族大团结的缩影。为了更好地保护和弘扬普洱"民族团结誓词碑"精神，使"民族团结誓词碑"精神代代相传。普洱市宁洱县委、县人民政府提出将普洱民族团结园建设成"新中国民族团结第一园"，已规划占地面积230亩。

为此建议：一、请予批准在云南省宁洱县建设"新中国民族团结第一园"，并列入国家"十二五"规划建设，进一步发挥全国民族团结教育基地的作用。

二、请予批准将新中国成立60周年时在天安门前展示的56棵民族团结纪念柱移入"新中国民族团结第一园"内。

三、对"新中国民族团结第一园"的建设给予资金支持，初步概算建园资金3亿元。

主题词： 民族　其他

提案人： 何　春　艾　徐　杨谊群　魏　红　梁晓丹　彭兆清　熊胜祥　玉帕新

中华人民共和国国家民族事务委员会2011年9月1日以民委函〔2011〕158号文函复：

何春等委员：

你们提出的《关于给予批准将民族团结纪念柱移入"新中国民族团结第一园"的提案》收悉。现答复如下：

普洱民族团结誓词碑是新中国民族团结进步事业发展的历史见

证，在促进民族团结、加强爱国主义教育和革命传统教育方面发挥着重要的积极作用。

根据国家《2011—2015 年全国红色旅游发展规划纲要》的精神，普洱民族团结誓词碑景区现已被纳入《全国红色旅游经典景区第二批名录》。相信在有关方面的支持下，民族团结誓词碑景区将会发展成为集旅游、教育为一体的新型民族团结进步教育、爱国主义教育、革命传统教育基地。

关于您提出将民族团结纪念柱移入"新中国民族团结第一园"一事，经与北京市人民政府联系，获悉民族团结纪念柱已落户北京奥林匹克公园。

感谢您对民族工作的关心和支持！